WIE WIR UNSERE
FREIHEIT ZURÜCKEROBERN
UND GANZ NEBENBEI
DIE WELT RETTEN

W0344738

RÜDIGER FOX

DER 0,1-PROZENT JOKER

MURMANN

INHALTSVERZEICHNIS

Für meine und eure Kinder.
Und besonders die, die in uns nur darauf warten,
endlich wieder spielen zu dürfen.

VORSPIEL

Der herausforderndste Tag war der 5. Januar 2021.
Ich hatte die Zeit über Weihnachten und Silvester genutzt, um all die Erinnerungen an das vergangene Jahr so weit hinten wie möglich in meinem Gedächtnis zu verstauen. Ich wollte nicht mehr an die verpassten Chancen denken müssen, die die Pandemie 2020 vereitelt hatte. Ich wollte mit der Situation meinen persönlichen Frieden schließen. Bälle beiseitelegen, die während der vorangegangenen Monate trotz immer neuer Rückschläge in der Luft gehalten werden mussten. Die Löschtaste drücken, um zumindest rudimentär aufgetankt mit selbst verordnetem Optimismus und einer unbeschriebenen neuen Seite im Kopf in das neue Jahr zu starten.

Vermutlich traf mich deshalb die Meldung in den Abendnachrichten auch so unvorbereitet: Die Bundesregierung verlängert den Lockdown und verhängt zusätzlich eine Mobilitätsbegrenzung von 15 Kilometern.

Selbst ich als eingefleischter Kanzlerin- und Epidemiologen-Versteher, der die Bürde von Führungsentscheidungen in unklaren Situationen gut kennt und weiß, dass man im Zweifel den vorsichtigeren Weg wählen muss, wurde nach monatelangen Einschränkungen an die Grenze meiner Verständnisfähigkeit gebracht. Plötzlich erschienen mir sogar die ersten freigegebenen Impfstoffe nicht mehr eindeutig als das dämmernde Tageslicht am Ende des Tunnels, sondern eher als die Lampen des nächsten Zuges, der uns entgegendonnert.

Wie weit wird das noch gehen?

Zähneknirschend hatten wir schon akzeptiert, die Feiertage nur im kleinsten Familienkreis zu feiern. Kein krachendes Feuerwerk, mit dem wir unseren Enttäuschungen hätten Luft machen können. Keine langen Nächte mit Freunden. Müssen wir uns jetzt auch noch auf den vollständigen Untergang unserer Bewegungsfreiheit einstellen?, so meine Gedanken. Und wie sehr darf der Staat für den (vor allem durch Statistiken gerechtfertigten) Schutz der Gesundheit anderer meine Freiheitsrechte eigentlich noch einschränken?

Doch wundersamerweise endete für mich der Abend mit einer Überraschung und wurde zur treibenden Kraft für dieses Buch. Denn mein Gehirn begann, ähnliche Situationen aus meinem Gedächtnis hervorzukramen – und die waren alles andere als deprimierend gewesen.

So erinnerte ich mich an die Fahrverbots-Sonntage während der Ölkrise 1973 und an meine Radtour auf der leeren Bundesstraße, die unsere Wohngegend von meiner Schule trennte. Eigentlich absolutes Sperrgebiet für uns Kinder. Sie zu Fuß zu überqueren, statt die Unterführung zu nehmen, war bis zu diesem Zeitpunkt strengstens verboten. Doch am ersten autofreien Sonntag musste ich nicht einmal auf der rechten Fahrbahnseite bleiben, wie ich es in der Verkehrsschule gelernt hatte. Selbstbewusst fuhr ich mit meinem Rad auf der Mittellinie der Schnellstraße und fühlte mich wie der Pilot eines Flugzeugs auf der Startbahn kurz vor dem Abheben. Die eingeschränkte Mobilität, die dieses Abenteuer vor der Haustür ermöglichte, euphorisierte mich als Siebenjährigen. Ein Gefühl von grandioser Freiheit.

Nach und nach fielen mir unzählige weitere Abenteuer ein, die wir uns als Jugendliche ausgedacht und nachgespielt hatten in den Straßen unseres Wohngebietes. Auch zur damaligen Zeit war unser physischer Aktionsradius stark limitiert. Doch wir haben ihn schlicht mit unserer Vorstellungskraft erweitert. Und letztlich zwischen Bundesstraße und Rheinufer alles gefunden, was wir damals für unser Leben brauchten.

Wenn wir ehrlich sind, stillen die meisten von uns auch als Erwachsene ihre Bedürfnisse vorwiegend in der näheren Umgebung. Seien es Brötchen vom Bäcker, ein voller Tank, unsere Pizzen geliefert von unserem Lieblingsitaliener oder flüchtige Begegnungen über Tinder. Was triggert uns also in einem solchen Maße, wenn unser Aktionsradius temporär eingeschränkt wird? Wenn wir *müssen* und nicht mehr nur *dürfen*? Warum haben wir die Fähigkeit verloren, aus Situationen, deren Rahmenbedingungen wir als notwendig hinnehmen müssen, ein spannendes Abenteuer zu machen, das unser Leben bereichert?

Als Kinder haben wir uns über unveränderliche Dinge nicht allzu lange aufgeregt. Grenzen waren für uns Alltag, und wir haben die meiste Zeit unseren Fokus nur auf unsere unendlich vielen Möglichkeiten innerhalb der gesetzten Rahmenbedingungen gerichtet. An diesem Abend kam mir der Gedanke, einen Ansatz einmal systematisch zu durchdenken, der für Kinder vollkommen natürlich ist und auch mir zeit meines Lebens immer wieder in Grenzsituationen eher intuitiv geholfen hat, meinen Optimismus zu bewahren und Wege zu finden, die am Ende aus ihnen herausgeführt haben: die jeweiligen Situationen in meinem Kopf als Teil eines Spiels umzuinterpretieren.

Spielen? Ja, spielen! Gerade wenn ich das Gefühl hatte, mit dem Rücken an der Wand zu stehen, schienen sich die Erfolgsaussichten sofort zu meinen Gunsten zu verschieben, wenn ich das mögliche Ausmaß der drohenden Konsequenzen beiseiteschob und meine Situation bewusst spielerisch anging. Es war, als ob ich durch den Perspektivwechsel einen Joker in die Hand bekam, der die Verhältnisse verändert. Jedes Mal sah ich Türen aufgehen, die ich zuvor nicht wahrgenommen hatte. Und in den dahinter liegenden Räumen ergaben sich neue Konstellationen.

Über die Jahre habe ich das Spiel mit den Jokern weiter perfektioniert, und mein Blatt wurde breiter. Je nach Situation stellte ich mir unterschiedliche Rollen vor, in die ich schlüpfen konnte und die es mir erlaubten, durch die Perspektive des Spielers viel entspannter auf die Fakten zu schauen. Dies gab mir jedes Mal die innere Erlaubnis, neue Wege auszuprobieren, die nicht nur für mich stimmiger waren, sondern auch besser zu den Herausforderungen von heute passen.

Von sich auf andere zu schließen ist ein riskantes Unterfangen. Doch die Pandemie hat uns deutlich gezeigt, wie volatil, unvorhersehbar, komplex und ambivalent (VUKA) unser aller Leben geworden ist – und wie vernetzt und damit anfällig wir inzwischen alle miteinander sind. Selbst geografisch weit entfernte Ereignisse können in kürzester Zeit unseren Alltag radikal durcheinanderbringen. In der VUKA-Welt laufen unsere »ernsthaft« erdachten Strategien, die bisher so erfolgversprechend erschienen, immer häufiger ins Leere. Mit der Konsequenz, dass unser Stress- und Frustrationslevel zunehmend steigt. Und das Leben immer häufiger gegen uns zu arbeiten scheint und uns zu neuen Anläufen zwingt, weil irgendetwas unsere mühevoll aufgebauten Türme kurz vor Vollendung umgestoßen hat. Im Umkehrschluss bedeutet das allerdings auch, dass unübliche Entscheidungen, die bisher auf den ersten Blick nicht sinnvoll erschienen, eine zunehmend größere Chance haben, unter neuen Randbedingungen am Ende erfolgreich zu sein.

Was wäre, wenn wir die wichtigste Kompetenz, um mit Herausforderungen und Unwägbarkeiten umgehen zu können, schon einmal beherrscht und uns nur abgewöhnt haben? Und sich **Spielen als entscheidende Kompetenz** entpuppt **für das vor uns liegende Jahrzehnt** mit all seinen fundamentalen Weichenstellungen?

Auf in die Roaring Twentys! Mit meinem Buch will ich zeigen, warum die Fähigkeit zu spielen uns auch als Erwachsene in die Lage versetzt, mit einem gelasseneren Blick auf unsere Optionen zu blicken. Und genau die Kreativität freizusetzen, die wir brauchen, um mit den zunehmenden Herausforderungen und Überraschungen einer Welt erfolgreich umzugehen, die in ihren widersprüchlichen Anforderungen uns zu überfordern scheint.

Dabei erfordert Spielen nicht mehr Mut. Mitnichten. Spielen benötigt lediglich eine andere Perspektive auf die Optionen, die alternativen Wegen den Schrecken nimmt, den unsere Gesellschaft – und wir mit ihr – traditionell auf sie projizieren. Es bedeutet nicht, die Herausforderungen weniger ernst zu nehmen. Aber es vergrößert die Zahl der Optionen, die uns zur Verfügung stehen, und bringt durch kleinste Spielzüge starre Systeme in Bewegung.

Bevor ich konkret darauf eingehe, wie mein Spiel mit den Jokern funktioniert, welche Joker es überhaupt gibt, für welche Situationen sich welcher Joker am besten eignet (Kapitel 3) und welche Spielräume sich für erste Spielversuche anbieten

(Kapitel 4), hole ich ein wenig aus. Denn aus meiner Sicht ist es wichtig zu verstehen, warum gerade jetzt ein spielerischer Ansatz so wichtig ist und wir uns aufgrund unserer evolutionären Verkabelung und unserer mentalen Modelle im Kopf so unendlich schwer damit tun.

Kapitel 1 kannst du gerne überspringen, wenn dir bereits klar ist, dass

- *wir dabei sind, in einem Hunderttausendstel der Menschheitsgeschichte unsere Existenz als Homo sapiens aufs Spiel zu setzen;*
- *unser Leben mehr einem Glücksspiel als einem Strategiespiel gleicht;*
- *und wir dieses Spiel nicht mit erprobten »Spiel«-Zügen aus der Vergangenheit gewinnen werden – auch weil sie mit Spielen im eigentlichen Sinn nichts zu tun haben.*

Kapitel 2 kannst du skippen, wenn du

- *unser kollektives materielles Streben bereits auf den Prüfstand gestellt hast;*
- *Autonomie, Kompetenz und Verbundenheit als Schlüssel für ein selbstbestimmtes Leben erachtest;*
- *und hinter unvermeidbaren Handlungsgrenzen das Spiel der unbegrenzten Möglichkeiten bereits erblickt hast.*

Was ich mir erhoffe? Dass mit jedem Kapitel deine innere Stimme zu dir sagen wird: »Das kann ich auch!« Denn dann wirst du anfangen, in den wenigen, aber entscheidenden Momenten, in denen du bewusst auf dem Spielplan des Lebens anhalten kannst, einen der 0,1-Prozent-Joker zu ziehen und mitzuspielen. Ganz nach dem Motto: **»Ich habe nur ganz wenige Chancen, aber genau die nutze ich.«** Für eine Zukunft, die wirklich erstrebenswert ist. Für dich. Für uns alle.

Und deutlich mehr Spaß hast du auch noch dabei!

1. GRENZEN UND FREIHEITS-ILLUSIONEN

Während wir individuell das Gefühl haben, immer schneller laufen zu müssen, um irgendwie noch mithalten zu können, verdichten sich die Zeichen, dass wir kollektiv dringend abbremsen sollten. Denn wir nähern uns rasant einer Klippe, über die wir abzustürzen drohen.

GRENZEN UND FREIHEITS-ILLUSIONEN

Doch Achtung: Diese Klippe existiert nur innerhalb unserer bisherigen mentalen Modelle, die 99,9 Prozent unserer Entscheidungen bestimmen, ohne dass es uns bewusst ist.

In Wirklichkeit bietet uns die Unvorhersehbarkeit unserer vernetzten Welt inzwischen viel mehr erfolgversprechende Optionen, als dies bisher der Fall war. Wir müssen lediglich unsere Perspektive ändern, dann können wir den 0,1-Prozent-Joker einsetzen, mit dem wir das Spiel drehen.

»Zwischen Reiz und Reaktion liegt ein Raum. In diesem Raum liegt unsere Macht zur Wahl unserer Reaktion. In unserer Reaktion liegen unsere Entwicklung und unsere Freiheit.«

Viktor Frankl

1.1 ENGEGEFÜHL – UNSERE BISHERIGEN SPIELRÄUME SCHEINEN ZU SCHRUMPFEN

Wie bereits gesagt: Bevor wir in diesem Buch so richtig zu spielen beginnen, wollen wir zunächst auf die Aktualität des großen Spielfelds blicken. In einer guten Spieleanleitung braucht es zunächst gute Anlässe, die einen motivieren. Hier also der Durchblick auf das große Ganze.

Angeblich ist die Archäologie einer der wenigen Berufe, die in Zukunft kaum bedroht sein werden. Wenn du dich also vor der zunehmenden Digitalisierung fürchtest, solltest du vielleicht über diese Berufswahl nachdenken. Für mich war es zwar immer unvorstellbar, ein tieferes Interesse für Steine, Fossilien oder Höhlenzeichnungen zu entwickeln. Dazu ist meine Kindheitserinnerung an schier endlos erscheinende Museumsbesuche oder ganze Wochenenden in Steinbrüchen mit Hämmerchen und Lupe in der Hand noch nicht stark genug verblasst. Vielleicht sind aber auch die Zeitperioden, in denen Veränderungen stattgefunden haben, einfach zu lang für meine Ungeduld.

Zur Vorbereitung dieses Buches habe ich mich in die Meilensteine der Menschheitsgeschichte eingelesen – beziehungsweise in das, was wir bisher davon wissen. Und ich muss zugeben: Es ist faszinierend. Der Blick auf die menschliche Entwicklung in einer größeren zeitlichen Perspektive relativiert unser eigenes Leben deutlich.

Dies meine ich nicht im üblichen Sinne, der unser eigenes Dasein als Wimpernschlag der Geschichte zu völliger Bedeutungslosigkeit verkümmern lässt. Ganz im Gegenteil. Wenn wir uns vor Augen führen, wie lange kleinste technische und technologische Fortschritte bisher gedauert haben, so wird die Geschwindigkeit unserer aktuellen Innovationsleistung deutlich imposanter, als wenn wir diese nur im Zeitraffer unseres eigenen Lebens betrachten.

In meiner Teenagerzeit habe ich fast mein gesamtes Jahrestaschengeld investiert, um stolzer Besitzer eines Walkmans zu werden. Allerdings musste ich ihn bereits in meiner Studienzeit durch einen Discman ersetzen. Aber auch vor diesem machte die Miniaturisierung nicht halt. Mit Einführung der Kompressionssoftware wie MP3 für digitalisierte Musik entstanden zu Anfang der 1990er-Jahre ultrakleine tragbare Speichermedien, die es bald ermöglichten, meine gesamte Musiksammlung auf einen Memorystick zu packen. Und selbst dies ist inzwischen in Zeiten vollkommener Virtualisierung durch Plattformen wie Spotify überflüssig geworden.

In nur 35 Jahren haben wir eine Technologie entwickelt, die es uns erlaubt, mit unserer Lieblingsmusik nicht nur das Haus zu verlassen, sondern sie auch überall und jederzeit zu hören. Beeindruckend, keine Frage. Aber wie beeindruckend ist das erst, wenn wir uns bewusst machen, dass wir über die anatomischen Voraussetzungen für Gesang seit über zwei Millionen

Durch unseren exponentiellen technologischen Fortschritt sind wir an einer Singularität in der Entwicklung unserer Spezies angekommen, an der das Handeln einer einzigen Generation über die Zukunft unseres gesamten Planeten entscheidet. Egal welche Richtung wir gemeinsam wählen oder ob jeder beliebig weitermacht wie bisher: Wir tragen die Verantwortung für die Zukunft, denn die Konsequenzen unseres Handelns werden sich erstmals nicht mehr durch Eingriffe im Nachhinein korrigieren lassen. Dabei bietet die Anerkennung gewisser Grenzen für unser kollektives Handeln die Chance, durch Verschiebung unseres Entwicklungsschwerpunktes von maximaler Expansion auf klare Fokussierung unsere Kreativität zu bündeln und in sinnvolle Innovation zu verwandeln.

Jahren verfügen und uns tönerne Instrumente sicherlich schon seit 10 000 Jahren begleiten, allerdings erst vor rund 200 Jahren technische Wege gefunden haben, Musik aufzunehmen und abzuspielen?

Auch in der aktuellen Pandemie steht eine ähnlich rasante Entwicklung im Rampenlicht, die noch vor 150 Jahren unvorstellbar gewesen wäre. Erst Forscher wie Louis Pasteur und Robert Koch hatten die Theorie sowie den Nachweis über die Ursachen von vielen zuvor unbehandelbaren Infektionskrankheiten erbracht. Diese können wir zwar immer noch nicht ursächlich bekämpfen, allerdings haben wir seit dieser Zeit immer wirkungsvollere Wege gefunden, unserem Immunsystem gezielt einen Krisenfall vorzugaukeln, um die körpereigene Verteidigungsarmee schon vor einem Angriff in Alarmbereitschaft zu versetzen.

Während wir bislang einzelne Bruchstücke der Viren (Lebend- beziehungsweise Totimpfstoffe) oder harmlose Verwandte als solche verkleidet (Vektorimpfstoffe) in unseren Körper einschleusen mussten, um unserer körpereigenen Armee ein Bild über den Feind zu vermitteln, reicht heute die bloße Weitergabe der Information über den gegnerischen genetischen Bauplan (mRNA-Impfstoffe), um unsere Schutzschilder zielgenau zu aktivieren. Ob wir den Wettlauf gegen die Zeit indes gewinnen werden, steht auf einem anderen Blatt. Nicht nur die innovativen Antworten sind uns Menschen zu verdanken, sondern auch die Ursachen der meisten Probleme. Je näher wir der Natur auf die Pelle rücken und sie zu dominieren versuchen, desto eher werden wir mit ihren mikroskopischen Angriffsarsenalen in Kontakt kommen.

ENGEGEFÜHL

Gleiches gilt makroskopisch, denn die kumulierte Nutzung unseres technologischen Fortschritts durch einen kontinuierlich anwachsenden Teil der über 7,8 Milliarden Menschen auf unserem Planeten hat uns nicht nur individuelle Vorteile gebracht, sondern erzeugt kumuliert inzwischen auch unübersehbare Kollateralschäden. Mit einem existenziellen Gefahrenpotenzial für uns selbst.

Während wir unseren Fortschritt genießen, sollte uns gleichzeitig bewusst werden, dass unser Einfluss auf die weitere

Entwicklung unserer Spezies zu keinem Zeitpunkt in der Menschheitsgeschichte so entscheidend war wie heute. Und die Tatsache, dass es uns in der Vergangenheit bisher immer wieder gelungen ist, zeitgerecht neue Herausforderungen zu meistern, kann nicht als Referenz dafür dienen, dass uns dies auch in Zukunft gelingen wird. Die atemberaubende Geschwindigkeit, die unser kollektiver Erfindergeist in Kombination mit einem fast unbegrenzten Ideenaustausch in Echtzeit inzwischen angenommen hat, gibt uns erstmals Hebel in die Hand, mit denen wir Veränderungen in globalem Ausmaß bewirken können – im positiven wie negativen Sinne. Gleichzeitig hat sich die Zeit, die uns zum Reagieren bleibt, massiv verkürzt, um noch eingreifen zu können, wenn wir unerwünschte Nebeneffekte bemerken.

Ich würde sogar so weit gehen zu sagen, dass wir im historischen Kontext an einem Punkt angekommen sind, an dem eine einzige Generation zu einer Singularität der Menschheitsgeschichte geworden ist: ein Zeitpunkt, an dem wir zwischen völlig unterschiedlichen Zukunftsszenarien entscheiden können, die fundamental unterschiedliche Lebensbedingungen für unsere Nachkommen nach sich ziehen.

Daher können wir uns keinesfalls entspannt zurücklehnen und zuschauen, wie sich die Zukunft entwickeln wird. **Ob wir wollen oder nicht: Wir sind in einem noch nie dagewesenen Maße verantwortlich für die Zukunft und entscheiden über sie – egal ob wir handeln oder nicht.**

In der Geschichte des Lebens auf der Erde gab es – abgesehen von dramatischen Ausrottungsphasen in unserer prähistorischen Vergangenheit durch extreme Naturereignisse wie Meteoriteneinschläge oder massive atmosphärische Umwälzungen – nur einen Zeitpunkt, an dem in (relativ gesehen) sehr kurzer Zeit einer unserer entferntesten Verwandten schon einmal existenziell gefährdet und am Ende tatsächlich ausgerottet wurde – und dies geschah genau dort, wo wir heute leben: in Europa.

DÉJÀ-VU NEANDERTALER

Während der Entstehungszeitpunkt von Primaten selbst heute noch schwer einzugrenzen ist, geht man davon aus, dass die Geschichte des Homo erectus, des aufrecht gehenden Menschen, irgendwann vor zwei bis drei Millionen Jahren im heutigen Afrika ihren Anfang nahm. Ungefähr zu dieser Zeit begannen auch unsere Vorfahren, planvoll Steine aus ihrer Umgebung so zu bearbeiten, dass sie sich mit ihrer Hilfe die Zerlegung von Fleisch erleichtern konnten. So mancher mag hier bereits die Wurzeln der industriellen Revolution hineininterpretieren – die Unterstützung der menschlichen Arbeit durch Werkzeuge und Maschinen. Doch es dauerte noch weitere 1,5 Millionen Jahre – also fast die Hälfte unserer bisherigen Menschheitsgeschichte –, bis der Homo erectus den Faustkeil entwickelte, ein Universalwerkzeug ähnlich einem Schweizer Taschenmesser. In Kombination mit der Fähigkeit, Feuer nutzbar und sich auch durch Kleidung und Nahrungsbevorratung von seiner Umgebung unabhängiger zu machen, waren erst dann die Voraussetzungen geschaffen, um sich auf Wanderschaft zu begeben. So begann vor rund zwei Millionen Jahren eine erste Welle der Globalisierung, in der sich unser Urahne von Afrika aus auf den Weg machte, um zunächst Asien und den Mittelmeerraum zu erkunden.

ENGEGEFÜHL

Nachdem seine daheim gebliebenen Verwandten ihre Jagdtechnik verfeinert und durch den Bau von einfachen Hütten die Möglichkeit eröffnet hatten, sich vor unangenehmer Witterung zu schützen, begann vor rund 800 000 Jahren (also nach drei Viertel unserer Menschheitsgeschichte) eine neue Auswanderungswelle aus Afrika in Richtung Europa, und der Homo heidelbergensis besiedelte unsere heutige europäische Heimat erstmalig dauerhaft. Aus ihm entwickelte sich vor etwa 200 000 Jahren der Homo neanderthalensis, der sich ausgehend von Europa in den folgenden Jahren auch nach Südeuropa, Sibirien und den Nahen Osten ausbreitete.

Doch während sich der Neandertaler im täglichen Kampf gegen seine raue Umwelt zu behaupten versuchte, entstand nahezu zeitgleich vor geschätzt 300 000 Jahren erneut eine neue

Menschenart in Afrika, die ihm zum Verhängnis werden sollte: der Homo sapiens. Mit deutlich besseren kognitiven Fähigkeiten ausgestattet, entwickelte unser direkter Vorfahre nicht nur eine komplexere Sprachfähigkeit und höhere Innovationsleistung, sondern beschleunigte seine evolutionäre Vielfalt auch noch durch deutlich größere Sozial- und Familienverbände.

Auch er begab sich in den folgenden Jahrtausenden auf Wanderschaft und kam schließlich vor etwa 42 000 Jahren im heutigen Europa an – da waren schon über 98 Prozent unserer Geschichte geschrieben. Kaum angesiedelt, verschwand der Neandertaler von der Bildfläche der Geschichte – innerhalb eines extrem kurzen Zeitraumes von nur etwa 2600 bis 5400 Jahren. Was genau damals geschehen ist, können wir bisher nur vermuten. Über die moderne Genforschung können wir allerdings ausschließen, dass sich die beiden einfach nur freundschaftlich miteinander vermischt haben, denn die ein bis vier Prozent Neandertalergene, die wir heute noch in uns tragen, beweisen eindeutig, dass es bis auf ein paar außerfamiliäre Affären keine systematische Vermischung der beiden Spezies gab.

ENGEGEFÜHL

Platzmangel konnte es ebenfalls nicht gewesen sein, der den Homo sapiens bewegte, die verhältnismäßig kleine Zahl von geschätzt 100 000 Neandertalern in Europa zu verdrängen. Daher wird angenommen, dass es eine Kombination aus Innovationsfähigkeit für bessere Werkzeuge und Waffen, die Fähigkeit, auch vegetarische Nahrung zu verwerten, sowie die weiter entwickelten sozialen Kompetenzen waren, die ihn gegenüber dem von einer gerade überstandenen Kältephase geschwächten Neandertaler überlegen machte. Nach 800 000 Jahren Besiedlung in Europa und erfolgreichem Überstehen von allen denkbaren existenziellen und klimatischen Gefahren verschwand letzterer jedenfalls in nur 0,5 Prozent seiner Existenzzeit und überließ dem Homo sapiens als einzigem verbleibenden Hominiden unseren Planeten, auf dem sich dieser dann in den Folgejahren bis in die letzten Ecken ausbreitete. So zeigen Funde, dass wir bereits vor 65 000 Jahren Australien und vor etwa 20 000 Jahren über die Landbrücke in Russland auch Nord- und wenig später Südamerika erreichten.

Heutzutage lauert die eigentliche Gefahr für den Homo sapiens an einer ganz anderen Stelle. Diesmal ist es der entfesselte Homo oeconomicus, der uns existenziell bedroht – unser fiktives Rollenvorbild für kompromisslosen wirtschaftlichen Wettbewerb. Durch die massive Gefährdung des ökologischen und sozialen Gleichgewichtes als Konsequenz seines Verhaltens riskieren wir, in nur wenigen Jahrzehnten die wesentlichen Lebensgrundlagen für unser Fortbestehen wie Luft, Wasser oder Nahrung flächendeckend zu gefährden.

2050, der Zeitpunkt für viele diesbezüglich negative Prognosen, ist durchaus nicht mehr ferne Zukunft, wenn du einmal ausrechnest, wie alt du dann sein wirst oder deine Kinder und Kindeskinder. Und wenn du jetzt denkst, dass wir dank unserer Innovationsfähigkeit zumindest unser Überleben hier in Europa irgendwie sichern werden, können wir gerne einen Blick auf globale Entwicklungen werfen, bei denen aktuell gleich mehrere Veränderungen auf brisante Weise zusammenlaufen.

Schaut man beispielsweise auf ein Land wie Pakistan, das mit über 200 Millionen Einwohnern auf Platz sechs der bevölkerungsreichsten Länder unseres Planeten steht, so bezieht es sein Trinkwasser aus dem Indus, der seit Menschengedenken im Himalaya entspringt und Zugriff auf das größte Schmelzwasservorkommen außerhalb der Polarregion gewährt. Dennoch gehört das Land weltweit inzwischen zu einem der vom Wassermangel am stärksten betroffenen Regionen. Dies mag sowohl an einem ineffizienten landwirtschaftlichen Bewässerungssystem liegen als auch an der Tatsache, dass enorme Mengen an Wasser beispielsweise von der Textilindustrie entnommen und dann wieder ungefiltert in die Gewässer zurückgeleitet werden. Aber es bedarf keiner mathematischen Spezialkenntnisse, um das brisante Konfliktpotenzial abzuschätzen, das sich aus der Kombination ungebremstes Bevölkerungswachstum auf über 300 Millionen Einwohner, überproportionale Entwicklung der Basisindustrien sowie Abschmelzen der Himalayagletscher um rund 30 Prozent bis 2050 ergibt. Dass Pakistan auch noch zu den Atommächten gehört und auf umfangreiche nukleare »Argumente« im Extremfall zurückgreifen könnte, sei hier nur am Rande erwähnt.

Dies ist nur ein Beispiel dafür, wie globale ökologische Veränderungen in nur wenigen Dekaden auch politische und soziale Systeme destabilisieren können, wenn ökonomisch schon heute benachteiligte Bevölkerungsgruppen an die Grenzen des Erträglichen gedrängt werden und dadurch das Risiko für unkontrollierbare Eskalationen oder massenhafte Bevölkerungsbewegungen weit über die eigenen Grenzen hinweg steigt.

Während unser wirtschaftlicher Fortschritt uns zweifellos in nur wenigen Generationen weltweit einen rasanten Anstieg an Wohlstand und Komfort beschert hat, sind die kumulierten Nebenwirkungen immer schwerer zu übersehen. Und wir werden bei ungebremster Entwicklung in den kommenden 30 Jahren – also lediglich einem Hunderttausendstel unserer bisherigen Entwicklungsgeschichte – irreversible Veränderungen auf unserem Planeten verursacht haben – mit enormen Auswirkungen auf das bereits heute labile weltweite politische Gleichgewicht. Und damit auch ganz konkret auf uns.

JANUSKÖPFIGER FORTSCHRITT

Vielleicht bist du an dieser Stelle versucht, dieses Buch genervt zuzuklappen, weil du solche Warnungen bereits bis zum Abwinken gehört hast. Oder dein Alltag ist schwierig genug und allein die Gedanken an globale Probleme deprimieren dich zu sehr. Doch es wird dir nicht viel helfen, denn diese Themen werden bereits in diesem Jahrzehnt auf unseren Alltag direkten Einfluss nehmen.

Vielleicht gehörst du aber auch zu denen, die innerlich applaudieren und hoffen, dass ich Argumente gegen die maßlose Konsumgesellschaft oder die skrupellosen Wirtschaftsbosse liefere. Auch da muss ich dich enttäuschen. Denn es ist nicht unser Fortschritt an sich, der diese Gefährdung verursacht – und auch nicht ein fehlendes moralisches Rückgrat vorgeblich skrupelloser Akteure.

Diese häufig geführten Debatten sind nicht nur sinnlos, da sie Fronten verhärten und eine zeitnahe Veränderung verhindern. Sie zielen zudem nur darauf ab, die Symptome zu lindern, anstatt einen Dialog zu inspirieren, der die wirklichen Ursachen identifiziert und die Suche nach einem gemeinsamen Lösungsweg fördert.

Wie komme ich darauf?

Nun, zunächst widerspricht jede Form der Fortschrittsfeindlichkeit unserer evolutionären Orientierung. In unserer gesamten Menschheitsgeschichte stand uns durch die tägliche Nahrungsaufnahme nur ein bestimmtes Energiepotenzial zur Verfügung, das wir dem Körper zuführen konnten. Daher mussten wir immer möglichst effizient darüber verfügen. Glücklicherweise hatten wir irgendwann herausgefunden, dass wir mithilfe von Feuer Nahrungsmittel erhitzen und besser verwerten können. Ein Boost für unsere kognitiven Fähigkeiten und unseren Erfindergeist, denn gerade die evolutionär neuesten Fähigkeiten unseres Gehirns sind es, die sehr viel Energie verschlingen.

ENGEGEFÜHL

Dennoch blieben die ausreichende Verfügbarkeit von Nahrung und der effiziente Einsatz unserer Energie *die* treibenden Faktoren für unser erfolgreiches Überleben. Auch wenn wir in Zeiten von kalorienreichem Fast Food inzwischen einen Punkt erreicht haben, an dem weltweit mehr Menschen an den Folgen von Diabetes und Übergewicht sterben als an Hunger, so müssten wir Jahrmillionen evolutionärer Erblast bekämpfen, wenn wir unseren unstillbaren Drang nach »Nahrung«, Fortschritt und Wohlstand kurzfristig einbremsen wollten.

Ebenso wenig zielführend ist die lauter werdende Diskussion um die Notwendigkeit von mehr Moral in den Chefetagen der Wirtschaftsunternehmen, in denen nicht nur technologische Strategien entworfen, sondern auch über deren Konsequenzen entschieden wird.

Auch wenn die vorgebrachten Argumente zweifellos ihre Berechtigung haben, wäre es naiv zu erwarten, dass sich hieraus eine zeitnahe Veränderung ergibt. Denn **die Ursache von vordergründig unmoralischem Verhalten in der Wirtschaft liegt nicht an der flächendeckenden Charakterlosigkeit von Führungskräften** (auch wenn es unstrittig Exemplare hiervon gibt)**, sondern im Wesentlichen an der systemimmanenten Logik unseres wirtschaftlichen Gesamtkonzepts.** Durch eine (gesellschaftlich tolerierte) unausgewogene Aufteilung von Nutzen gegenüber Verantwortung und einen extrem kurzfristigen Fokus wird die aktuelle Entwicklung aktiv gefördert und Manager in vielen Fällen juristisch geradezu verpflichtet, Entscheidungen zum Vorteil des Shareholders und zum Nachteil der Gesellschaft oder der Umwelt zu treffen – zumindest solange Gesetze dies nicht unmissverständlich untersagen (siehe auch Kapitel 4.2.3).

Um den kollektiven Fortschritt zu maximieren, haben wir um die Wirtschaft herum ein System von Regeln errichtet, welches bestmöglich die Privatisierung ihrer Vorteile schützt – und damit nicht nur das Streben nach unmittelbarem Profit, sondern auch die weitgehende Vergesellschaftung negativer Nebenwirkungen unter dem Deckmantel eines vorgeblich notwendigen Bestandsschutzes legitimiert.

Dies geht so weit, dass beispielsweise im Kontext des globalen Klimawandels und seinen inzwischen offensichtlichen Konsequenzen immer noch argumentiert wird, dass das Einleiten längst überfälliger wirksamer Maßnahmen nicht vertretbar sei, da dies unseren aktuellen wirtschaftlichen Erfolg gefährden könnte. Diese Argumentation ist nicht nur sachlich nicht zu halten, da eine konsequent nachhaltige Ausrichtung der Wirtschaft zwar in beträchtlichem Umfang Schwerpunkte und Marktanteile verschieben würde, aber tendenziell eher zusätzliche Aufgaben und Möglichkeiten erschafft. Sie ist angesichts der Tatsache, dass der CO_2-Gehalt in der Atmosphäre bereits 50 Prozent über dem höchsten Wert der letzten 400 000 Jahre liegt und uns nur noch maximal eine Dekade für eine wirksame Prävention verbleibt, um Dominoeffekte wie das Abschmelzen der Polkappen (sie reflektieren viel Sonnenlicht) und das Auftauen von enormen Methanvorkommen (ein gegenüber CO_2 25-mal wirksameres Klimagas) in der Tundra zu verhindern – Stichwort Generationenverantwortung –, geradezu grotesk. Denn hiervon werden in naher Zukunft genau diejenigen Wirtschaftsunternehmen massiv geschädigt, die wir heute durch Passivität angeblich schützen wollen.

ENGEGEFÜHL

DEN GORDISCHEN KNOTEN DURCHSCHLAGEN

Es ist wie in Christian Andersens Märchen »Des Kaisers neue Kleider«, in dem die Tatsache, dass der Kaiser nackt durch die Straßen läuft, für jeden offensichtlich ist – und doch niemand wagt, dies laut zu äußern, um nicht Gefahr zu laufen, von den anderen als dumm bezichtigt zu werden. Wir haben uns ein Glaubensgebäude errichtet, in dem Handlungsgrenzen nicht nur als Feind der Freiheit diskreditiert, sondern insbesondere im ökonomischen Kontext auch zum Gegner des Fortschritts stigmatisiert werden.

Dieser Religion folgen wir kollektiv und machen sie zu der einzig denkbaren Zukunft, die wir zulassen. Selbst diejenigen, die vor den ökologischen und sozialen Konsequenzen der aktuellen Entwicklung warnen, sehen als einzige Option für Veränderung, dass wir das gesamte System verlangsamen und dabei massive Einschränkungen in Kauf nehmen müssen. Damit unterstellen auch sie stillschweigend, dass der aktuelle ökonomische Grundmechanismus alternativlos ist. Und geben ihren Gegnern die Argumente an die Hand, mit denen diese dann absurde Drohszenarien über kollektive Fleischverbote, gefährliche Stromausfälle oder massiven Mobilitätsverlust entwickeln.

Anstatt die unübersehbaren Grenzen für unsere Zukunftsgestaltung zu ignorieren und diejenigen zu attackieren, die mutig darauf hinweisen, sollten wir uns vielmehr die Frage stellen, ob ein zielloser Fortschritt tatsächlich in der heutigen Welt der einzige Pfad ist, um unsere individuelle wie kollektive Lebensqualität kontinuierlich zu verbessern. Liegt er in der aktuellen Form überhaupt in unserem eigenen Interesse?

Hierfür müssen wir uns zuallererst von der irrigen Vorstellung lösen, dass uns die zunehmende Zahl an unvermeidlichen Grenzen für unser Handeln – sei es nun bezüglich des Einsatzes von regenerativen Energiequellen zur Verlangsamung der globalen Erwärmung, der Recyclingfähigkeit von Kunststoffprodukten zur Müllreduktion oder des Verbotes von gesundheitsschädlichen Chemikalien – in unserer Freiheit behindert und unseren Fortschritt ausbremst.

In Wahrheit stellen Grenzen vielmehr Leitplanken dar, die unsere überbordende Innovationsenergie besser bündeln und ausrichten und sie dadurch viel wirkungsvoller machen. Ähnlich wie die Felswände die Kraft und die Geschwindigkeit eines Flusses erhöhen, mit denen er sich seinen Weg ins Tal schneidet und der Landschaft ein charakteristisches Geländeprofil schenkt.

Oder noch anders ausgedrückt: Während Kreativität dafür sorgt, dass durch freies Experimentieren der Raum für neue Dinge entsteht, steigert sie mittelfristig ohne ordnende Ausrichtung lediglich das, was wir aus den Spielzimmern unserer Kinder (oder Neffen, Enkel ...) kennen: das Maß an Unordnung – wissenschaftlich gesprochen Entropie –, die anfänglich faszinierend, irgendwann unbefriedigend und schließlich einfach nur noch anstrengend ist. Insofern sollten wir die zunehmenden (und alternativlosen) Grenzen für unser Handeln als Segen betrachten, denn **wir stehen aktuell an einem natürlichen Wendepunkt eines Veränderungsprozesses, an dem eine maximal expansive Entwicklung in eine Phase des Fokussierens übergehen *muss*, um den nächsten Level der menschlichen Entwicklung zu erreichen.**

ENGEGEFÜHL

Eigentlich spüren wir es selbst. Denn ein eindeutiger Indikator für die Notwendigkeit einer grundsätzlichen Richtungsänderung ist auch, dass der »Grenznutzen« unserer Anstrengungen im aktuellen System immer kleiner wird und unsere bisherigen Handlungsmuster in unserer global vernetzten Gesellschaft zunehmend überhitzen. Angesichts eines immer höheren Aufwandes, den wir im alltäglichen Hamsterrad betreiben müssen, um unseren Lebensstandard zu steigern oder zumindest zu erhalten, wäre es an der Zeit, nach neuen und besseren Mitteln für Optimierung zu suchen.

Unvermeidbare Grenzen als inspirierende Orientierungshilfen anzusehen, anstatt unsere Energie im sinnlosen Aufbegehren gegen sie zu verschwenden, **wäre ein vielversprechender erster Schritt** in diese Richtung. Doch warum fällt es uns so schwer, unvermeidliche Veränderungen positiv anzunehmen und hierfür neue Handlungsstrategien zu entwickeln? Um diese Frage zu beantworten, müssen wir verstehen, wie unsere Handlungsmuster entstanden sind – und wie wir sie umprogrammieren können.

1.2 HANDLUNGSILLUSION – WIR WERDEN ZU 99,9 PROZENT GESPIELT

Gnothi seauton, erkenne dich selbst, haben die alten Griechen vor rund zweieinhalb Jahrtausenden in eine Säule des Apollotempels in Delphi gemeißelt – als Mahnung für den Menschen, sich immer seiner eigenen Begrenztheit bewusst zu sein, mit der wir uns von den Göttern unterscheiden.

Nun, vermutlich wirst auch du selbstkritisch schmunzeln, wenn der Mensch von der Wissenschaft als Homo sapiens idealisiert wird – ein hochintelligentes Wesen, das konsequent vernünftige Entscheidungen trifft und jedes Mal objektiv die zu erwartenden Vorteile gegenüber den voraussichtlichen Nachteilen abwägt. Den meisten von uns fällt sicherlich eine ganze Reihe an Situationen ein, in denen wir doch nicht ganz konsequent rational gehandelt haben.

Als Verteidigung wird gerne ins Feld geführt, dass es sich bei solchen Fällen um Ausnahmen handelt, während wir uns weiterhin überwiegend für einen rational handelnden Menschen halten. Egal, ob es um Ausbildung, Arbeitsplatz, Altersvorsorge, Kinderplanung oder Partnerschaftsmodell geht: Zumindest bei allen wichtigen Lebensentscheidungen halten wir uns für Vernunftwesen, die sich genau überlegen, wie sie durch systematisch durchdachte Entscheidungen erfolgreich vorankommen – als objektiv rationale Akteure.

Um diesen Mythos zu erhalten, wird häufig selbst unüberlegtem Verhalten eine logische Herkunftsgeschichte im Nachhinein angedichtet, damit das Fundament unserer Rationalität keine Risse bekommt. So ist es durchaus spannend, den Regierungsbericht der amerikanischen Untersuchungskommission zur Finanzkrise vor rund 15 Jahren zu lesen. Die Schuld für den Beinahekollaps der weltweiten Finanzsysteme, dessen Konsequenzen weltweit unzählige Haushalte, aber auch Staaten in ein finanzielles Desaster gestürzt haben, unter dem sie noch heute leiden, wird im Wesentlichen im Versagen der Überwachungsinstitutionen von Staat und Finanzwirtschaft gesehen. Dass allerdings zunächst wirtschaftlich erfahrene Menschen weltweit massenhaft ihr Geld

Die meiste Zeit in unserem Leben werden wir von einem Autopiloten gesteuert, der sich bei seinen Entscheidungen an erlernten Mustern aus unserer Vergangenheit orientiert. Dies war evolutionär bisher sehr hilfreich, entpuppt sich aber mehr und mehr als Handicap in einer komplexen Welt mit schwer vorhersehbarer Zukunft. Allerdings ist der Schalter, mit dem wir ihn in entscheidenden Situationen ausschalten und auf »Handsteuerung« umschalten können, schwer erreichbar. Hierfür müssen wir zunächst unseren Zweifel trainieren: Welche Standardlösungen bieten uns heute keine Hilfe mehr?

(und das von anderen) auf den Erfolg von sogenannten »subprime loans« (Kredite für Menschen, die diese mit ziemlicher Sicherheit niemals zurückzahlen können) verwettet haben und blind einem komplett irrationalen Herdentrieb gefolgt sind, scheint niemanden zu irritieren.

Doch selbst wenn wir in der Rückschau scheinbar logische Erklärungsmodelle konstruieren können, mit denen wir die verrücktesten Entscheidungen logisch zu rechtfertigen versuchen, sind die meisten von ihnen in Wahrheit nur sehr bedingt rational erfolgt – und die Begründungen nicht zutreffender als Horoskope: Sie klingen im ersten Moment ausgesprochen überzeugend, sind allerdings bei genauer Betrachtung so konstruiert, dass sie im Nachhinein fast immer und zu jedem passen.

Es ist der Verhaltensforschung der letzten Jahrzehnte und Wissenschaftlern wie Daniel Kahneman – dem ersten Psychologen (!), der den Nobelpreis für Ökonomie erhielt – zu verdanken, dass wir diese Phänomene inzwischen besser dechiffrieren können. In Wahrheit wägen wir als Spezies für unsere Entscheidungen keineswegs objektiv die zu erwartenden Vorteile mit den zu befürchtenden Nachteilen ab. Egal, ob es um Investitionen in Aktien, berufliche Entscheidungen oder nur kleine Wetten in Alltagssituationen geht, im Mittel neigen Menschen dazu, das Risiko möglicher Verluste mit dem doppelten Gewicht in die Waagschale zu werfen wie die Chancen möglichen Lustgewinns. Diese Neigung ist nicht bei allen Menschen gleich ausgeprägt und ändert sich auch abhängig vom Kontext. Aber zunächst können wir gesichert davon ausgehen, dass wir allgemein eine deutlich stärkere Abneigung gegen mögliche Verluste oder Schmerz haben, als uns positive Aussichten zu Entscheidungen verführen können.

HANDLUNGS-ILLUSION

Lediglich von atemberaubenden Gewinnaussichten lassen wir uns gerne in die umgekehrte Richtung verleiten, selbst wenn die statistischen Erfolgsaussichten eindeutig negativ ausfallen – so wie beim Lottospiel oder im Spielcasino. Bereits dies sind massive Abweichungen von dem allgemeinen Verständnis, dass unser Handeln davon bestimmt wird, durch objektives Bilanzieren nach Wegen zu suchen, um unsere Lust zu maximieren und das Risiko von Schmerz zu vermeiden, wie es schon Aristippos von Kyrene, ein Zeitgenosse von Sokrates, beschrieben hat und seither historisch kaum als Grundalgorithmus unseres Entscheidungsverhaltens infrage gestellt wurde.

Allerdings war eine solche Programmierung während des größten Teils unserer Evolutionsgeschichte hilfreich, um lebensbedrohliche Gefahren zu vermeiden, und hat sich in unserem Denken hart verdrahtet. Dass wir gleichzeitig in den Jahrhunderttausenden unserer zerebralen Prägungsphase selten in Situationen gerieten, in denen Gewinnchancen in der Größenordnung von 1 zu 140 Millionen lagen, macht es für uns allerdings schwierig, unsere Aussichten auf einen Sechser im Lotto realistisch einzuschätzen – auf solche Fälle sind wir evolutionär einfach nicht vorbereitet.

Wir sind also zunächst einmal tendenziell konsequente Risikovermeider (mit einer latenten Schwäche für Superchancen). Dies alleine wäre nicht so dramatisch, da es sich lediglich um eine Bewertungsverschiebung im Verhältnis von Risiken zu Chancen handeln würde, die wir statistisch erfassen könnten, ohne die Frage der Rationalität unserer Entscheidungen grundsätzlich zu tangieren. Kritisch verstärkt sich diese Tatsache jedoch dadurch, dass grundsätzlich nur ein Bruchteil unserer Entscheidungsfragen überhaupt bis zu denjenigen Gehirnbereichen vordringt, die für die Ratio zuständig sind.

Wie groß ihr Anteil genau ist, wird intensiv diskutiert. Die Forschung legt nahe, dass zumindest der Anteil derjenigen Entscheidungen, bei denen wir aktiv unsere verfügbaren Optionen in allen wesentlichen Aspekten rational gegeneinander abwägen, in der Größenordnung von 0,1 Prozent liegt – wenn man einmal sämtliche Handlungen berücksichtigt, die die Hirnforschung auf über 20 000 pro Tag taxiert.

Für die verbleibenden 99,9 Prozent der Fälle entscheidet ein Autopilot schnell und effizient für uns: entweder auf Basis programmierter Bewertungsalgorithmen und mentaler Vereinfachungen oder indem er die Fakten aufgrund früherer Erfahrungen so vorinterpretiert, dass lediglich eine sinnvoll erscheinende Option übrig bleibt und damit unsere Entscheidung nur eine Illusion ist. Er tut dies, ohne dass wir es überhaupt mitbekommen oder die Chance haben, unsere Alternativen und deren Konsequenzen rational abzuwägen.

Diese Zahlen mögen überraschen und zunächst bei dir einen großen inneren Widerstand provozieren, da wir uns in vielen Lebensbereichen über unsere Rationalität als einzigartige Kompetenz definieren. Allerdings haben sie einen leicht nachvollziehbaren Grund: Für die menschliche Fähigkeit, sich mögliche Zukunftsszenarien auszurechnen und diese für eine Kosten-Nutzen-Rechnung miteinander zu vergleichen, müssen wir einen der jüngsten Bereiche unseres Gehirns aktivieren, den sogenannten Frontallappen, der sich hinter unserer Stirn verbirgt. Für den dort ablaufenden Denkprozess sind sehr komplexe neuronale Vorgänge notwendig, die – ähnlich wie bei Hochleistungscomputern – viel Energie verbrauchen. Und Energie war evolutionär immer Mangelware. Zumal das Gehirn auch ständig darum bemüht ist, möglichst wenig Energie zu verschwenden.

HANDLUNGS-ILLUSION

Auch wenn wir gelernt haben, wie durch das Vorkochen von Nahrung diese leichter verdaubar wird, und wir seitdem mehr Kalorien dem Körper zuführen können als je zuvor, verbraucht unser Gehirn immer noch rund 40 Prozent der verfügbaren Energie. Daher war es in der menschlichen Evolutionsgeschichte schlichtweg alternativlos, den Einsatz unserer Ratio auf Situationen zu beschränken, in denen diese wirklich (überlebens)notwendig war – und uns bei allen anderen Entscheidungen nach Möglichkeit auf angeborene Reflexe (wie Fluchtverhalten) oder erlernte Standardmuster zu verlassen.

Während wir technologisch in den letzten Jahrhunderten unglaubliche Fortschritte gemacht haben, hat sich an den Basisfunktionen unseres Gehirns wenig Grundlegendes geändert, denn im Kontext der evolutionären Veränderungsgeschwindigkeit sind ein paar Jahrhunderte oder auch nur Jahrzehnte nur ein unbedeutender Wimpernschlag.

Wenn wir folglich unser Verhalten in der heutigen Welt neu ausrichten möchten, müssen wir uns zunächst klarmachen, dass wir mit diesem für einen Homo sapiens vor Zehntausenden von Jahren optimierten Betriebssystem unterwegs sind. Vornehmlich ausgerichtet auf Risikovermeidung sowie Energieeinsparung und nur in den seltensten Momenten im Ratio-Modus – auch wenn wir uns gerne etwas anderes einreden wollen und der Versuchung erliegen, selbst die unvernünftigsten Entscheidungen durch logische Argumente vor uns selbst (und anderen) nachträglich zu rechtfertigen.

HANDLUNGS-ILLUSION

Wir haben die Story des rationalen Homo sapiens so sehr verinnerlicht, dass wir uns sogar erfolgreich selbst austricksen können, ohne es zu merken: Eine logische Erklärung für unser Verhalten ist in der Regel schon da, bevor wir überhaupt über seine Sinnhaftigkeit nachgedacht haben. Und dies verhindert erfolgreich, dass wir unsere tatsächlichen Handlungsalgorithmen regelmäßig hinterfragen. Doch nach welchen Regeln handeln wir in den Fällen, in denen unser Vernunftprozessor nicht aktiv ist? Und was aktiviert ihn in den seltenen Fällen, in denen er die Entscheidung trifft?

VERKABELUNGSPLAN UNSERES AUTOPILOTEN

Die Algorithmen, auf denen unsere automatischen Entscheidungen und Handlungen basieren, haben unsere Urahnen im Verlauf von Hunderttausenden von Jahren in ihrer zyklischen Lebenswelt entwickelt. Während sie nicht die geringste Ahnung von den genauen Zusammenhängen der Physik, Chemie oder Biologie hatten, konnten sie allein durch Beobachtung den Rhythmus wichtiger Geschehnisse erfassen und das Wissen hierüber dank ihrer sich stetig verbessernden Sprachfähigkeiten in Form von Geschichten weitergeben.

In einer solchen Welt waren diejenigen am erfolgreichsten, die die Fähigkeit hatten, Wiederholungsmuster zu erkennen und zur Basis ihrer zukünftigen Entscheidungen zu machen. Wobei Erfolg zur damaligen Zeit bessere Nahrung und geringere Gefahren für Leib und Leben bedeutete – und damit eine höhere Wahrscheinlichkeit, die eigenen Gene an die nächste Generation und letztlich an uns weiterzugeben. Insofern **sind wir alle die evolutionären Kinder der besten Mustererkenner.**

Neben dem unmittelbaren Erfolg im steinzeitlichen Alltag war es diese Fähigkeit, die es unseren Vorfahren erlaubte, ihre wachsenden kognitiven Kompetenzen optimal auszubauen. Immer wenn ein Muster erkennbar war, konnten sie dieses in ihren Autopiloten einprogrammieren, der sie beim nächsten Mal erfolgreich durch eine bereits bekannte Situation oder Phase hindurchsteuerte. Das sparte jede Menge Energie, die für neue Fragen zur Verfügung stand.

Aufgrund dieser Historie sind wir bis heute mit kognitiven Reflexen ausgestattet, durch die wir in jeder Situation zunächst nach ähnlichen Fällen aus der Vergangenheit in unserem Gedächtnis suchen, um die einmal erfolgreich angewendete Entscheidung zu replizieren. Diese Mustererkennung erfolgt in der Regel komplett unbewusst, und wir kommen ins Handeln, ohne nachdenken zu müssen. In den meisten Fällen ist diese Kompetenz äußerst sinnvoll, denn sie hat nicht nur diejenigen in der Geschichte der Menschheit geschützt, die bereits beim ersten Grollen eines Säbelzahntigers die Flucht ergriffen haben, anstatt erst einmal nachzuschauen, ob er wirklich gefährlich ist. Sie warnt uns auch heute beim Motorengeräusch eines Autos vor der möglichen Gefahr, überfahren zu werden (was zumindest bei lautlosen Elektrofahrzeugen eine Herausforderung ist).

Diese Befähigung manifestiert sich nicht nur in konkreten Handlungsmustern, sondern auch in angelernten Neigungen, die einmal als vorteilhaft abgespeichert unser Denken und Handeln beeinflussen, indem sie jede situative Einschätzung überproportional in eine vorgegebene Richtung verzerren. Diese Voreingenommenheit entsteht nicht nur aufgrund eigener Erfahrungen, sondern wird auch durch unsere Erziehung und unser Umfeld stark geprägt. So basiert unsere Haltung in gesellschaftlichen oder politischen Fragen selten auf einer objektiven Einzelfallbewertung der konkreten Fragestellung, sondern wir verfügen über eine vorgefertigte Grundtendenz, noch bevor wir den Sachverhalt in Gänze kennen. Selbst unser Konsumverhalten wird stark von unseren programmierten Neigungen bestimmt, und sei es nur, dass wir eine positive Erfahrung mit einem einzelnen Produkt schnell auf eine allgemeine Markenpräferenz erweitern.

Gleichzeitig bauen wir kontinuierlich aus der Vielzahl an Einzelerlebnissen vereinfachte mentale Modelle, die uns helfen sollen, die großen Zusammenhänge in der Welt erklärbar zu machen. Solche Konzeptideen ermöglichen uns, nicht nur ähnliche Situationen aus der Vergangenheit für unsere Entscheidungen als Orientierung heranzuziehen, sondern selbst in neuen Situationen auf zumindest vergleichbare Fälle zurückzugreifen. Sie sind allerdings nicht immer sachlich hergeleitet, sondern stark von gerade verfügbaren Informationen beeinflusst. So erscheint nach jedem Flugzeugabsturz das Fliegen vielen Menschen als überaus gefährlich, obwohl sich das individuelle Risiko, hierdurch sein Leben zu verlieren, nicht verändert hat. Es ist nach wie vor minimal.

Und zuletzt haben wir die Fähigkeit, selbst in Fällen unvollständigen Wissens die fehlenden Puzzleteile plausibel aus vergangenen Erlebnissen zu ergänzen, um bei einem Informationsdefizit eine möglichst gute Entscheidung treffen zu können. Was in der Steinzeit geholfen hat, im dichten Wald eine diffuse Erscheinung frühzeitig als Gefahr einzuschätzen, ist heute allerdings oft eine der wesentlichen Quellen für Vorurteile.

Alle diese Funktionen sind bereits im Laufe der Evolution vor einigen Hundert Millionen Jahren entstanden und in ihren Grundformen nicht ausschließlich uns Menschen vorbehalten. Daher bezeichnet man den Bereich, in dem diese Prozesse ablaufen, auch gerne als Hirnstamm oder Reptiliengehirn. Konditioniert wird es im Wesentlichen durch unser Belohnungssystem, das diejenigen Handlungen prämiert, die zu einem positiven Ergebnis führen; überdies durch unser Erinnerungssystem, das Kindheitserlebnisse für den weiteren Verlauf des Lebens überproportional gewichtet, sowie durch unser emotionales System, das durch bestimmte Reize getriggert wird und besonders beim Auslösen von Warnsignalen die Kaskade an Flucht- oder Kampfverhalten aktiviert.

Dieses Triumvirat fängt die allermeisten Reize aus unserer Umwelt ab und entscheidet für uns, bevor die jeweilige Situation überhaupt unseren rationalen Frontallappen erreicht und wir sie bewusst wahrnehmen. Ich denke, es ist nachvollziehbar, dass ein solches evolutionäres Erbe in unserer heutigen volatilen Welt ein echtes Handicap darstellt. Denn Reflexe, Standardreaktionen und

Neigungen verhindern häufig, dass wir offen für neue Perspektiven sind, wenn geänderte Randbedingungen eigentlich eine Überprüfung unserer Grundeinstellungen notwendig machen würden. Auch unsere mentalen Modelle werden aufgrund ihrer groben Vereinfachungen der zunehmenden Komplexität vieler Situationen nicht gerecht, besonders wenn sich entscheidende Parameter ändern, die bisher als unverrückbar galten. Und zuletzt führen stillschweigende Ergänzungen im Falle von fehlenden Fakten oder Ambiguität leicht zu vorschnellen Urteilen, die entscheidende Optionen verbauen.

Man könnte zur Veranschaulichung sagen: **Wir lassen unseren Autopiloten, in dessen Speicher alte Karten hinterlegt sind, unsere Flugroute wählen und weiterhin in niedriger Höhe über bisher unbekannte Landschaftsprofile fliegen.** Dabei riskieren wir immer häufiger Kollisionen mit Gebäuden, Hügeln oder Bergen, die keiner an dieser Stelle einfach erwartet hat. Um aber nicht auf diese Weise zu zerschellen, müssten wir den Autopiloten zumindest in wesentlichen Entscheidungsmomenten abschalten und auf Handsteuerung umstellen, bis wir die Karten für unsere Navigation aktualisiert haben.

HANDLUNGS-ILLUSION

Doch solange unsere automatischen Mechanismen am Werk sind, befindet sich der Frontallappen im Ruhemodus und wird erst dann von unserem Reptiliengehirn aufgeweckt, wenn es den Eindruck gewinnt, mit etwas wirklich Neuem oder Ungewohntem konfrontiert zu sein, für das es keine Standardlösung kennt. Beziehungsweise die Situation noch nicht einmal oberflächlich betrachtet zu einer der verfügbaren Schablonen zu passen scheint. Doch mangels Erfahrung mit der neuen VUKA-Welt, in der inzwischen Volatilität, Unvorhersehbarkeit, Komplexität und Ambiguität zum Alltag gehören, ist es oft betriebsblind.

Durch die Erblast unserer Gehirnverdrahtung sind wir mit einer doppelten Herausforderung konfrontiert: Zum einen sind die Muster, die in unserer Vergangenheit sinnvoll waren und auf deren Basis unsere Programmierung entstanden ist, nicht unbedingt eine erfolgreiche Strategie in der heutigen Zeit. Zum anderen unterliegen wir selbst bei abweichenden Beobachtungen ständig der Versuchung, sie dennoch für alte Modelle irgendwie passend zu machen. Denn in unserer Vergangenheit waren Abweichungen meistens nur seltene Ausnahmen von einer Regel. Und für die mussten wir unsere knappen Energiereserven nicht für eigene rationale Entscheidungen verbrauchen.

Um neue Lebensstrategien entwickeln zu können, müssen wir uns folglich in die Lage versetzen, unsere erlernte Sicht der Welt einmal persönlich zu überprüfen. Das geht nur, indem wir die Augen von den Instrumententafeln heben, aus dem Cockpitfenster blicken und aktuellere Einsichten über die Welt erlangen. Erst durch diesen bewussten Prozess kann unser Gehirn ungewöhnliche oder gar fundamentale Abweichungen identifizieren und beginnen, rational darüber nachzudenken. Anders ausgedrückt: Wir müssen Wege finden, unser Reptiliengehirn auszutricksen, um unseren Autopiloten von Zeit zu Zeit aktiv abzuschalten.

HANDLUNGS-ILLUSION

Unlösbar ist diese Aufgabe nicht. Wenn wir uns klarmachen, welche Bereiche in unserem Leben *zu* wichtig sind, als dass wir uns weiterhin durch Standardlösungen in die falsche Richtung leiten lassen, können wir uns selbst trainieren, regelmäßig genauer hinzuschauen. Der erste Schritt hierfür ist, unseren **Zweifel zu nähren** – und zwar daran, ob unsere selbstverständlich erscheinende mentale Programmierung überhaupt noch aktuell ist. Wenn uns das gelingt, können wir nicht nur die Welt um uns herum neu bewerten und alternative Wege für uns selbst finden. Wir können dann auch besser akzeptieren, **unvermeidbare Grenzen nicht länger pauschal nur als Verlust oder Einschränkung unserer individuellen Freiheit zu betrachten, sondern vielmehr als Inspiration für innovatives und zukunftsgerichtetes Handeln.**

Und genau dahin möchte ich in diesem Buch mit dir kommen: auf die zukünftige Spielfläche, deine Freiheitsgrade zu erhöhen. Oder wie es ein großer Basketballtrainer einmal ausgedrückt hat: »Wir machen alles, was wir vorher noch nicht gekonnt haben.«

1.3 GLÜCKSSPIEL – DIE ZUKUNFT GEHORCHT IMMER SELTENER DER VERGANGENHEIT

Bevor wir uns rational Gedanken darüber machen, welche Strategien uns in unserer neuen VUKA-Welt helfen, müssen wir noch eine letzte Frage klären: Wie präzise können wir überhaupt eine »richtige« Strategie für unsere Zukunft identifizieren? Denn erst wenn wir wissen, ob es sich beim Leben eher um ein Strategie- oder ein Glücksspiel handelt, können wir entscheiden, ob wir systematische Handlungs*strategien* oder vielmehr verlässliche Orientierungs*punkte* am Horizont benötigen.

Unsere entfernten Vorfahren gingen davon aus, dass es sich beim Leben weitestgehend um ein Glücksspiel handelt und wir der Willkür der Natur, den Neurosen der Götter, dem Karma unserer Vorfahren oder dem Einfluss mächtiger Magier unterworfen sind, die wir maximal durch zielgerichtete Huldigungen milde stimmen können. Erst mit einem zunehmenden Verständnis der Ursache- und Wirkungsbeziehungen in der uns umgebenden Umwelt hat sich diese Einschätzung schrittweise verändert und ist inzwischen nahezu ins Gegenteil umgeschlagen. So wissen wir heute, dass hinter Blitz und Donner weniger ein Wutausbruch von Vater Zeus steckt, sondern eine elektrische Spannungsentladung, die unter spezifischen meteorologischen Bedingungen auftreten kann. Und auch für viele andere Ereignisse haben wir in den meisten Fällen eine wissenschaftlich einleuchtende Erklärung parat. Aus diesem Grund herrscht heute die Meinung vor, dass es sich bei unserem Leben weitestgehend um ein Strategiespiel handelt, für das wir bei ausreichender Kompetenz die erfolgreichsten Wege im Vorhinein identifizieren können, um uns dafür zu entscheiden.

GLÜCKSSPIEL

Spannenderweise hat in Wirklichkeit die Welt den umgekehrten Verlauf genommen. So entwickelte sich unsere Spezies während des größten Teils ihrer Geschichte in einem Umfeld, das zumindest innerhalb der Spanne eines üblichen Menschenlebens ohne große Schwankungen weitgehend zyklisch verlief und insofern geradezu prädestiniert war, aus diesen Mustern pas-

Unsere VUKA-Welt erfordert nicht nur neue Strategien, sondern folgt grundsätzlich immer weniger festen, vorgegebenen Mustern. Allerdings sind wir dadurch nicht einfach dem Schicksal ausgeliefert. Wir können die sich hieraus ergebenden Chancen nutzen, wenn wir nicht länger nach optimalen Handlungsstrategien suchen, sondern uns über unsere entscheidenden Orientierungspunkte im Klaren werden und uns an ihnen konsequent orientieren.

sende Erfolgsstrategien zu entwickeln. Die entscheidenden Faktoren für das Überleben unserer Vorfahren waren der Tagesrhythmus der Tiere am Wasserloch, die Jahreszeiten oder die großen Herdenbewegungen. Sie bestimmten für unsere Vorfahren die Qualität der Grundversorgung und wiederholten sich in bestimmten Perioden mit zuverlässiger Regelmäßigkeit.

Dies hat sich erst in den jüngsten Jahrhunderten und vor allem Jahrzehnten deutlich geändert. Insbesondere durch die rapide Zunahme an unkalkulierbaren »Mitspielern« auf diesem Planeten (ihre Anzahl hat sich allein seit meiner Geburt auf knapp acht Milliarden verdoppelt!) ist eine Vielzahl weit weniger zyklischer Einflussfaktoren hinzugekommen. Zeitgleich hat sich durch die explosionsartige Vernetzung der unterschiedlichsten gesellschaftlichen Systeme das Verhältnis zwischen strategischen Spielanteilen und unvorhersehbaren Verläufen deutlich in Richtung letzterer verschoben, da selbst weit entfernte Ereignisse unmittelbare Auswirkungen auf uns haben können (siehe Kapitel 4.1.2 über die Zukunft).

GLÜCKSSPIEL

Diese fundamentale Regeländerung geschah allerdings nicht gleichmäßig, sondern hat eine Lebensrealität voller abrupter Wechsel geschaffen. Auf konstante Perioden, in denen sich sowohl das Umfeld als auch alle Mitspieler weitgehend vorhersehbar in eine bestimmte Richtung bewegen durften, folgen jetzt überraschende Richtungsänderungen, die jede zuvor ausgeklügelte Strategie ins Leere laufen lassen. Inzwischen passiert das immer häufiger in immer kürzeren Abständen.

Als evolutionäre Mustererkenner sind wir unbewusst allerdings ständig auf der Suche nach allgemeinen Verhaltensstandards, um sie wiederholt einsetzen zu können – das spart Rechnerleistung. Deswegen interpretieren wir in einem fast schon verzweifelten Festhalten an unserem zyklischen Weltverständnis die stabilen Phasen immer noch als Normalzustand, auf den wir uns strategisch vorbereiten können, und bezeichnen Brüche als Ausnahmen von der Regel. Selbst wenn diese dann häufiger auftreten, suchen wir neue, im Zweifel frei konstruierte Theorien zu zufällig korrelierenden Daten, um den Mythos der Vorhersehbarkeit unserer Zukunft aufrechtzuerhalten. So hat beispielsweise die Zahl höchstbezahlter

Mathematiker an den Börsen massiv zugenommen, die versuchen, aus historischen Aktienbewegungen Erfolgsformeln für zukünftige Investitionsentscheidungen herzuleiten.

Während sich grundsätzlich mathematisch aus jeder Sammlung von Vergangenheitsdaten adäquate Formeln herleiten lassen, werden die daraus erstellten Prognosen in einer volatilen Welt in der Regel schnell Lügen gestraft – denn **inzwischen haben viele Ereignisse unserer realen Welt keine historische Vorgeschichte mehr**. Wenn die eigenen Modelle versagen, wird dies leicht zum perfekten Nährboden für die unreflektierte Übernahme gesellschaftlicher Standardstorys. Sowohl alter als auch neuer. Denn dort, wo wir uns angesichts einer immer höheren Komplexität der Umwelt immer seltener zutrauen, neue Muster zu erkennen, suggerieren uns gesellschaftlich verbreitete Geschichten leicht eine Scheinsicherheit – das ist schon allein deswegen attraktiv, um nicht unnötig unsere Energiereserven durch eigene rationale Entscheidungen anzuzapfen.

GLÜCKSSPIEL

EIN SPIEL ALS LEBENSMODELL

Wie sehr sich unsere Welt von der unserer Eltern und Großeltern unterscheidet, erkenne ich beispielsweisea an der Anleitung zum »Spiel des Lebens«. Das Brettspiel wurde in den 1960er-Jahren in den USA entwickelt und erobert seit den 1980ern auch die deutschen Wohnzimmer. Selbst im Jahr 2018 war das Spiel laut Statista hierzulande noch in jedem dritten Haushalt verfügbar und lag damit auf Platz fünf der beliebtesten Gesellschaftsspiele in Deutschland.

Solltest du zu diesem Drittel gehören, lohnt es sich, dieses Buch für ein paar Minuten zur Seite zu legen und das Spiel aus dem Keller oder Schrank zu holen. Für alle anderen erlaube ich mir an dieser Stelle, zum Auffrischen möglicher Erinnerungen an lang vergangene Spieleabende ein paar kurze Auszüge aus meiner Version aus dem Jahre 1984 aufzulisten:

Ziel des Spiels: »Auf der Reise durchs Leben das meiste Geld gescheffelt zu haben …«

Vorbereitung: »Alle Mitspieler wählen sich ein Auto und einen rosa oder blauen Stift (rosa für Mädchen, blau für Jungen) …«

Spielregeln: »Vor dem ersten Zug muss jeder Mitspieler erklären, welchen Weg er nehmen will, d.h. den kürzeren Weg ins Geschäftsleben mit einem Gehalt von 5000 (das später im Spiel auf 12000 angehoben wird) oder den längeren Weg über eine Universitätsausbildung mit der Chance auf ein höheres Gehalt …« »Am ›Heirat‹-Feld musst du anhalten …« »Status-Symbol-Karten … bringen erst dann Geld, wenn du die ›Herrschaftliche Villa‹ erreicht hast. Sie sind wertlos und bringen nichts, wenn du dich entscheidest, auf den Altersruhesitz zu gehen …« »Kauf von Aktien: Auf dem Weg durchs Leben gibt es nur ein Feld, das dir die Möglichkeit zum Kauf einer Aktie bietet …«

Natürlich muss ein Gesellschaftsspiel, das das gesamte Leben nachbilden soll, auf einer deutlichen Vereinfachung der Realität basieren, sonst wäre es nicht umsetzbar. Aber gerade in diesen Vereinfachungen lassen sich komprimiert diejenigen mentalen Modelle erkennen, die von seinem Erfinder Reuben Klamer (und Hasbro als Herausgeber) als essenziell angenommen wurden – und die Grundregeln für das Leben in der damals aktuellen Weltanschauung repräsentierten. Wie sehr er damit ins Schwarze getroffen hat und immer noch trifft, lässt sich am jahrzehntelangen Erfolg ablesen.

Im »Spiel des Lebens« ist das exklusive Lebensziel, sein Bankkonto am Lebensende maximal gefüllt zu haben, zunächst die einzig relevante Messgröße für ein erfolgreiches Leben. Die Schlüsselfaktoren, die nach der damals allgemeinen gesellschaftlichen Überzeugung dort hinführen, werden nicht nur am verpflichtenden Hochzeitsfeld sichtbar – eine zwingende »Chance«, die nach der Ausbildung nur einmal geboten wird –, sondern auch an der Tatsache, dass man sich für seinen beruflichen Weg (Studium oder Lehre) vor Spielbeginn entscheiden muss und diese Entscheidung für den gesamten Spielverlauf nicht mehr zu revidieren ist. Auch dass ich mit »Schikane«-Karten (mit ihnen kann ich Mitspielern Geld wegnehmen) und »Status-Symbol«-Karten (wichtig fürs Bilanzziehen am Lebensende) mein Leben über die paar wenigen Ereignisfelder hinaus bereichern kann, spricht Bände.

Ich könnte jetzt noch seitenlang über das Spielbrett schreiben, das nur wenige alternative Verzweigungen anbietet. Doch allein diese paar Beispiele, die dich vielleicht zum Schmunzeln gebracht haben, zeigen, mit welchen tief verankerten Grundmodellen wir von unserer Elterngeneration auf die Reise ins Leben geschickt wurden. Und genau sie sind es auch, die die innere Stimme in uns leiten, wenn unser Reptiliengehirn in entscheidenden Situationen nach Modellen sucht, an denen es sich orientieren kann.

Natürlich haben wir sie nicht nur beim »Spiel des Lebens« erlernt, sondern können ihr Echo in fast allen Geschichten hören, die wir bis heute erzählt bekommen – während sich die uns umgebende Welt innerhalb von nur einer einzigen Generation massiv verändert hat und sich immer schneller verändert. Noch vor wenigen Jahrzehnten war Kommunikation auf die leitungsgestützte Telefonie und das Schreiben und Versenden von Briefen angewiesen. Heute geschieht die Weiterleitung von Information nahezu in Echtzeit an jeden beliebig definierbaren Verteiler. Die Herausforderung, überhaupt an Informationen zu gelangen, hat sich innerhalb weniger Jahre in die Frage gewandelt, wie man aus einer unendlichen Menge an verfügbaren Daten die – möglichst richtigen – Informationen herausfiltert; oder wem ich vertrauen kann, dass er dies für mich mangels eigener Kompetenz übernimmt.

ZUKÜNFTIG WERDEN DIE KARTEN IMMER WIEDER NEU GEMISCHT

Wir müssen uns an den Gedanken gewöhnen, dass die alten Modelle nicht mehr funktionieren und auch der Werkzeugkoffer in unserem Gehirn für viele Situationen inzwischen gänzlich ungeeignet ist. Denn mit seiner hoch entwickelten Fähigkeit der automatisierten Mustererkennung ist er für ein zyklisches Strategiespiel optimiert, bei dem die Vergangenheit uns Orientierung für die Zukunft gibt.

Demgegenüber verändert sich unsere Welt in Richtung eines dynamischen Glücksspiels. Deswegen müssen wir uns schlichtweg von der bisher gesellschaftlich dominierenden Vorstellung lösen, dass wir Menschen mit unseren herausragenden rationalen Fähigkeiten lediglich adäquate Strategien entwickeln müssen, um erfolgreich durchs Leben zu navigieren – oder diese gar noch von unseren Eltern lernen können. Um zu neuen Entscheidungsmodellen zu gelangen, die in unser neues Jahrtausend passen, müssen wir stattdessen unsere Improvisationsfähigkeit trainieren – beziehungsweise unsere Reaktionsfähigkeit im Sichtflugmodus.

GLÜCKSSPIEL

Das bedeutet allerdings nicht, dass wir zunehmend einem Schicksal ausgeliefert sind, auf das wir keinen Einfluss mehr nehmen können. Auch wenn wir bei einem Glücksspiel vorher nicht wissen, welche Karte wir als Nächstes ziehen, so muss es immer ein klares Ziel geben, das wir verfolgen wollen. Wie ein Navigationssystem, das nicht aussteigt, nur weil es auf unvorhersehbare Hindernisse stößt. Sondern an jeder Weggabelung einfach konsequent diejenige Straße wählt, die eher in die gewünschte Richtung führt.

Statt zu versuchen, jeden Schritt für unser Leben strategisch zu planen und krampfhaft daran festzuhalten, müssen wir uns vielmehr die Frage stellen: An welchen Werten, an welchen Zielen im Leben wollen wir unsere Handlungen auch in überraschenden Situationen konsequent ausrichten? Reicht es uns wirklich noch, wenn wir »auf der Reise durchs Leben das meiste Geld gescheffelt haben«? Damit wir nicht wie bisher einfach nur eine Story weiterleben, die uns eine Gesellschaft aus historischer Gewohnheit (oder möglicherweise auch aus anderen Interessen) vorgelebt und eingeredet hat.

In der VUKA-Welt ist eines sicher: Solange wir Freiheit weiterhin nur mit Grenzenlosigkeit gleichsetzen, Glück mit hedonistischen Pausen von einer ansonsten tristen und anstrengenden Arbeitswelt, mit Medikamenten versuchen, Krankheiten zu heilen, oder künstlicher Intelligenz die Macht über unsere Entscheidungen überlassen, bleiben wir in den Denkstrukturen verstrickt, die aus den letzten Jahrzehnten beziehungsweise Jahrhunderten stammen.

Wer daran festhält, wird sich nicht nur aufreiben bei dem Versuch, den Wandel mit all seinen Änderungen und neuen Rahmenbedingungen zu bekämpfen. Er verpasst auch die Chance, durch einen Perspektivwechsel neue Wege zu entdecken – indem er einfach einmal neugierig Ausschau hält nach möglichen interessanten Alternativen. Und dabei erkennt, dass **nicht unvermeidliche Handlungsgrenzen unser Problem sind**, die zur Sicherstellung unserer gemeinsamen Zukunft alternativlos sind. **Sondern die Illusion, dass wir durch schnelleres Laufen in alten Mustern unseren Status in einer Welt bewahren können, die sich in ihrer Komplexität fundamental von unserer Vergangenheit unterscheidet.**

GLÜCKSSPIEL

Frustrierend wird dabei bleiben, dass wir bislang keinen Weg gefunden haben, die Anzahl unserer rationalen Denkprozesse deutlich über die 0,1-Prozent-Schwelle zu hieven. Wir müssen deshalb auch in Zukunft sehr effizient entscheiden, für welche der circa 20 Entscheidungen pro Tag es sich lohnt, den energiefressenden Frontallappen zu aktivieren. Hierfür sollten wir sämtliche Spielräume kennen, die uns in der heutigen Welt zur Verfügung stehen. Denn in einer Realität, die immer weniger vorhersehbar ist, werden auch die Karten regelmäßig neu gemischt. Dadurch entstehen immer wieder neue Chancen – insbesondere dort, wo wir sie bisher nicht erwartet hätten.

2. NEUE SPIELRÄUME UND ALTERNATIVE ZUKÜNFTE

Um aus dem Hamsterrad herauszukommen, müssen wir unsere mentalen Modelle für eine komplexe Welt adaptieren, unsere wahren Bedürfnisse identifizieren und den Mut haben, uns auf das zu besinnen, was am wichtigsten ist: unsere Selbstbestimmtheit.

NEUE SPIELRÄUME UND ALTERNATIVE ZUKÜNFTE

Denn im 21. Jahrhundert existieren hinter den scheinbaren Handlungsgrenzen neue Entscheidungsräume, in denen wir unserem Leben ebenso wie der Welt durch Nutzung unseres 0,1-prozentigen rationalen Potenzials den entscheidenden Richtungswechsel geben können.

»Hoffnung gründet sich auf die Prämisse, dass wir nicht wissen, was passieren wird, und dass in der Weite der Ungewissheit Raum zum Handeln ist.«

Rebecca Solnit

2.1 RICHTUNGSWANDEL – NEUE FIXSTERNE BRAUCHT DAS LAND

Wenn wir unseren mentalen Modellen auf die Schliche gekommen sind und herausgefunden haben, wie wir unseren Autopiloten abschalten können, sollten wir – bevor wir mit dem Sichtflug beginnen – noch eine letzte Frage grundsätzlich für uns beantworten: Welche Hauptrichtung sollen wir einschlagen, wenn wir an Entscheidungspunkte kommen?

Zugegeben, es ist keine leichte Frage, denn die Antworten sollten unsere tatsächlichen Bedürfnisse und Prioritäten widerspiegeln: Was ist uns im Leben wirklich wichtig, beziehungsweise was wollen wir im Leben erreichen? Auch in dieser Beziehung war das Leben unserer Vorfahren deutlich einfacher, als es unser heutiger Alltag ist. Wenn sie froren, bestanden die einzigen Optionen

für sie darin, sich ein weiteres Tierfell umzuhängen, tiefer in die nächste Höhle hineinzukriechen oder mehr Holz in das Feuer zu werfen. Wenn sie Hunger hatten, gingen sie entweder auf die Suche nach Wurzeln oder Beeren (wenn es die Jahreszeit erlaubte), oder sie begaben sich auf die anstrengende Jagd.
Für jedes der menschlichen Grundbedürfnisse hatten unsere Urahnen nicht allzu viele Alternativen zur Verfügung, um diese zu befriedigen.

Dieser Prozess ist inzwischen deutlich komplizierter geworden – und das liegt nicht allein an den nicht enden wollenden Regalreihen in Supermärkten, in denen Nahrung in jeder nur erdenklichen Form unabhängig von der Saison angeboten wird. Oder den unzähligen Restaurants, die uns inzwischen Essen aus jeder kulturellen Ecke der Welt anbieten.

Bei der Nahrungsaufnahme ist der Prozess der Bedürfnisbefriedigung für uns Lebewesen noch recht eindeutig. Denn es handelt sich um ein Primärbedürfnis, was den Vorteil hat, dass unser Gehirn uns nicht nur klar signalisiert, wenn wir auf eine Mangelsituation zusteuern, sondern auch automatisch nach ausreichender Befriedigung unser Verlangen wieder herunterdimmt.

Und selbst wenn wir unter Stress dazu neigen, ein wenig mehr Reserven anzulegen, so hat auch dies einen sinnvollen evolutionären Hintergrund. Denn eine mentale Anspannung deutete noch vor einigen Tausend Jahren in der Regel auf eine drohende Gefahr oder anhaltende Krise hin, in der absehbar nicht genug Zeit für die Nahrungssuche bleiben würde und daher ein zusätzlicher Energiespeicher ein lebenswichtiger Sicherheitspuffer war.

Grundsätzlich unterliegen bei uns alle natürlichen Grundbedürfnisse – sei es Essen, Trinken, Wärme, Ruhe, Kommunikation oder Sex – einem solchen Regelkreis, der ähnlich wie bei einem Heizungsthermostat den Handlungsimpuls aktiviert, sobald ein bestimmter Schwellenwert unterschritten wird, aber diesen wieder ausschaltet, wenn eine definierte Obergrenze erreicht ist. So wird verhindert, dass die Befriedigung unserer Bedürfnisse zu einem monopolisierten Dauerziel wird, das uns über ein sinnvolles Maß hinaus rund um die Uhr beschäftigt. Gleichzeitig lernt unser Gehirn kontinuierlich, durch welche Handlungen unsere Bedürfnisse am

Bislang stand die maximale Befriedigung unserer Basisbedürfnisse im Zentrum unseres Strebens. Doch für höherwertige Lebensziele sind die vornehmlich materiellen Dinge, die wir hierfür bisher verfolgt haben, wenig hilfreich und zunehmend kontraproduktiv. Um unsere Lebenszufriedenheit zu steigern, müssen wir ab einem bestimmten Punkt weitere Faktoren in den Fokus unserer Entscheidungen nehmen, die auch unsere psychologischen Bedürfnisse sowie den Weg zur Selbstverwirklichung unterstützen. Ansonsten bleiben wir in einer Endlosspirale auf der Suche nach Sicherheit gefangen, in der wir uns in einer zunehmend volatilen Welt immer schneller drehen.

effizientesten befriedigt werden können. Diese Programmierung findet in unserem bereits erwähnten Belohnungssystem im Gehirn statt, das zunächst positive chemische Signale sendet, wenn wir eines unserer Bedürfnisse erfolgreich gestillt haben. Und bei wiederholtem Ablauf einen Lernprozess in Gang setzt, der die erfolgreichsten Handlungsstrategien verfestigt.

Doch wie funktioniert dieses durch die Evolution für eine sehr überschaubare Lebensrealität optimierte System in der heutigen Welt, in der wir mit schier unendlichen Optionen konfrontiert sind und auch noch unterschiedlichste Wege ans Ziel führen können?

Auch hier hat die Natur mit beeindruckender Kreativität unseren Werkzeugkasten im Gehirn mit einer Lösung ausgestattet, damit es nicht überfordert wird. Um auch bei unübersichtlichen Angeboten die Übersicht zu behalten und nicht jede Alternative in allen Details neu durchdenken zu müssen, haben wir die Fähigkeit, uns nicht nur sinnvolle Handlungen zu merken, sondern auch hilfreiche Etappenziele zu fixieren, die uns wie Wegmarken die Auswahl erleichtern.

RICHTUNGS-
WANDEL

Zu diesem Zweck können wir zusätzlich zu unseren natürlichen Primärbedürfnissen sogenannte Sekundärbedürfnisse verankern. Sobald diese als sinnvolle Hilfsziele markiert sind, lösen sie in unserem Gehirn nach einer Weile die gleichen Belohnungsmechanismen aus wie unsere natürlichen Bedürfnisse. Auch sie schütten dann bei jeder erfolgreichen Befriedigung eine Dosis Dopamin aus und trainieren uns dadurch bevorzugte Handlungsmuster an. Ihre eigentliche Aufgabe ist dabei die eines Platzhalters, von dem wir – meistens über soziale Prägung – überzeugt worden sind, dass er für das Erzielen unserer eigentlichen Bedürfnisse relevant ist.

Auch dies ist ein sinnvoller Mechanismus, denn er hilft erneut, mit unserer kognitiven Energie zu haushalten. Wenn wir wissen, dass uns ein Zwischenziel die richtige Richtung weist, müssen wir es nicht jedes Mal neu als hilfreich für die eigentlich wichtigen Dinge im Leben validieren, sondern können darauf automatisiert zurückgreifen. Ähnlich wie Palmen in der Wüste, die uns den Weg zur wasserspendenden Oase bereits aus der Ferne weisen, lernen wir, Dinge als wichtig für unser Leben zu verinnerlichen, die an sich gar keinen Wert darstellen, für uns allerdings einen wichtigen Indikator repräsentieren auf unserem Weg zur Erfüllung unserer eigentlichen Ziele. Dann reicht es aus, immer nur auf Palmen zuzulaufen, wenn wir durstig sind – zumindest solange wir uns in einer Wüste befinden.

Die Neurobiologie bezeichnet diese Fähigkeit unseres limbischen Systems als emotionale Kontextkonditionierung, die besonders in der Zeit unserer sozialen Reifung programmiert wird: Wir versehen ein neutrales Ereignis oder einen bisher noch nicht konditionierten Reiz im Umfeld eines Belohnungsereignisses mit einem emotionalen Post-it, das uns bei seinem Auftritt jederzeit daran erinnert, zu welcher Befriedigung es voraussichtlich führen wird.

Da solche Orientierungspunkte schrittweise zu gesellschaftlich anerkannten Erfolgsrezepten heranwachsen, wenn sie gleichzeitig vielen Menschen hilfreich erscheinen, verankern wir sie nicht nur bei uns selbst. Schnell mutieren sie zu kollektiven Bedürfnis- und Handlungsmustern, die sich in unser aller Autopiloten einbrennen und uns ab diesem Zeitpunkt unbewusst alle in die gleiche Richtung leiten.

Neben dem bereits erwähnten Nachteil, dass der Autopilot unsere Handlungen beeinflusst, ohne dass wir es merken – und wir sie dadurch nicht mehr regelmäßig auf tatsächliche Relevanz überprüfen –, bergen solche Etappenziele allerdings noch ein weiteres Risiko: Anders als bei Primärbedürfnissen, deren Rolle evolutionär entstanden ist, besitzt der Belohnungsmechanismus im Gehirn für die Befriedigung von Sekundärbedürfnissen in der Regel kein natürliches Korrektiv, durch das die chemischen Botenstoffe zwischen unseren Gehirnsynapsen immer wieder in den Ruhezustand zurückkehren. Dadurch entsteht ein ständiger Stimulierungsanreiz, der uns dazu bringt, die für die Dopaminausschüttung hilfreichen Handlungen kontinuierlich zu wiederholen. Eine Sättigung tritt nicht ein – ganz im Gegenteil. Die über 100 Milliarden Kleidungsstücke, die jedes Jahr produziert werden, zeugen von unserem konstanten Verlangen nach immer mehr – selbst wenn der Kleiderschrank übervoll ist und Klamotten ja eigentlich nur als Platzhalter für unser eigentliches Bedürfnis nach Schutz und Wärme dienen sollten.

Haben wir einmal eine funktionierende Strategie entwickelt, kommt erschwerend hinzu, dass wir bei erlernten Sekundärzielen zu immer höherer Leistung angetrieben werden, weil wir uns mit der Zeit immer wieder an den erreichten Status quo gewöhnen und sich dadurch unsere Reizschwelle für Befriedigung kontinuierlich nach oben verschiebt. Denn es ist immer die *relative* Intensität des Befriedigungsimpulses ausschlaggebend für den Grad unserer Zufriedenheit, nicht der *absolute* Wert. Um überhaupt noch ein Gefühl der Zufriedenheit zumindest kurzfristig zu erreichen, reicht nicht nur Wiederholung, sondern es bedarf stets einer Steigerung. Noch mehr, noch größer, noch exklusiver, noch aufregender.

Diese Effekte ähneln dem von Drogen, deren Funktionsmechanismus im Gehirn ebenfalls die natürlichen Rückführmechanismen des Dopamins auf Normalniveau blockiert und dadurch für eine übernatürlich hohe Dopaminanreicherung im Gehirn sorgt. Wir fühlen uns in einem Maße berauscht, dass wir dieses Hochgefühl immer wieder neu erleben wollen.

WENN DER AUTOPILOT UNS ZUM GEISTERFAHRER MACHT

Die Gefahr bei diesem Prozess liegt darin, dass wir aufgrund solcher Hochgefühle unseren Lebensfokus immer mehr darauf verschieben, nur noch unsere sekundären Bedürfnisanker zu maximieren, und dabei versäumen, uns zu fragen, ob sie die richtigen Etappenziele zur Befriedigung unserer eigentlichen Bedürfnisse sind. Der ursprüngliche Zweck des Zwischenziels als Wegmarke wird abgelöst durch eine Sucht nach dem nächsten Dopaminkick, der durch Gewöhnung immer schwerer zu erreichen ist, und der Mensch wird hineingezogen in einen Strudel, bei dem das ursprünglich hilfreiche Mittel zum eigentlichen Zweck allen Strebens degeneriert.

Inzwischen hat es unsere Gesellschaft geschafft, für immer mehr Lebensbereiche (sei es Bekleidung, Mobilität, Kommunikation, Partnersuche …) massentaugliche Abkürzungen zu entwickeln, die noch für unsere Großeltern unvorstellbar waren. Und wir laufen durch ihre leichte Verfügbarkeit Gefahr, dass sie exponentiell unser tägliches Streben dominieren, selbst wenn die ursprünglichen Primärziele, denen sie dienen sollten (Wärme, Verbundenheit, Intimität ...), längst erfüllt sind.

Die Evolution hat eben nicht damit gerechnet, dass wir die Kettensäge erfinden und in wenigen Stunden unsere Höhlen bis zum Rand mit Feuerholz füllen können. Oder mit ein paar Wischbewegungen unseres Zeigefingers übers Smartphone unsere Einkäufe erledigen. Daher hat sie auch keinen natürlichen Mechanismus entwickelt, der unsere Sekundärbedürfnisse deckelt – und das wird uns besonders in unserer industrialisierten Gesellschaft leicht zum Verhängnis.

Das mit Abstand hervorstechendste Beispiel für dieses Phänomen ist Geld. Ursprünglich war es sehr hilfreich, um die Tauschwirtschaft zu verbessern. Während der Handel für den direkten Austausch von Waren und Dienstleistungen davon abhing, dass der Einzelne genau diejenigen Dinge benötigte, die der jeweils andere zur Verfügung hatte, konnte durch Geld der Wert jeder Handelsware in einem allgemein anerkannten Medium zeitlich zwischengepuffert und von Ort zu Ort transportiert werden, ohne zu verderben. Mit allgemein anerkannten Zahlungsmitteln musste ein Warentausch nicht mehr am selben Ort oder zum gleichen Zeitpunkt stattfinden, was überhaupt erst den weltweiten Handel und die flächendeckende Arbeitsteilung ermöglicht hat. Denn die Menschen konnten sich selektiv auf Aufgaben konzentrieren, die ihren Neigungen oder Fähigkeiten entsprachen, und erhielten hierfür ein monetäres Äquivalent, das sie später wiederum gegen andere Dinge des täglichen Bedarfs eintauschen konnten. Weshalb gesellschaftlicher Wohlstand irgendwann der Einfachheit halber in erster Linie mit der Maximierung der finanziellen Mittel gleichgesetzt wurde.

RICHTUNGSWANDEL

Der positive Nebeneffekt war, dass eine weitgehende Wertstabilität des Geldes die Möglichkeit bot, es beliebig lange zu speichern – und das auch noch auf recht kleinem Raum. So wurde es ab einem gewissen Wohlstandsniveau möglich, über den täglichen Bedarf hinaus auch Sicherheitspuffer für Phasen im Leben anzulegen, in denen Krisen den beruflichen Erfolg beeinträchtigten oder die Arbeitskraft durch Krankheit oder Alter nachließ. Statt Feuerholz zu sammeln, haben wir begonnen, Geld zu sammeln.

Während die Funktion von monetären Mitteln als Wertspeicher bis zu einem gewissen Grad noch ihren gesellschaftlichen Sinn erfüllte, war und ist die unlimitierte Steigerung nicht wirklich sinnvoll. Denn während unsere Primärbedürfnisse durch finanzielle Mittel vollständig erfüllt werden können, gibt es nach der Befriedigung unserer physiologischen Basisbedürfnisse sowie unserer Schutzbedürfnisse durchaus noch andere wichtige Dinge im Leben, die wir durch monetäre Mittel nicht befriedigen können.

Abraham Maslow stellte bereits Mitte des letzten Jahrhunderts unsere menschliche Bedürfnisstruktur in Form einer mehrstufigen Pyramide dar, in der einzelne Bedürfnisklassen hierarchisch aufeinander aufbauen. Nach ausreichender Befriedigung einer »niedrigeren« Stufe folgt demnach jedes Mal eine neue Qualität an Bedürfnissen, die konsequenterweise auch anderer Mittel bedarf. So begibt sich der Mensch nach Sättigung seiner physischen Grundbedürfnisse ganz natürlich auf die Suche nach persönlicher und emotionaler Sicherheit. Und sobald sein Leben so ausgestaltet ist, dass seine Umgebung ein gewisses Maß an nachhaltiger Stabilität vermittelt, entwickelt sich sein Bedürfnis nach sozialer Zugehörigkeit etwa durch Familie oder Freundschaft. Für Maslow handelt es sich bei diesen drei unteren Stufen um sogenannte »Hygienefaktoren«: Sie machen nicht im eigentlichen Sinn glücklich, ihre ausreichende Erfüllung ist allerdings die Grundvoraussetzung, um jenseits von Mangel über eine höhere Qualität der Lebenszufriedenheit überhaupt nachdenken zu können. Auf diese drei Kategorien folgen dann zwei bis drei weitere Stufen, auf denen es um Erfüllung im Leben geht: So folgen nach den sozialen Bedürfnissen auf Stufe 4 die Individualbedürfnisse wie Selbstwert, Prestige und Anerkennung, auf Stufe 5 die Selbstverwirklichung und – je nach Interpretation – auf Stufe 6 auch noch die Suche nach einer Form spiritueller Transzendenz.

Ein solches Modell enthält natürlich Vereinfachungen, was auch schnell Kritiker auf den Plan ruft: Die Schwellenwerte für Bedürfniserfüllung sind für jeden Menschen individuell unterschiedlich und verändern sich auch im Laufe der Lebenszeit. Außerdem muss nicht jede Bedürfnisstufe in Perfektion erfüllt sein, bevor man die nächste Qualitätsstufe erklimmt. Und doch bildet aus meiner Sicht Maslows Pyramide unsere innere Struktur ziemlich gut ab, wie sie auch in unserem für Motivation und Belohnung zuständigen limbischen System im Gehirn funktional organisiert ist (hierzu komme ich noch später im Kapitel 4.1.3 über Glück).

Betrachten wir einmal objektiv in diesem Kontext, welche Rolle Geld als – aktuell gesellschaftlich weitgehend monopolisiertes – Sekundärziel auf den unterschiedlichen Stufen spielt, so wird deutlich, dass materielle Mittel für die Sicherung unserer Grund- und Existenzbedürfnisse außerordentlich hilfreich, für darüber hinausgehende Kategorien aber nur noch partiell hilfreich sind und ab einer bestimmten Stufe sogar kontraproduktiv wirken. Zwar konnte man Geld noch nie essen, aber in Zeiten, in denen die physiologischen beziehungsweise die Sicherheitsbedürfnisse nicht ausreichend befriedigt sind, können beide Bedürfnisse unmittelbar mit monetären Mitteln zumindest weitgehend bedient werden. Auf den darauffolgenden Bedürfnisstufen wird es hingegen zunehmend schwieriger. So ist es bereits fraglich, ob man durch größeren finanziellen Freiraum wirklich die richtigen Freunde anzieht oder die Familie näher zusammenrückt. Und spätestens wenn man die Voraussetzungen im Leben erreicht hat, um sich um seine Selbstachtung zu kümmern, wird es richtig eng. Denn wenn der materielle Erfolg zum Maßstab für Selbstachtung wird, beginnt ein Rennen, das am Ende nur einer gewinnen kann: derjenige, der mehr besitzt als alle anderen.

Bei der Selbstverwirklichung (oder gar der Suche nach Transzendenz) verliert Geld schließlich ganz seinen Wert. Maximal lassen sich damit Dinge erwerben, die versprechen, auf diesem Weg möglicherweise hilfreich zu sein, wie Bücher, Ashram-Besuche oder die Teilnahme an Seminaren. Aber Geld ist mitnichten eine essenzielle Voraussetzung, um sich auf diesen Stufen weiterzuentwickeln oder gar Erfüllung zu finden.

Dass finanzieller Wohlstand für das Leben eine hilfreiche Notwendigkeit ist, aber nicht glücklich macht, ist insofern nicht nur ein Spruch für den Tageskalender, sondern **lässt sich mit Blick auf das Spektrum unserer tatsächlichen Bedürfnisse plausibel erklären.**

NEUE FIXSTERNE FESTLEGEN

Schaut man mit etwas Abstand auf unser globales Streben nach Maximierung des materiellen Besitzes, so ist es uns dank des gesellschaftlichen Fortschrittes der vergangenen Jahrzehnte in vielen Teilen der Welt gelungen, die beiden unteren Stufen der Maslow-Pyramide weitestgehend abzusichern. Erst hierdurch haben immer mehr Menschen die Chance erhalten, ihren Fokus auch auf höhere Stufen der Bedürfnispyramide zu lenken.

Mit mehr wirtschaftlichem Fortschritt wäre es konsequent gewesen, neue Sekundärziele festzulegen, die uns auf unserem weiteren Weg nach oben auf der Bedürfnispyramide als Orientierungspunkte gedient hätten. Sei es für kleinere oder größere Entscheidungen in unserem Leben. Doch durch die fehlende Funktion in unserem Autopiloten, eine solche Reflexion nach einer adäquaten Erfüllung unseres Etappenzieles automatisch auszulösen, ist unser Streben nach monetärer Maximierung der dominierende Lebenszweck unserer Gesellschaft geblieben. Unser kollektives Streben richten wir an diesem Ziel aus, weil wir die hiermit verbundenen angelernten Dopaminausschüttungen mit einer wahren Belohnung für die Befriedigung unserer tatsächlichen Bedürfnisse verwechseln. Und um diese Programmierung intuitiv zu hinterfragen und gegebenenfalls zu überarbeiten, fehlt uns wieder einmal ein evolutionärer Mechanismus.

RICHTUNGS-WANDEL

Insofern sollten wir uns nicht darüber wundern, dass wir gerade so weitermachen, obwohl in vielen Volkswirtschaften trotz zunehmenden Reichtums die Lebenszufriedenheit nachweislich stagniert und die Zahl an Depressionen oder Angststörungen kontinuierlich zunimmt. Das geht so weit, dass inzwischen laut Daten der Weltgesundheitsorganisation (WHO) die durch Krankheit verlorene Lebenszeit in fast allen Ländern auf ähnlich hohem Niveau liegt, nur dass die Hauptursache in wirtschaftlich stärker entwickelten Ländern nicht ansteckende, sondern psychosomatische Krankheiten sind. Wir sind viel seltener körperlich geschwächt, sondern machen uns stattdessen mit unserem Kopfkino krank (dies erläutere ich noch näher im Kapitel 4.3.1 über Gesundheit).

Kurz: Wir haben schlichtweg versäumt, unsere Zwischenziele, die vielleicht bis vor 50 Jahren hilfreiche Leuchttürme für unseren Lebensweg waren, durch neue Orientierungspunkte zu ergänzen, nachdem wir durch unseren Fortschritt ihrem ursprünglichen Zweck schon beachtlich nahe gekommen sind.

Es ist ein wenig so, als ob wir in der zivilisatorischen Pubertät hängen geblieben wären, anstatt uns, nachdem wir uns unsere Unabhängigkeit erkämpft haben, unseren eigentlichen Lebenszielen zu widmen. Die Herausforderung, dies zu ändern, ist nicht ganz leicht. So hätten die meisten Menschen vor Erfindung des Automobils auf die Frage, was sie sich für die Zukunft ihrer Mobilität wünschen würden, vermutlich noch schnellere oder schönere Pferde geantwortet – ebenso wie heute viele Menschen glauben, sie brauchen ein noch schnelleres oder größeres Auto. Dabei sind Autos nur Hilfsoptionen für eine Mobilität, die unter anderem unseren zutiefst menschlichen Wunsch nach Sozialkontakten oder Selbstverwirklichung stillen sollen – und in der Realität inzwischen genau diese Bedürfnisse sabotieren. Zum einen durch die höhere Arbeitsbelastung (irgendwie müssen die Objekte unserer Begierde ja finanziert werden), die die Chancen auf Sozialkontakte minimiert. Zum anderen durch die ökologischen Konsequenzen, die zumindest mittelfristig unsere Aussicht auf ein wirklich freies und erfülltes Leben verdüstern.

RICHTUNGS-
WANDEL

Daher müssen wir uns unserer tatsächlichen Bedürfnisse jenseits von Grund- und Sicherheitsbedürfnissen bewusst werden und diese ausreichend abstrahieren, um in der heutigen Welt sinnvolle Orientierungspunkte zu setzen.

2.2 GRENZERFAHRUNG – HINTERM HORIZONT GEHT'S WEITER

Wir haben uns in unserer heutigen Gesellschaft daran gewöhnt, uns konstant aufgefordert zu fühlen, unseren Alltag zu optimieren. Morgens versuchen wir auf dem Weg zur Arbeit ein paar Minuten herauszuschlagen, was angesichts zunehmender Staus in unseren Städten nicht mehr einfach ist. Während des Tages suggerieren uns immer neue digitale Werkzeuge, dass sich unsere Aufgaben noch viel effizienter abarbeiten lassen, wenn wir uns von ihnen steuern lassen. Mittags kann man durch die unterschiedlichsten Dienstleister den Zeitverlust in der Pause minimieren, den die Nahrungsaufnahme zwangsläufig mit sich bringt. Und selbst abends hilft noch die mobile Telefonie, dass wir erreichbar bleiben, während wir schnell die Dinge im privaten Bereich erledigen, die sich nicht mehr aufschieben lassen.

GRENZ-ERFAHRUNG

Sicherlich ist dieses Streben einer der treibenden Erfolgsfaktoren unseres Fortschrittes. In dieser konsequenten Form hat es seine Wurzeln in der jüngsten Phase der Industrialisierung und ist am ehesten auf den in den 1950er-Jahren in Japan entwickelten Optimierungsansatz einer »schlanken« Industrieproduktion (»lean«) zurückführen, vielen bekannt unter dem Begriff »Kaizen«. In deutschen Industrieunternehmen begann sein Siegeszug in den 1990ern unter dem Schlagwort eines »kontinuierlichen Verbesserungsprozesses« – inzwischen elementarer Bestandteil jedes unternehmerischen Qualitätswesens, das dem Anspruch der internationalen Normenstandards für höchste Qualität (ISO 9001) gerecht werden will (hierzu komme ich noch einmal im Kapitel 4.2.3 über die Wirtschaft).

Allerdings verbleibt uns in der rastlosen Suche nach inkrementeller Verbesserung nur noch selten Zeit für diejenigen Momente, in denen wir innehalten können, um einmal grundsätzlich über die Richtung unseres Strebens zu reflektieren. Bereits die Vorstellung, Zeit zu »verschwenden«, um schneller voranzukommen, erscheint wie ein Widerspruch in sich. Als Kind der 1990er habe ich lange mit der Idee von beruflichen Pausen wie Sabbatical oder Weltreise gehadert. Selbst die Versuche, mich zumindest

Selbst wenn unvermeidbare Grenzen vordergründig unsere Handlungsfreiheit einschränken, so entscheiden eigentlich unsere Prioritäten über unsere Selbstbestimmtheit. Denn unser inneres Gefühl, die Richtung im Leben selbst festlegen zu können, in die wir weiterlaufen wollen, ergibt sich aus dem Maß an individuell wahrgenommener Autonomie, Kompetenz und Verbundenheit, das in den wesentlichen Lebensbereichen eine Frage der Perspektive ist. Durch die von uns gewählten Orientierungspunkte für unser Handeln legen wir selbst die Größe unserer Spielräume fest.

durch morgendliche Meditation für den Tag zu kalibrieren, habe ich nach kurzer Zeit abgebrochen – es standen einfach zu viele Dinge an, die angeblich dringend(er) waren.

Wie der berüchtigte Forstarbeiter, der mit jedem gefällten Baum länger braucht, weil er sich angesichts des zunehmenden Leistungsdrucks und steigenden Tagessolls nicht die Zeit nimmt, seine längst stumpfe Säge zu schärfen. Dabei ist die menschliche Fähigkeit zum Perspektivwechsel für unsere Entwicklung essenziell. Nur durch sie sind wir in der Lage, neue Informationen oder geänderte Rahmenbedingungen in unsere bisherigen mentalen Modelle sinnvoll einzubauen beziehungsweise diese anzupassen. Ohne sie würden wir heute noch davon ausgehen, dass ein großer Skarabäus die Sonnenscheibe jeden Tag neu über den Horizont rollt.

Sicher, unser unaufhörliches Streben nach Schneller, Höher, Weiter hat seine Berechtigung. Führt es doch sofort zu messbaren Erfolgen, ohne zuvor allzu viel Aufwand und Geld in zeitraubende Kreativität gesteckt zu haben – von der wir häufig nicht wissen, ob sie jemals zu einem wirklich sinnvollen und besseren Ergebnis führen wird. Allerdings muss uns klar sein, dass **»kontinuierliche Weiterentwicklung« immer nur bekannte Lösungen optimiert**. Obwohl **die größten Entwicklungssprünge** der Menschheit eher **der Skepsis entstammen, dass bisherige Denk- und Lösungsansätze** vielleicht **nicht mehr zielführend sind**, um uns weiterzuentwickeln.

Solche Neukalibrierungen sind gerade dann überfällig, wenn uns im Alltag immer häufiger das Gefühl beschleicht, dass wir an Grenzen stoßen und immer schneller laufen müssen – zumeist auf Korridoren, die mit jedem Schritt enger zu werden scheinen. Denn **unsere Wahrnehmung solcher Einschränkungen ist niemals absolut, sondern bezieht sich** in der Regel **auf unsere aktuellen Denkmodelle**.

Aufgewachsen mit analogem Radio, einem Fernseher, der die längste Zeit nur drei Kanäle empfing, einem Plattenspieler mit Schallplatten sowie einem Schnurtelefon, bei dem in meinen ersten beiden Lebensjahrzehnten die größte Innovation aus dem Austausch der Wählscheibe durch eine Tastatur bestand, war es für mich selbst im Studium vollkommen unvorstellbar, dass eine elektronische Kiste in der Größe einer flach gedrückten Zigarettenschachtel mich jederzeit und überall mit Informationen flutet. Sich zum Telefonieren eignet. Und mich konstant der Versuchung aussetzt, mich rund um die Uhr von meiner tatsächlichen Umgebung abzukoppeln.

Genauso wenig hätte ich mir mit meiner Leidenschaft für die Luftfahrt vor einem Jahr vorstellen können, dass wir – ohne jede kriegerische Handlung – weltweit beschließen, den gesamten freien Reiseverkehr komplett zu stoppen. Gastronomie, Tourismus und Dienstleistungen an den Tropf staatlicher Subventionen legen. Ausgangssperren verhängen. Und uns dann noch nach Jahren des gesellschaftlichen Konfliktes um Verschleierung und Vermummung unser Gesichter in der Öffentlichkeit großflächig mit einer Maske verdecken – staatlich legitimiert und sogar angeordnet.

GRENZ-
ERFAHRUNG

Nicht nur durch die Pandemie oder näher rückende ökologische Grenzen, sondern auch durch die rasante Weiterentwicklung von Technologie wie die Miniaturisierung und Digitalisierung, die zunehmende Transparenz unseres Privatlebens oder die Verlagerung von Kriminalität in virtuelle Räume scheinen sich unsere Spielräume immer stärker einzuschränken – und unser aktives Handeln zu einem konstanten Reagieren zu mutieren.

Wie Mauern schränken immer neue Fremdeinflüsse unseren Handlungsspielraum kontinuierlich ein. Aber es liegt an uns, ob wir resigniert davor stehen bleiben oder **auf sie klettern, um von dort oben festzustellen, welche Alternativen sich dahinter verbergen.**

HORIZONTERWEITERUNG AUF DER METAEBENE

Um auf unsere tatsächlichen Spielräume einen unverstellten Blick werfen zu können, müssen wir zunächst eine innere Position einnehmen, die mein Philosophielehrer in der Schule unter dem – für mich damals noch kaum verständlichen – Begriff der »Metaebene« zusammengefasst hat: Wir stellen uns vor, dass wir unser irdisches Tun einmal aus der Vogelperspektive betrachten.

Oder noch besser aus der Satellitenperspektive, denn von dort ist die Sicht frei auf unser kollektives Handeln und die globalen Zusammenhänge.

Dabei geht es nicht darum, auf irgendwelche esoterischen Ebenen zu flüchten und uns auf der Suche nach spirituellen Lebensformen vom täglichen Wahnsinn komplett zu entkoppeln. Nein, es geht ganz sachlich darum, mit ausreichend Abstand zu einer Einschätzung zu kommen: Entspricht mein bisheriger Handlungsfokus, der mich in die Enge zu treiben scheint, tatsächlich meinen eigentlichen Bedürfnissen, oder gibt es hierzu attraktive Alternativen? Ist die Mauer, die vor mir steht, tatsächlich Teil eines Gefängnisses – oder verhindert sie lediglich, dass ich in eine bestimmte Richtung abstürze und ich nur den Kopf drehen muss, um weitläufigere Spielräume für mein Leben zu finden.

In einer Welt, in der zunehmend erwartet wird, dass wir globale Grenzen berücksichtigen, uns zunehmender Wettbewerb unter massiven Leistungsdruck setzt und gleichzeitig die Erfolgsrezepte der Vergangenheit immer seltener verlässlich funktionieren, schleicht sich schnell das Gefühl ein, dass wir in den wesentlichen Aspekten unseres Lebens gar nicht mehr entscheiden können und unsere Spielräume viel zu eingeschränkt sind. Selbst wenn die Vielfalt der faktischen Möglichkeiten, die uns zur Verfügung stehen, mit ein wenig Abstand betrachtet in der Menschheitsgeschichte selten so groß war wie heute.

Um hierfür Lösungen zu finden, muss uns zunächst einmal klar werden: **Externe Grenzen und Sachzwänge bedeuten in den seltensten Fällen das Ende unserer Selbstbestimmtheit.** Auch wenn sie den Eindruck erwecken mögen, dass sie unsere Freiheit einschränken, genügt in der Regel ein einfacher Perspektivwechsel, um all die Freiheitsgrade wahrzunehmen, die uns weiterhin verbleiben. Anders formuliert: Ob wir Handlungsgrenzen und Sachzwänge als Geländer interpretieren, die uns vor Abstürzen schützen sollen, oder wir in ihnen Barrieren sehen, die uns grundsätzlich am Weiterkommen hindern, hängt schlichtweg davon ab, wie stur wir an der bislang priorisierten Richtung festhalten. Gibt es tatsächlich keine Alternativen, oder will ich sie nur nicht sehen?

Grundsätzlich wird unser Freiheitsempfinden davon bestimmt, ob wir die Ursachen für unsere Richtungsentscheidungen im Außen oder im Inneren von uns verorten. Kommen sie von außen, werden sie zu Einschränkungen, kommen sie von innen, sind sie eine Manifestation unseres freien Willens.

Sich auch in einem eingeschränkten Handlungsspielraum selbstbestimmt zu fühlen ist daher immer möglich: Wenn wir Grenzen, die (gerade) nicht zu verändern sind, objektiv betrachtet nachvollziehen und somit akzeptieren können. Oder wenn wir die Grenzen als nicht maßgeblich für unsere Freiheit empfinden – und uns temporär oder dauerhaft an unseren verbleibenden Möglichkeiten orientieren.

Statt unsere gesamte Energie dabei zu verbrennen, gegen Grenzen zu kämpfen, die sich notwendigerweise aus den neuen Randbedingungen einer VUKA-Welt ergeben, und dabei kaum von der Stelle zu kommen, können wir aus dieser veränderten Haltung heraus wieder ins Handeln kommen, Entscheidungen treffen, die uns weiterbringen und in der faktischen Realität Veränderungen verursachen.

Schlägt man in der psychologischen Literatur nach, welche Randbedingungen erfüllt sein müssen, damit man das Gefühl von Selbstbestimmtheit erreicht, stolpert man unvermeidlich über die beiden Professoren Richard M. Ryan und Edward L. Deci von der Universität von Rochester (USA), die seit Mitte der 1980er-Jahre die Literatur zu diesem Thema bereichern. Sie tun dies nicht nur dank ihrer umfangreichen Forschung, sondern auch deswegen, weil sie die Antwort auf diese Frage auf eine ganz einfache Formel gebracht haben. Es müssen aus ihrer Sicht drei psychologische Grundbedürfnisse erfüllt sein, um situativ und unabhängig von unseren äußeren Möglichkeiten das Gefühl zu haben, selbstbestimmt zu handeln:

▶ **Autonomie:** *Wir müssen den Eindruck haben, autonom genug zu sein, um in dem spezifischen Kontext überhaupt eine Entscheidung treffen zu können, und uns nicht durch externe Zwänge hierzu genötigt fühlen; dies erlaubt uns, dank der Einsicht in die unvermeidlichen Notwendigkeiten im Einklang mit* *unseren Interessen und unseren persönlichen Werten handeln zu dürfen.*

- **Kompetenz:** *Wir müssen uns subjektiv für ausreichend kompetent halten, die uns gestellten Aufgaben zu bewältigen, ohne uns über- oder unterfordert zu fühlen. Hierdurch sind wir bereit, uns neuen Herausforderungen zu stellen, und werden gleichzeitig motiviert, unsere Kompetenzen kontinuierlich weiterzuentwickeln.*
- **Verbundenheit:** *Und wir müssen das Gefühl haben, mit anderen verbunden zu sein, damit der Kontext für unsere Handlung für uns wichtig genug ist; hierdurch wird unser natürliches Bedürfnis befriedigt, mit anderen Menschen in Beziehung zu stehen und auch von ihnen als Teil der Gemeinschaft akzeptiert zu werden.*

Wenn diese drei Voraussetzungen gegeben sind, handeln wir nicht aufgrund von Zwang von außen oder aufgrund von angebotenen Verlockungen, auf die unsere Basisbedürfnisse anspringen, sondern aus einem inneren Antrieb heraus. Oder um es mit dem Fachbegriff der Psychologie zu beschreiben: intrinsisch motiviert.

Zweifellos gibt es für diese drei Bereiche äußere Faktoren, die das Spektrum meiner Möglichkeiten beeinflussen oder faktisch definieren: Bin ich formal überhaupt autorisiert, Entscheidungen zu treffen? Verfüge ich aufgrund meiner Bildung und Ausbildung über das nötige Wissen? In welchem gesellschaftlichen Umfeld bewege ich mich? Für den Grad meiner Selbstbestimmtheit ist entscheidend, wie viel Spielraum ich noch in mir selbst wahrnehme, mein Leben trotz alledem eigenständig innerhalb der gegebenen Rahmenbedingungen gestalten zu können. Hier kann ich durch einen Perspektivwechsel, wenn er für mich tatsächlich stimmig ist, meine inneren Spielräume deutlich vergrößern – und damit auch die Grenzen im Außen anders wahrnehmen.

GRENZ-
ERFAHRUNG

Über unsere Freiheit entscheidet keine äußere Kraft, sondern wir selbst entscheiden durch die Wahl unserer inneren Maßstäbe, wie selbstbestimmt wir uns fühlen und wie selbstbestimmt wir agieren.

2.3 PARALLELUNIVERSEN – UNSERE FREIHEIT KANN GRENZENLOS SEIN

Stephen Hawking, einer der begnadetsten Physiker unserer Zeit, hat in seinen letzten Lebensjahren die Theorie entwickelt, dass es nicht nur unser eigenes Universum gibt. Sondern noch viele, ja vielleicht unendlich viele Paralleluniversen existieren, die alle zur gleichen Zeit entstanden sind. Jedes von ihnen gehorcht ähnlichen physikalischen Gesetzmäßigkeiten, die sie gemeinsam zum Zeitpunkt ihres Entstehens nach dem Urknall übernommen haben. Und doch hat sich jedes ein wenig anders entwickelt – wie eineiige Mehrlinge, die direkt nach ihrer Geburt getrennt wurden und mit identischer genetischer Programmierung unterschiedliche Lebenswege eingeschlagen haben. In der Welt der theoretischen Physik sind sie durch sogenannte schwarze Löcher miteinander verbunden – Singularitäten im Universum, deren Masse so groß und so stark komprimiert ist, dass ihre Gravitationskraft alles in ihrer Nähe anzieht und nichts wieder loslässt. Nicht einmal Licht findet einen Weg hinaus.

Auch wenn vor kurzem erstmalig in weltweiter Kooperation von Wissenschaftlern ein Foto eines solchen schwarzen Loches in einer kaum vorstellbar großen Entfernung von 55 Millionen Lichtjahren gemacht wurde und damit die Allgemeine Relativitätstheorie von Albert Einstein bewiesen werden konnte, werden sie für uns immer unüberwindbar bleiben. Denn das von uns aus nächste schwarze Loch ist bereits einige Tausend Lichtjahre entfernt. Und selbst wenn wir hineingelängen, würden wir es aufgrund seiner enormen Gravitationskraft nie wieder verlassen können. Deshalb wird wohl nie jemand mit eigenen Augen nachsehen können, ob tatsächlich weitere Parallelrealitäten existieren, die unserer Welt ähneln.

PARALLEL-UNIVERSEN

Für unser aktuelles Leben ist es nicht wirklich relevant, ob es dich und mich noch unendlich oft gibt und unser Alter Ego in anderen Universen gerade seinen Dinosaurier spazieren führt oder in autonom schwebenden Raumschiffen das Leben genießt. Und selbst wenn dieses Konzept ein paar Lücken in unseren wissenschaftlichen Vorstellungen zur Entstehung des Universums geschlossen hat, verstehen wahrscheinlich nur Physiker, was diese Theorie wirklich bedeutet.

Was mich an der Idee der Paralleluniversen allerdings fasziniert, ist der Gedanke, dass aus einer einzigen Situation durch winzige Veränderungen bei sonst gleichen Gesetzmäßigkeiten mittelfristig völlig andere Ergebnisse entstehen können. Denn während der Alltag uns häufig vorgaukelt, dass wir einem nahezu alternativlosen Pfad im Leben folgen müssen, **wählen wir als Individuen mit jeder Entscheidung, die wir treffen, zwischen verschiedenen möglichen Zukunftswelten aus, die vollkommen unterschiedliche Entwicklungen nehmen könnten**.

Wirklich klar wurde mir dies zum ersten Mal, als ich bei Studienbeginn einen Praktikumsplatz suchte. Als frankophiler Student der Luft- und Raumfahrttechnik hatte ich den festen Plan, bei der damals erst 15 Jahre alten Firma Airbus in Toulouse erste Berufserfahrungen zu sammeln – oder zumindest bei einem ihrer großen Zulieferer. Doch nach über 20 Bewerbungen, auf die ich keine Antwort oder in den seltensten Fällen eine höfliche, aber klare Absage erhielt, war ich ernüchtert: Mein Plan ging nicht auf. So begann ich, nach einem neuen, eher außergewöhnlichen Plan zu suchen. Wenige Tage später brachte ich einen Brief zur Post, in dem ich ausführlich meine Enttäuschung über die industrielle Realität eines vereinten Europas zum Ausdruck brachte – adressiert an den bayerischen Ministerpräsidenten Franz Josef Strauß in der Staatskanzlei des Freistaates Bayern, der damals nicht nur Vorsitzender der CSU war, sondern auch Aufsichtsratsvorsitzender von Airbus.

Nur wenige Tage später wurde ich ans Telefon in unserem Wohnheim gerufen, weil ein leitender Mitarbeiter der Staatskanzlei am Apparat war, der von Strauß persönlich die Aufgabe erhalten hatte, die Angelegenheit zu meiner Zufriedenheit zu lösen: ein Vorstellungsgespräch für ein Praktikum in Toulouse. Ich weiß nicht, wie meine Karriere und mein weiteres Leben verlaufen wären, wenn ich nicht wenig später für ein halbes Jahr in der dortigen Planungsabteilung hätte mitarbeiten dürfen. Mir hat es jedoch früh gezeigt, wie überlegen ein kooperativer Ansatz gegenüber dem

Wenn wir unser Vergangenheitswissen als Orientierung für unsere Entscheidungen nutzen, kann sich nur *eine* Zukunft daraus entwickeln. Wenn wir allerdings anerkennen, dass unsere Zukunft sich inzwischen nicht mehr linear aus unserem eigenen Handeln ergibt, öffnen sich uns Zugänge zu alternativen Entwicklungspfaden, auf die wir jederzeit wechseln können. Dann gibt es nicht nur eine denkbare Zukunft, sondern eine unendliche Zahl an Zukünften – und wir können diejenige wählen, die uns auch als Gesellschaft weiterbringt, ohne unsere Freiheit zu verlieren.

eines reinen Wettbewerbs sein kann – denn nur wenige Jahre später zog Airbus mit Boeing gleich. Und dass wir unsere Ziele auf Wegen erreichen können, die wir erst dann für möglich halten, wenn wir sie einfach beschreiten.

Denn anders, als uns so manche Zukunftsweisen suggerieren, bewegen wir uns nicht in einer Geschichte, die bereits durch Randbedingungen weitgehend vorbestimmt ist oder die wir durch Extrapolation von Vergangenheitstrends weitgehend vorhersagen können. Wir schreiben die Inhalte für zukünftige Kapitel erst in dem Moment, in dem wir eine Richtung wählen. Wir müssen uns nur klar werden, dass wir häufig eine Wahl haben.

DIE »WECHSELE IN EIN ANDERES UNIVERSUM«-FREIKARTE

Richtig offensichtlich wurde für mich das Konzept der Paralleluniversen, als ich mir meine Liste mit positiven »Grenzerfahrungen« anschaute, die ich während des Lockdowns erstellt hatte. Denn ich habe zunächst versucht zu rekonstruieren, welche Entscheidungssystematik in den einzelnen Fällen zu einem erfolgreichen Ergebnis geführt hat. Ich wollte hierdurch herausfinden, ob irgendwelche Erfolgsstrategien für mein Leben sichtbar werden und – falls ja – aus welchen Bausteinen sie sich genau zusammensetzen, damit ich sie gegebenenfalls in Zukunft noch bewusster und gezielter einsetzen kann.

PARALLEL-
UNIVERSEN

Zu meiner Überraschung zeigte sich allerdings, dass bei den allermeisten meiner »Erfolgsgeschichten« eine eher unübliche und scheinbar »gewagte« Richtungswahl am Anfang stand. Für mich zwar grundsätzlich zielführend, aber überhaupt nicht dem gesellschaftlichen Maßstab von Vorsicht entsprechend. Im Gegenteil, meine Wahl beinhaltete – »seriös« und auf den ersten Blick betrachtet – in der Regel viele Unwägbarkeiten sowie ein hohes Risiko des Scheiterns. Es war jedoch nicht besonderer Mut, der es mir erlaubte, unkonventionelle Wege zu gehen. Sondern schlichtweg eine andere Wahrnehmung der Situation und insbesondere eine geänderte Risikoabschätzung, die diesen Alternativen einen großen Teil ihres Schreckens nahm und sie als gangbare Wege erscheinen ließen. Spannend daran: Nach jeder Entscheidungssituation traten in Folge Ereignisse ein, die zuvor völlig unvorhersehbar waren. Nicht die schlimmsten Befürchtungen manifestierten sich, sondern stattdessen entfalteten sich positive Entwicklungen, die ich ohne meine »verspielte« Richtungswahl nie erlebt hätte.

Dies gilt nicht nur für meinen beruflichen Weg, auf dem ich wiederholt die Geschäftsführung eines Unternehmens in einer betriebswirtschaftlich gesehen aussichtslosen Situation übernommen habe und aufgrund vielleicht etwas unkonventioneller Ansätze erleben durfte, wie die Mitarbeiter erstaunliche Erfolgsgeschichten schrieben. Es gilt genauso für mein Privatleben, in dem **die Magie des Lebens** immer wieder aus herausfordernden Startbedingungen durch unübliche Entscheidungen **unerwartete Highlights entstehen ließ**.

Dies soll nicht danach klingen, dass es jedes Mal ein einfacher Weg dorthin war. Oft war er zwischenzeitlich sehr steinig, begleitet von Zweifeln oder Perioden der Angst, bis endlich eine positive Entwicklung eintrat. Es soll auch keine Aufforderung sein, ständig irrationale Entscheidungen zu treffen, um dem Schicksal mehr Chancen zu bieten, uns positiv zu überraschen. **Was ich hier verdeutlichen möchte, ist, dass es in einer komplexen Welt zunehmend mehr als einen Weg gibt, der zu einem erfüllten Leben führt.** Und wir uns dies immer wieder in Erinnerung rufen müssen, wenn wir versucht sind zu glauben, dass es keine sinnvollen Alternativen zu unseren Entscheidungen gibt, und einmal mehr dem Weg des scheinbar geringsten Risikos folgen, dem Mainstream oder auch nur aktuellen Modetrends.

In jedem Entscheidungsmoment halten wir einen Passierschein für die »schwarzen Löcher« des Lebens in der Hand, der uns die Möglichkeit eröffnet, in ein anderes Universum zu wechseln. In diesen gelten zunächst weiterhin ähnliche Regeln, aber durch deine Entscheidung modifizierst du ganz leicht die Startbedingungen, sodass mittelfristig ein völlig anderes Ergebnis entstehen kann.

Wie es dort dann weitergeht, hängt nicht nur von dir, sondern insbesondere in einer global vernetzten Welt von einer Vielzahl von Faktoren außerhalb deines Einflussbereiches ab, sodass das

Ergebnis bei keiner deiner Entscheidungen wirklich vorhersehbar ist. Somit gewinnen wir erst durch immer schlechter prognostizierbare Konsequenzen für unser Handeln eine deutlich größere Wahlfreiheit. **Ja, genau genommen kann sich erst in unserer heutigen Welt**, in der wir bisherigen Standardstrategien nicht mehr vertrauen können, weil sich unser Umfeld immer dynamischer verändert und uns somit immer mehr Optionen zur Verfügung stehen, **unsere Willensfreiheit wirklich entfalten**. Während gleichzeitig das Risiko steigt, auf gewohntem Wege das erhoffte Ergebnis nicht mehr zu erzielen.

Grundvoraussetzung ist lediglich, dass wir als Menschen tatsächlich über die Freiheit verfügen, überhaupt willentlich Entscheidungen zu treffen. Dieser Gedanke ist in einer Zeit, in der die Wissenschaft immer wieder versucht, jede unserer Handlungen auf programmierte biochemische Prozesse im Gehirn zu reduzieren, und uns die IT-Branche vorzugaukeln versucht, dass in ein paar Jahren Computer durch sogenannte »künstliche Intelligenz« in der Lage sein werden, den Menschen zu ersetzen, nicht selbstverständlich (zur KI komme ich noch im Detail in Kapitel 4.3.2). Um die Diskussion an dieser Stelle nicht in einen Richtungsstreit ausufern zu lassen, bei dem fundamentale Überzeugungen aufeinanderprallen und niemand den letzten Beweis führen kann, möchte ich auf eine Überlegung des deutschen Philosophen Immanuel Kant verweisen, die mich schon in meiner Schulzeit überzeugt hat. Kant hat im Kontext der Frage von moralischen Werten die Freiheit als »notwendige Forderung der praktischen Vernunft« postuliert – sie war für ihn eine zwingende Voraussetzung, ohne die es gar keinen Sinn machen würde, über gesellschaftliche Themen wie beispielsweise Ethik oder Moral nachzudenken. Die Freiheit des menschlichen Willens als existent zu unterstellen ist daher aus philosophischer Sicht schlichtweg alternativlos.

Bitte erlaube mir, lieber Leser, an dieser Stelle die menschliche Willensfreiheit als gegeben vorauszusetzen – ich werde auf diesen Punkt in einem späteren Kapitel über Freiheit (siehe Kapitel 4.1.1) noch ausführlicher zu sprechen kommen. Du musst diese Ansicht nicht unkritisch mit mir teilen, denn niemand kann die

Existenz von Willensfreiheit abschließend beweisen. Aber wenn du zumindest für die Dauer der Lektüre dieses Buches einmal theoretisch annehmen würdest, dass menschliche Freiheit existiert, verspreche ich dir ein paar spannende Überlegungen (wenn du dies nicht tun willst, ist es allerdings auch unbedeutend, weil du in diesem Fall konsequenterweise sowieso nicht die Wahl gehabt hättest, nicht zu diesem Buch zu greifen, sondern diese Handlung einer Verkettung von Zwangsmechanismen entsprungen wäre … und du würdest es wahrscheinlich jetzt auch weiterlesen, denn immerhin hast du es ja schon bezahlt).

PARALLEL-UNIVERSEN

Während unvermeidbare Vereinbarungen für das Zusammenleben von Milliarden von Menschen das Gefühl von zunehmenden Einschränkungen vermitteln, gegen die wir meinen, unter der Flagge der Freiheit ankämpfen zu müssen, hat erst die globale Vernetzung der letzten beiden Jahrzehnte das Scheunentor zur Willensfreiheit wirklich aufgestoßen. Denn nur wenn mehr als eine Entscheidungsoption eine Chance auf Erfolg bietet, werden solche Momente zu Manifestationen unserer menschlichen Freiheit. Und deren Zahl steigt aktuell exponentiell an. Ein Beispiel: Während sich vor ein paar Generationen der Alltag noch weitgehend in kleinen Dorfgemeinschaften abgespielte, in denen durch Traditionen und gemeinsame Überzeugungen einzelne Handlungen weitgehend vorhersehbar und die Konsequenzen klar geregelt waren, leben wir inzwischen in einer engmaschigen Vernetzung mit der gesamten Welt, bei der das Ziehen an dem einen Fadenende Erschütterungen an dem anderen, weit entfernten Fadenende auslösen kann.

Zudem steigt mit wachsender Weltbevölkerung die Wahrscheinlichkeit, dass Menschen, die irgendwo auf der Welt sich nicht dem aktuellen kollektiven Denken anschließen wollen, ihrerseits ganz unkonventionelle Entscheidungen treffen. Sie sind es, die durch ihr Handeln ganz unerwartete Entwicklungen auslösen können, die einen direkten Einfluss auf unser weiteres Leben haben, selbst wenn wir diese Menschen nie persönlich treffen werden.

Mit 21 Jahren wurde bei Hawking eine Motoneuron-Krankheit diagnostiziert, ein fortschreitendes unheilbares Versagen der für die Muskelbewegung essenziellen Nervenzellen. Seine Ärzte sagten ihm eine verbleibende Lebenserwartung von nur noch zwei Jahren voraus – und was hat Hawking gemacht? Er entschied sich, nach Cambridge zu gehen, um zu studieren. Ein extrem unlogischer Schritt angesichts einer solchen Prognose. Allerdings lebte er in der Folge weitere 55 Jahre, in denen er zu einem der renommiertesten Wissenschaftler der Welt wurde. Den größten Teil seines Lebens war er an den Rollstuhl gefesselt und konnte nur mühevoll mithilfe eines Schreibcomputers Texte verfassen. Und doch hat er nie aufgegeben, seine Lebenszeit zu nutzen, sich die komplexesten Gedanken zu machen und diese weiterzugeben – in Büchern und sogar in Vorträgen. Dies zeugt nicht nur von einer bewundernswerten Willenskraft, sondern zeigt auch, dass jede Prognose, die von studierten Menschen über sein Leben getroffen wurde, weit danebenlag.

Wir werden vermutlich nie abschließend wissen, ob es Paralleluniversen wirklich gibt, und können nach heutiger Erkenntnis der Wissenschaft auch nur in einem von ihnen leben. Aber zu jedem Zeitpunkt unseres Lebens können wir aktiv an unserer Zukunft mitschreiben und haben immer unterschiedliche Optionen – ganz gleich in welcher schwierigen, verzweifelten oder komfortablen Situation wir uns gerade befinden. Und selbst wenn du das Glück hast, von Menschen in deinem Umfeld wirklich gut gemeinte Ratschläge zu bekommen, gibt es in Wahrheit in der heutigen komplexen Realität für viele Situationen keine wirklich zuverlässige Gebrauchsanweisung mehr. Denn diese gehorcht längst nicht mehr eindeutigen linearen Kausalketten, sondern ist deutlich unvorhersehbarer geworden – insbesondere weil **inzwischen über 7,5 Milliarden Menschen mit uns so vernetzt sind, dass sie ungewollt Co-Autoren unseres Lebens sind**.

UND NEBENHER KÖNNTEN WIR DIE WELT RETTEN

Während uns durch die neue Komplexität immer häufiger eine klare Antwort für unsere individuellen Handlungsoptionen fehlt, um zuverlässig unsere eigenen Vorteile zu maximieren, nimmt die Vorhersehbarkeit eines anderen Faktors immer schneller zu:

die Konsequenzen *kollektiven* Handelns. Sie haben inzwischen zeitnah Auswirkungen auf das Gesamtsystem und somit auf jeden Einzelnen von uns, selbst wenn wir uns nicht engagieren.

Dies ist noch nicht lange der Fall. Angesichts einer deutlich geringeren Zahl der Menschen auf diesem Planeten und der überschaubaren (oder unerkannten) Auswirkungen wirtschaftlicher Handlungen auf die allgemeine Ressourcenverfügbarkeit hatte dies in der Alltagsrealität noch bis in die letzten Jahre des vergangenen Jahrhunderts keine wirkliche Relevanz. Für Abfall gab es Deponien, Klimawandel war noch ein unbekanntes Phänomen, und in den meisten Gebieten blieb der ökologische Fußabdruck der Weltgesellschaft selbst kumuliert im Bereich dessen, was die Natur noch irgendwie ausgleichen oder zumindest vertuschen konnte. Wirtschaftlich waren sowohl China als auch Indien vor wenigen Jahrzehnten noch weit abgeschlagen, und der Wettlauf zwischen den beiden großen politischen Blöcken sicherte durch den Kalten Krieg eine labile Stabilität.

Dies hat sich erst in den letzten beiden Jahrzehnten fundamental geändert. Inzwischen wissen wir, dass wir in vielen ökologischen, aber auch sozialen Bereichen in der Summe unserer Handlungen unübersehbar die Toleranzgrenzen essenzieller Systeme für unser langfristiges Überleben erreichen. Mit unserem bisherigen, auf materielle Nutzenmaximierung ausgerichteten Lebensfokus sind wir dabei, die Zukunft des Homo sapiens aufs Spiel zu setzen, und verstoßen durch unser Handeln längst gegen den Generationenvertrag, indem wir die Lebensgrundlage unserer Nachkommen massiv gefährden.

Durch die Tatsache, dass wir kollektiv lernen müssen, diese zunehmend notwendigen Grenzen unseres Handelns zu akzeptieren, haben sich die Rahmenbedingungen in nur wenigen Jahrzehnten fundamental verändert – sei es für unsere individuelle Lebenssituation, unser direktes soziales Umfeld oder das weltweite Wirtschaftssystem. Allerdings haben wir durch die Vielzahl vielversprechender Optionen die Chance bekommen, die Bedürfnisse der zukünftigen Generationen zu berücksichtigen, ohne dass unsere eigenen Bedürfnisse zu Kompromissen erodieren oder wir uns unserer Freiheit beraubt fühlen müssen.

PARALLEL-
UNIVERSEN

In einer unvorhersehbaren Welt kann **eine Lebensstrategie nicht mehr zielführend sein, die innerhalb eines verfügbaren Handlungsspielraumes ausschließlich das Eigeninteresse maximieren will. Wir müssen uns vielmehr auf einen Entscheidungsspielraum beschränken, dessen Rahmenbedingungen alternativlos sind** und die über kurz oder lang zu unverrückbaren Grenzen werden. Und dennoch können wir unsere **Chancen auf ein erfülltes Leben deutlich erhöhen, wenn wir** standardisierte Wege verlassen und **in bisher unentdeckte Paralleluniversen überwechseln**. Und dort unerwartete Entwicklungen (mit)anstoßen.

Womit wir die Überleitung zum Spielen erreicht haben. Spielen bedeutet, Paralleluniversen zu entdecken, Freiheitsgrade zu erhöhen und die Chancen selbstbestimmter Vielfalt zu entdecken. Kurz: den Weg zu seinem unverwechselbaren Wesenskern zu finden. Willkommen in der Welt der neuen Spieljoker! Steig ein in das neue Spiel des Lebens.

3. SPIELEN MIT JOKERN

Die Herausforderungen in unserem Leben bewältigen wir am besten, indem wir wieder anfangen zu spielen. Denn dabei setzen wir genau die Kompetenzen frei, die in unserer Welt zukünftig wichtig sind. Und haben auch noch Spaß dabei.

SPIELEN MIT JOKERN

Indem wir eine von sieben möglichen Rollen wählen, können wir einen Joker einsetzen, der unsere antrainierte innere Risikoeinschätzung korrigiert und uns den Mut gibt, neue Wege auszuprobieren, die für uns stimmig sind.

»Der Mensch spielt nur, wo er in voller Bedeutung des Wortes Mensch ist, und er ist nur da ganz Mensch, wo er spielt.«

Friedrich Schiller

3.1 SPIELTRIEB – DAS DARF NICHT EUER ERNST SEIN

Selbst wenn wir all die Erkenntnisse aus dem vorigen Kapitel rational nachvollziehen können und es uns gelingt, unsere Basisbedürfnisse zu transzendieren und für unser Leben neue Orientierungspunkte zu definieren, besteht immer noch das hohe Risiko, dass wir weiterhin zögern, uns euphorisch auf eine neue Lebenswelt der unendlichen Möglichkeiten zu stürzen, und dadurch weiterhin viele Gelegenheiten verpassen, in eine ganz andere Story für unser Leben zu wechseln. Dies liegt nicht an mangelnder Willenskraft, sondern schlichtweg an dem gesellschaftlich dominierenden Avatar eines erfolgreichen Menschen: dem »vernünftigen Erwachsenen«, der sich von seiner »verspielten« Jugend emanzipiert hat und seine Entscheidungen mit einer Abgeklärtheit trifft, die keinen Zweifel an seinem Handeln aufkommen lässt.

Während er nicht nur der Vorstellung unserer Eltern für unsere eigene zukünftige Entwicklung (sowie die ihrer Schwiegersöhne/-töchter) entspricht, sondern bis heute auch das typische Vorbild für Unternehmensmanager, Politiker oder auch jede andere Leitfigur unseres gesellschaftlichen Lebens darstellt, so liegt diesem Idealtypus eine stillschweigende Annahme zugrunde: dass die Ereignisse in unserem Leben in der Regel einer gewissen Logik gehorchen, die man lediglich mit Vernunft durchschauen muss.

Dies ist auch der Ansatz, mit dem unser Gehirn den Zukunftssimulator unter unserer Schädeldecke steuert, der die Konsequenzen alternativer Handlungsoptionen zunächst rational durchdenkt, bevor wir uns für die angeblich beste Option entscheiden. Eine einzigartige Fähigkeit, die es uns ermöglicht hat, unsere menschliche Entwicklung weit über die Geschwindigkeit der Evolution hinaus zu beschleunigen, indem wir uns zukünftige Entwicklungen ausmalen und uns gleich zu Anfang für die beste Variante entscheiden, anstatt neue Versionen zunächst zufälligen Mutationen zu überlassen.

Insbesondere seit uns Sir Isaac Newton vor rund 350 Jahren Einsichten in die fundamentalen Gesetzmäßigkeiten der Physik eröffnete, hat sich die Überzeugung breitgemacht, dass es in den meisten Bereichen der Natur lediglich eines tieferen Verständnisses der zugrunde liegenden Regeln bedarf, um die Logik jeglicher Zukunftsentwicklungen zu durchschauen. Ursache und Wirkung durch Prinzipien eindeutig miteinander zu verknüpfen, um die Folgen von Interventionen vorhersagen zu können, wurde allerdings nicht nur das Ziel jeglichen naturwissenschaftlichen Forschens, sondern diffundierte auch in alle anderen Bereiche des gesellschaftlichen Lebens als der goldene Weg der Vernunft.

Unstrittig löste dieses Konzept eine Erfolgsgeschichte unserer menschlichen Zivilisation aus, die beispiellos ist. Ob in der Wissenschaft, der eigenen Karriereplanung oder in der Wirtschaft ist die Idee eines linearen Zusammenhangs zwischen einer Handlung und den daraus entstehenden Folgen inzwischen omnipräsent in unserem Leben geworden und hat für viele von uns einen noch vor wenigen Generationen unvorstellbaren Fortschritt und Komfort ausgelöst – und bei allen anderen das Bedürfnis geweckt, auch in diese magische Formelsammlung eines erfolgreichen Lebens eingeführt zu werden.

In einer komplexen Welt, in der die Herausforderungen immer zahlreicher und die bisher bekannten Strategien immer weniger hilfreich sind, müssen wir zunächst wieder lernen, lösungsoffener zu werden. Das geht am leichtesten, wenn wir die Zukunft angehen, als wäre sie ein Spiel. Erst hierdurch bekommen wir die notwendige Distanz, lösen uns von vordefinierten Mustern und entwickeln durch Kooperationsfähigkeit und Kreativität neue Wege. Spielerisch können wir so Dinge in einer VUKA-Welt erreichen, die wir ernsthaft nicht für möglich gehalten hätten.

Doch Achtung: Durch dieses Festhalten am »vernünftigen Menschen« als Leitbild für Fortschritt laufen wir in einer vielschichtig miteinander vernetzten Welt Gefahr, uns selbst die Sicht auf unsere Optionen zu versperren. Denn wie bereits beschrieben, gehorcht unsere Zukunft in ihrer Entwicklung nicht mehr einer linearen Logik, sondern ist ein komplexer Organismus, in dem die kleinste Störung an einem entfernten Ende zu massiven Auswirkungen an anderer Stelle führt. Daher müssen wir zuletzt noch den »vernünftigen Erwachsenen« als kollektives Rollenmodell für unser Leben in unseren Köpfen ersetzen, wenn wir verhindern wollen, dass er in wichtigen Situationen den Ton angibt und uns mit Plädoyers für angeblich »seriöse« Entscheidungen den Zugang zu einer Unzahl von alternativen Wegen versperrt. Der beste Ersatzkandidat hierfür ist uns allen auch schon einmal begegnet.

SPIELTRIEB

HILFE, MEIN KIND IST ZU VERSPIELT

Nachdem mein ein Jahr älterer Bruder vor mir in die Schule durfte, wollten mir meine Eltern unnötigen Frust ersparen und hatten mich zeitgleich in eine experimentelle Vorschule eingeschult. Meine Erlebnisse in dieser Zeit waren Programm: Lernen wird spielerisch angegangen; es gibt keine klaren Lernziele für das Jahr; Schüler sollen sich nur mit der neuen Aufgabe des expliziten Lernens anfreunden.

So war es für mich ideal, dass im Folgejahr meine Grundschullehrerin auf der »echten« Schule auch ganz anders als die meines Bruders war. Ich musste keine Gedichte auswendig lernen, für jeden guten Input und jede gelöste Aufgabe gab es Fleißsternchen, sichtbar für alle auf einem Zettel an der Klassenzimmerwand. Ausgelebter Forscherdrang, experimentelles Ausprobieren, zwangloses Hinzulernen statt Disziplin und Zwang – Assoziationen, die mir im Kontext Schule und Lernen noch heute fremd sind.

Als ich allerdings in der vierten Klasse meinen Eltern immer noch zu verspielt erschien, kamen ihnen ernsthafte Sorgen – immerhin stand die Entscheidung über die weiterführende Schule an. Und weil ich insbesondere die Rechtschreibung nicht wirklich ernst nehmen wollte (man verstand ja auch so, was ich schrieb), brachten sie mich zu einem Kinderpsychologen, um mich testen zu lassen. Vielleicht ließe sich ja so etwas wie eine Lese- und Lernschwäche feststellen.

Ich muss heute noch schmunzeln, wenn ich mir das Gesicht meines Vaters vorstelle, der felsenfest von Tugenden wie Disziplin, Ernsthaftigkeit und Fleiß überzeugt war – als Anwalt sicher auch eine gewisse Berufskrankheit – und im Gutachten dann lesen musste: »Zur Behandlung dieser (relativ geringen) Fehlerhäufigkeit dürfte es ausreichen, daß Rüdiger ab und zu in spielerischem Kontext ... bestimmte Schreibregeln aktualisiert. Ein starres Lernen oder ›Einüben‹ der Regeln zu Hause in schulmäßiger Form kann nicht empfohlen werden, da dann die Gefahr bestehen kann, daß das Interesse an schulischem Lernen und dessen Inhalten sich verringert, wenn zu wenig Zeit für Spiel und Freizeitaktivitäten verbleibt.«

Auch wenn er diese Sätze mit Leuchtstift auf dem Dokument markiert hatte, orientierte sich mein Vater in all den Folgejahren wenig daran und hörte bei jedem durch nicht perfekte schulische Einzelnoten genährten Zweifel an meiner Ernsthaftigkeit eher auf den Rat eines (kinderlosen) guten Freundes, um mir das beizubringen, was angeblich die beste Vorbereitung auf das spätere Leben war: endlich aufhören zu spielen und stattdessen mit der Seriosität eines zukünftigen Erwachsenen anstehende Themen angehen. Dies war zumindest das Ziel der mehrstündigen und streng überwachten Lernphasen, zu denen ich während meiner Zeit auf dem Gymnasium gezwungen wurde. Direkt nach dem Mittagessen ging es los, und die einzig gestattete Ablenkung hieß »An die Decke starren«. Langfristigen Schaden haben die wohlgemeinten didaktischen Eingriffe zum Glück nicht angerichtet – denn mein innerer Spieltrieb ist unverändert ausgeprägt.

Zu seiner Verteidigung muss man fairerweise zugestehen, dass solche Methoden Mitte der 70er-Jahre weitgehend dem allgemeinen Erziehungsideal entsprachen – und auch heute noch weit verbreitet sind. Allerdings ist es dringend an der Zeit, uns angesichts eines inzwischen weltweit immer weiter zunehmenden Leistungsdrucks bereits in immer früheren Entwicklungsphasen einmal sachlich zu fragen, wo diese Idee eigentlich herkommt, dass Spiel das Gegenteil von Ernsthaftigkeit ist – und dass wir uns diese Kompetenz möglichst frühzeitig abgewöhnen müssen, um die Herausforderungen des Lebens erfolgreich bewältigen zu können.

Spielen in seiner Urform ist inzwischen für unseren strategischen Werkzeugkasten zurechtgestutzt worden und unterscheidet sich nicht mehr von einem disziplinierten Training, um unsere als erfolgversprechend identifizierten Handlungsstrategien weiter zu optimieren.

Doch gerade dadurch sind wir auf dem besten Weg, eine evolutionäre Kompetenz zu verlieren, die das Potenzial hat, uns gerade jetzt die Fähigkeiten für das Leben zur Verfügung zu stellen, die wir in einer zunehmend komplexeren Welt benötigen. Um dies verstehen zu können, ist es allerdings notwendig, mit ein paar traditionellen Ansichten über das Spielen aufzuräumen und einen Blick in die Spielforschung zu werfen: Warum spielen Lebewesen überhaupt? Welchen Sinn, welchen Zweck hat Spielen? Und unter welchen Rahmenbedingungen lässt sich Spielen reaktivieren und kultivieren?

EINE KLEINE GESCHICHTE ÜBER DEN SPIELTRIEB

Sucht man in wissenschaftlichen Suchmaschinen nach öffentlich zugänglichen Forschungsergebnissen, findet man zehnmal mehr wissenschaftliche Artikel zu dem Begriff »strategic« (strategisch) als zu »playful« (verspielt). Dies ist symptomatisch, wie viel mehr wir als Gesellschaft eine systematische Herangehensweise gegenüber einer spielerischen wertschätzen. Auch sonst scheint die Forschung zum Thema »Spiel« sprichwörtlich in den Kinderschuhen zu stecken – dennoch sind die bisherigen Erkenntnisse aufschlussreich.

Konsens besteht darüber, dass man nicht nur beim Menschen, sondern auch in der Tierwelt Verhaltensweisen beobachten kann, die auf den ersten Blick einer stets auf unmittelbare Vorteile ausgerichteten Evolution zu widersprechen scheinen. Ohne erkennbares Ziel werden im Spiel – häufig gemeinsam mit anderen Repräsentanten der gleichen Spezies – Herausforderungen des

Lebens simuliert und auf diese in einer Weise reagiert, die den Verhaltensmustern in der Realität stark zu ähneln scheinen. Jedoch fehlt die verbissene Ernsthaftigkeit, die im realen Leben für einen individuellen Erfolg als unabdingbar gilt, im Spiel jedoch die Mitspielenden gefährden könnte. Stattdessen wird der Prozess von einer unübersehbaren Freude aller Beteiligten begleitet, die sich gerade nicht aus einem final erreichten Ergebnis speist, sondern kontinuierlich aus dem Prozess selbst zu kommen scheint.

SPIELTRIEB

Bei diesem Verhalten wird in der Regel jede Menge Energie verbraucht, mit der in der Natur eigentlich immer sparsam gehaushaltet werden muss. Und die Beteiligten riskieren dabei auch noch, sich mangels Wachsamkeit für die Welt um sie herum in Gefahr zu bringen. Weil beides zweifellos die Überlebenswahrscheinlichkeit reduziert, hat die Wissenschaft lange über die Gründe gerätselt, wie sich ein solches Verhaltensmuster evolutionär durchsetzen und bis heute in einer Vielzahl von genetisch nur sehr entfernt verwandten Lebewesen erhalten konnte. Erschwert wird diese Frage dadurch, dass man die Spielenden meist nicht selbst fragen kann. Entweder handelt es sich um Tiere, oder beim Menschen ist die Sprachfähigkeit altersbedingt noch nicht weit genug entwickelt – beschränkt sich das Phänomen doch dominant auf die frühen Lebensphasen der Kindheit.

Allerdings geht man einhellig davon aus, dass das Spielen evolutionäre Vorteile haben *muss*. Sonst hätte angesichts der genannten Nachteile – Energieverschwendung und temporäre Gefährdung des eigenen Lebens – der natürliche Mechanismus der Selektion diese Veranlagung in all den Jahrmillionen sicherlich aussterben lassen. Bereits diese Tatsache gibt einen ersten Hinweis darauf, dass wir durch den gesellschaftlichen Trend, unseren Spieltrieb durch konsequente Priorisierung von ernsthaftem Verhalten zu minimieren, vermutlich wichtige Kompetenzen riskieren – auch wenn wir diese bisher noch nicht genau verstehen.

Um das Spielen von anderen Verhaltensweisen abgrenzen zu können, hat sich die Wissenschaft darauf geeinigt, dass hierfür zwei Charakteristika besonders gut geeignet sind: die scheinbare

Zwecklosigkeit gepaart mit einem hohen Grad an erlebter Freude. Allerdings hat dies dazu geführt, dass mit Ausbreitung der Leistungsgesellschaft in alle Lebensbereiche hinein das »Spiel« in der gesellschaftlichen Bewertung als das Gegenteil von »ernsthafter Arbeit« verstanden wird. Dabei war es lediglich die Tatsache, dass wir bisher das Phänomen des Spielens nicht abschließend erklären konnten, warum wir diesem Verhalten eine scheinbare Sinnlosigkeit als negatives Attribut angeheftet haben.

Blendet man für einen Augenblick diese Voreingenommenheit aus, fällt auf, dass außerhalb unserer Spezies – in seiner Spielfähigkeit jedem anderen Lebewesen gegenüber haushoch überlegen – spielähnliche Verhaltensweisen dominant bei jungen Vögeln und anderen Säugetieren beobachtet werden können. Die auffallende Gemeinsamkeit bei diesen Tierklassen ist ein ausgeprägtes Maß an elterlicher Fürsorge im Kindesalter, das vor externen Gefahren schützt und somit zumindest während dieser Phase einen der beiden offensichtlichen Nachteile des Spielens kompensiert. Unter den wachsamen Augen der Eltern minimiert sich das Risiko für die Kleinen, während des Spiels angegriffen, verletzt oder gar gefressen zu werden.

Es ist naheliegend, hieraus die Hypothese abzuleiten, dass sich das Spiel in der Tierwelt nicht deswegen dominant auf das Kindesalter beschränkt, weil es nur in diesem Lebensabschnitt evolutionär sinnvoll ist – sondern weil nur während dieser Zeit ausreichend elterlicher Schutz vor externen Gefahren vorhanden war. Was im Umkehrschluss wiederum bedeuten würde: **Wir Menschen könnten in jedem Alter in den Spielmodus wechseln, ohne unsere »Überlebenswahrscheinlichkeit« zu reduzieren – wir müssten nur einen ausreichend sicheren Rahmen finden.**

Faktisch verbleibt somit lediglich der investierte Energieaufwand als evolutionärer Nachteil des Spielens, der nahelegt, dass diesem zwangslogisch ein adäquater Vorteil gegenüberstehen muss, der über lange Perioden der Evolution das Überleben beziehungsweise sogar den schrittweisen Ausbau der Spielfähigkeit in der Natur gefördert hat. Hierfür gibt es allerdings noch keine einmütige Theorie. Die Forschung hat angesichts der weitgehenden Beschränkung des Spielverhaltens auf die erste Lebensphase einen Trainingseffekt für das spätere Erwachsenenleben als evolutionären Vorteil vermutet. Zunächst primär für die physische Kraft und Reaktionsfähigkeit, inzwischen auch für ganz andere Bereiche von Lebenskompetenzen. So scheinen die Erlebnisse während des Spiels mit anderen bei der Kommunikation sowie dem Erlernen von sozialen Kompetenzen ein ideales Trainingsfeld zu bieten, bei dem man dank klar vereinbarter Spielregeln nicht riskiert, im Falle von Missverständnissen gleich existenzgefährdenden Konsequenzen ausgesetzt zu sein.

Darüber hinaus scheint der Spielmodus gerade im jungen und noch formbaren Gehirn die neuronalen Verdrahtungen durch Wiederholung zu verstärken, die später in realen Situationen überlebenswichtig sein können. Dies gilt zunächst für im Spiel eingeübte, scheinbar optimale Standardlösungen, die als neuronale Autobahnen ausgebaut werden; allerdings kann im Spielmodus gleichzeitig eine hohe Varianz an alternativen Reaktionsmöglichkeiten gefahrlos ausprobiert werden, die dadurch als optionale »Nebenstraßen« für speziellere Situationen hinterlegt werden. Denn nur im Spiel ist es möglich, durch improvisierte Rollen- und somit Perspektivwechsel sowie durch das Variieren einzelner situativer Faktoren herauszufinden, ob es sich bei standardisierten Reaktionsmustern um flächendeckend anwendbare Erfolgsstrategien handelt oder lediglich um lokale Optima, die bei kleinen Abweichungen der Randbedingungen bereits fundamental andere Lösungen erfordern.

Der Spieltrieb scheint uns – wenn er ausgelebt werden kann – mit zwei wesentlichen Kompetenzen auszustatten:

1. Kooperationsfähigkeit: Durch die spielerische Interaktion lernen wir nicht nur, das Reaktionsverhalten anderer Mitspielender zu verstehen, sondern auch die entscheidenden Signale, die es für den Aufbau von Vertrauensbeziehungen braucht. Inklusive freiwilliger Regeln, die den Spielablauf sowie die Teilnehmer schützen.

2. Kreativität: Durch die Möglichkeit, in einer gefahrlosen Simulation potenzieller alternativer Realitäten neue Handlungsmöglichkeiten auszuprobieren, können wir unseren Standardmustern neue Varianten kreativ zur Seite stellen und dadurch insbesondere für geänderte Randbedingungen oder bei Zielkonflikten deutlich passendere Lösungen in unser Repertoire aufnehmen.

SPIELTRIEB

Spiegelt man diese beiden Kompetenzen an einer zunehmend komplexeren VUKA-Welt, wird schnell deutlich, dass diese beiden Kompetenzen im Zentrum unseres anerkanntermaßen notwendigen lebenslangen Lern- und Anpassungsprozesses stehen müssen: Die Zahl der Abhängigkeiten von anderen nimmt aufgrund zunehmender Vernetzung auf allen gesellschaftlichen Ebenen massiv zu. In der Folge wird sich unsere Kollaborationsfähigkeit zu einem weit wichtigeren Überlebensfaktor entwickeln als unsere bisher im Zentrum stehende Fähigkeit, uns individuell gegen andere durchzusetzen. Hierzu gehört auch, gemeinsam vereinbarte Regeln zu akzeptieren, die einen selbst vordergründig in seiner Handlungsfähigkeit einschränken, allerdings dem Schutz aller Beteiligten dienen.

Gleichzeitig ist unsere dynamische Anpassungsfähigkeit an Änderungen im Umfeld immer häufiger gefordert. Anstatt hinterlegte Standardstrategien anzuwenden, die wir in der Vergangenheit erlernt haben, wird inzwischen die Fähigkeit, flexibel auf alternative Reaktionsmuster zurückgreifen zu können, zum primären Erfolgsfaktor. Und weil geänderte Randbedingungen nun mal häufig radikal neue Herangehensweisen erfordern, wird plötzlich die Zahl an optionalen »Nebenstraßen« überlebenswichtig.

Dass der Lernprozess dieser Fähigkeiten in einem spielerischen Setting auch noch von einer positiven oder gar enthusiastischen Grundstimmung begleitet wird, die sich wie von selbst aus dem Prozess heraus ergibt, ist nicht nur ein Bonus. Es ist in einer Zeit, in der wir dazu neigen, von der Sorge um unsere Zukunft beherrscht (und blockiert) zu werden, *der* entscheidende Katalysator. Denn im Spielmodus reduzieren wir nicht nur unsere Angst, er erhöht zeitgleich unsere innere Bereitschaft, uns dieser neuen Welt aktiv zu stellen mit all ihren Herausforderungen und fundamentalen Weichenstellungen.

Es ist ausreichend bewiesen, dass inzwischen nicht nur die Notwendigkeit für ein lebenslanges Lernen besteht, sondern auch unser Gehirn grundsätzlich die erforderliche Plastizität hierfür besitzt (hierzu mehr in Kapitel 4.2.1 über Lernen). Allerdings reduziert sich die Anstrengung, die wir häufig in diese Anforderung hineinprojizieren, deutlich, wenn es uns gelingt, diesen Prozess aus einem Zustand des Spiels zu erleben: einerseits durch den Spaß daran, immer wieder neue Lösungen zu entdecken; andererseits durch eine generelle Leichtigkeit, die sich ganz natürlich bei intrinsisch motivierten Handlungen einstellt.

Spielen ist mitnichten das Gegenteil von Ernsthaftigkeit, sondern wir nehmen das Leben in der heutigen Welt erst wirklich ernst, wenn wir wieder spielen. **Denn Spiel ist in Wahrheit in einer nichtlinearen Umgebung das eigentliche Upgrade von seriösem Verhalten.**

DIE GRAVITATIONSKRAFT ÜBERWINDEN

Welches Potenzial im Spielen liegt, wenn wir mentale Modelle der Erwachsenen – selbst über die physische Welt – ignorieren, habe ich bereits als Kind gelernt. Dabei ist mir ein Erlebnis besonders im Gedächtnis geblieben. Als ich ungefähr zwölf Jahre alt war, sollte ich für den Kunstunterricht eine Marionette basteln. Ich erinnere mich gut an meine damalige innere Gefühlswelt, als ich nach der Schule am Mittagstisch saß und stolz meine Konzeptidee beschrieb, mit der ich die Hausaufgabe zu lösen plante. In meinem Kopf war nicht das Bild eines Räubers oder eines Prinzen aufgetaucht. Sondern das einer Weltkugel, deren Kontinente sich über die Fäden-Kinematik steuern ließen wie normalerweise die Arme und Beine der Puppen.

Vielleicht war es unser Kunstraum, der mich inspiriert hatte – wie ein geheimnisumwitterter Trakt lag er im Kellergeschoss meiner über 400 Jahre althumanistisch-konservativen Schule, vollgestellt mit groben Werkbänken und überbordenden Regalen mit allerlei Kreativmaterial. Vielleicht war es aber auch unser Kunstlehrer, der nicht nur durch seine wilde 1960er-Jahre-Frisur aus dem Lehrerkollegium herausstach, sondern auch durch seine rebellische Grundhaltung. Oder einfach nur meine überbordenden Fantasievorstellungen, welche vielfältigen Rollen ein an Fäden hängender Repräsentant unseres Planeten in einem Theaterstück spielen könnte.

In unserer Familie war das Mittagessen normalerweise der Ort einer fürsorglichen Inquisition, an dem jeder von uns an seinem festen Platz saß und während des Essens scheinbar harmlos über den Tag in der Schule plauderte. Doch an diesem Tag musste ich nicht elegant die Frage nach dem Vokabeltest in Latein umschiffen oder den Hausaufgaben – schnell improvisiert vor Schulbeginn. Ich glühte vor Tatendrang, ergriff das Wort und ließ mich von den Einwänden und dem Gesichtsausdruck meines Vaters nicht bremsen, der die folgende Diskussion begleitete: eine Kombination aus Mitleid und Enttäuschung, dass sein Zweitgeborener ganz offensichtlich nicht ausreichend Intelligenz besaß. Zum einen, um richtig zuzuhören und die Aufgabenstellung seiner Lehrer zu begreifen – eine Weltkugel sei schließlich ganz weit weg von der Vorstellung einer klassischen Marionette. Zum anderen, um sofort zu erkennen, dass es physikalisch unmöglich sei, durch ein Nach-oben-Ziehen von Fäden – das mechanische Grundprinzip einer Marionette – auch die Kontinente auf der Südhalbkugel abzudocken. »Das kann nicht funktionieren«, so sein schlichtes Fazit. Letztlich bot er mir eine Wette an, die mich aber nur noch mehr anstachelte. Nicht wegen der 50 D-Mark, um die es ging – für mich damals ein halbes Vermögen. Sondern weil ich beweisen wollte, wie Erwachsene mit ihrem beschränkten Vorstellungsvermögen immer wieder kreative Lösungsoptionen verbauen.

SPIELTRIEB

Nur wenige Tage später hatte ich mehrere Tageszeitungen in einem Eimer mit Mehl und Wasser in klebriges Pappmaché verwandelt und daraus mithilfe eines Spielballs, den ich meiner jüngeren Schwester entwendet hatte (tut mir heute noch leid), eine massive Erdkugel und eine dünne Erdkruste hergestellt. Aus letzterer sägte ich nach dem Trocknen die Kontinente aus – fein säuberlich mit einer Laubsäge. Um dann alle sieben Erdteile sowohl auf der Nord- als auch auf der Südhalbkugel. Mithilfe von Führungsstangen und ausgeklügelter Seilzüge durchs Innere meiner Konstruktion ließ ich meinen Plan Realität werden.

Ich trieb damals nicht nur voller Stolz meinen Wettgewinn ein – rückblickend war es auch der Startschuss eines Erkenntnisprozesses, der mir mit den Jahren immer klarer vor Augen führte: Die seriöse Erwachsenenhaltung mit ihren vermeintlichen Regeln und erlernten Grenzen – oft nur da, um die Optionenvielfalt zu reduzieren und schneller Lösungen zu finden – bremst nicht nur aus, wenn es darum geht, Dinge zu verwirklichen, die wir gerne erreichen oder umsetzen würden. Sie führt auch dazu, dass wir Menschen einen großen Teil **unserer Energie dafür vergeuden müssen, mit der Enttäuschung fertig zu werden, die jedes Mal entsteht, wenn wir wieder einen Traum ins Archiv der verpassten Gelegenheiten verbannen mussten**, bevor wir es überhaupt versucht haben.

SPIELTRIEB

Im Rückblick auf eine Vielzahl an Situationen, in denen ein spielerischer Ansatz mir geholfen hat, Schwierigkeiten zu überwinden, und von denen ich in den folgenden Kapiteln nur einige beispielhaft anführen kann, bin ich tief überzeugt: Würden wir an unseren Ideen stärker festhalten als an den Vorstellungen vermeintlicher Hindernisse, die sie angeblich unmöglich machen, könnten wir diese Energie für eine spielerische Suche nach wirklich neuen und kreativen Lösungen nutzen – auch wenn diese uns zunächst noch so unrealistisch erscheinen. Darüber hinaus macht Spielen deutlich mehr Freude, als ständig gebeugt von der Last der wahrgenommenen Einschränkungen den Blick nicht mehr auf die Vielzahl der Möglichkeiten heben zu können. Und es tauscht unsere Verbissenheit ein gegen ein Gefühl, das gemeinhin als Flow bezeichnet wird: ein Zustand, in dem wir völlig und anstrengungsfrei in einer Handlung aufgehen, begleitet von einem Gefühl des ungetrübten Glücks. Oder wie es der amerikanisch-ungarische Psychologe, Philosoph und Vater der Flow-Forschung Mihály Csíkszentmihályi auf den Punkt brachte: »Wenn der Mensch spielt, ist er im Vollbesitz seiner Freiheit und Würde.«

SICHERHEIT IN DER UNSICHERHEIT FINDEN

Vielleicht mag das Ganze immer noch klingen wie die unreife Sehnsucht eines Peter Pan, der sich ein Leben lang geweigert hat, erwachsen zu werden, um keine Verantwortung übernehmen zu müssen, und der auf der Insel Nimmerland mit den »verlorenen Jungs« außerhalb der »realen« Welt lebt. Ich kann das nachvollziehen. Signalisiert unser rationales Gehirn (das nur unsere kollektiven Vergangenheitserfahrungen kennt) mit all seinem neuronalen Arsenal doch ununterbrochen, dass nur adäquate Ernsthaftigkeit uns innerhalb derjenigen Handlungsräume halten kann, die für uns möglichst ungefährlich sind. Dass Spielen keinesfalls empfehlenswert ist, da wir durch mangelnde Aufmerksamkeit deutlich höhere Risiken eingehen. Und dass sowieso schon in unserem Leben die Räume kleiner werden, in denen wir uns sicher bewegen können, weil die Risiken immer größer werden – ob uns das nun passt oder nicht.

Und doch basiert die Idee auf einer sehr rationalen Grundüberlegung: Das 21. Jahrhundert hat unsere Spezies in eine hoch vernetzte Welt mit komplett neuen Randbedingungen katapultiert, mit denen zurechtzukommen wir erst lernen müssen. Diese neue »Erwachsenenwelt« entspricht in vielen Aspekten genau der Welt, wie sie in unserer gesamten Evolutionsgeschichte eigentlich nur Kindern vorbehalten ist: Sie erleben ständig neue Überraschungen, weil sie noch nicht die Zusammenhänge kennen, die die Ereignisse in ihrer Erlebniswelt verursachen, und begegnen diesem Umfeld mit unstillbarer Neugierde. Gleichzeitig fühlen sie sich als integraler Teil ihrer Umgebung und sind fest davon überzeugt, diese beeinflussen und zum Guten verändern zu können, damit ihrer Welt nichts zustoßen kann. Während ihre natürlichen Instinkte sie konstant antreiben, Neues auszuprobieren, müssen sie schrittweise lernen, gewisse Grenzen zu akzeptieren und sich an gesellschaftliche Spielregeln zu halten. Dabei erleben sie auch, dass sie, wenn sie mit anderen kooperieren, deutlich erfolgreicher und weniger isoliert sind, als wenn sie sich als Einzelkämpfer durchzusetzen versuchen.

Auch durch unsere heutige Welt kann man nicht mehr erfolgreich navigieren, wenn man sich verbissen hinter sein Steuerrad klemmt und versucht, noch mehr Energie in die Suche nach der

richtigen Strategie für den Wettlauf gegen andere zu stecken, um zu den wenigen zu gehören, die weiterhin auf der Oberfläche schwimmen. Das wird uns nur immer mehr ermüden.

Wir sollten stattdessen auf die Erfolgsrezepte zurückgreifen, die sich in der Evolution genau für solche Rahmenbedingungen durchgesetzt haben und die wir alle noch aus unserer Kindheit kennen. Denn ein Spielansatz hilft, bisher nicht vorstellbare Wege zu explorieren – und macht dabei noch viel mehr Spaß, weil man die Verbots- und Verzichtsrhetorik durch das Spielen mit dem »Experimentierkasten« des Lebens ersetzt.

Um uns auf unseren Spieltrieb erneut einlassen zu können, brauchen wir aufgrund unserer evolutionären Prägung lediglich eine Lösung, um ausreichend Sicherheit vor existenziellen Konsequenzen zu verspüren. Anders als in der freien Wildbahn ist damit in unserer hoch entwickelten Industriegesellschaft allerdings weniger der Schutz vor physischer Bedrohung im Außen gemeint, sondern insbesondere eine Sicherheit in unserem Inneren, die es uns erlaubt, unsere Angst vor der Zukunft, die in der Regel durch bedrohliche Projektionen in unserem Kopf entsteht und die uns in ungewohnten Situationen häufig lähmt, in kreative Neugierde zu transformieren. Dafür benötigen wir lediglich ein besseres Verständnis für die heutige Welt und einen sachlicheren Blick auf ihre Risiken. Denn objektiv betrachtet sind diese häufig viel geringer, als unser Gehirn uns vorgaukelt.

SPIELTRIEB

Für das Gefühl von ausreichender Sicherheit bedarf es daher keiner privilegierten Startvoraussetzungen und auch keiner Eltern, die einen über die Kindertage hinaus beschützen, sondern der Erkenntnis, dass unsere Risikoeinschätzung und damit auch unsere Befürchtungen auf längst veralteten Annahmen und Faktoren basieren. Sich dies bewusst zu machen und seine Risikoeinschätzung gemäß der heutigen Realität neu zu kalibrieren erfordert Übung. Du wirst dich daher vermutlich nur schrittweise darauf einlassen, spielerisch neue Wege auszuprobieren. Doch mit jedem Mal, bei dem du dich in Entscheidungssituationen bewusst für einen spielerischen Ansatz entscheidest, **wirst du stärker realisieren, dass die Kosten des Spiels inzwischen sehr oft deutlich kleiner sind als die Vorteile, die sich daraus für dein Leben ergeben**.

3.2 ROLLEN- UND JOKERWAHL – DIE REGELN VERÄNDERN

Ich habe bisher bei der Erläuterung seiner wesentlichen evolutionären Facetten den Begriff des Spielens als generellen Gattungsbegriff genutzt. Dies war für eine erste Abgrenzung hinreichend präzise, denn im allgemeinen Sprachgebrauch versteht man darunter generell Verhaltensweisen, die sich durch einen wesentlichen Aspekt von allen anderen unterscheiden: Sie weichen von allgemeinen Normen für »ernsthaftes« Verhalten ab. Und so lässt sich auch ein Spielender im Erwachsenenalter zunächst am ehesten dadurch identifizieren, was er *nicht* tut: Er verhält sich nicht konform zu dem üblichen Verhalten, das man von seiner tatsächlichen Rolle (als Vater, Führungskraft, Frau, Rentner ...) gesellschaftlich erwarten würde. Dadurch setzt er für sich – mit der Brille der allgemeinen gesellschaftlichen mentalen Modelle betrachtet – wichtige Dinge wie soziale Anerkennung, mögliche Privilegien oder schlichtweg seine Zukunft im wahrsten Sinne des Wortes aufs Spiel. Oder anders ausgedrückt: Er erhöht sein Risiko, sich selbst aus dem gesellschaftlich gewohnten Spielfeld zu kicken.

Allerdings manifestiert sich Spiel bei näherer Betrachtung nicht nur durch diese eine Eigenschaft. Vielmehr verbirgt sich hinter dem Begriff eine ganze Palette von unterschiedlichen Spielformen, die sich in ganz wesentlichen Charakteristika stark voneinander unterscheiden. Dies hat auch die Erforschung des Spieltriebs besonders herausfordernd gemacht, weil nicht nur für das Spielen im Allgemeinen, sondern auch für jede Spielform im Einzelnen unterschiedliche Hypothesen hergeleitet werden mussten, um die Entstehung eines solchen Verhaltens evolutionär durch entsprechende Vorteile begründen zu können. Insofern gibt es bis heute keine eindeutige Definition dafür, was Spielen eigentlich tatsächlich ist: eine entrückte Selbstbeschäftigung, bei der man die Welt um sich herum vergisst; ein sportlicher Wettkampf in einer bestimmten Leistungskategorie; eine öffentliche Bühnenperformance; eine Herausforderung des Schicksals; oder lediglich eine zur Schau gestellte Provokation, um sein Gegenüber herauszufordern.

Unterschiedliche Spielerrollen helfen, neue Perspektiven einzunehmen und dadurch in wichtigen Entscheidungssituationen mehr Handlungsoptionen zur Verfügung zu haben. Um den Mut dafür aufzubringen, diese auch konsequent auszuleben, helfen uns die Joker und die Vorstellung über die mit ihnen verbundenen »Superkräfte«. Hierdurch kalibrieren wir unsere instinktive Risikoeinschätzung neu und passen sie an die heutige Realität an. So können wir Wege im Leben beschreiten, die zu gehen unser Autopilot sonst nie wagen würde.

Analog konzentriert sich der Großteil der Fachliteratur über Spielverhalten entweder auf die Suche nach einer generellen evolutionären Rechtfertigung für ein Verhalten, das von unserer üblichen Norm für rationale Sinnhaftigkeit abweicht, oder versucht, sehr spezifische Aspekte einzelner Spielformen aus der Beobachtung zu analysieren, um sie dann als Muster zu verallgemeinern.

Ganz anders Brian Sutton-Smith. Ende der 1990er-Jahre hat der unstrittig führende Spielforscher die unterschiedlichen Ausprägungen von Spiel in verschiedene Klassen unterteilt und typologisiert. Sie weisen alle das typische Spielcharakteristikum eines vom »erwachsenen« Verhalten abweichenden Handelns auf. Und doch unterscheiden sie sich in wesentlichen Aspekten wie ihrer evolutionären Funktion, ihrer spezifischen Ausdrucksform, ihren einzelnen Spielerrollen oder auch der Forschungsdisziplin, die sich mit ihr primär beschäftigt. Auch historisch kann man sie unterschiedlichen Epochen zuordnen. So hat Sutton-Smith beispielsweise gezeigt, dass mit der Verschiebung des gesellschaftlichen Fokus von der Wahrung eher kollektiver Interessen auf die Maximierung individueller Interessen auch entsprechende Spiel-Typologien mehr in den Vordergrund rückten.

Der bunte Strauß an Varianten, den Sutton-Smith beschreibt, hat mich dazu motiviert, in Vorbereitung auf dieses Buch einmal zu versuchen, meine eigenen Spielstrategien, die ich bisher in meinem Erwachsenenleben in schwierigen Situationen angewendet habe, in ähnlicher Weise zu clustern. Denn auch sie unterscheiden sich im Detail oft deutlich. Und tatsächlich konnte ich jede Situation, in der ich in der Vergangenheit statt eines gesellschaftskonformen Verhaltens eine Spielerrolle eingenommen habe, eindeutig einer der sieben Typologien zuordnen, die der Spielexperte in seinem akribisch recherchierten Buch *Die Mehrdeutigkeit des Spiels* aufführt.

Nicht jede dieser Spielformen habe ich gleich häufig eingesetzt (ich hatte offensichtlich gewisse Präferenzen), und doch fand sich zu jeder von ihnen eine ganze Reihe an Beispielen in meiner Vergangenheit, was mich dazu inspirierte, in Anlehnung an Sutton-Smith sieben Standard-Spielerrollen zu konzipieren, die uns im Leben als Grundformen zur Verfügung stehen.

Die Detailbeschreibung dieser Übersicht hat mir eindeutig gezeigt: Wenn wir bereit sind, trotz der persönlichen Risiken, die wir damit üblicherweise assoziieren, ins Spiel zu gehen, schaffen wir nicht nur einen größeren Raum, um unserer Kreativität und Kollaborationsfähigkeit freien Lauf zu lassen – mit allen überraschenden Ergebnissen, die hieraus geboren werden. Sondern wir können unserer Spielstrategie auch noch eine ganz individuelle Note verleihen, je nachdem, für welche Spielerrolle wir uns entscheiden. **Diese Wahl hat nicht nur einen Einfluss auf die Wirkung, die wir mit unserem Spiel initiieren: in unserem Umfeld, bei unseren freiwilligen und unfreiwilligen Mitspielern. Sie entscheidet auch darüber, welche Entwicklungen wir anstoßen und in welches Paralleluniversum wir dadurch überwechseln.**

ROLLEN- UND JOKERWAHL

Wichtig dabei ist: Bei der Rollenwahl geht es nicht um »richtig« oder »falsch«, sonst übernimmt schon wieder unser Autopilot mit Vergangenheitsprogrammierung die Kontrolle. Entscheidend ist die Konsequenz, mit der du deine Rolle spielst, denn erst hieraus ergeben sich ganz unterschiedliche Spielverläufe. Das geht am besten, wenn du dich ganz in sie hineinversetzen und in ihnen aufgehen kannst.

Allerdings reicht die Rollenwahl allein noch nicht aus, um ins Spiel zu gehen und es dann auch tatsächlich bis zum Schluss durchzuspielen. Dazu müsstest du angesichts der hiermit verbundenen Risiken entweder überproportional viel Mut aufbringen oder dir irgendwie einreden, dass dir das Ergebnis deines Bemühens so was von egal ist.

Wie bereits beschrieben, sind wir evolutionär auf ein risikovermeidendes Verhalten programmiert. Dies führt dazu, dass wir instinktiv immer dazu neigen, uns gesellschaftskonform zu verhalten, um jedes »unnötige« Risiko zu vermeiden, das wir instinktiv beim Beschreiten neuer Wege zunächst befürchten.

Unabhängig von der konkreten Situation suggeriert uns bereits der Zustand des Spielens aufgrund unserer evolutionären Prägung automatisch, dass wir uns zusätzlichen Risiken aussetzen. Es macht wenig Sinn, den sich hieraus ergebenden Widerstand mit Gewalt zu durchbrechen, indem du beginnst, mit deinem Autopiloten über Risiko und Risikobewertung zu verhandeln – die oft endlosen und wenig fruchtbaren inneren Dialoge würden dem Spiel sofort jegliche Leichtigkeit nehmen und beim ersten Indiz für Risiko, Gefahr, Skepsis wieder einen Rückfall verursachen. Wir Menschen können uns unsere evolutionären Muster nicht durch kognitive Überredungskunst abgewöhnen, denn die Algorithmen der sogenannten unteren Funktionsebene unseres limbischen Systems im Gehirn, das für den Lebenserhalt zuständig ist, gehören zu den stabilsten Programmierungen für unsere standardisierten Verhaltensmuster.

Und selbst wenn wir den Autopiloten ausgeschaltet und uns für einen neuen Weg entschieden haben, lauern sie weiter im Hintergrund und warten nur auf den ersten unaufmerksamen Moment, um unsere für Fluchtinstinkte zuständige Amygdala im Reptiliengehirn zur Ausschüttung von Cortisol zu bewegen und dadurch die entscheidende Verbindung zu unserem rationalen Frontallappen im Gehirn zu kappen, die uns ermöglichen könnte, unseren Weg beizubehalten.

Um uns tatsächlich mit Elan auf unsere Spielerrolle zu stürzen, müssen wir daher die Risikoeinschätzung unseres Autopiloten mit seinem eingebauten Risikovermeidungsalgorithmus zumindest temporär manipulieren. Dies funktioniert am einfachsten, wenn wir ihm ein ebenbürtiges Gegengewicht zur Seite stellen: einen Joker.

Daher besitzt jede im Folgenden beschriebene Spielerrolle nicht nur spezifische Eigenschaften, die uns die Rolle besser vorstellbar macht, sodass wir sie authentisch ausleben können. Sie verfügt darüber hinaus noch über eine charakteristische *Superkraft*, eine ausgeprägte Fähigkeit, über die du in deiner eigenen Vorstellung bisher nicht verfügen konntest. Ich habe diesen etwas irritierenden Begriff »Superkraft« absichtlich aus der Gaming- und Filmwelt entliehen, um zu unterstreichen, dass es sich hier initial um einen imaginären Prozess handelt, der eine Neubewertung zukünftiger Chancen ermöglicht und so Zug um Zug ins Handeln führt. Auch wenn sie anfänglich etwas überzeichnet wirkt, so wirst du im Detail sehen, dass uns die jeweilige Superkraft unsere Erfolgschancen auf einem alternativen Weg nicht nur deutlich höher bewerten lässt, sondern auch faktisch den Spielverlauf in unserem Sinne beeinflusst. Insbesondere wenn nicht nur du, sondern irgendwann auch andere anfangen zu glauben, dass du tatsächlich darüber verfügst.

ROLLEN- UND JOKER-WAHL

Diese imaginären Asse im Ärmel sind unsere »0,1-Prozent-Joker«. Joker, weil sie das Blatt zu unserem Vorteil wenden können. Und 0,1 Prozent, weil wir (du erinnerst dich, Kapitel 1.2?) nur für 0,1 Prozent unserer tagtäglichen Situationen überhaupt die kognitive Kapazität haben, sie in der notwendigen Tiefe rational zu analysieren, um uns danach aktiv für die Richtung zu entscheiden, die wirklich zu uns und unseren Lebenszielen passt. Mehr Gelegenheiten, einen Joker einzusetzen, haben wir nicht.

Man kann auch sagen: Der Joker mit seiner Superkraft ist für die Verschiebung der Koordinaten innerhalb deines Risikobewertungssystems ein spielerischer Arbeitstitel und soll dich dabei unterstützen, dir in deinem Kopf in entscheidenden Situationen einen positiven Spielausgang überhaupt einmal vorstellen zu können – besonders am Anfang, solange du noch keine Spielerfahrungen gesammelt und in deiner Erinnerung abgespeichert hast. Mit seiner Hilfe kannst du deine Standardbewertungsmuster erst wirklich verändern, ohne deinem Autopiloten Gewalt antun zu müssen und dabei nur wertvolle Energie zu verheizen. Das mag sich für dich jetzt alles ein wenig kompliziert anhören. Rolle, Joker, Superkraft. Doch glaube mir, mit ein bisschen Übung wird es dir leichtfallen, nicht nur eine passende Rolle auszuwählen, sondern auch den dazugehörigen Joker mit seiner Superpower in entscheidenden Situationen aus dem Ärmel zu zaubern.

Ich habe in diesem Kapitel bewusst auf konkrete Beispiele verzichtet (dafür umso mehr in den einzelnen Spielräumen ab Kapitel 4), und ich habe die Rollen mitsamt ihren Jokern, die ich jetzt gleich im Einzelnen beschreiben werde, bewusst auch in keine bestimmte Reihenfolge gebracht, weil ich verhindern möchte, dass du irgendeine Bewertung herausliest. Das wäre wenig hilfreich. Alle Rollen und Joker sind gleichermaßen wirkungsvoll, aber situationsbedingt natürlich unterschiedlich passend.

Die Namen der Rollen und ihrer Joker sind so gewählt, dass sich ihre Charakteristika assoziativ sofort erschließen. Ich werde ihre wesentlichen Aspekte erläutern, damit du dich schneller in sie hineinversetzen kannst – jetzt beim Lesen und später bei der Vorbereitung auf einen konkreten Spielzug. Die Details, mit denen du sie in deinen Spielzügen ausschmücken möchtest, bleiben ganz dir überlassen. In der Realität sind diese Spielrollen selbstverständlich nicht eindeutig abgrenzbar, und es existieren etliche Mischformen. Die folgende Liste kann deswegen auch nicht vollständig sein, doch sie bietet einen ersten Überblick über das Spektrum deiner Möglichkeiten. Fühle dich frei, dieser Liste weitere Rollen und Joker hinzuzufügen, die dir hilfreich erscheinen.

Um zu betonen, dass jede dieser Rollen von allen Menschen uneingeschränkt eingenommen werden kann, habe ich mich an dieser Stelle explizit für eine genderneutrale Schreibweise entschieden – während ich ja sonst bewusst das generische Maskulin nutze.

ROLLE 1: FORSCHER:IN

Da wir inzwischen Zugang zu einer schier unbegrenzten Menge an Informationen haben, gewinnen wir häufig den Eindruck, dass die Menschheit bereits alles Wesentliche herausgefunden hat und wir für jede Fragestellung lediglich das relevante Wissen herausfiltern müssen. Und dennoch gibt es Erkenntnisse, von denen wir gar nicht wissen, dass wir sie gar nicht haben. Denn bisher haben wir nur Antworten auf Fragen entwickelt, die bereits schon einmal gestellt wurden. So gibt es zwar keine neuen Kontinente mehr zu entdecken; auch können wir uns viele biologische, astronomische oder physikalische Phänomene zumindest makroskopisch erklären. Doch außerhalb unserer bisherigen Erlebniswelt und den hierfür entwickelten Standardmodellen gibt es eine ganze Reihe an Dingen, die noch von niemandem erforscht wurden.

Die Idee zur Rolle des Forschenden entspringt dem in der Biologie, der Psychologie und der Erziehung verbreiteten Konzept des kindlichen Spielens, das primär dazu dient, durch experimentelles Ausprobieren in einer neuen Umgebung wesentliche Einsichten zu erzielen: Was benötige ich für eine notwendige Anpassung an meine Umwelt, welche Verhaltensweisen helfen mir bei der sozialen Interaktion mit anderen, und welche Möglichkeiten bietet diese Umgebung für mein persönliches Wachstum?

Besonders weil wir unser Wissen mit zunehmend komplizierten Fragestellungen immer weiter spezialisiert haben, existieren Erkenntnislücken bei Themen, die mehrere Wissensgebiete betreffen. So können wir zwar für Krankheiten die Ursachen identifizieren, aber in der Regel nicht sagen, warum diese bei den einen Menschen zu einem Krankenbild führen, bei den anderen allerdings nicht. Dieser Effekt verstärkt sich dadurch, dass der Vernetzungsgrad unserer modernen Welt die Zahl der Ursachen, die miteinander für zukünftige Entwicklungen verantwortlich sind, extrem erhöht hat und es für viele Interaktionen keine verlässlichen Modelle gibt. Forscher:innen sind sich genau dieser Mängel bewusst und begeben sich auf die Suche nach neuen Erkenntnissen, die andere bisher nicht gesucht haben. Für sie ist jedes gesellschaftliche mentale Modell der potenzielle Startpunkt für eine mögliche Entdeckungsreise – allein weil sie nicht akzeptieren, dass in der heutigen Welt bereits alle Geheimnisse gelüftet sind. Von der Neugierde angetrieben, bisher noch unentdeckte Möglichkeiten zu finden, ist ihr Joker ihre Intuition, der sie wie einer »inneren Schatzkarte« folgen können und die ihnen als »Superkraft« signalisiert, wo es noch etwas herauszufinden gibt. Die Rolle Forscher:in solltest du wählen, wenn dir keine verfügbare Lösung für eine bestimmte Situation wirklich hilfreich erscheint und es dir dennoch wichtig ist, eine solche zu finden. Insbesondere durch das Unverständnis deines Umfelds wird der Weg zum Ziel herausfordernd, weil zunächst niemand deine Suche nach neuen Wegen in einem scheinbar bekannten Terrain nachvollziehen kann. Doch am Ende deiner oft einsamen Reise wirst du in der Regel nicht nur mit neuen Erkenntnissen und Einsichten belohnt, die dir einen verbesserten Blick auf die Zusammenhänge ermöglichen, sondern auch mit der entsprechenden Anerkennung.

EINSATZFELD: Systemübergreifend bessere Lösung finden

SUPERKRAFT: Intuition als »innere Schatzkarte«

LOHN: Neues kollektives Verständnis für Systemzusammenhänge

ROLLE 2: POKERSPIELER:IN

Trotz immer besserer Zukunftsprognosen dank Computerunterstützung tauchen in einer komplexen Welt immer häufiger unerwartet Veränderungen auf, die dem vorhergesagten Verlauf eine abrupt neue Richtung geben. Die Zeitpunkte von solchen »Brüchen« sowie die spezifischen Ereignisse, die neue Trends auslösen, lassen sich kaum vorhersagen – sie erscheinen vor ihrem Eintreten in der Regel undenkbar, und unsere unbewusste Neigung, instinktiv lieber an Bewährtem festzuhalten, lässt uns häufig die ersten Anzeichen ignorieren. Pokerspieler:innen machen sich dies zunutze. Sie distanzieren sich von der Grundannahme, dass Veränderungen langsam und schrittweise erfolgen, und versuchen, die Fähigkeit zu entwickeln, eine bereits »veränderungsreife« Situation zu identifizieren und ihre absehbaren Konsequenzen so objektiv wie möglich abzuschätzen. Auf der Basis dieser Einschätzung legen sie dann ihren Wetteinsatz fest – entweder sie riskieren nur einen bestimmten Aspekt ihres Lebens, oder sie entscheiden sich für »all in« und verwetten alles, was sie haben.

Auch wenn die Rolle Pokerspieler:in am ehesten an Glücksspiel erinnert, so ist das entscheidende Element für den Erfolg nicht das Glück oder das Vertrauen auf wohlwollende göttliche Unterstützung. Die Superkraft der Pokerspieler:innen ist ihr Zukunftswissen, das sich allein daraus ergibt, dass sie auf Themen aus größerer Distanz blicken können – und sich dadurch in die Lage versetzen, mit deutlich höherer Wahrscheinlichkeit als gemeinhin angenommen ihre jeweilige Wette zu gewinnen.

Während uns viele abrupte Verschiebungen durch unsere bisherige limitierte Erfahrung mit sehr graduellen Phänomenen in unserer Umwelt zunächst unmöglich erscheinen, so haben sich in unserer heutigen Realität die Eintrittswahrscheinlichkeiten von fundamentalen Veränderungen innerhalb eines sehr kurzen Zeitraumes längst erhöht. Und gerade durch unser Festhalten an der scheinbaren Unveränderlichkeit des bisher Gewohnten baut sich unter der Oberfläche häufig eine wachsende Spannung auf, die dann bereits durch kleine Ereignisse eine abrupte Veränderung auslösen kann.

Wer dies frühzeitig erkennt, kann seine Wette gewinnen, denn mit dem Zukunftswissen hat die Rolle des Pokerspielenden ein paar Asse im Ärmel. Und beherrscht darüber hinaus den mit explizit demonstrierter Überzeugung vorgetragenen Bluff, mit dem er andere zum Aufgeben bewegen kann. Je höher der sichtbare Wetteinsatz, umso höher die Wahrscheinlichkeit, dass Menschen sich verunsichern lassen und anfangen, sich dir anzuschließen beziehungsweise sich neu auszurichten. Genau dadurch treten dann diejenigen Entwicklungen ein, auf die Pokerspieler:innen gewettet haben.

Die Rolle Pokerspieler:in hilft dir in Situationen, in denen du der Überzeugung bist, dass eine Veränderung dringend überfällig ist, und du dabei helfen willst, sie zeitnah auszulösen. Dies kann sowohl den engeren Freundeskreis als auch größere gesellschaftliche Fragen betreffen. Die Wichtigkeit, die du dieser Veränderung beimisst, aber auch die Spannung, die du zwischen dem Istzustand und dem überfälligen Sollzustand empfindest, entscheiden über die Höhe deines Wetteinsatzes. Und der wiederum entscheidet zusammen mit deiner Fähigkeit, auch zwischenzeitliche Rückschläge unbeirrbar auszuhalten, über deine Erfolgschancen, einen Dammbruch tatsächlich herbeizuführen.

EINSATZFELD: Überfällige Veränderung lostreten

SUPERKRAFT: Zukunftswissen

LOHN: Auslösen eines überfälligen Wandels

ROLLE 3: ATHLET:IN

Die Welt der Athlet:innen ähnelt auf den ersten Blick am ehesten der Welt, die wir auch für unser ernsthaftes Verhalten gewohnt sind: einer Welt des omnipräsenten Wettbewerbs um den Sieg. Während die ursprüngliche Spielform nach Überzeugung von Historiker:innen und Soziolog:innen noch auf einem fairen Wettbewerb mit klaren Regeln basierte und auch den Kern des olympischen Gedankens ausmachte, so rückten spätestens die Thesen von Charles Darwin über die Überlebensvorteile des Stärkeren den »Sieg um jeden Preis« ins Zentrum. Regeln werden im heutigen Wettbewerbsverständnis nur dann beachtet, wenn ihre Missachtung mit hoher Wahrscheinlichkeit zu konkreten Konsequenzen führt, die einen Sieg verhindern könnten. Ein fairer Spielkodex spielt dabei in den seltensten Fällen eine Rolle. Dies hat dazu geführt, dass sich Menschen in vielen Situationen erst gar nicht auf einen Kampf einlassen, wenn die Machtverhältnisse nahelegen, dass sie sowieso chancenlos sind – selbst wenn sie im Sinne von Fairness und Gerechtigkeit eigentlich gewinnen müssten. Ob Diskriminierung, Machtmissbrauch oder auch die fehlende unternehmerische Verantwortung für Kollektivschäden: Die Zahl der Missstände in unserer Welt steht in keinem Verhältnis zu den wenigen, die dagegen aufzubegehren wagen. Athlet:innen versuchen nicht, in diesem Umfeld ein schier aussichtsloses Plädoyer für

mehr sportliche Fairness zu halten. In der Überzeugung, dass die angestrebten Ziele höherwertiger sind als die persönlichen Vorteile, stellen sie den Kampf für die gute Sache grundsätzlich über einen möglichen materiellen Verlust. Hierdurch transponieren sie die scheinbar existenzielle Bedrohung, die ein aktiver Widerstand mit sich bringen würde, in die Welt eines sportlichen Wettkampfes, was der Herausforderung ihren existenziellen Druck nimmt. Denn im Sport kann man nicht verlieren, sondern nur gewinnen oder nicht gewinnen. Allerdings wissen Athlet:innen, dass sie diesen Kampf nicht durch Kraft gewinnen können, sondern nur durch Strategie. Einer der erfolgreichsten Ansätze für den Sieg des Schwächeren im Kampf liegt darin, den Konflikt auf ungewohntes Terrain zu verlagern beziehungsweise durch ungewöhnliche Handlungen die Regeln zu dehnen. Der Kampf von David gegen Goliath ist für diese »Superkraft« ein hervorragendes Lehrbeispiel, denn ihr Kampf fand nicht im traditionellen Zweikampf statt, in dem David als physisch Schwächerer weit unterlegen gewesen wäre. Sondern David attackierte seinen Gegner kurzerhand mit seiner Steinschleuder gezielt aus der Ferne.
Die Spielrolle Athlet:in solltest du wählen, wenn du aus einer Situation heraus ins Handeln kommen willst, in der du scheinbar haushoch unterlegen bist oder von scheinbar übermächtigen Kräften bedrängt oder bedroht wirst. Deine strategische Agilität, mit der du die Regeln des Spiels neu festlegst und in Bereiche verlagerst, in denen deine Stärken liegen, gepaart mit der unerschütterlichen inneren Einstellung, einen Kampf für eine »gute Sache« nie verlieren zu können und dadurch »unbesiegbar« zu sein, erlaubt es dir, deine volle Energie auf die Entwicklung und Umsetzung deiner Strategie auszurichten.

EINSATZFELD: Einen schier aussichtslosen Kampf gewinnen

SUPERKRAFT: Unbesiegbarkeit, weil man für das Gute kämpft

LOHN: Das Böse wird in die Knie gezwungen

ROLLE 4: FESTIVALINITIATOR:IN

Formen des Spiels im Rahmen von Festlichkeiten haben Anthropolog:innen schon in den ältesten Kulturen der Welt identifizieren können. Seien es die seit einigen Tausend Jahren unveränderten magischen Rituale bei kanadischen First Nations während ihres traditionellen Potlatch, die heute noch praktizierten Hakas der Maori-Stämme, die Tänze bei Folkloreveranstaltungen in den verschiedensten Regionen Europas, das gemeinsamen Zelebrieren von religiösen Feiertagen oder die vielfältigen kulturellen Ausdrucksformen während des Karnevals.

Bei all diesen Traditionen, die häufig noch durch außergewöhnliche Symbole oder traditionelle Kleidungsstücke untermalt werden, steht die Integration aller Mitglieder im Vordergrund, während Standes-, Hierarchie- und sonstige gesellschaftliche Klassenunterschiede in den Hintergrund treten. Sie sind ausschließlich einer regional oder qua Abstammung abgegrenzten Gruppe vorbehalten und dienen dazu, in dieser Gemeinschaft die gemeinsame Identität zu stärken und dadurch die kollektive Macht der Einheit durch gemeinsame Rituale heraufzubeschwören. Dabei steht selten ein konkreter Anlass im Vordergrund, für den diese Bündelung der Kräfte erforderlich ist. Vielmehr folgen die Veranstaltungen einer zyklischen Regelmäßigkeit, die gänzlich unabhängig ist von aktuellen Ereignissen.

Auch das Ziel neuzeitlicher Festivalinitiator:innen ist es, Menschen einer bestimmten Gruppe für eine gemeinsame Sache zusammenzubringen, damit sie gemeinsam eine Art kollektive »Superpower« entwickeln und damit dann große Dinge verändern. Dafür nutzen sie die typischen Charakteristika von Folklore (Statement-T-Shirts, Buttons, Fahnen, Flyer, Logos, Lieder ...), um das Gefühl des bedingungslosen Zusammenhaltes im Innen zu stärken und alle Energie auf ein bestimmtes Ziel im Außen zu fokussieren.
Allerdings lassen sich die heutigen Festivalteilnehmer:innen eher an Äußerlichkeiten wie Kleidung, Haarstil, Accessoires oder einer identitätsbestimmenden Wortwahl erkennen, während gemeinsame »Tänze« eher gedanklich im Kopf stattfinden.
Durch die Wahl der Rolle Festivalinitiator:in kann es dir gelingen, viele Mitstreiter:innen für eine Sache zu gewinnen, die dir am Herzen liegt. Da die Solidarität der Teilnehmer:innen untereinander mögliche Herausforderungen auf viele Schultern verteilt, kann man hierdurch Veränderungen induzieren, die ab einer bestimmten kritischen Masse eine Eigendynamik entwickeln und zum Selbstläufer werden. Daher ist die anstrengendste Phase dieser Rolle die Vorbereitung und der Aufbau der Community.

EINSATZFELD: Möglichst viele Menschen für dein Thema gewinnen

SUPERKRAFT: Die kollektive Stärke der Community

LOHN: Eine gewünschte Zukunft wird dank Bündelung der Kräfte wahr

ROLLE 5: SCHAUSPIELER:IN

Die Wurzeln des Schauspiels liegen vermutlich ähnlich weit zurück wie die Wurzeln von traditionellen Festen – und doch gibt es einen wesentlichen Unterschied: Statt Teilnehmer:innen zu gewinnen, die sich auf Augenhöhe beteiligen, müssen Schauspieler:innen vor den Zuschauer:innen performen. Und zwar so, dass man ihnen die Rolle auch wirklich abnimmt. In vielen Stücken werden sie von Statist:innen oder Kolleg:innen unterstützt, im Falle eines Solostücks müssen sie diese Aufgabe alleine bewältigen. Die Schauspielszene mitsamt ihren Schulen und Kritikern konzentriert sich in ihren Analysen daher zumeist auf die Schauspieler:innen selbst: Wie glaubwürdig können sie eine Story verkörpern? Muss man eine Rolle nur bestmöglich imitieren oder mit ihr gar verschmelzen? Ob das jeweilige Stück die Zuschauer:innen zum Nachdenken anregt, nur amüsiert, lebensverändernd wirkt oder so irritiert, dass in der Pause vehement darüber gestritten wird, was man hier eigentlich gesehen hat, ist bei dieser Ausbildung nicht im Fokus. Dies bleibt immer die Aufgabe des Regisseurs, des Dramaturgen oder des Intendanten.

Das ist in etwa vergleichbar mit der Spieltheorie (bei keiner anderen Rolle schwingt ihr Bezug bereits im Namen mit), die die evolutionäre Sinnhaftigkeit von Spielen bei Kindern darin sieht, tatsächliche Lebenssituationen in einem sicheren Raum nachzustellen und sich darin zu üben oder empathische Reflexionsfähigkeit zu trainieren. Im Zentrum steht hier der Prozess, der im Kind selbst abläuft – und nicht der Einfluss, den das Spiel auf einen Beobachter (beispielsweise seine Eltern, Geschwister oder Freunde) hat.

Solltest du dich für die Rolle Schauspieler:in entscheiden, so ist es auch dein Ziel, eine bestimmte Persönlichkeit in einer gewünschten Zukunft glaubwürdig zu verkörpern. Und das Spiel muss sich auch für dich am besten so real wie möglich anfühlen. Doch der Effekt deines Spiels auf die Zuschauer:innen ist im realen Leben weitaus wichtiger als vielleicht bei einem Theaterstück oder einem Kinofilm. Sie sind Dreh- und Angelpunkt für jedweden Erfolg. Denn nur wenn es dir gelingt, durch dein Spiel die Fantasie deiner Zuschauer:innen so nachhaltig anzuregen, dass sie sich »deine« Zukunft immer besser vorstellen können, richten sie ihr Handeln aufgrund einer geänderten Realitätseinschätzung neu aus. Insofern liegt der Schwerpunkt der Rolle darauf, deine Zuschauer:innen im Kopf so weit zu bringen, dass sie dein Stück weiterleben, wenn du längst wieder in der Garderobe bist.

Die Rolle Schauspieler:in ist – ähnlich wie die Rolle Pokerspieler:in – dafür geeignet, kollektive Veränderungsprozesse zu initiieren, die allerdings in diesem Fall eher kontinuierlich und weniger abrupt verlaufen sollen. Denn du überzeugst hier durch die Ausstrahlung deiner inneren Überzeugung und nicht durch eine demonstrativ riskante Wette. Bist du überzeugend genug, so kannst du auch eine zunehmende Zahl an Menschen von der Möglichkeit einer zukünftigen wünschenswerten Entwicklung überzeugen – selbst wenn diese bis dato als noch so undenkbar gilt.

EINSATZFELD: Einen kollektiven Veränderungsprozess kontrolliert inspirieren

SUPERKRAFT: Deine Manifestationskraft

LOHN: Andere folgen dir in Veränderungen, die bislang als undenkbar galten

ROLLE 6: AVANTGARDIST:IN

Bereits der Titel dieser Rolle verrät seine Wurzeln in der (französischen) Militärsprache, denn bei der Avantgarde handelte es sich ursprünglich um die Vorhut eines Heeres, die als kleine Gruppe in das feindliche Gebiet vordringt, es auskundschaftet und gegebenenfalls erste konkrete Erfahrungen mit dem Feind sammelt – von denen dann auch die restliche Truppe lernen und profitieren kann.

Aus dieser Aufgabe leitet sich auch die Rolle Avantgardist:in ab, die in der Regel bewusst eine gesellschaftliche, politische oder kulturelle Vorreiterrolle gegen den »Mainstream« einnimmt. Avantgardist:innen differenzieren sich explizit von vorherrschenden Traditionen oder Denkmodellen und positionieren sich sichtbar für alle diametral dem Mainstream entgegengesetzt. Da sie nur von wenigen Gleichgesinnten Applaus bekommen, bedarf es für diese Rolle viel Mut, um sich den durchaus auch aggressiven Gegenreaktionen der Gesellschaft zu stellen. Ihre Erfahrungen können jedoch anderen helfen, mit zeitlicher Verzögerung ebenfalls der Idee zu folgen. So werden Avantgardist:innen zum Auslöser einer Bewegung, die ohne sie nicht stattgefunden hätte.

Während Menschen, die eine solche existenzbedrohliche Rolle freiwillig einnehmen, ein immer gerne gesehenes Studienobjekt der Psychiatrie gewesen sind, so zielt diese Spielerrolle allerdings nicht auf eine Adelung post mortem als Märtyrer ab. Sondern sie gewährt aus der Innensicht des Spielers das wohl höchste Maß an Freiheit, weil sich Avantgardist:innen von sämtlichen gesellschaftlichen Handlungszwängen befreit fühlen. Diese vollkommene Unabhängigkeit, aus der heraus sie ihr Leben konsequent nach ihren eigenen Bedürfnissen und Überzeugungen ausrichten, ist auch ihre »Superkraft«, durch die sie sich selbst bei größten Anfeindungen geschützt fühlen und gerade darin die nötige Entspannung finden, um Kraft zu schöpfen.

Es empfiehlt sich, die Rolle Avantgardist:in zu wählen, wenn primär die eigene Verwirklichung im Vordergrund stehen soll – unabhängig davon, ob dadurch auch eine größere Veränderung initiiert wird. Sie bietet dir die Möglichkeit, dich mit beiden Füßen in ein Wertesystem zu stellen, das für dich stimmig ist – fern von Sachzwängen und Kompromissen.

EINSATZFELD: Sich selbst verwirklichen

SUPERKRAFT: Vollständige Unabhängigkeit von allen gesellschaftlichen Konventionen

LOHN: Gefühl von heldenhafter Freiheit

ROLLE 7: HOFNARR/-NÄRRIN

Die Rolle Hofnarr/-närrin leitet sich direkt aus ihrem mittelalterlichen Äquivalent ab. Am Hofe hatten Hofnarren und Hofnärrinnen die Aufgabe, Monarch:innen vor Hochmut zu bewahren. Durch ihre Narrenfreiheit waren sie unantastbar und konnten so die Herrschenden darauf hinweisen, dass diese weder unfehlbar noch unsterblich sind. Das »Närrische« war bei ihnen lediglich ein mögliches Stilelement, um ihre Provokationen – damals wie heute – ein wenig zu entschärfen, ohne ihnen die klare Positionierung zu nehmen. Während sie im Mittelalter allerdings den Herrschenden direkt ins Visier nahmen, fordern die modernen Hofnarren und -närrinnen die heutigen gesellschaftlichen Modelle heraus, indem sie die Wahrheit ungefiltert transparent machen. Dabei ist auch ihre »Superkraft« die Narrenfreiheit, die sie hierzu autorisiert und gleichzeitig schützt.

Während bei allen anderen sechs Rollen durchaus ein gewisses individuelles oder kollektives Eigeninteresse besteht, so ist die Rolle Hofnarr/-närrin die einzige, bei der sich die Spieler:innen vom Ergebnis komplett abkoppeln. Es geht ihnen unabhängig von ihren eigenen Interessen ausschließlich um die Initiierung einer systemseitigen Reflexion.

Deine Rollenwahl sollte immer dann auf den Hofnarren, die Hofnärrin fallen, wenn du Spaß an dem Prozess haben möchtest, bisherige

Denkweisen zu erschüttern, während du bezüglich der sich hieraus ergebenden alternativen Lösungen ergebnisoffen bleiben kannst. Besonders wirksam ist diese Rolle dann, wenn du sie in einem Kontext spielst, in dem du über einen »Seriositätsvorschuss« verfügst und dadurch die Irritation maximierst.

EINSATZFELD: Bisherige Denkweisen erschüttern

SUPERKRAFT: Narrenfreiheit

LOHN: Mentale Modelle entlarven und alte Strukturen aufbrechen

3.3 SPIELZÜGE – SEHENDEN AUGES INS RISIKO GEHEN

Nehmen wir einmal für einen Augenblick an, du entscheidest dich noch heute dafür, häufiger die Macht über deinen Autopiloten übernehmen zu wollen. Weil du es satt hast, dass er für dich jeden Tag Entscheidungen trifft, ohne dass du überhaupt die Chance hast, über ihre tatsächliche Sinnhaftigkeit für dein Leben nachzudenken. Und dir zudem klar geworden ist, dass deine immer rastlosere Suche nach materieller Sicherheit (Standard in unserer Gesellschaft) dir niemals wirklich tiefe Befriedigung verschaffen kann, da sie alle höherwertigen Bedürfnisse ignoriert. Stattdessen reizt dich die Idee, bei relevanten Richtungsentscheidungen mit einem breiteren Spektrum an Prioritäten zu experimentieren, die angeblichen Handlungszwänge des Alltags etwas weniger ernst zu nehmen, neue Wege auszuprobieren und mehr Freude zu empfinden, weil sich dein Leben mit jeder neuen Erfahrung reicher, erfüllter anfühlt. Kurzum, du möchtest aufstehen und losspielen, weil dir inzwischen klar ist, dass du in der heutigen Welt dabei deutlich weniger Gefahren ausgesetzt bist als gemeinhin angenommen – zumindest nicht mehr als in deinem bisher gewohnten Spielfeld.

Als Erstes wird es dir in einer Welt, in der die Zukunft immer seltener präzise vorhergesagt werden kann, schwieriger erscheinen, einen »richtigen« Weg für dich auszuwählen, denn es stehen deutlich mehr Optionen zur Verfügung. Welche du am Ende für dich wählst, ist nahezu nebensächlich. **Wichtig ist nur, dass du alle Storys, die dir bisher im Leben als »richtig« oder »falsch« verkauft wurden, für einen Augenblick dort lässt, wo sie zu Hause sind: im Memorychip deines abgeschalteten Autopiloten, der auf ein überfälliges Upgrade wartet.** Und du den Mut aufbringst, dich wirklich konsequent an deinen neuen Orientierungspunkten zu orientieren.

Am Anfang wirst du dir diese neuen Leuchttürme zunächst immer wieder aktiv in Erinnerung rufen müssen, um nicht wieder den alten Mustern zum Opfer zu fallen. Allerdings werden sie durch Wiederholung sukzessive auch in deinen Autopiloten übernommen und eingespeichert, sodass du irgendwann die von dir selbst gewählte Perspektive ganz natürlich präferieren wirst.

Die erste Gelegenheit zum Spiel bietet sich dir übrigens schon, bevor du morgens überhaupt aufstehst – denn du kannst selbst entscheiden, wann du dies tust. Bei dieser Frage geht es nicht darum, ob du den Wecker ausstellst, einfach weiterschläfst und dabei riskierst, unpünktlich zur Arbeit (oder einer anderen Verpflichtung) zu kommen – dies wäre keine bewusste Entscheidung in Richtung eines von dir selbst gewählten Ziels, sondern lediglich ein unkontrolliertes »Laisser-faire«, ein Sich-Treiben-Lassen, das nur einem spontanen Genussbedürfnis folgt und absehbare Konsequenzen ignoriert. Dies ist zwar auch eine Möglichkeit, sein Leben zu leben, allerdings hätte ich hierfür kein ausführliches Buch schreiben müssen.

Mir geht es vielmehr darum, durch einen spielerischen Ansatz neue Wege zu finden, auf denen du deine bewusst selbst gewählten Ziele (besser) erreichen kannst. Hierzu kann natürlich auch gehören, die Sinnhaftigkeit des eigenen Arbeitsverhältnisses zu hinterfragen, in das man sich fast jeden Tag begibt – allerdings sollte sich dies nicht aus der spontanen Lust zum Ausschlafen ergeben, sondern aufgrund einer bewussten Auseinandersetzung mit deinen Bedürfnissen, Wünschen, Fähigkeiten und Optionen.

Um von den Möglichkeiten des Spielens bestmöglich zu profitieren, gilt es daher – wie bei allen Spielen –, gewisse Regeln zu beachten. Diese dienen nicht dazu, dich zu gängeln oder an noch größeren Abenteuern zu hindern. Ihre Beachtung ist notwendig, um beim Spielen maximale Freude zu finden.

Grundsätzlich ist es essenziell, dass du bei jedem Spielzug auf deine gewünschte Zukunft ausgerichtet bleibst, damit du danach nicht den Folgen spontaner Hals-über-Kopf-Entscheidungen ausgeliefert bist. Von den Algorithmen des eigenen Autopiloten abzuweichen bedeutet nicht, das Steuer einfach loszulassen und zu schauen, wo es einen hintreibt, denn dann verlieren wir zu leicht an Höhe und zerschellen an den ersten Bodenerhebungen, die sich uns in den Weg stellen. Wir müssen im Gegenteil das Steuer deutlich fester halten als bisher. Besonders weil du mit der Zeit wahrnehmen wirst, wie viele Gelegenheiten zu spielen unser

Wir können in unser Leben eine beliebige Zahl an Spielzügen einbauen, und es können auch durchaus mehrere Spiele parallel ablaufen. Allerdings unterliegt auch Spielen gewissen Regeln und erfordert Disziplin, damit es die maximale Erlebniserfahrung ermöglicht. So hat jedes einzelne Spiel einen definierten Startpunkt, einen klaren Fokus und auch ein definiertes Ende. Und dazwischen können Stunden oder auch Jahre vergehen. Währenddessen können wir jedoch sicher sein: Wenn wir unsere Spielzüge konsequent durchspielen, erhöht sich nicht nur die Zahl der Optionen für uns, sondern es wird sich auch das einstellen, was das Spielen so einzigartig macht: Freude am Leben.

Leben uns doch bietet – und zwar über alle wichtigen Lebensbereiche hinweg (siehe Kapitel 4, Spielräume).

Um in das Spielen reinzukommen, bieten sich gerade die alltäglichen Momente an, um einfach mal innezuhalten und nachzudenken: Warum mache ich das, was ich da tagtäglich abspule, auf diese Art und Weise? Ergeben die Handlungen in Anbetracht meiner tatsächlichen Ziele wirklich Sinn, oder boykottieren sie diese eher?

Das tägliche Aufstehen ist gerade hierfür ein gutes Beispiel. Dieses Buch habe ich über mehrere Monate in der Zeit zwischen drei und sechs Uhr morgens geschrieben – einer Zeit, in der die meisten Menschen (inklusive mir selbst) normalerweise gerne schlafen. Ich habe mich für diesen Zeitslot bewusst entschieden, denn ich wollte nicht nur dieses Projekt unbedingt durchziehen. Ich wollte genauso weiterhin meine Aufgaben als Geschäftsführer uneingeschränkt erfüllen und gleichzeitig weder die Familien- noch die Papa-Zeit mit meiner jüngsten Tochter wesentlich einschränken.

SPIELZÜGE

In meiner Studienzeit stand ich schon einmal vor einer ähnlichen Herausforderung und wusste daher, dass es klappen kann. Meine beiden ältesten Kinder waren damals bereits auf der Welt, und ich wollte trotz der unvermeidlichen Notwendigkeit, diverse Studentenjobs zur Finanzierung unseres Lebensunterhaltes anzunehmen, weder auf die Zeit mit ihnen verzichten noch mein Studium schleifen lassen. Dies war durchaus eine freiwillige Priorisierung, denn ich hätte auch die Option gehabt, bei einem der drei Bereiche Abstriche zu machen – doch das wollte ich nicht.

Auf der Suche nach einer Lösung des Zeitkonflikts hatte ich daher begonnen, mich in diverse Schlaftheorien einzulesen, und herausgefunden, dass die zweifellos für unseren Körper notwendigen Erholungspausen in Zyklen mit einer Dauer von ungefähr eineinhalb Stunden ablaufen und mit fortschreitendem Schlaf in ihrer Tiefe (und somit auch Wirksamkeit) langsam abnehmen.

Mit dieser Erkenntnis habe ich die Frage des Schlafens dann wie ein Forscher zu einem Selbstexperiment genutzt und über mehrere Wochen gezielt ausgetestet, welche Schlafsequenzen für mich optimal sind und wie viel Schlaf ich insgesamt mindestens brauche, um mich am nächsten Tag möglichst gut erholt zu fühlen. Die Vorstellung, einen bisher unentdeckten Schlüssel zu meinem Zielkonflikt finden zu können, wofür ich nur mit meiner imaginären Superkraft konsequent einer »inneren Schatzkarte« folgen muss, hat mir geholfen, konsequent am Ball zu bleiben. Und auch das Kopfschütteln all derer auszublenden, die diese Selbstdisziplin schwer nachvollziehen konnten und mir immer wieder dazu rieten, doch einfach zwischen meinen Wünschen eine Wahl zu treffen.

Was zunächst vielleicht fanatisch klingen mag, war für mich eine spielerische Optimierungsaufgabe, um über einen längeren Zeitraum all die Dinge realisieren zu können, die mir wichtig waren. Eine Erfahrung, die mir auch für das Schreiben dieses Buches geholfen hat.

Ich habe dieses Beispiel ausgewählt, weil dieser Prozess die wesentlichen Charakteristiken einer Spielsequenz zeigt: In jeder Startsituation wird es in der Regel Notwendigkeiten und Prioritäten geben, die du bewusst nicht verletzen möchtest. Und gleichzeitig den Wunsch, eine weitere Bereicherung in dein Leben zu integrieren. Aus diesem scheinbar unlösbaren Widerspruch, all dies unter einen Hut bringen zu wollen, ohne wesentliche Abstriche machen zu müssen, ergibt sich die Notwendigkeit, einen alternativen Weg zu finden, wenn du denn nicht deinen Wunsch nach einer neuen Erfahrung (weiterhin) zurückstellen möchtest.

Der Impuls zum Spielen kommt allerdings selten aus einem situativen Zwang heraus, denn es bleibt dir durchaus die Option, weiterhin Kompromisse zu machen. Er entsteht eher aus einer spielerischen Freude daran, eine Lösung für eine komplexe Herausforderung außerhalb der Standardlösungen zu finden und gleichzeitig die Intensität in deinem Leben zu erhöhen. Hierfür musst du in der Regel mit Gewohnheiten brechen, die zunächst kaum veränderbar erscheinen. Ein solcher Schritt erfordert nicht nur Kreativität (die du im Spielmodus viel leichter entwickeln kannst als bei der »ernsthaften« Suche), sondern ist zunächst auch mit einer gewissen Anstrengung verbunden. Jedoch verfügst du in deiner Vorstellung glücklicherweise über den Joker, der dir bei dieser Herausforderung mit seiner Superpower hilft, deinen Weg konsequent zu beschreiten. Erst wenn das Spiel läuft, wird diese unvermeidliche Anfangsdisziplin durch die Freude am Spiel, die sich mittelfristig einstellt, zusätzlich kompensiert.

Jede positive Erfahrung, auf diese Art und Weise Herausforderungen für das eigene Leben zu bestehen, ist gleichzeitig eine Lernerfahrung für zukünftige Entscheidungssituationen. Wir lernen, dass das Beschreiten anderer, ungewohnter Wege auch zu wünschenswerten und mitunter viel besseren Ergebnissen führen kann.

Allerdings bleibt es auch hier wichtig, aus einem einmal wirkungsvollen Spielansatz kein neues ehernes Prinzip für die Zukunft zu machen, sondern immer offen dafür zu bleiben, bei veränderten Randbedingungen deine Spielstrategien auch wieder zu verändern und anzupassen. Sonst riskierst du, dass du über die Zeit wieder in die Falle einer inadäquaten Mustererkennung fällst und dich an neue Prinzipien klammerst, die aber auch nicht immer hilfreich sind.

Die Kunst besteht darin, immer wieder unvoreingenommen an ein neues Spiel heranzugehen, denn in einer VUKA-Welt liegt unsere Stärke in unserer Fähigkeit, flexibel auf sich verändernde Umstände zu reagieren.

Auch ich werde mir daher nach Abschluss dieses Buches sicherlich wieder mehr Schlaf erlauben – bis vielleicht die nächste Situation kommt, für die ich meine Wachphasen temporär ausdehnen will.

ZUG UM ZUG

Bei meinem Versuch, für dieses Buch meinen bisher eher intuitiven Spielansatz einmal systematisch zu durchdenken, ist mir nicht nur bewusst geworden, dass ich immer wieder in verschiedene Rollen schlüpfe und mich eines imaginären Jokers bediene. Jeder Spielverlauf folgt auch einem ganz speziellen Muster.

So war ein einzelnes Spiel für sich genommen immer ein abgeschlossener Prozess. Es hatte mit meinem Wunsch nach Veränderung in einer scheinbar alternativlosen Situation einen eindeutigen Startpunkt, erhielt eine spezifische Form durch die Wahl einer sehr charakteristischen Spielerrolle und fand in der

Regel mit einer abschließenden Erkenntnis einen zeitlichen Abschluss. Zudem schien es bestimmte Schritte durchlaufen zu müssen, um seine volle Wirkung zu entfalten.

Daher habe ich aus der Rückschau versucht, eine Spielanleitung zu entwickeln, die dir helfen soll, möglichst schnell selbst ins Spiel zu kommen. Ich empfehle, diese Regeln am Anfang konsequent zu befolgen, um erst einmal Erfahrungen mit dem Prozess zu machen. Mit einer gewissen Übung kann es dann durchaus sein, dass du eigene Varianten entwickelst, wenn sie dir erfolgreich erscheinen. Und ich freue mich über jede Anregung, weitere Spielvarianten zu entwickeln. Denn wie bei jedem Spiel ist dies hier zunächst nur das »Starterset«, und ich schließe nicht aus, dass es zusätzliche spannende Erweiterungen geben kann.

Jedes neue Spiel beginnt damit, dass man über ein mentales Modell in seinem Kopf stolpert, das einem bei genauerer Betrachtung befremdlich erscheint. Man erkennt solche Modelle häufig daran, dass sie mit dem Satz »Man muss doch …« oder »Man kann einfach nicht anders als …« begründet werden, denn solche Modelle manifestieren sich gerne wie ein Zwang, dem man alternativlos ausgeliefert ist. Durch die Wahl der Formulierung »man« erheben wir sie gleichzeitig zu einem kollektiven Phänomen, sodass die Modelle durch eine scheinbare Allgemeingültigkeit geadelt werden und wir sie somit noch weiter weg von einer individuellen Wahlmöglichkeit schieben.

Der erste Schritt ist daher, ein mentales Modell klar zu identifizieren, bei dem du das Gefühl hast, dass es mit einer inneren Sehnsucht oder einem Wunsch in Konflikt steht und deren Erfüllung bisher verhindert hat. Um ausreichend Motivation zu entwickeln, an dieser Situation etwas zu ändern, ist es dann entscheidend, dieser inneren Sehnsucht, die du bisher aus scheinbar rationalen Gründen unterdrückt hast, ausreichend Raum zur Entfaltung zu geben. Dafür solltest du zunächst versuchen, die Frage für dich zu beantworten, was du im Leben gewinnen wirst, wenn du dieser Sehnsucht einmal freien Lauf lässt.

Um dir ein erstes Spektrum zur Auswahl zu geben, in welchen Bereichen im Leben noch umfangreiche Möglichkeiten bestehen, diese Sehnsüchte auszuleben, habe ich im zweiten Teils dieses Buches neun »Spielräume« beschrieben, in denen es nach meiner Erfahrung erhebliches Spielpotenzial gibt. Es macht Sinn, dass du dich bei deinen ersten Spielzügen für einen Raum entscheidest, der zu deinem Wunsch nach Veränderung am besten passt, damit du erkennen kannst, wie viele Möglichkeiten allein in einem einzelnen Bereich deines Lebens stecken.

Wenn du nach einer gewissen Spielroutine das gesamte Spektrum deiner Bedürfnisse bereits verinnerlicht hast, wird dieser Schritt weitgehend intuitiv erfolgen, und du kannst auch mit Mischformen experimentieren. Aber gerade am Anfang ist es wichtig, diese Auswahl sehr bewusst zu treffen.

Wenn die Spannung zwischen den Modellen und deinen Wünschen klar genug hervorgetreten ist, kommt als dritter Schritt die Auswahl deiner Spielerrolle. Auch dieser Schritt sollte immer sehr bewusst erfolgen, um sich mit dem Charakteristikum der Rolle vertraut zu machen und insbesondere die hiermit verbundene Superkraft zu verinnerlichen. Denn durch deine Rollenwahl – unabhängig davon, für welche Rolle du dich entscheidest – verfügst du auch über den entsprechenden Joker, der die Spielchancen für dich verändert. Zunächst in deinem Kopf, dann auch in der Realität. Erst dadurch kannst du dem scheinbaren Konflikt zwischen dem Entscheidungsmodell deines Autopiloten und deinen eigentlichen Wünschen entkommen. Denn die Vorstellung über deine Superkräfte simuliert höhere Erfolgschancen, deine Bedürfnisse zu verwirklichen, ohne dafür wesentliche Nachteile in Kauf nehmen zu müssen.

Während diese drei ersten Schritte zunächst in deinem Kopf passieren, folgt als Nächstes der erste »reale« Spielzug. Dies ist eine Handlung, die situativ immer unterschiedlich sein wird, die allerdings im Außen stets die gleiche Wirkung hat: Sie irritiert die Menschen in deiner Umgebung, weil sie nicht zu den üblichen Handlungsmustern eines »Erwachsenen« passt. Und anders, als uns unsere innere Angst vor gesellschaftlicher Ablehnung suggeriert, sollte diese Irritation möglichst deutlich sichtbar sein und intensiv ausfallen, denn hieraus ergibt sich die Wirksamkeit deines

Jokers im Außen – und du erhöhst die Zahl der Möglichkeiten, die sich neu ergeben, weil durch dein Verhalten auch bei den Menschen in deiner Umgebung alte Muster erschüttert und manche von ihnen dadurch angeregt werden, andere Handlungsoptionen zu erwägen.

SPIELZÜGE

Sobald du diese aktive Irritation »überstanden« hast, wird unmittelbar danach ein vermutlich überraschend angenehmes Gefühl in dir entstehen, das nicht zu deinen bisherigen Befürchtungen passt. Dieser innere Applaus, den du dir für deinen Mut gewährst, ist ein erster Vorgeschmack auf den Flow, der in diesem Spiel entstehen kann – und führt zu einer gesteigerten Lust darauf, deine Rolle weiter auszufüllen und diese Ersterfahrung zu wiederholen: Dein erster Spielzug wird mit jedem weiteren konsequenten Zug schrittweise zu einem Spiel.

Diese Phase darfst du hemmungslos genießen, denn sie ist der Lohn für den Mut, der notwendig war, um den ersten Schritt zu gehen – und auch hilfreich, um das Spiel mit Freude bis zum Ende konsequent durchzuspielen.

Mit fortschreitendem Spiel wird sich dann eine gewisse Routine in deiner Rolle einstellen, die dir den Raum gibt, um über die neue Konstellation nachzudenken und auch die eingetretenen Effekte in allen Facetten zu verstehen. Durch diese Reflexion und die hieraus folgenden Erkenntnisse wird das Spielen schrittweise auch für zukünftige Entscheidungssituationen eine real existierende Option, und du kannst dich mit einem gestärkten Vertrauen in den Spielprozess in immer neuen Bereichen deines Lebens austoben.

Dies entsteht ganz automatisch, denn jedes Durchleben wird eine neue Filmsequenz in deinem Erinnerungsarchiv hinterlassen, sodass bereits durch jeden einzelnen Spielzug die Zahl der Möglichkeiten steigt, aus denen du dir deine Zukunftsvorstellungen zusammenschneiden kannst.

Die Dauer jedes Spiels kann sehr unterschiedlich sein – von wenigen Stunden bis zu mehreren Jahren –, was auch dazu führt, dass häufig mehrere Spiele im Leben zeitgleich ablaufen. Ihre Anzahl ist nicht begrenzt, allerdings sollte man sie immer bewusst unabhängig voneinander spielen, damit man jede Erfahrung für sich vollständig auskosten kann.

DIE EINZELNEN SCHRITTE EINES SPIELVERLAUFES:

1. *Störende Grenzen wahrnehmen und dahinterliegende mentale Modelle hinterfragen;*
2. *der inneren Sehnsucht nach einem Richtungswechsel genügend Raum geben und dadurch Kraft sammeln;*
3. *unter den sieben Rollen diejenige wählen, die am besten passt, und dann das Rollencharakteristikum und insbesondere die Superkraft des entsprechenden Jokers verinnerlichen;*
4. *Irritation, Kritik und gegebenenfalls auch die Konsequenzen aushalten und stolz sein – auf deinen Mut, aus alten Strukturen ausgebrochen zu sein und Geschichte zu schreiben;*
5. *Lust auf Fortsetzung entfalten;*
6. *Reflexion: Welche Züge haben zu welchen Ergebnissen geführt, und welche Konstellationen haben sich ergeben?*
7. *die positiven Erfahrungen bewusst als neue »Filmsequenz« abspeichern;*
8. *mit gesteigertem Vertrauen und Zuversicht weitere Spiele starten.*

3.4 LUDO, ERGO SUM – ICH SPIELE, ALSO BIN ICH

In unserer wettbewerbsgetriebenen Gesellschaft ist es schwer vorstellbar, ein Buch über das Spielen zu schreiben, ohne zumindest ein paar Worte über Gewinnen und Gewinner zu verlieren. Denn selbst wenn wir uns in jeder Einzelentscheidung nach einer für unsere Lebenssituation adäquaten Bedürfnisbefriedigung orientieren, so bliebe dies als Lebensziel ein Fass ohne Boden. Unsere Bedürfnisse verändern ihre Qualität mit zunehmender Befriedigung, versiegen allerdings wie die Quelle eines Flusses niemals und übersteigen deutlich die Zeit, die uns zur Verfügung steht, um sie zu bedienen.

Welchen Sinn macht es dann, aus dem Hamsterrad der materiellen Bedürfnisse auszubrechen, nur um in einer neuen Spirale zu landen, die uns an jedem Etappenziel mit einer neuen Herausforderung überrascht? Und worum soll es eigentlich gehen, wenn wir uns dafür entscheiden, einen neuen Spielzug zu beginnen?

Auch nach der Wahl einer Spielerrolle kommt man leicht in Versuchung, zumindest aus jedem Spielzug eine Frage des Gewinnens zu machen. Und vielleicht wirst auch du bei der Frage nach dem Ziel bewusst oder unbewusst an ein Siegerpodest, eine Trophäe im Regal oder ein hohes Preisgeld denken. Spannend an diesen Assoziationen ist, dass sie alle eines gemeinsam haben: Ihr tatsächlicher Wert hängt grundsätzlich von der Bewertung durch andere ab. Ein Siegerpodest ohne Zuschauer ist nur eine Treppe ohne Sinn; eine Trophäe, die man niemandem zeigen kann, nur ein Staubfänger; und zu der Frage, wie viel Befriedigung wir aus einer Erhöhung unseres materiellen Besitzes ziehen können, komme ich noch ausführlich zu sprechen (unter anderem im Kapitel 4.1.3 über Glück).

LUDO, ERGO SUM

Die Bewertung durch andere zum Maßstab zu machen wird allerdings leicht zu einer Fata Morgana. Jeder kennt die Situation: Du erlebst mit deinem Partner augenscheinlich dasselbe – und doch hören sich eure Schilderungen darüber im Nachhinein komplett anders an. Wie wenn ihr jeweils in einem anderen Film mitgespielt hättet. Oder nehmen wir Kunstwerke und Sammelraritäten, die für unvorstellbar hohe Summen den Besitzer wechseln. Sie zeigen immer wieder, wie unterschiedlich wir den Wert von Dingen doch einschätzen: Oder würdest du einen sechsstelligen Betrag allein für ein Paar Adidas-Turnschuhe hinblättern, handbemalt zwar, doch mit seinen Applikationen aus Meißener Porzellan fürs Tragen gänzlich ungeeignet?

Die Wissenschaft hat bisher nicht einmal abschließend erklären können, wie unser Gehirn aus einer elektromagnetischen Lichtwelle, die beispielsweise von einem Stuhl reflektiert wird, ein Bewusstsein erzeugt – und wie es diese Welle dann auch noch unterscheiden kann von der Welle, die von der Person ausgeht, die auf ebendiesem Stuhl sitzt. In jedem Fall ist dieser Prozess nicht angeboren, sondern abhängig von unserer Lernerfahrung, da der Säugling eine solche Erkenntnisfähigkeit nicht beherrscht. Und somit ist selbst Wahrnehmung bereits subjektiv unterschiedlich.

Auch die Erkenntnisphilosophen sind an dieser Stelle nicht besonders weit gekommen: Woher wissen wir, ob das, was wir wahrnehmen, tatsächlich existiert? Diese Frage mag irrelevant erscheinen, wenn wir im alltäglichen Leben bei der Arbeit sind, eine Auseinandersetzung mit unseren Kindern bewältigen müssen oder auch nur im Shoppingcenter der Versuchung ausgesetzt sind, unseren Kleiderschrank mit noch einer neuen Klamotte zu bereichern. Für die Frage, wie du zum Gewinner in deinem Spiel des Lebens wirst, ist sie allerdings fundamental.

Selbst der große französische Philosoph René Descartes kam hier nicht weiter, als dass er lediglich seine eigene Existenz beweisen konnte. Mit seinem Satz »Cogito, ergo sum« (»Ich denke, also bin ich«) konnte er zwar aus der Tatsache, dass er über fundamentale Fragestellungen des Lebens nachdenken konnte, ableiten, dass er hierfür existieren müsse – einen Nachweis für die tatsächliche Existenz anderer konnte er allerdings nicht finden.

Wir können nicht im Leben gewinnen, wenn wir als Maßstab den Vergleich mit anderen wählen oder die Liste der Dinge immer länger wird, die wir unbedingt noch machen wollen, allerdings bisher keine Möglichkeit hierzu hatten. Ziel auf der Reise durchs Leben sollte es sein, möglichst viel Zeit voller Begeisterung im Zustand des Spielens zu verbringen und sich dabei immer wieder von Dingen faszinieren zu lassen, die innerhalb der allgemeinen gesellschaftlichen Vorstellungen unmöglich erscheinen. Bilanz kann erst ganz am Ende gezogen werden. Dann wird derjenige Gewinner, der die bereicherndsten Spielerfahrungen gemacht hat.

DU BIST DAS MASS ALLER DINGE

Ähnlich verhält es sich auch mit der Frage, wie du zu einem Gewinner in deinem Spiel des Lebens wirst. Um hier eine Antwort zu finden, müssen wir lernen, von allen Vergleichen mit anderen zu abstrahieren. Dies ist keine leichte Aufgabe. Vor allem in Zeiten von sozialen Medien, in denen nicht mehr nur die Schönen und Reichen ihr scheinbar perfektes Leben in Illustrierten inszenieren, sondern uns ein schier endloser Facebook-Stream kontinuierlich die ungetrübten Traumerlebnisse unserer »Freunde« vorspielt. Beziehungsweise das, was sie uns mithilfe von Instagram-Filter und kurzen Video-Snaps darüber zeigen wollen. Denn die Herausforderungen und Schattenseiten werden in der Regel ja nicht gepostet. **Wenn wir die Liste unserer Wünsche aus den Highlights der anderen destillieren, wird sie zwangsläufig immer länger, während unser eigenes Leben an uns vorbeizuziehen scheint.** Dass zusätzliche Einschränkungen durch eine Pandemie das Leben da noch unerträglicher machen, ist offensichtlich.

LUDO, ERGO SUM

Wir benötigen daher einen neuen Bewertungsmaßstab für die Frage, was ein erfülltes Leben ausmacht. Und einen neuen Zeitpunkt, an dem wir Bilanz ziehen. Dies kann nicht mehr der Eintritt ins Rentenalter sein, an dem wir unser Geld und unsere Statussymbole zählen, um Bilanz zu ziehen – wie es die Spielanleitung für das »Spiel des Lebens« von Haspro vorsieht. Nicht nur, weil wir immer älter werden und es eine Verschwendung wäre, den dritten Lebensabschnitt nur mit Warten auf das endgültige Lebensende zu nutzen. Sondern auch, weil der Weg dorthin immer seltener linear verläuft und wir unterwegs immer häufiger Rückschläge hinnehmen müssen – die uns umso mehr frustrieren, je mehr wir die Absicherung im Alter zum zentralen Maßstab erheben.

Der richtige Zeitpunkt für eine Bewertung ist aus meiner Sicht genau der Tag, an dem wir nicht nur unseren letzten Spielzug tätigen, sondern auch unseren letzten Atemzug. Was bedeutet, dass das Spiel ein Leben lang nicht endet – und sich all diejenigen als Gewinner fühlen dürfen, die am Ende ihres Lebens glücklich sterben können. Ohne lange Liste in der Hand, auf der noch eine Reihe von Dingen steht, die man unbedingt hätte machen wollen.

Da wir nicht wissen, wann uns das Zeitliche segnet, empfiehlt es sich zwangslogisch, überhaupt nicht mit einer solchen Bucket-Liste der noch unerfüllten Wünsche anzufangen, wenn man für sich als Gewinner das Spiel seines Leben beenden möchte. Denn es ist nicht unwahrscheinlich, dass man am Ende doch überrascht wird, wenn die Zeit vorbei ist.

LUDO, ERGO SUM

Viel besser ist es, auf unserer Reise durchs Leben möglichst viel Zeit voller Begeisterung über unsere Möglichkeiten im Zustand des Spiels zu verbringen und Momente zu sammeln, aus denen Dinge heraus entstehen, die innerhalb der allgemeinen gesellschaftlichen Vorstellungen »unmöglich« erscheinen. Dadurch dokumentieren wir die Fülle, die uns das Leben bietet – und versuchen nicht, eine Mangelliste abzuarbeiten, die sich immer wieder von alleine verlängert.

Die Referenz, die dann final darüber entscheidet, wer der Sieger ist, wäre die Summe all unserer Erinnerungen an diejenigen Erlebnisse und Ereignisse, die unser eigenes Leben auf irgendeine Art und Weise wertvoller gemacht haben. Schöne Erlebnisse, aber auch herausfordernde Erfahrungen – selbst in einem Scheitern kann etwas Einmaliges, Bereicherndes liegen. Hierdurch liegt unser Fokus auf der Fülle im Leben und nicht dem Mangel.

Entscheidend für deine eigene Bewertung wird allerdings sein, dass diese Erlebnisse deinem eigenen Maßstab für Sinnhaftigkeit entsprechen. Denn unser innerer Antrieb, der durch zunehmende Selbstbestimmtheit an Bewegungsspielraum gewinnt, wird am ehesten stimuliert, wenn eigenes Handeln und die eigene Wertestruktur miteinander kompatibel sind. Es geht daher nicht nur darum, eine neue Form der Freiheit wiederzugewinnen, sondern idealerweise dabei auch – spielerisch und ganz nebenbei – die Welt ein Stückchen besser zu machen.

Erzeugen wir durch unser Verhalten Kollateralschäden, so wird uns unser Leben vor allem in der Rückschau in einem getrübten Licht erscheinen. Beenden wir den Tag hingegen mit einer Handlung, die die Welt ein wenig besser macht, als wir sie am Morgen vorgefunden haben, so erhält unser Dasein hierdurch einen Rahmen, der es erst richtig zur Geltung bringt.

Auch wenn unser Leben gelegentlich an das des Sisyphos erinnern mag, der in der griechischen Mythologie von den Göttern für seine Aufmüpfigkeit damit gestraft wurde, auf Ewigkeit einen Stein auf einen Berg rollen zu müssen in dem Wissen, dass dieser kurz vor dem Gipfel wieder herunterrollen wird: Es liegt in unserer Hand, ob wir unser Glück daran messen wollen, ob der Stein am Ende oben liegen bleibt – was er nie tun wird. Oder ob wir den unvermeidlichen Teil unserer Aufgaben akzeptieren und unsere Aufmerksamkeit darauf richten, welche Spuren wir dabei hinterlassen, welchen Menschen wir währenddessen begegnen, welche Gedanken wir uns darüber machen können, mit welcher Eleganz wir sie erfüllen oder welche Varianten uns hierfür einfallen. Und sei es, zwischendurch mal auf halbem Weg den Stein mit Absicht runterrollen zu lassen, nur um unsere Willensfreiheit intensiv zu spüren.

Albert Camus hat in seinem Werk *Der Mythos des Sisyphos* den Protagonisten als glücklichen Menschen interpretiert: »Was bleibt, ist ein Schicksal, bei dem allein das Ende fatal ist. Abgesehen von dieser einzigen fatalen Unabwendbarkeit des Todes ist alles, sei es Freude oder Glück, nichts als Freiheit. Es bleibt eine Welt, in der der Mensch der einzige Herr ist.«

Oder um es mit den Worten von René Descartes zu sagen: **Ludo, ergo sum – Ich spiele, also bin ich.**

4. SPIELRÄUME

SPIELRÄUME

Dieser zweite Teil des Buches soll dir einen ersten Vorgeschmack darauf geben, welche Freiräume hinter unseren unvermeidlichen Handlungsgrenzen zu entdecken sind. Um sie wirklich zu erforschen, bedarf es regelmäßiger Übung. Zum einen, um die Türen zu neuen Räumen überhaupt entdecken zu können. Zum anderen, um durch erste Spielzüge einen Eindruck davon zu gewinnen, welches Potenzial sich durch einen spielerischen Ansatz im Leben entfaltet. Wenn du hiermit einfach experimentell anfangen möchtest, geben dir die Kapitel eine ausreichende Basis. Ansonsten wird es zu diesem Buch noch ein Playbook geben, in dem die einzelnen Schritte ausführlicher erläutert werden.

Bei den folgenden Spielräumen handelt es sich um neun Lebensbereiche, die essenziell sind für das Erklimmen der Maslow'schen Pyramide auch über unsere physiologischen Bedürfnisse (Stufe 1) hinaus. Oder, wie es Maslow einmal selbst beschrieben hat, für eine Weiterentwicklung unseres Fokus von Hygienefaktoren, deren grundsätzliche Befriedigung zunächst Voraussetzung für ein glückliches Leben ist, auf Themenbereiche, die tatsächlich aktiv zu unserer Lebenszufriedenheit beitragen.

Dabei klammere ich spirituelle Transzendenz (als oberste sechste Stufe) bewusst aus. Nicht nur, weil es zu diesem Thema in jeder Buchhandlung bereits genügend Handlungsanleitungen gibt. Sondern auch, weil wir aus meiner Sicht zunächst lernen sollten, unsere Bedürfnisse auf den Stufen dazwischen zu respektieren und zu erfüllen, anstatt sie einfach zu überspringen. Sind sie doch der Schlüssel dazu, unser individuelles Streben im Leben mit einem verantwortungsvollen und zukunftsfähigen Handeln im Großen in Einklang zu bringen.

Für jeden der Spielräume biete ich ein mögliches Sekundärziel als neuen Orientierungspunkt an, das unsere alten Sekundärziele ergänzen oder gar ersetzen kann. Mit Geld können wir sie nicht erreichen, und sie selbst helfen uns – wenn überhaupt – auch nur sehr bedingt bei der Maximierung unseres Kontostands. Zudem sind sie weitgehend unabhängig von äußeren Randbedingungen. Allerdings erscheinen sie mir in Anbetracht von fundamental neuen Entwicklungen, die in den letzten Jahrzehnten unsere Lebenswelt verändert haben, als Leuchttürme für unser zukünftiges Handeln und Entscheiden deutlich hilfreicher.

Doch schauen wir uns zunächst die Auswahl der Räume genauer an. Wie bereits in Kapitel 2.2 erläutert, ist die Grundvoraussetzung für das Aufrechterhalten eines aktiven Handlungsimpulses innerhalb von Handlungsgrenzen das intakte Gefühl von innerer Selbstbestimmtheit. Nur dann kann ich nachvollziehbare Grenzen akzeptieren, ohne mich nur noch als Opfer äußerer Umstände zu sehen.

Daher habe ich mich bei den Spielräumen auf Themen fokussiert, die besonders relevant dafür sind, unsere Grundbedürfnisse nach Selbstbestimmung zu erfüllen:

- *Unser Gefühl von* Autonomie *im Leben wird stark beeinflusst von der* **Freiheit***, die wir im Leben empfinden; von den Variantenmöglichkeiten, die die* **Zukunft** *für uns bereithält; sowie von den Möglichkeiten, die sich uns bieten, einen Zustand von* **Glück** *zu erreichen.*
- *Unsere Selbsteinschätzung bezüglich unserer* Kompetenz *in den wichtigsten Lebensbereichen wird wesentlich davon definiert, inwieweit wir davon überzeugt sind, uns die wesentlichen Dinge hierfür durch* **Lernen** *aneignen zu können; sowie den Fragen, wie gut wir uns mit unseren Fähigkeiten im Kontext unserer* **Arbeit** *verwirklichen dürfen und dies auch in Zukunft in der* **Wirtschaft** *möglich sein wird.*
- *Und unsere Fähigkeit,* Verbundenheit *mit der Welt zu empfinden, ergibt sich unter anderem aus unserer* **Gesundheit***, die uns erst einmal mit uns selbst in Verbindung bringt; unserer Art, wie wir unsere* **Intelligenz** *nutzen, um sinnvoller Teil des Gesamtsystems zu sein; sowie durch unser* **Weltbild***, durch das wir in Verbindung treten – mit unseren Mitmenschen, der Gesellschaft, ja der Welt.*

Diese neun Themenbereiche sind relevant genug, um den Spielprozess zu üben: unvermeidbare äußere Grenzen akzeptieren und durch eine Veränderung der Perspektive neue, schier unbegrenzte innere Spielräume erschließen.

Hierdurch können wir nicht nur ein deutlich höheres Maß an Freiheit zurückerlangen, sondern auch mit einem ganz anderen Blick auf mögliche äußere Grenzen schauen. Denn wenn wir sie nicht mehr als Bedrohung unserer Freiheit wahrnehmen, können wir ihre Notwendigkeit ganz sachlich beurteilen. Und dadurch unvermeidbare neue Rahmenbedingungen in einer komplexen Welt akzeptieren lernen.

Der erste Schritt, um bei unserem automatisierten Denken die Pausetaste zu drücken und unsere Ratio zu wecken, ist der Zweifel. Und um diesen Zweifel zu nähren, stelle ich an jeden Kapitelanfang eine ausführliche Herleitung, die zeigen soll, wie fundamental sich die heutigen Randbedingungen von denen unserer Vergangenheit unterscheiden. Denn nur durch das schrittweise Verstehen der Unterschiede können wir erkennen, ob und wie unpassend unsere bisherigen mentalen Modelle inzwischen geworden sind. Erst dann können wir uns von ihnen distanzieren und ein für uns stimmiges neues Verständnis entwickeln, an dem wir unser Handeln zukünftig ausrichten wollen.

Um in diesen Spielräumen selbst ins Spielen zu kommen, beginnst du idealerweise damit, die Beschreibungen in den einzelnen Kapiteln zu studieren und dann in weitgehend geschützten Lebensbereichen erste Spielzüge auszuprobieren.

Ob du dich zunächst nur auf wahre Freiheit, nachhaltige Gesundheit, umfassendes Lernen oder erfüllende Arbeit fokussierst oder du gleich enthusiastisch in allen neun Spielräumen zu spielen beginnst, ist ganz dir überlassen. Es gibt auch keine ideale Reihenfolge, in der du die Räume studieren und dann auch bespielen solltest. Du kannst sie immer wieder neu nach deiner eigenen Präferenz auswählen – und natürlich auch an die jeweilige Lebenssituation anpassen, in der du dich gerade befindest. Selbst einzelne Spielräume erst einmal zu parken ist völlig in Ordnung, wenn du denn für dieses bewusste Abwarten gute Argumente findest – denn nur dann ist deine eigene Ratio aktiviert, und dein Leben wird zu deinem persönlichen Spiel.

Allerdings ist es für dein Gefühl der Selbstbestimmtheit im Leben durchaus entscheidend, dass mittelfristig alle drei Bereiche in einer vergleichbaren Intensität »bespielt« werden. Denn ohne

Autonomie können wir zwar unsere Kompetenz einsetzen und uns mit unserem Umfeld verbunden fühlen, kämen uns allerdings schnell ausgenutzt vor, da aus unserer Sicht andere über den Freiraum unserer Handlungen bestimmen. Demgegenüber könnten wir uns zwar in unserem Handeln hinreichend autonom und auch als Teil einer größeren Sache fühlen, doch ohne unsere Selbsteinschätzung, hierfür ausreichend kompetent zu sein, würden wir uns schnell überfordert fühlen. Und ohne Verbundenheit fehlt unserem Tun schnell die Sinnhaftigkeit, selbst wenn wir uns für autonom und kompetent halten.

Daher solltest du, wenn du den Autopiloten abschaltest, immer eine Übersicht über dein gesamtes Spiel haben. Wie die Instrumententafel im Cockpit hilft sie dir beim Sichtflug, damit du die gewünschte Höhe (Autonomie), Geschwindigkeit (Kompetenz) und Richtung (Verbundenheit) beibehalten und eventuell schnell nachjustieren kannst.

Als Vorlage für eine solche Übersicht habe ich mir die Grundidee des Business Model Canvas (siehe Umschlag des Buches) ausgeborgt, ein strategisches Managementwerkzeug, das von Alexander Osterwalder vor circa zehn Jahren entwickelt wurde und inzwischen weltweit Anwendung findet, um beim Neuausrichten eines Unternehmens alle wesentlichen Elemente mit einem Blick zu erfassen.

Ein solcher Canvas bietet sich an, da er uns einen schnellen Überblick über unser Leben mit all seinen Spielräumen verschafft. So können wir festhalten, welches Spiel in welchen Räumen gerade läuft, welches noch ansteht und welches bereits beendet ist, in welche Rolle man schlüpft und mit welcher Superkraft man hantiert – immer mit dem Ziel, sich ein möglichst intensives Gefühl von Selbstbestimmtheit zu erarbeiten.

Darüber hinaus weisen die von mir ausgewählten Spielräume unterschiedliche Charakteristika auf, für die sich diese Darstellung ebenfalls eignet.

So bildet unsere Vorstellung darüber, was Glück für uns eigentlich konkret bedeutet, genauso wie unser Bild von der Welt *das* Fundament für alle anderen Spielräume in unserem Leben. Unsere Vorstellung von Freiheit, unser Verständnis von Wirtschaft

SPIELRÄUME-COCKPIT

FREIHEIT (A)

Wahre Freiheit spürst du, wenn du deinen inneren Überzeugungen folgst – allen Widerständen zum Trotz.

Polarität: Handlungsfreiheit / Willensfreiheit

GESUNDHEIT (V)

Trainiere deine innere Kohärenz, damit für Krankheiten erst gar nicht Platz ist.

Polarität: Medizin / Lebensstil

WIRTSCHAFT (K)

Verändere die Wirtschaft, indem du sie durch deinen Konsum entmaterialisierst und ihre Transformation in Richtung Nachhaltigkeit belohnst.

Polarität: Habenwollen / Nachhaltig nutzen können

INTELLIGENZ (V)

Erhebe Maschinen nicht zu deinem Meister. Sie können nur handeln, du aber kannst fühlen und erschaffen.

Polarität: Algorithmisch / Bewusstsein

ZUKUNFT (A)

Priorisiere Handlungen, die in einer von dir gewünschten Zukunft richtig wären. Und werde dir bewusst, dass jede Handlung zählt.

Polarität: Vorhersehbarkeit / VUKA

A = Autonomie
K = Kompetenz
V = Verbundenheit

LERNEN (K)

Setze auf breites Wissen, damit du das System, in dem du lebst, verstehen und darin wirkungsvoll handeln kannst.

Polarität: Spezialwissen / Systemdenken

ARBEIT (K)

Nur wenn dich Arbeit erfüllt, kommen deine eigentlichen Fähigkeiten zum Tragen, werden gesehen und honoriert.

Polarität: Extrinsische Motivation / Intrinsische Motivation

GLÜCK (A)

Verfolge dein Glück in allen seinen Facetten. Die meisten kannst du allerdings nicht kaufen.

Polarität: Hedonistisch / Eudaimonisch

WELTBILD (V)

Suche nicht nach Bestätigung für deine Ansichten, sondern setze dich kritisch mit den Gegenargumenten auseinander. Nur so kannst du dein eigenes Weltbild weiterentwickeln.

Polarität: Information / Wahrheit

und unsere Vision von der Zukunft (was ist alles möglich?) bilden die drei großen Säulen für das Potenzial unserer makroskopischen Erlebniswelt. Und Gesundheit, Lernen, Intelligenz und Arbeit sind Trainingsbereiche, die unsere konstante Aufmerksamkeit erfordern, damit wir überhaupt (ausdauernd) aktiv und handlungsfähig bleiben können.

SPIELGLÜCK IM GLÜCKSSPIEL

Während ich bisher vor allem die faktischen Vorteile eines Spielansatzes in den Vordergrund gestellt habe (Erschließen neuer Handlungsalternativen, Zuwachs an Kreativität und Kooperation), möchte ich an dieser Stelle noch expliziter auf einen weiteren Effekt eingehen: In keinem Zustand kann das Gefühl von Autonomie (meiner Handlungen), Kompetenz (für die Situation) und Verbundenheit (mit anderen) intensiver erlebt werden als im Spiel. Denn wenn wir spielen, sind wir in unserer Vorstellung Herr der Lage und fühlen uns aufgrund unserer Fähigkeiten unbesiegbar und zugleich risikofrei verbunden mit unseren Mitspielern.

Wenn du daher irgendwann nicht nur gelegentlich den einen oder anderen Spielraum auskundschaftest, sondern beginnst, dich in allen drei Schwerpunktbereichen gleichermaßen auszutoben, wirst du hierdurch ein Maß an intrinsischer Motivation erreichen, das dich mit ziemlicher Sicherheit immer wieder in den Zustand von »Flow« führt. In diesem Zustand, mit dem sich der bekannte Psychologe mit dem für mich fast unaussprechlichen Namen Mihály Csíkszentmihályi lebenslang beschäftigt hat, empfinden wir die höchste Intensität von Glücksgefühl, die wir als Menschen überhaupt erleben können.

SPIELRÄUME

Hiermit ist allerdings keineswegs der Augenblick des Vergnügens gemeint, den man empfindet, wenn nach einem langen Winter (mit oder ohne Lockdown) endlich wieder die Schwimm- und Strandbäder öffnen und man am Ufer liegend mit geschlossenen Augen die warmen Sonnenstrahlen auf seiner nackten Haut spürt. Auch wenn der Zustand von Flow auf den ersten Blick ähnlich mühelos erscheint, so kann er in Wahrheit durchaus anstrengend sein und höchste Konzentration erfordern. Denn er entsteht beispielsweise beim Spielen eines Instrumentes, beim Perfektionieren eines Hobbys oder auch in einem inspirierenden Arbeitsumfeld – typischerweise Situationen, die keineswegs anstrengungsfrei sind, sondern sich eher durch ambitioniertes Streben auszeichnen.

Allerdings entsteht der Eindruck der Mühelosigkeit dadurch, dass die Motive für die Handlung mit unseren inneren Wertvorstellungen harmonieren und daher die notwendige Energie ungestört in die Bewältigung der Aufgabe fließen kann, ohne dass wir uns zusätzlich mit der quälenden Frage auseinandersetzen müssen, warum wir überhaupt tun, was wir tun.

Eine für uns Menschen wirklich positive Bewertung einer Lebenssituation entsteht grundsätzlich nicht durch die Minimierung von Anstrengung, wie uns die zunehmende Freizeitfokussierung unserer Gesellschaft suggerieren mag. Sondern durch eine aktive Handlung, die allerdings in einem Rahmen stattfindet, in dem auch unsere inneren Wertvorstellungen und Maßstäben für Sinnhaftigkeit erfüllt werden.

Konsequenterweise gibt es zwei erfolgversprechende Strategien, wie wir solche Situationen erreichen können: indem wir externe Rahmenbedingungen in unserem Leben möglichst nahe an unsere Ziele heranbringen, was in der heutigen Zeit zunehmender Herausforderungen und Grenzen mit hoher Wahrscheinlichkeit immer herausfordernder sein wird. Oder wir überprüfen die Perspektive, mit der wir auf unsere subjektiv wahrgenommene Realität blicken.

Die alternativen Perspektiven, von denen ich hier spreche, sind keine eingeredeten Verzerrungen, um die Realität zu verbiegen, damit sie leichter erträglich wird. Sie sind gleichberechtigt real. Allerdings werden sie von den jeweiligen Sekundärzielen bestimmt, die wir für uns festlegen – und diese müssen, wie bereits ausführlich erläutert (Kapitel 2.1), regelmäßig geprüft werden, damit sie uns auch wirklich unseren Zielen näher bringen. Eine Änderung der Perspektive ist insofern die Folge einer angepassten Zielmatrix für unser Leben, für die wir uns selbst entscheiden.

In der Konsequenz kann dann eine Mauer nicht nur von vorne betrachtet wie ein unüberwindbares Hindernis erscheinen;

sondern von der Seite wie die Notwendigkeit für eine Entscheidung, auf welcher Seite man weiterlaufen soll; und aus der Vogelperspektive wie ein Strich mit kaum relevantem Informationswert.

Daher bestimmt unsere Perspektive auch unser Empfinden darüber, wie schlecht oder wie gut wir im Leben weiterkommen – ob nur über den Wolken oder auch hier auf Erden unsere Freiheit (wohl) grenzenlos ist.

Insofern ermöglichen die Perspektivwechsel in den einzelnen Spielräumen nicht nur, dass wir unabhängig von äußeren Grenzen den Grad unserer Selbstbestimmtheit erhöhen. Wir schaffen durch eine veränderte Sicht auf unsere Chancen auch die Voraussetzungen dafür, in diesen tatsächlich spielen zu können. Und dabei mit jedem Spielzug sowohl unser Umfeld zu verändern als auch den berauschenden Glückszustand von Flow zu erleben.

4.1 AUTONOMIE ERSPIELEN

Als erste Voraussetzung für das Gefühl von Selbstbestimmtheit benötigen wir ein hohes Maß an Autonomie: ein Zustand, in dem wir möglichst häufig das Gefühl haben, selbst eine Wahl treffen zu können.

Allerdings geht es dabei nicht, wie man vielleicht meinen könnte, um ein möglichst großes Angebotsspektrum im Shoppingcenter. Auch nicht um ausreichend finanzielle Unabhängigkeit, um uns von Verpflichtungen zu befreien, oder das Auflehnen gegen gesellschaftliche Regeln.

Im Kern ergibt sich **Autonomie**, wie bereits die altgriechischen Wurzeln des Wortes verraten (autós = selbst, nómos = Gesetz), nicht aus der Abwesenheit von Handlungsgrenzen, sondern aus **unserer Fähigkeit, Gesetze und Regeln, an die wir uns halten wollen, selbst aufzustellen**.

AUTONOMIE

Um dies zu verinnerlichen, benötigen wir ein Freiheitsverständnis, das deutlich von der generellen gesellschaftlichen Vorstellung abweicht und Grenzen nicht notwendigerweise als Widerspruch betrachtet.

Während wir in unserem Autopiloten jede Form von Begrenzung in der Regel als Beschränkung unserer Autonomie verankert haben, Konsequenzen unseres Handelns uns häufig unvermeidbar erscheinen und der Lärmpegel unseres hedonistischen Rausches viele unserer eigentlichen Bedürfnisse überdeckt, so drehen wir durch das bewusste Umschalten auf eine spielerische Grundhaltung diese Verhältnisse. Denn **im Spiel ...**

... dienen Regeln dazu, ausgewogene Verhältnisse zu schaffen, um **den Spielspaß zu maximieren**;

... können wir ohne Angst vor existenzieller Bedrohung **neue und auch unkonventionelle Möglichkeiten ausprobieren**;

... dürfen wir uns ganz dem Flow hingeben, wenn wir Ziele verfolgen, die nachhaltig sinnstiftend für unser Leben sind.

Sobald wir mit dem Spiel beginnen, werden Grenzen zu ganz natürlichen Spielregeln, die wir freiwillig akzeptieren, weil sie unseren Spielspaß maximieren.

4.1.1 FREIHEIT – WAHRE FREIHEIT EXISTIERT NUR AUSSERHALB DER MATRIX

Dein Leben möchte erst noch geschrieben werden.

FREIHEIT 1.0: ICH WILL IMMER WEITER DER SONNE ENTGEGENREITEN – SELBST WENN DIE ERDE RUND IST

Vielleicht erinnerst du dich an den Cowboy, der in der Kinowerbung nach einem entspannten Gespräch mit Freunden am Lagerfeuer auf sein Pferd steigt und dem Sonnenuntergang entgegenreitet. Als Symbolfigur für ein Leben in völliger Unabhängigkeit (wenn man denn die richtige Zigarettenmarke raucht) rief er in uns die Sehnsucht nach Freiheit ohne jegliche Verpflichtungen hervor. Solltest du erst nach dem Verbot von Zigarettenwerbung das Kinoalter erreicht oder schon immer den Fernseher bevorzugt haben, so hast du sicherlich mal eine Fahrzeugwerbung gesehen, laut der gleich hinter der Stadtgrenze (wenn du denn die richtige Automarke fährst) die ungehemmte Fahrt quer durch die Wildnis, über kurvenreiche Küstenstraßen oder zugefrorene Seen in schier endlosen Schneelandschaften auf dich wartet.

Auch wenn wir im Kopf genau wissen, dass Rauchen unserer Gesundheit schadet und wir mit unserem Auto nur selten die Stadtgrenzen verlassen, und selbst dann meistens mit vielen anderen im Urlaubsstau stehen (und zudem auch noch fahrlässig zur Erwärmung der Atmosphäre beitragen), so verdrängt in der Regel unser Gehirn angesichts cineastischer Scheinrealitäten leichtfertig alle sachlichen Gegenargumente. Auch unser Wissen, dass uns mit dieser Werbung profitorientierte Unternehmen lediglich ihre Produkte andrehen wollen, scheint wie ausgelöscht,

Unsere Freiheit wächst mit der Größe und Zahl der Spielräume, in denen uns mehrere Möglichkeiten zur Verfügung stehen, zwischen denen wir uns entscheiden können. Die Wände dieser Räume werden durch äußere Zwänge bestimmt, die unsere Handlungsoptionen einschränken. Die Deckenhöhe bestimmen wir allerdings selbst durch den Grad, mit dem wir unseren Instinkten oder Ängsten bedingungslos folgen oder unseren freien Willen nutzen, um alternative Wege auszuprobieren. Hierdurch entscheiden wir, ob wir uns in den Spielräumen der Freiheit auch aufrecht bewegen können.

und es bleibt nur Raum für eine ungestillte Sehnsucht danach, auch unser Leben in solcher (Bewegungs-)Freiheit genießen zu dürfen.

Trotz aller historischen Versuche, uns als deterministisch handelnde Roboter mit einem extrem leistungsfähigen Computer zwischen den Ohren darzustellen, deren Entscheidungsalgorithmen wir nur noch nicht vollständig dechiffriert haben, sollte uns allein diese kaum durch Ratio zu bändigende Freiheitssehnsucht ausreichend Grund geben, von einem freien Willen des Menschen auszugehen. Denn wenn die menschliche Fähigkeit, unabhängig von jeder evolutionären Programmierung zwischen mehreren Alternativen frei entscheiden zu können, nur eine Illusion wäre, die uns unser Gehirn vorgaukelt, würde sich unser Leben kaum von der computerkontrollierten Scheinwelt unterscheiden, die der Film »Matrix« so drastisch beschreibt. Und es bliebe die Frage offen, aufgrund welcher evolutionären Vorteile die Natur – in Ermangelung von Agenten in grauen Anzügen – eine solch intensive Fiktion eines Freiheitsgefühls hätte entstehen lassen sollen.

Unsere Sehnsucht nach Freiheit ist ein starker Handlungsantrieb, der uns dazu motiviert, uns von möglichst vielen Zwängen zu befreien, die unsere Wahlmöglichkeiten im Leben zwischen alternativen Möglichkeiten einschränken könnten. Und dieses Verlangen scheint unabhängig von der dank unseres gesellschaftlichen Fortschritts in den letzten Jahrhunderten massiv gesteigerten Zahl an Wahlmöglichkeiten noch immer unverändert intensiv in uns zu schlummern. Eine solche Sehnsucht macht also nur dann Sinn, wenn wir tatsächlich über die mentale Fähigkeit verfügen, uns entscheiden zu können – und es nicht programmierte evolutionäre Software ist, die sämtliche Entscheidungen steuert.

FREIHEIT

Freiheit ist allerdings inzwischen auch ein verbrieftes Menschenrecht. Zumindest seit der Erklärung der Menschenrechte, die 1948 von der Generalversammlung der Vereinten Nationen in Paris verkündet wurde und darauf aufbaut, dass »alle Menschen frei und gleich an Würde und Rechten geboren« sind. Nach Jahrhunderten des Kampfes gegen Sklaverei, Leibeigenschaft, Klassengesellschaften und Diskriminierung haben mit diesem Dokument alle zivilisierten Gesellschaften im Konsens diesen Anspruch zumindest anerkannt und untrennbar mit der Gleichheit aller Menschen verbunden. Das Fundament für diese Entwicklung hatten bereits 159 Jahre zuvor die Kämpfer der Französischen Revolution mit ihrer Parole »Liberté, Égalité, Fraternité« gelegt (wobei wir an der Brüderlichkeit wohl noch etwas länger arbeiten müssen).

Auch wenn Anspruch und Realität bezüglich unserer Freiheitsrechte immer noch in vielen Ländern und Lebensbereichen auseinanderklaffen, so macht es angesichts der unstrittigen Fortschritte in dieser Hinsicht Sinn, den Begriff der »Freiheit« ein wenig nuancierter zu betrachten, damit wir unserer scheinbar unstillbaren Sehnsucht auch unter den aktuellen und zukünftigen Rahmenbedingungen den richtigen Fokus geben können.

FREIHEIT 2.0: UNSER PFERD BRAUCHT IN DER STADT EIN NAVIGATIONSSYSTEM

In Zeiten von Diktaturen oder feudalistischen Gesellschaftsstrukturen, aber auch schon in unserer länger zurückliegenden Evolutionsgeschichte mussten wir uns konstant dagegen wehren, dass eine extern ausgeübte Macht uns willkürlich individuelle Handlungsoptionen versagt. Während in der Menschheitsgeschichte über die meiste Zeit das Gesetz des Stärkeren vorherrschte, das denjenigen begünstigte, der von Natur aus die besseren Startvoraussetzungen (von den physischen Kräften bis zur familiären Abstammung) und somit auch das Recht hatte, beliebig in die Freiheitsrechte Schwächerer einzugreifen, haben wir uns inzwischen von dieser negativen Freiheitsberaubung deutlich emanzipiert. Vom Schutz des Eigentums über die Gleichheit vor dem Gesetz bis hin zu umfangreichen Arbeitsrechten sind inzwischen fundamentale Schutzrechte in etlichen Ländern der Welt juristisch fest verankert, real einklagbar und auch in vielen Alltagssituationen Teil der gelebten gesellschaftlichen Realität.

FREIHEIT

Durch die zunehmende unmittelbare Interaktion einer rapid wachsenden Zahl an Menschen wächst allerdings die Notwendigkeit, beliebiges Handeln des Einzelnen durch gesellschaftlichen Konsens dort zu begrenzen, wo die Interessen der

(Welt-)Gemeinschaft sichergestellt oder auch nur Kompromisse zwischen gleichberechtigten Interessenspunkten gefunden werden müssen. Weil beide Interventionen – Willkür ebenso wie durch legitimierte Instanzen beschlossene (notwendige) Regelungen – in ihren Konsequenzen subjektiv als Handlungseinschränkung beziehungsweise Freiheitsberaubung empfunden werden, lösen sie beide vergleichbare Emotionen in uns aus. Mag eine allgemeingültige Vereinbarung, auf welcher Straßenseite man mit dem Auto fahren sollte, noch nachvollziehbar erscheinen, so ist die Rechtfertigung für die Tragepflicht von Masken während einer Pandemie zum Schutz Dritter schon nicht mehr für jeden einsehbar und provoziert Diskussionen, die mit Freiheitsrechten begründet werden.

Jedoch macht – unabhängig von einzelnen regulativen Maßnahmen, deren Verhältnismäßigkeit beziehungsweise Sinnhaftigkeit man sicherlich hinterfragen kann und in einer Demokratie auch hinterfragen sollte – gerade der Schutz der fundamentalen Freiheitsrechte aller es zwingend erforderlich, spezifische Regelungen im Gesellschaftsinteresse zu finden, um Grenzziehungen zwischen der Freiheit des Einzelnen und den freiheitsberaubenden Konsequenzen für die anderen zu definieren. Auch wenn dies subjektiv unvermeidbar den Eindruck von Gewinnern und Verlierern erweckt – und letzteren oft das Gefühl vermittelt, man würde unverhältnismäßig ihre Rechte (noch mehr) beschneiden.

Dies ist eine systemimmanente Herausforderung in sozialen Gefügen, die nicht aufzulösen ist – es sei denn, **man entwickelt die Fähigkeit, das Ganze lediglich als Korrektiv zu sehen**, um ungleich verteilte Privilegien auszugleichen.

Aus meiner Sicht liegt die Herausforderung im 21. Jahrhundert zunächst darin, unser Freiheitsempfinden nicht mehr wie gewohnt rein persönlich und situativ zu beurteilen. Sondern mit zunehmender gesellschaftlicher Verflechtung auch komplexere Erkenntnisprozesse zuzulassen, um ein repräsentativeres Gesamtbild zu erlangen. Zumal dieser Lernprozess gerade erst begonnen hat und mit zunehmender Spanne zwischen den scheinbaren Gewinnern und den scheinbaren Verlierern komplexer und aufreibender werden wird (und auch das Ansiedeln an Orten, an denen für mich nachteilige Regelungen noch nicht existieren, zunehmend an Grenzen stößt).

Symptomatisch lässt sich dieser Zielkonflikt zwischen gesellschaftlicher Gesamtverantwortung und individuellen Freiheitsrechten bei der Eigentumsfrage beobachten, aus der sich in Folge einer starken Polarisierung zwischen der sozialistischen und der liberalen Denkrichtung im 20. Jahrhundert die beiden großen geopolitischen Blöcke in West und Ost entwickelt haben und die in den letzten Jahrzehnten ihre fundamentalistische Blütezeit erlebt: Obwohl es immer mehr zu verteilen gibt, werden die Diskussionen darüber, wer geben muss und wer nehmen darf, immer heftiger geführt. Eine solche Abwägungsfrage kann nicht final entschieden werden. Es erfordert schlichtweg immer wieder neue Kompromisse, bei denen beide Extreme ihre adäquate Berücksichtigung finden müssen. Selbst das deutsche Grundgesetz garantiert Eigentum und weist im selben Artikel 14 darauf hin, dass dieses schon auch verpflichtet.

FREIHEIT

In ähnlicher Weise wird bei vielen Freiheitsdiskussionen gern übersehen, dass sich trotz zunehmender und auch notwendiger Begrenzungen im letzten Jahrhundert die individuellen Freiräume bezüglich der Freiheit von äußeren Zwängen (negative Freiheit) überproportional vergrößert haben und den meisten Menschen heute Handlungsmöglichkeiten offenstehen, die vor wenigen Generationen nicht mal im Ansatz vorstellbar gewesen wären.

FREIHEIT 3.0: WIE SOLL ICH REITEN, WENN ICH KEIN PFERD BESITZE?

Noch deutlich anders sieht die Entwicklung bei der positiven Freiheit aus, also der Frage: Kann sich der Mensch in Abwesenheit von Zwängen und Einschränkungen auch wirklich frei entfalten? Seine Meinung frei äußern beispielsweise oder sich frei bewegen? Denn selbst wenn fundamentale Rechte wie Meinungsfreiheit oder Bewegungsfreiheit in immer mehr Staaten verfassungsmäßig garantiert sind, so hängt ihre faktische Realisierbarkeit sowohl von den verfügbaren Mitteln ab, die zur Umsetzung notwendig sind, als auch von den individuellen Abhängigkeiten mit all ihren sozialen

Konsequenzen. Bewegungsfreiheit ohne Zugang zu Mobilität oder Meinungsfreiheit bei hoher Abhängigkeit von anderen bleibt ein theoretisches Recht ohne faktische Realisierungschance.

So ist es nur konsequent, dass sich die Vereinten Nationen nach der Verabschiedung der Allgemeinen Erklärung der Menschenrechte als nächsten Meilenstein für die Entwicklung der Menschheit zur Jahrtausendwende acht Entwicklungsziele (»Millennium Development Goals«) gesetzt haben mit dem Ziel, bis 2015 extreme Armut in der Welt zu beseitigen und dadurch zumindest die existenziellen (Über-)Lebensvoraussetzungen für alle Menschen sicherzustellen. Was heute in vielen Ländern selbstverständlich erscheint, betraf zu Zeiten von Adam Smith (1723–1790), dem Urvater der heutigen Wirtschaftstheorie, erst zehn Prozent und selbst 1975 nur die Hälfte aller Menschen. Allein die Entwicklung von 2000, damals lebte noch deutlich über ein Viertel der Menschheit unterhalb der extremen Armutsschwelle, bis zum Jahr 2020 mit einem Wert von »nur noch« zehn Prozent zeigt, welche materiellen Entwicklungsfortschritte die Menschheit gerade in den letzten Jahrzehnten gemacht hat. Insofern konnten – sicherlich auch dank der enormen wirtschaftlichen Entwicklungen in China und Indien – die Verhältnisse in nur 250 Jahren Wirtschaftsgeschichte auf den Kopf gestellt werden.

Auch wenn diese Arbeit erst enden darf, wenn diese Voraussetzungen für alle Menschen gelten, haben die UN 2015 die Messlatte erneut einen Level höher gelegt und 17 nachhaltige Entwicklungsziele (»Sustainable Development Goals«) formuliert, deren Erreichung sich die Weltgemeinschaft bis 2030 vorgenommen hat. Diese Agenda für unser Jahrzehnt repräsentiert nicht nur die Sicherstellung eines existenziellen Minimums, sondern auf ökologischer, sozialer und wirtschaftlicher Ebene die grundsätzlichen Basisvoraussetzungen, die ein gewisses Maß an Selbstbestimmung überhaupt erst denkbar machen.

Dieser Kanon enthält darüber hinaus allerdings noch eine ganz neue Qualität, die bei näherem Hinsehen sichtbar wird und sich am deutlichsten im 17. Ziel widerspiegelt. Es lautet »Partnerschaft für die Ziele«. Während zuvor die grundsätzliche Anhebung von Mindeststandards im Fokus stand, geht es diesmal um eine neue Form von Ausgewogenheit, Gleichberechtigung, globaler

Verantwortung sowie gerechter Verteilung zwischen Menschen, Gesellschaften und Generationen. Kurz: Für nachhaltigen Wohlstand einer globalen Weltgesellschaft spielen nicht nur die Interessen jedes Einzelnen eine wesentliche Rolle, sondern auch die generationenübergreifende Verhältnismäßigkeit im Kontext einer globalen Gesamtverantwortung.

Die Herausforderung, die ein solcher Abwägungsprozess erneut mit sich bringt, kann man besonders gut an dem langen Verhandlungsweg erkennen, der zum Pariser Klimaabkommen geführt hat – und den bis heute noch anhaltenden Diskussionen. Auch wenn die negativen Konsequenzen einer wachsenden fossilen Wirtschaft nicht nur wissenschaftlich eindeutig belegt, sondern in einzelnen Ländern bereits spürbar sind, gibt es trotz des hohen Zeitdrucks noch immer keinen allgemeingültigen Maßstab, an dem man sich für eine gerechte Verteilung der Lasten zwischen Ländern, Industrien oder auch nur einzelnen Haushalten orientieren könnte.

Wenn wir Freiheitsstreben in einem solchen Kontext primär durch unsere alte Brille betrachten und nur mit der Frage nach den Grenzen individueller Handlungsfreiheit verknüpfen, ist nicht nur der subjektive Eindruck eines unaufhaltsamen Verlustes unserer Freiheit unvermeidbar, sondern wir bremsen auch die Suche nach akzeptablen Lösungen durch unseren grundsätzlichen Widerstand aus.

Um hier einen zufriedenstellenden Lösungsweg für uns selbst zu finden, sollten wir uns daher zusätzlich mit den »inneren« Grenzen unserer Entscheidungsmöglichkeiten beschäftigen. Denn hier liegt ein großer »Spielraum«, selbst wenn die Herausforderungen einer wachsenden Weltbevölkerung zwangsläufig zunehmend Kompromisse einfordern.

FREIHEIT 4.0: DIE FREIHEIT, AUF DAS PFERD ZU VERZICHTEN

Auf den ersten Blick nähern wir uns hier einer der ältesten Fragen der Ethik, für die Lösungsansätze wie insbesondere die sogenannte Goldene Regel bereits im 7. Jahrhundert vor Christus in philosophischen und religiösen Dokumenten der unterschiedlichsten

Zivilisationen unabhängig voneinander diskutiert wurden: Behandele andere, wie du selbst behandelt werden möchtest. Auch wenn gerade dieses Prinzip, das sich über das alte Griechenland und die unterschiedlichsten Philosophen zu einer Art moralischem Minimalkonsens weltweit etabliert hat, nicht in der Lage ist, normative Unterstützung in Einzelfällen zu bieten, so hat uns die Frage nach dem »richtigen« Verhalten in der sozialen Interaktion subtil schon immer begleitet. Allerdings nahm sie häufig die Form von sozialem Erwartungsdruck an und passte somit in die gleiche Schublade anderer (in diesem Fall gesellschaftlich) aufgezwungener Verhaltensvorschriften. Daher haben wir Moralvorstellungen zunehmend ebenfalls als freiheitsbeschränkende Prinzipien wahrgenommen, die wir tendenziell auf ein unvermeidliches Minimum reduzieren wollen. Oder sogar ganz ablehnen, wie dies beispielsweise der Nobelpreisträger Milton Friedman für die Wirtschaft postulierte, indem er als einzige gesellschaftliche Verantwortung für Unternehmen die Gewinnmaximierung sah.

In einer Zeit, in der sich die eigentliche Frage nach dem Ausleben unserer Freiheit von der Befriedigung von Grundbedürfnissen immer mehr in Richtung Selbstverwirklichung verschiebt, müssen auch wir lernen, unseren Blickwinkel zu ändern. Denn der individuelle Versuch, nachvollziehbare (moralische) Einschränkungen zu vermeiden, kann (existenzielle Bedrohungen mal außen vor) nur eine Ursache haben: die Suche nach unbegrenzter Befriedigung der eigenen hedonistischen Bedürfnisse.

Diese Wortwahl mag zunächst abschreckend klingen, allerdings soll sie den Weg zu einem Perspektivwechsel eröffnen: Inwieweit kann Verhalten, das sich primär um die Maximierung des eigenen Genusses dreht, im eigentlichen Sinne tatsächlich »frei« sein – oder ist es nicht vielmehr instinktgetrieben und somit zwanghaft und unfrei?

Während wir über Jahrtausende unsere Handlungsfreiheit im Fokus hatten und diese Sehnsucht auch heute noch gerne durch rauchende Cowboys oder dynamische Autofahrer personifizieren, drängt sich inzwischen die Frage auf, ob selbst gewählte Grenzen uns in unserer eigentlichen Freiheit wirklich begrenzen oder sie diese nicht erst ausmachen. Denn Willensfreiheit, um die es in diesem Fall geht, erhält erst »Deckenhöhe«, wenn man sich trotz äußerer Erwartungen oder eigener triebgesteuerter Verhaltensmuster freiwillig für etwas anderes entscheidet. Die Basis hierfür können zwangslogisch nur persönliche Verhaltensprioritäten sein, die unser eigenes Triebinteresse transzendieren und sich aus selbst gewählten Wertvorstellungen ergeben.

Was zunächst vielleicht ein wenig abstrakt klingt, ist leicht auf den Punkt zu bringen: Während auch heute noch die Freiheitsdiskussion vom Echo unseres Dranges nach Handlungsfreiheit dominiert wird, unterwerfen wir uns mit dieser Einstellung sehr häufig schlicht den Zwangsmechanismen, die sich aus dem Streben nach der Maximierung unserer eigenen Vorteile zwangslogisch ergeben. In den allermeisten Fällen handelt es sich bei angeblich »freien« Entscheidungen um ein bloßes Reagieren, das sich aus dem mechanistischen Abwägen ableitet: Welche Vor- und welche Nachteile ergeben sich für meine Triebbefriedigung? Dass sich bei einer solchen Lebenspriorisierung jegliche Handlungsgrenzen, und seien sie noch so nachvollziehbar, wie Freiheitsberaubung anfühlen, ist unvermeidbar.

Wahre (Willens-)Freiheit ist nur dann möglich, wenn wir genau diese standardisierten Reaktionsmuster überwinden und uns frei für Handlungen entscheiden, die wir durchaus auch einmal gegen diejenigen Optionen treffen, die uns aufgrund unserer bisherigen Sekundärbedürfnisse zunächst attraktiver erscheinen. Hierfür benötigen wir einen alternativen Wertmaßstab, für den wir uns aus freien Stücken entscheiden.

Im Kontext unserer heutigen Gesellschaft, die immer häufiger die Befriedigung unserer Primärbedürfnisse bereits sicherstellt, kann ich wirkliche Freiheit nur durch das Verschieben meines Lebensfokus erleben: von der konkreten (scheinbar) freien Handlung im Rahmen minimaler gesellschaftlicher Verantwortung hin zum tatsächlichen Ausleben des eigenen Wertekonzepts. Von der exklusiv hedonistischen Befriedigung der eigenen Bedürfnisse hin zu einer bewussten Selbstverwirklichung.

Verstehe mich nicht falsch. Wir dürfen die Möglichkeiten, die uns unser Leben bietet, durchaus genießen. Und ich möchte auch nicht versuchen, irgendjemand in einen bestimmten Moralkodex zu drängen, an den sich alle halten müssen. Dies ist und bleibt eine individuelle Entscheidung, auch wenn es hierfür sicherlich hilfreiche Modellbeispiele aus der Philosophie und Ethik gibt. Es geht mir schlichtweg darum, bewusst zu machen, dass unsere Sehnsucht nach Freiheit in der heutigen Welt nicht mehr ihre Erfüllung in der Handlungsfreiheit finden kann. Denn die Einschränkungen, die wir diesbezüglich schon zunehmend empfinden, sind in vielen Fällen die zwangsläufige Konsequenz von gesellschaftlichen Kompromissen, die bei 7,5 Milliarden Beteiligten auf begrenzt irdischem Raum einfach notwendig sind – und angesichts von voraussichtlich zehn Milliarden Menschen im Jahr 2050 (und aktuell rapide schwindenden Lebensräumen) noch viel notwendiger werden.

Wenn wir weiterhin in der Handlungsfreiheit unser Heil suchen, werden wir immer häufiger unsere Lebensrealität als Käfig empfinden – und immer leichter manipulierbar werden durch gezielte Versuche anderer, unsere Sehnsucht in eine bestimmte Richtung zu lenken.

In jedem Fall werden wir Gefahr laufen, auch weiterhin auszublenden, wie weit fortgeschritten unser Kampf für Freiheit bereits ist. Und gleichzeitig die Chance verpassen, unseren freien Willen dafür zu nutzen, unsere eigenen zukunftsfähigen Leitplanken für unseren Lebensweg zu entwickeln, konsequent nach ihnen zu leben und sie gegebenenfalls immer wieder zu korrigieren. Denn wie anfänglich erwähnt, kann Willensfreiheit nur als Gegenkonzept zu einem algorithmusgesteuerten Individuum existieren und manifestiert sich in Entscheidungen, die wir aus moralischen Gründen gegen unsere programmierten Handlungsmuster (evolutionär entstanden oder sozial erlernt) treffen.

FREIHEITLICHE GRUNDSATZENTSCHEIDUNG

Wenn du zurückblickst, erinnerst du dich sicherlich an Momente in deinem Leben, in denen du dieses Gefühl der eigenen Willensfreiheit schon einmal intensiv gespürt hast. Situationen, in denen du gegen allgemeine Erwartungen oder trotz befürchteter Konsequenzen für deine eigene Überzeugung eingestanden bist. Geübt haben wir dies alle – mehr oder weniger konsequent – in der Zeit unserer Pubertät, als wir uns gegen viele bestehende Regeln aufgelehnt haben und bereit waren, überproportional heftige Konsequenzen zu riskieren, nur um zu trainieren, wie man sich gegen gesellschaftliche Vorgaben auflehnt.

Viele von uns haben recht bald danach allerdings diese Fähigkeiten angesichts gesellschaftlicher Zwänge oder auch nur befürchteter Nachteile verloren. Während wir weiterhin innerlich gegen jede Form von aufgezwungener Einschränkung rebellieren (und sei es nur das Steuerrecht), so versagen wir uns im realen Leben immer wieder die Freiheit, gemäß unserer eigenen Überzeugungen zu handeln – selbst wenn faktische Zwänge oder gesetzliche Regelungen fehlen und unsere Startbedingungen nicht besser sein könnten.

Was wir gegenüber uns selbst gerne durch die Bezeichnung »Sachzwang« rechtfertigen und als außerhalb unseres Einflussbereiches qualifizieren, ist allerdings in der Regel eine Projektion unseres »Zukunftssimulators« im Kopf, der uns aus seiner Sammlung an mentalen Modellen essenzielle Nachteile als zwangsläufige Konsequenz alternativer Handlungsoptionen suggeriert. Entsprechend unserer evolutionären Programmierung versuchen wir diese dann auch in unseren Entscheidungen zu vermeiden. Doch viele der scheinbar existenzbedrohenden Konsequenzen basieren nicht auf eigener Erfahrung, sondern wurzeln in gesellschaftlich allgemein anerkannten Hypothesen, die wir lediglich »aufgesammelt« haben.

So wurde ich einmal bei einer Vorlesung vor Studenten, die bereits mehrjährige Erfahrungen im Berufsleben hatten, von einem Teilnehmer darauf hingewiesen, dass mein scheinbarer Mut, unkonventionelle Ansichten einzunehmen und meine Werte gerade im Wirtschaftskontext offen zu vertreten, durch mein Privileg begünstigt wird, dies aus einer hohen Führungsposition heraus zu tun. Ein solches Verhalten wäre für ihn nicht möglich, da er als Sachbearbeiter von dem Wohlwollen seines Vorgesetzten abhängen würde und die Unternehmenskultur keinerlei Widerspruch toleriere.

Meine Frage, ob er nach Äußerung einer kontroversen Meinung schon einmal schwerwiegende Konsequenzen erlebt habe, verneinte er allerdings. Auch kannte er niemanden persönlich, dem dies einmal passiert ist – noch nicht einmal eine Geschichte vom Hörensagen. Ich habe die Frage seitdem immer wieder aufs Neue in Vorlesungen und Vorträgen gestellt – und bis heute nur einmal eine Person im Publikum gehabt, die tatsächlich berufliche Nachteile in Kauf nehmen musste, nachdem sie ihre Meinung frei geäußert hatte. Das Risiko von authentischem Handeln ist in der Realität (inzwischen) gering – und doch trauen wir uns weiterhin nicht, es einzugehen.

Generell sollte uns also klar werden, dass die Konsequenzen, die uns unsere innere Stimme in relevanten Entscheidungssituationen gerne an die Decke des Spielraums »Freiheit« projiziert, in den seltensten Fällen eintreten. Und selbst wenn man sich die wenigen Fälle anschaut, in denen dies passiert, so sind die Folgen in der Regel nicht vergleichbar mit denjenigen, die unsere Vorfahren mit dem Verlassen ihrer Höhle zur Nahrungssuche eingegangen sind, obwohl sie den Säbelzahntiger ganz in der Nähe vermuteten. Diesen Eindruck vermittelt lediglich unser kognitives Alarmsystem, dessen Intensität sich bisher noch nicht evolutionär angepasst hat.

Unserem Hang zur Überbewertung der Eintrittswahrscheinlichkeit sowie der Tendenz, die Folgen von unkonventionellen Entscheidungen in ihrer Dramaturgie einseitig auszuschmücken, geben wir natürlich auch deswegen so bereitwillig nach, weil er unsere innere Rechtfertigungslogik gegenüber uns selbst unterstützt – wenn die Gefahr groß genug bewertet wird, erscheint unsere Mutlosigkeit wie eine durchaus sinnvolle Entscheidung.

Sicherlich besteht ein gewisses Restrisiko für mehr oder minder nachteilige Konsequenzen, wenn wir uns nicht traditions- oder gesellschaftskonform verhalten. Daher sollte unser Spiel auch dort beginnen, wo es uns unsere inneren Überzeugungen oder Moralvorstellungen dringend nahelegen – denn erst hierdurch erhält eine mutige Entscheidung einen wertgebenden Rahmen. Das müssen nicht immer fundamentale Gewissensentscheidungen sein, sondern können bereits kleine Irritationen sein, bei denen uns unser innerer Kompass alternative Entscheidungsoptionen zu denen suggeriert, die unsere hedonistischen Triebe lautstark einfordern. Unter Umständen müssen wir auch erst einmal lernen, diese innere Stimme überhaupt wieder zu hören, nachdem wir sie leise gedreht haben, um von ihr nicht an all die versäumten Situationen erinnert zu werden, in denen wir sie verraten haben.

Dabei ist nicht der Ansatz, pauschal die Zeit unserer Pubertät auf das gesamte Leben auszudehnen – damals entsprang unser Widerstand oft einer grundsätzlichen, nicht immer wirklich durchdachten Oppositionshaltung. Wir sollten uns nur bewusst machen, dass bereits in dem jugendlichen Ausleben ein Vorgeschmack auf wirkliche Willensfreiheit lag, für die es sich auch in späteren Lebensjahrzehnten lohnt, gewisse Risiken einzugehen, zumindest wenn es uns erlaubt, für unsere Überzeugungen einzustehen.

FREIHEIT

Es geht keinesfalls darum, ein rigides System von moralischen Lebensprinzipien mit Anspruch auf Vollständigkeit aufzustellen, sondern vielmehr um das schrittweise Fixieren individueller Grundeinstellungen, die uns so wichtig sind, dass wir hier keine Kompromisse mehr zulassen. Es ist dabei egal, ob es das Versprechen an Freunde, Partner oder die eigenen Kinder ist, am Geburtstag (oder Hochzeitstag) immer zu Hause zu sein, um unsere Wertschätzung für den anderen zu demonstrieren – ganz gleich, was an diesem Tag die Arbeit verlangt; oder bei irrtümlich zu viel erhaltenem Wechselgeld den Kellner oder die Kassiererin auf ihren Irrtum hinzuweisen, weil wir Ehrlichkeit in Geschäftsbeziehungen für ein ehernes Grundprinzip halten und sie uns deutlich wichtiger ist als die gesparten Euros. Es geht schlichtweg darum, unser Handeln immer seltener unseren Trieben zu unterwerfen, sondern Erfahrung damit zu sammeln, wie frei es sich anfühlt, wenn man in einer Konfliktsituation konsequent bleibt.

Es ist diese Fähigkeit, in essenziellen und scheinbar nicht so essenziellen Lebenssituationen seinen natürlichen Trieben Einhalt zu gebieten und stattdessen Entscheidungen gemäß der eigenen Wertmaßstäbe zu treffen, die uns Menschen menschlich macht. Während das Verhalten von Tieren durch angeborene oder erlernte Instinkte alternativlos gesteuert wird, haben wir – wenn wir uns denn die Mühe machen – tatsächlich die Wahl.

Durch die Möglichkeit, in den Spielmodus zu gehen und Spielerrollen zu wählen, erleichtern wir uns den Prozess erheblich, unsere Willensfreiheit in unser Leben aktiv zu integrieren. Hierfür sind sowohl Einzelsituationen geeignet als auch Grundsatzentscheidungen, bei denen sich der Spaß am Ausleben der eigenen Überzeugungen in der Regel erst mit der Zeit einstellt.

Eine der ersten wichtigen Entscheidungssituationen mit Grundsatzcharakter, an die ich mich erinnere, habe ich während meines Studiums getroffen. Als Student der Luft- und Raumfahrttechnik war es selbstverständlich meine Ambition, später auch in dieser Industrie beruflich erfolgreich sein zu dürfen. Es war für mich der Traum eines kleinen Jungen, in meinem späteren Leben dafür bezahlt zu werden, Menschen das Fliegen zu ermöglichen – und auf eher materieller Ebene sicherlich auch die Erfolgserwartung meiner Eltern. Umso heftiger fiel die Reaktion meines Vaters aus, als ich gegen Ende meines Vordiploms laut darüber nachdachte, den Wehrdienst aus Gewissensgründen zu verweigern. Ich war nach meinem Abitur aufgrund einiger Zufälle nicht direkt einberufen worden, sondern hatte unter Vorbehalt mein Studium beginnen dürfen. Allerdings bestand für mich weiterhin zeitnah die Wehrpflicht.

Inspiriert von vielen kontroversen Diskussionen im Freundeskreis bereits während der Schulzeit – es war die Zeit des NATO-Doppelbeschlusses, des atomaren Wettrüstens und der Friedensbewegung – ging es mir im Wesentlichen um eine frühzeitige persönliche Kalibrierung gerade im Kontext der von mir avisierten Industrie, eine Art persönlichen Fixpunkt, und nicht um eine grundsätzliche Ablehnung des Rechtes auf Verteidigung (Waffen waren in meinen Augen das letzte Mittel der Wahl und sollten nur nicht das primäre werden). Allerdings waren die Karriereprognosen mit einer solchen Entscheidung aus Sicht meiner Eltern düster: Wenn ich den Wehrdienst verweigere, würde ich mir für alle Zukunft jegliche Aussichten auf eine Führungsposition in der Luftfahrtindustrie verbauen, so der eindeutige Tenor.

Ich habe die Warnung vor »absehbaren« Konsequenzen einer Verweigerung damals durchaus ernst genommen. Allerdings erschienen sie mir nur wirklich einleuchtend im Kontext der damaligen Zeit. Demgegenüber hatte ich die innere Überzeugung (oder vielleicht eher die Hoffnung), dass die Menschheit doch schrittweise einsichtiger werden könnte und den Krieg als Mittel zur Machtdemonstration zumindest mittelfristig nicht mehr in Betracht ziehen wird. In einer solchen zukünftigen Welt verblasste das elterliche Bedrohungsszenario.

Zudem fühlte es sich für mich persönlich sehr wichtig an, noch vor Beginn meiner beruflichen Laufbahn meine kritische Grundeinstellung transparent zu machen – anstatt mit Blick auf eine mögliche Karriere innerhalb der Rüstungsindustrie einfach nur schweigend mitzumarschieren. Insofern habe ich den (damals noch ausführlich zu begründenden) Antrag auf Anerkennung meiner Verweigerung an das Kreiswehrersatzamt geschrieben und abgeschickt, dem nach gründlicher »Gewissensprüfung« auch stattgegeben wurde.

Ich möchte mit diesem Beispiel keinesfalls meine Entscheidung als heldenhaft glorifizieren. Es soll vielmehr demonstrieren, wie freie Willensentscheidungen durch den Transfer in einen spielerischen Kontext unterstützt werden können.

In diesem Fall hatte ich die Rolle des Schauspielers gewählt – auch wenn mir bewusst war, dass meine Bühne zunächst noch recht klein sein würde. Der mit dieser Rolle verbundene Joker hat mir geholfen, aus einem imaginären Szenario heraus abzuwägen und zu entscheiden, als ob die von mir gewünschte Zukunft bereits eingetreten wäre. Und damit verhindert, dass ich in den zermürbenden Auseinandersetzungen mit meinen Eltern nicht doch ins Zweifeln kam. Im Gegenteil. In meiner projizierten Realität einer gegenüber der Rüstungsindustrie deutlich kritischer eingestellten Gesellschaft erschien mir meine Entscheidung vollkommen nachvollziehbar, als zukünftige Führungskraft in der Luftfahrtindustrie meine differenzierte Einstellung nach außen explizit zu machen. Und notwendig, um genau diesen Veränderungsprozess zu unterstützen.

Rückblickend ist dabei spannend, dass ich in der Folge niemals Einschränkungen in meiner beruflichen Laufbahn hinnehmen musste und hinter mir viele Jahre als Geschäftsführer und Vorstand von Luftfahrtunternehmen liegen. Das lag sicherlich auch daran, dass der Lernprozess unserer Gesellschaft bezüglich nuklearer Aufrüstung seit damals tatsächlich deutliche Fortschritte gemacht hat (auch wenn global noch einiges zu erreichen bleibt und die Zeichen der Zeit eher wieder auf Aufrüstung stehen). Gleichzeitig ist es ein typisches Phänomen einer zunehmend komplexen Welt: Die Eintrittswahrscheinlichkeit von Prognosen unseres eingebauten Zukunftssimulators nimmt mit abnehmenden linearen Ursache-Wirkungs-Beziehungen massiv ab.

Viele meiner Klassenkameraden hatten nach dem Abitur sicherlich ebenfalls eine differenzierte Haltung zu diesem Thema. Doch für die meisten erschien in dieser Lebensphase die Entscheidung pro Wehrpflicht entweder gesellschaftlich alternativlos oder nicht so wichtig, als dass man sich einem behördlichen Spießrutenlauf (Fakt) und einem beruflichen Karriererisiko (Annahme) aussetzen wollte.

Rückblickend bin ich froh, dass ich dieser Entscheidung damals ausreichend Wichtigkeit eingeräumt und mich nicht der durchaus auch für mich realen Versuchung hingegeben habe, die Frage als irrelevant zur Seite zu schieben, um den Entscheidungskonflikt zu vermeiden. Denn es hat mich früh gelehrt, welch bereicherndes Potenzial in der Erfahrung liegt, eine Gewissensentscheidung sehenden Auges zu treffen. Es war wie das Passieren eines Tores ohne Rückfahrschein – mit Zugang zu einem Leben, das weniger nach der Aneinanderreihung von Standardszenarien schmeckt.

Für solche Erlebnisse ist es allerdings entscheidend, dass ein moralischer Grund vorliegt, der in der Entscheidungssituation sowohl als Orientierung als auch als Rechtfertigung für das verbleibende Restrisiko dient. Dieser muss nur für dich selbst und nur für diesen Zeitpunkt stimmig und wichtig sein. Denn das Spiel des Lebens bleibt ein persönliches Spiel – mit unterschiedlich steilen Lernkurven entlang des Spielverlaufs.

Selbst spätere Einsichten, die die eigenen Maßstäbe differenzierter weiterentwickeln und manche Weichenstellung im Nachhinein in einem anderen Licht erscheinen lassen, ändern nichts an der Richtigkeit früherer Entscheidungen. Wichtig ist allerdings, dass solche Situationen uns zeigen, wie einfach wir unsere Willensfreiheit gerade in unserer VUKA-Welt ausleben können – und mit welch euphorisierenden Gefühlen dies in der Regel begleitet ist (die trotzdem vorhandene Nervosität verstärkt diesen Effekt aufgrund des ausgeschütteten Adrenalins noch mehr).

Falls einige Aspekte neu für dich sind, macht es vielleicht Sinn, einen Moment innezuhalten und dich zu fragen: Welche Erfahrungen hast du selbst mit Situationen gesammelt, in denen deine persönlichen Werte dem Weg des geringeren Widerstandes entgegenstanden? Welche Gewissensentscheidungen hast du vielleicht vermieden, indem du ihre Wichtigkeit heruntergespielt hast, um dich nicht für mangelnden Mut verurteilen zu müsse? Welchen hast du dich gestellt – und dafür einen anstrengenden Kampf ausgetragen? Und welche hast du leicht getroffen, egal ob aus einer Naivität oder natürlichen Leichtigkeit heraus (dank der du dir grundsätzlich nicht zu viele Sorgen um die Zukunft machst)? Insbesondere die Entscheidungen der letzten beiden Kategorien gehören definitiv auf deine »Reverse-Bucket-Liste«!

Niemand kann sagen, was in deinem Leben passiert wäre, wenn du dich anders, für oder auch gegen dein Gewissen entschieden hättest. Entscheidungssituationen erlauben es dir, in andere Universen zu wechseln: Legst du die Weiche um, wirst du nicht erfahren, wie es in der »alten Welt« weitergegangen wäre; legst du die Weiche nicht um, bleiben all die Möglichkeiten in der neuen Welt nur eine Fiktion.

Sobald uns dies klar wird, können wir die aus meiner Sicht vielleicht wichtigste Erkenntnis verinnerlichen: **Die Bilanz einer jeden Gewissensentscheidung**, die wir so treffen, wie es uns unser innerer Kompass empfiehlt – und nicht wie es uns unsere Ängste, gesellschaftlich empfundene Zwänge oder instinktive Triebe dringend nahelegen –, **ist in einer VUKA-Welt in jedem Fall besser. Denn wir gewinnen die Freiheitserfahrung hinzu**,

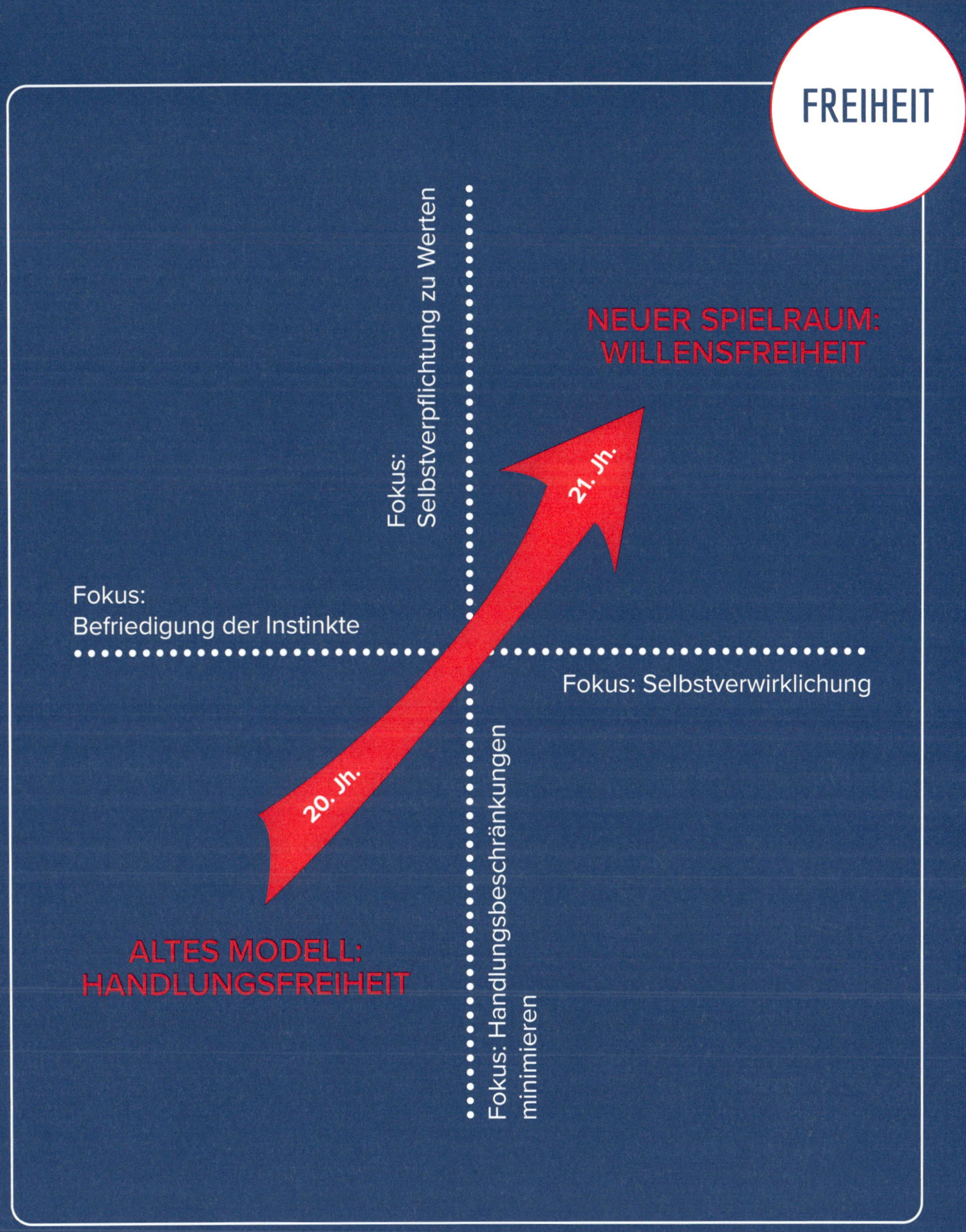
FREIHEIT
NEUER SPIELRAUM: WILLENSFREIHEIT
Fokus: Selbstverpflichtung zu Werten
21. Jh.
Fokus: Befriedigung der Instinkte
Fokus: Selbstverwirklichung
20. Jh.
ALTES MODELL: HANDLUNGSFREIHEIT
Fokus: Handlungsbeschränkungen minimieren

während wir für alles andere, was danach passiert oder nicht passiert, sowieso keine Vergleichsmöglichkeit haben.

Danach ist es nur noch ein kleiner Schritt, sich für solche Situationen eine Spielerrolle auszuwählen, die den Prozess deutlich erleichtert. Indem sie uns dabei hilft, unsere antrainierten Ängste und Instinkte sinnvoll abzuschwächen, und dadurch einen sicheren Raum im Kopf erschafft, aus dem heraus wir uns für die stimmigste Richtung dann auch tatsächlich mit aller Konsequenz entscheiden können. Dies gilt für Entscheidungen, die wir nur einmal für unser Leben treffen müssen (Zivildienst statt Militärdienst) genauso wie für Entscheidungen, die wir immer wieder aufs Neue bestätigen müssen (zu viel Wechselgeld), da die zugrunde liegenden Überzeugungen von der Gesellschaft aufgrund tief verankerter Denkmuster fortwährend auf die Probe gestellt werden.

FREIHEIT

Denn klar ist: Wir müssen im Inneren erstmalig eine Wahl treffen und danach über einen längeren Zeitraum hinweg aushalten, im Außen als »irgendwie anders« angesehen zu werden. Nicht zuletzt, damit das eigene Umfeld Zeit bekommt, unser Handeln überhaupt nachzuvollziehen, und Irritation und Skepsis nach und nach Neugierde und Offenheit weichen können.

Auch hierzu ein Beispiel: Am Anfang meiner beruflichen Karriere heuerte ich bei einem Unternehmen in der Automobilindustrie an und bekam die Vertriebsverantwortung für Osteuropa anvertraut. Von allen gut gemeinten Ratschlägen, die ich damals zum Start bekam, dominierten zwei: Dieser Job erfordert insbesondere im Verkauf die »Kompetenz«, große Mengen Alkohol zu vertragen, um in den Ländern des ehemaligen Ostblocks ernst genommen zu werden. Zudem besteht in dieser Region der Welt die zwingende Notwendigkeit, Geschäftsabschlüsse durch finanzielle »Zuwendungen an Entscheidungsträger« zu fördern.

Anfang der 1990er-Jahre, kurz nach Öffnung des Eisernen Vorhangs, waren es genau diese beiden Punkte, die jeder in der westlichen Welt mit (echter oder eingebildeter) Russlanderfahrung als essenzielle Geschäftsvoraussetzungen unterstellte, und die allermeisten passten ihr Verhalten dementsprechend an. Gleichzeitig war es unstrittig, dass gerade diese beiden Themen die wirtschaftliche Entwicklung dieser Länder massiv behinderten.

Aus meiner damaligen inneren Überzeugung heraus, dass Alkohol eine der schädlichsten Gesellschaftsdrogen ist (vor allem in rauen Mengen konsumiert) und Bestechung nicht nur moralisch für mich unvertretbar, sondern für jede Volkswirtschaft geradezu entwicklungsschädlich ist, habe ich für meine Tätigkeit entgegen allen wohlgemeinten »Ratschläge« (und unterstützt von der Unbedarftheit eines 25-Jährigen) zwei Grenzen als unverrückbare Leitplanken festgelegt: Ich werde dort keinerlei Alkohol trinken und auch keine Bestechungserwartungen erfüllen.

Ich gebe zu, es war nicht immer leicht, meinen Standpunkt offen einzunehmen. Und es hat mich sowohl in den eigenen Reihen als auch bei potenziellen Kunden in Situationen gebracht, in denen ich angesichts meiner offensichtlichen Naivität belächelt wurde. Doch mit der Zeit erhielt ich immer häufiger hinter vorgehaltener Hand respektvolle Kommentare und Anerkennung für meine klare Haltung. Hieraus entwickelten sich viele spannende Gespräche und ein paar sehr bereichernde Beziehungen. Auch wirtschaftlich hat meine Einstellung nicht zu den prognostizierten Nachteilen geführt – ganz im Gegenteil. Heute, fast 25 Jahre später, ist aus den Samenkörnern meiner damaligen Arbeit unter anderem eines der größten russisch-deutschen Joint Ventures im Bereich Nutzfahrzeuge entstanden.

Doch mein wirklicher Lohn für die anfänglich immer wieder herausfordernde Standhaftigkeit war nicht die Freude über all die Komplimente oder den Erfolg – zumal sich dieser oft erst sehr viel später in der Retrospektive zeigt. Es war das Gefühl von Freiheit, das ich jedes Mal tief im Inneren empfunden habe, wenn ich bezüglich meiner eigenen Wertvorstellungen herausgefordert wurde und dennoch meine Position halten konnte. Wie typisch bei der Rollenwahl als Hofnarr/-närrin war mein Hauptinteresse damals tatsächlich, meine Aufenthalte in diesen Ländern zu nutzen, um auch Impulse zum Aufbrechen alter Denkmodelle zu setzen. Und die Vorstellung von unangreifbarer Narrenfreiheit als Superkraft, die mit der Rolle eng verbunden ist, half mir dabei, jede Situation mit einer spielerischen Grundeinstellung zu durchleben und konsequent keine Kompromisse einzugehen.

Gerade diese Rolle, in der man eine alternative Grundhaltung gegenüber einem gesellschaftlichen Standard bis ins Extrem übertreiben darf und gleichzeitig gerade von der Irritation profitiert, die sie bei den Mitmenschen (zunächst) auslöst, lässt die eigene Willensfreiheit besonders intensiv erleben.

Selbst wenn du noch nicht viel Übung dabei hast, konsequent nach deinen eigenen Überzeugungen zu leben, kannst du jederzeit damit anfangen. Wähle gleich heute noch ein Thema aus, das dir wirklich wichtig ist, aufgrund gesellschaftlicher Erwartungen aber nach hinten gerutscht ist. Und beginne damit, es ausdrucksstark auszuleben – zumindest so stark, dass es gesellschaftlich deutlich sichtbar wird. Wenn du darauf (am Anfang sicherlich kritisch) angesprochen wirst, schildere deine eigenen Erfahrungen mit höchster Begeisterung und kreativem Storytelling.

Es ist dabei vollkommen egal, ob dies das Ende des Rauchens, die Umstellung auf vegetarische Ernährung, die konsequente Mülltrennung oder der Tausch deines SUV gegen ein reines Elektroauto ist (Hybridfahrzeuge zählen nicht zu »extrem ausleben«) – es geht zunächst nur mal um deine ganz eigene Erfahrung: Wie fühlt es sich an, deiner eigenen Überzeugung maximalen Freiraum einzuräumen? Kann ich Kritik besser aushalten als gedacht, und macht es mir vielleicht sogar Spaß, gegen den Mainstream zu schwimmen und dadurch eine Entwicklung (mit)anzustoßen?

Wenn du beispielsweise davon überzeugt bist, dass die Gesellschaft in puncto Elektromobilität schneller vorankommen sollte, könntest du von dir aus aktiv über deine eigenen Erfahrungen mit einem Stromer sprechen: Welch spannende Herausforderung es war, den letzten Urlaub so auszutüfteln, dass du mit einer Batteriereichweite von gerade mal 180 Kilometern auf ganze 2000 Kilometer gekommen bist – ohne dass sich die Familie auch nur einmal beschwert hat. Weil an jeder Ladesäule »zufällig« ein leckeres

Mittagessen oder ein touristisches Highlight wartete. Welch riesigen Spaß ihr dabei hattet, immer wieder an Tankstellen vorbeizuschweben mitsamt ihren Warteschlangen. Und welch inspirierendes Grundgefühl ihr miteinander teilen konntet, bereits Teil einer noch final zu entwickelnden Zukunft zu sein – gerade weil jede einzelne Herausforderung mit einer in vielen Punkten nicht perfekten Technologie einer kleinen Erkundungsreise gleicht jenseits ausgetretener und allzu bekannter Pfade.

Vielleicht musst du am Anfang noch ein wenig deine Fantasie trainieren, deine Erzählungen in dieser Form auszuschmücken. Aber du wirst merken, wie schnell auch hier Übung den Meister macht.

Wenn wir uns einmal ehrlich die Faktenlage anschauen, so haben wir mit der Corona-Pandemie sicherlich nicht die letzte Herausforderung erlebt, die uns zu neuen Verhaltensweisen zwingen wird. Wie viel leichter würde es uns fallen, wenn wir die hiermit verbundenen Notwendigkeiten spielerisch aufgreifen und uns gleich zu Anfang freiwillig auf die Veränderungen einlassen würden – anstatt Sklave unseres Komfortbedürfnisses zu bleiben und erst einmal nach jedem Gegenargument zu greifen, nur um weiter sitzen bleiben zu können. Dann würden wir unsere Zeit und Energie nicht damit vergeuden, uns gegen unvermeidliche Wände unserer (immer noch ganz beachtlichen) Handlungsspielräume zu stemmen, sondern die Situation aus freier Willensentscheidung annehmen und uns voller Tatendrang nach der kreativen Decke strecken.

FREIHEIT

So widersprüchlich es auf den ersten Blick auch klingen mag: **Gerade in Prozessen, in denen wir uns aus freien Stücken unseren wichtigsten Werten »unterwerfen«, manifestiert sich unsere wahre Willensfreiheit.** Und wir können den Überraschungen, die dann in alternativen Erlebniswelten auf uns warten, mit einem deutlich befreiteren Selbstbewusstsein begegnen.

4.1.2 ZUKUNFT – SCHMETTERLINGE ENTSCHEIDEN ÜBER UNSERE ZUKUNFT

Sei die Ursache, nicht das Opfer –
was du willst, will auch dich.

KOMPLEX IST MEHR ALS KOMPLIZIERT

Hast du heute schon einen Blick auf die Wetter-App deines Smartphones geworfen, um nachzuschauen, wie das Wetter in den kommenden Tagen wird? Und hast du dich gleichzeitig gefragt, ob du nicht trotz der vielversprechenden Prognose einer nur leichten Bewölkung vielleicht doch besser die regenfeste Jacke oder den Schirm in die Stadt mitnimmst, sollte es wider Erwarten heute Abend auf dem Heimweg doch regnen?

Es ist schon befremdlich, dass wir trotz exponentieller Vervielfachung der Computerleistung noch immer nicht in der Lage sind, das Wetter zumindest für ein paar Tage im Voraus präzise vorherzusagen, und sich manch einer lieber auf Bauernregeln verlässt. Allerdings werden selbst diese langsam unzuverlässig, da wir Menschen in einem solchen Maß in die biologischen, geologischen und atmosphärischen Prozesse der Erde eingreifen, dass wir uns selbst auf seit Jahrhunderten zuverlässige Wetterroutinen nicht mehr verlassen können. Während in Europa ein Rekordsommer den nächsten jagt, verschieben sich in Asien die Monsunregenperioden, nach denen man bisher den Kalender stellen konnte, gleich um mehrere Wochen und variieren immer stärker in ihrer Intensität – in anderen bisher fruchtbaren Gegenden des Planeten bleibt der Regen dafür ganz aus.

ZUKUNFT

Aber selbst wenn uns nur unser eigener Vorgarten interessiert und die Frage, ob wir ihn vor unserer Fahrt ins Wochenende gießen sollten oder nicht, so sind wir heute auch ohne die Konsequenzen der globalen Erwärmung oder der atmosphärischen Verschmutzung häufig nicht in der Lage, eine verlässliche Aussage zu bekommen.

Die Ursache für diese Unvorhersehbarkeit, die uns inzwischen auch in einer ganzen Reihe anderer Lebensbereiche begegnet, wurde Anfang der 1960er-Jahre von einem Meteorologen eher versehentlich entdeckt – eine Zeit, in der man sich gerade auf 256 Buchstaben für eine gemeinsame vereinfachte Computersprache namens ASCII geeinigt hatte, um den ersten Rechnern eine Kommunikation untereinander zu ermöglichen. Um die extrem knappe Rechenzeit der damals verfügbaren Computer nutzen zu können, übertrug der amerikanische Wetterforscher Edward Lorenz die Zwischenergebnisse einer vorab durchgeführten Vorberechnung von Hand in einen Computer am Massachusetts Institute of Technology (MIT), um sie als Grundlage für weitere Berechnungen zu nutzen.

Zu seiner Verblüffung wichen allerdings seine neuen Ergebnisse immer deutlicher von früheren Berechnungen ab, je weiter sie in die Zukunft reichten. Erst bei einer detaillierten Überprüfung fiel ihm auf, dass er seine Werte nicht mit allen sechs Nachkommastellen eingegeben hatte, sondern nur mit drei. Es waren Lorenz' minimalen Rundungen in der vierten Stelle hinter dem Komma, die zu komplett anderen Prognosen führten, obwohl sich die Ausgangspunkte nur um ein Zehntausendstel unterschieden (dies entspricht ungefähr dem Verhältnis des Umfanges der Bodenseeinsel Mainau zum gesamten Erdumfang).

Dieser Effekt, der in allen komplexen Systemen dazu führt, dass bereits kleine, scheinbar unbedeutende Abweichungen mittelfristig massive Auswirkungen auf zukünftige Entwicklungen haben können, kennt man inzwischen unter der Bezeichnung »Schmetterlingseffekt«. Lorenz verglich ihn zur Veranschaulichung mit dem Flügelschlag eines Schmetterlings im brasilianischen Regenwald, der im weit entfernten Texas einen Tornado auslösen kann, wenn seine winzigen Luftverwirbelungen auf entsprechende Randbedingungen treffen und dadurch einen Dominoeffekt auslösen.

Was zunächst zauberhaft verspielt klingt, hat eine dramatische Konsequenz in allen komplexen dynamischen Systemen: Weil ihre einzelnen Elemente über eine sehr große Zahl an Beziehungen miteinander verbunden sind und sich in ständiger Bewegung befinden, können in der Regel nie alle Einflussfaktoren vollständig

In unserer komplexen Welt können selbst die entferntesten und kleinsten Impulse große Konsequenzen nach sich ziehen, wenn das System bereits ausreichend unter Spannung steht, da wir inzwischen alle miteinander intensiv vernetzt sind. Wenn wir erkennen, welche Entwicklungen notwendig und bereits überfällig sind, sollten wir uns heute bereits danach konsequent ausrichten, anstatt abzuwarten. Denn diese Veränderungen werden sehr schnell erfolgen – und wir könnten sogar der entscheidende Flügelschlag eines Schmetterlings sein, der sie auslöst.

abgebildet und somit auch keine verlässlichen Prognosen über mittelfristige Entwicklungen erstellt werden.

Unser Wetter ist ein sehr gutes Beispiel hierfür. Wir kennen die wichtigsten Faktoren mit ihren physikalischen Effekten, doch um eine zuverlässige Vorhersage abgeben zu können, müssten wir in der Lage sein, sämtliche Variablen (Temperatur, Feuchte, Sonneneinstrahlung, Wind, Druck ...) mitsamt ihren Abhängigkeiten untereinander und ihren Wechselwirkungen mit den lokalen Gegebenheiten (Landmassen, Gewässer ...) global abbilden zu können. Und da wir erwarten, dass Vorhersagen für ganz bestimmte Orte und ganz bestimmte Zeiten gelten, müssen auch die Eingabedaten für den jeweiligen Startpunkt unser Berechnung in all diesen Kriterien der Realität mit hoher Präzision entsprechen.

Berücksichtigt man die Dimensionen von Raum und Zeit, so müsste ein langfristiges und präzises Wettermodell für unsere Erde rund 10^{24} verschiedene Faktoren berücksichtigen – eine 1 gefolgt von 24 Nullen, was selbst in Zeiten von bisher unvorstellbar hohen staatlichen Schuldenständen, die sämtliche Dimensionen überschreiten, die wir im Matheunterricht während unserer Schulzeit kennengelernt haben, enorm viel ist (die deutsche Staatsverschuldung hat derzeit zwölf Nullen).

ZUKUNFT

Aktuelle Klimamodelle der NASA können etwa vier räumliche und neun zeitliche Dimensionen abdecken – und alle zehn Jahre kommt zu diesen 13 Dimensionen eine weitere hinzu. Zusammen mit einer zunehmenden Zahl an spezialisierten Satelliten, die uns aus dem Weltall punktuell und aktuell Temperatur, Wassergehalt, Strömungsgeschwindigkeit und Ähnliches für den Startpunkt der Berechnungen zur Verfügung stellen, können wir damit inzwischen zwar die groben Muster des Klimawandels vorhersagen und diese auch immer wieder mit der tatsächlichen Entwicklung abgleichen – eine präzise Wettervorhersage für einzelne Orte auf der Erde liegt allerdings noch in weiter Ferne. Und selbst wenn uns dies eines fernen Tages gelingen sollte, so gibt es ja immer noch den Gärtner auf der Insel Mainau, der mit seinem eigenen Willen beispielsweise die unvorhersehbare Entscheidungen trifft, seine Blumengärten trotz hoher Regenwahrscheinlichkeit ausgiebig zu gießen. Und dadurch unter

Umständen eine Kettenreaktion initiiert, die mittelfristig den ganzen Globus erfasst – allein weil er lokal die Luftfeuchtigkeit erhöht und die Bodentemperatur senkt.

Hört sich unwahrscheinlich an? Mag sein. Doch in Wahrheit ist es ja auch nicht ein Mensch, der sich unvorhersehbar entscheidet. Sondern 7,5 Milliarden, die über die Welt verteilt durch das Anschalten der Klimaanlage (erhöht außerhalb des Hauses die Temperatur und ändert damit die Strömungsverhältnisse der Luft), die Nutzung ihres Kamins (beeinflusst durch die hohe Menge an Feinstaub die Kondensation), das Bewässern von Agrarflächen (inzwischen verfügt ein einzelner Landwirt über mehrere Hektar Land) oder das Besteigen eines Flugzeuges (verwirbelt lokal die Luftströmungen) jeden Tag aufs Neue Einfluss nehmen.

Genau dies ist die Welt, in der wir heute leben – nicht nur bezüglich des Wetters. Während noch vor wenigen Jahrzehnten jeder Mensch in seinem Leben nur mit wenigen anderen in Beziehung stand und der kommunikative Austausch entweder zeitlich verlangsamt durch die Post oder reduziert auf eine bilaterale Beziehung über das Telefon möglich war, sind wir heute dank Internet in Echtzeit konstant mit einer Vielzahl an Menschen verbunden. Über E-Mail, Facebook und andere soziale Medien kann jedes Individuum sein Leben (oder zumindest das, was er davon preisgeben will beziehungsweise irrtümlich preisgibt), seine Erfahrungen und seine Meinung mit unbegrenzt vielen teilen. Darüber hinaus ruht die Verfügbarkeit von Information nicht in den Händen weniger selektiver Medienquellen, sondern ist zu einem konstanten und breiten Strom an divergierenden Kanälen geworden. Und zu den Informationsflüssen gesellen sich Logistikprozesse, unsere Energieversorgung, internationale Wirtschaftsbeziehungen und vielfach eng miteinander vernetzte Maschinen, sodass jede noch so kleine Aktion auch hier jederzeit eine weltweite, nicht vorhersehbare Kettenreaktion auslösen kann. Auf diese Weise haben wir uns in nur wenigen Jahren von einer Ansammlung überschaubarer und global verstreuter Kleinsysteme zu einem hochgradig vernetzten komplexen Gesamtorganismus entwickelt. Und mit jedem Tag nehmen der Grad an

Vernetzung und die Reaktionsgeschwindigkeit auf einzelne Aktionen weiter zu.

Zwar bemüht sich die Wissenschaft darum, zumindest durchschnittliche Handlungsmuster für die gesamte Gesellschaft zu identifizieren, die repräsentativ genug für Vorhersagen sind, allerdings reicht in komplexen dynamischen Systemen oft die Handlung weniger (oder auch nur eines Einzelnen), die von einem solchen statistischen Mittel abweicht, um massive Richtungsänderungen zu verursachen.

Erst in einem solch vernetzten System kann eine gerade mal 15-jährige Schülerin, die im weit entfernten Schweden in ihrer Stadt einen Schulstreik gegen die mangelnde Handlungsbereitschaft der Politik in Bezug auf die Klimaerwärmung beginnt, in nur wenigen Monaten eine globale Bewegung in Gang setzen und selbst etablierte Politiker in ernsthaftes Schlingern bringen.

Auch wenn solche Entwicklungen im Rückblick oft ganz logisch erklärbar erscheinen oder uns zumindest immer wieder neue Erklärungsmodelle für die logische Verkettung von Ereignissen einfallen, so hilft uns dies nicht bei der Prognose für unsere Zukunft weiter. Nach vorne geschaut gibt es inzwischen einfach zu viele Unwägbarkeiten, Optionen und denkbare Entwicklungen.

Unsere Welt ist in den letzten 250 Jahren nicht nur komplizierter geworden, sie ist **seit ein paar Jahrzehnten auch komplex – und somit grundsätzlich unvorhersehbar. Diese Unvorhersehbarkeit liegt** allerdings nicht an makroskopischen Prozessen, sondern **an der hohen Zahl an kleinsten Impulsen, von denen jeder für sich mittelfristig eine fundamentale Veränderung auslösen kann**.

In einer solchen Welt mag man sich zunächst orientierungslos oder sogar verloren fühlen. Sie bietet allerdings eine unglaublich inspirierende Spielwiese für all diejenigen, die in einem solchen System gerne einmal Schmetterling spielen möchten.

HERDENTRIEB ODER SCHWARMVERHALTEN VON SCHMETTERLINGEN

Schaut man auf die aktuelle Diskussionskultur, so sind wir umgeben von Leuten, die uns weismachen wollen, dass sie durch die Aneinanderreihung von Standardmustern, die sie aus unserer

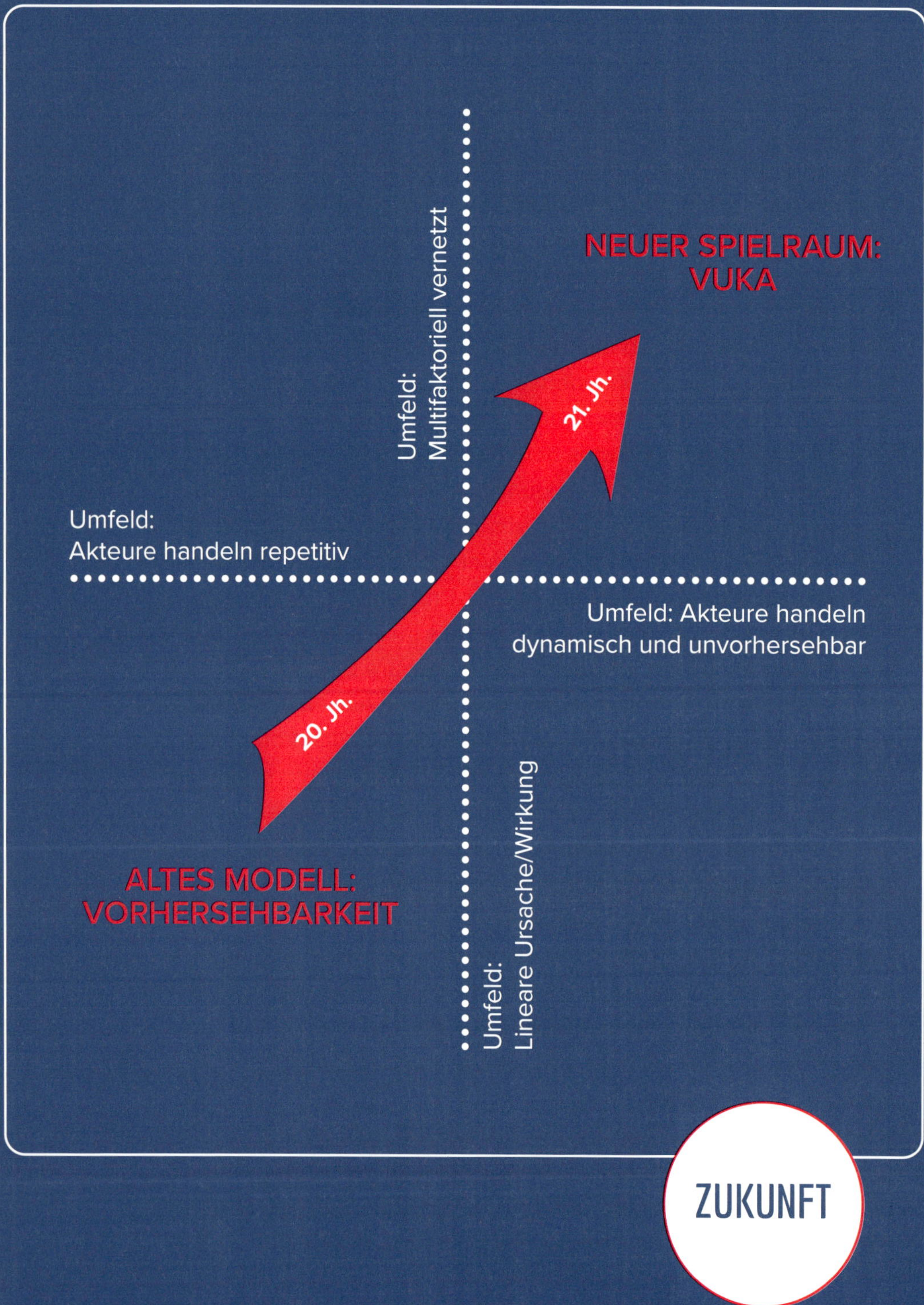

NEUER SPIELRAUM: VUKA
Umfeld: Multifaktoriell vernetzt
21. Jh.
Umfeld: Akteure handeln repetitiv
Umfeld: Akteure handeln dynamisch und unvorhersehbar
20. Jh.
ALTES MODELL: VORHERSEHBARKEIT
Umfeld: Lineare Ursache/Wirkung
ZUKUNFT

Vergangenheit destillieren, mit hoher Wahrscheinlichkeit zukünftige Entwicklungen voraussagen können. Selbst wenn die Experten ihren Prognosen mit Fachbegriffen wie »Big Data« oder »künstliche Intelligenz« einen Hauch von Magie zu verleihen versuchen (hierzu komme ich noch in Kapitel 4.3.2), ist dies entweder naiv, es handelt sich um Scharlatanerie oder dient dem Versuch, uns (bewusst oder unbewusst) kollektiv in eine bestimmte Richtung zu leiten. Denn wem es gelingt, durch bestimmte Storys die meisten Schmetterlinge gleichzeitig zum Innehalten zu bewegen, kann zumindest für eine Weile sicherstellen, dass die Anzahl der Störungen im System minimal bleibt und alles zunächst so weiterläuft wie bisher. Dann erfüllt sich zumindest für eine Weile auch eine aus der Vergangenheit abgeleitete Prognose – allerdings nur, solange alle auch folgsam stillhalten.

Komplexe Systeme lassen sich aufgrund ihrer innewohnenden Gesetzmäßigkeiten zwar kaum von Einzelnen bewusst in eine bestimmte Richtung leiten, wie dies so manche Verschwörungstheorie höchst geheimer Zirkel gern unterstellt. Überfällige Veränderungen können aber durchaus eine Weile hinausgezögert werden – mit der Konsequenz, dass komplexe dynamische Systeme für eine Weile vorhersehbar wirken, wenn nahezu alle Beteiligten sich in ihren Handlungen folgsam nach den standardisierten Vorhersagen richten. Dann werden diese zu selbsterfüllenden Prophezeiungen, die die Illusion erzeugen, dass dies notwendigerweise die einzig mögliche Entwicklung der Welt gewesen sei.

Eine solch kollektive »Fernsteuerung« funktioniert besonders gut, wenn die Zukunftsprognosen eher pessimistisch oder gar düster sind und an bisherige mentale Modelle reibungslos andocken können. Denn dann wird unser evolutionäres Warnsystem aktiviert (siehe Kapitel 1.2): Die Amygdala in unseren Köpfen erwacht, schüttet fleißig Cortisol aus und blockiert dadurch unser rationales Denken, der innere Drang, der Herde zu folgen, ist kaum noch zu bremsen. Dies gilt sowohl für selbst ernannte Orakel, die den Kollaps der Ökosysteme für unvermeidbar halten und damit zum Endzeitfatalismus aufrufen, als auch für die Beschwichtiger, die die nachteiligen Auswirkungen von Verhaltensänderungen ins

Rampenlicht zerren (vor allem für unsere Wirtschaft und unseren Komfort) und uns damit zu beruhigen versuchen, dass wir Menschen bisher noch für jede Herausforderung eine (technische) Lösung gefunden haben.

Während beides eine Fortsetzung unserer bisherigen Denk- und Handlungsmuster fördert, kann ein solches Stillhalten allerdings systemimmanente Fehlentwicklungen nicht aufhalten. Wenn lange niemand eine Veränderung auslöst, akkumulieren sich lediglich die Nebenwirkungen, bis sie nicht mehr übersehbar sind – und eine abrupte Änderung (mit oft gravierenden Auswirkungen) alternativlos wird. Ähnlich wie bei aneinander vorbeidriftenden Kontinentalplatten, die sich immer wieder ineinander verhaken, entlädt sich irgendwann die aufgebaute Spannung in Form eines Erdbebens, wenn eine kritische Schwelle überschritten wird. Und je länger es bis dahin dauert, desto heftiger fällt die Amplitude der Erschütterung aus.

Diesen Effekt können wir beispielsweise mit zunehmender Häufigkeit an den weltweiten Börsen beobachten. Was im 17. Jahrhundert zunächst als Marktplatz für den Kauf und Verkauf von Unternehmensanteilen in Form von Aktien entstand, um den Firmen Zugang zu zusätzlichem Kapital zu ermöglichen, ist inzwischen zum größten Spielcasino der Welt geworden mit wenigen Gewinnern und vielen Verlieren. Ob durch Interneteuphorie, Schrottanleihen oder Blockchain-Technologien, immer häufiger erzeugen Prediger und Profiteure in unseren Finanzinstitutionen enorme Fantasieblasen, die wenige Monate später mit großer Ernüchterung zerplatzen und immer größere Schuldenberge weltweit hinterlassen.

Kurz: Viele Entwicklungen in unserer heutigen Lebenswelt scheinen einen kontinuierlichen Verlauf zu nehmen – so wie gestern, so auch heute und morgen. Doch in Wahrheit ist dies immer öfter ein trügerischer Schein, der lediglich durch die Art und Weise, wie unser Gehirn evolutionär gelernt hat, auf die Realität zu schauen, und wie wir uns für die Zukunft an unserer Vergangenheit orientieren, gewahrt wird. In Wahrheit führen überall zunehmend ökologische und soziale Fehlentwicklungen dazu, dass sich global immer stärkere Spannungen aufbauen, die sich jeden Augenblick bereits durch kleine Störungen entladen können.

Dies zu erkennen ist eine große kognitive Herausforderung für uns Homo sapiens. Denn wir waren es in der Menschheitsgeschichte die meiste Zeit evolutionär gewohnt, unseren Schwerpunkt auf kurzfristige Vorhersagen zu legen: die günstigste Strategie für die nächste Mahlzeit, das Wetter in ein paar Stunden oder der Zeitpunkt des Sonnenuntergangs. Daher neigen wir dazu, selbst faktisch ausführlich belegte kritische Prognosen, die weiter in die Zukunft reichen, überproportional zu diskontieren: Wir spielen Konsequenzen, die in einer etwas ferneren Zukunft liegen, im Kopf unverhältnismäßig schnell herunter, denn sie waren während unserer evolutionären Historie angesichts der täglichen Bedrohung durch die Natur und den unmittelbaren Kampf ums Überleben kaum relevant.

Zu Zeiten, in denen innerhalb der üblichen Lebensdauer eines einzelnen Menschen auch keine wesentlichen Veränderungen zu erwarten waren und auch unser eigenes Verhalten kaum das Gesamtsystem beeinflusst hat, stellte dies auch kein Problem dar. In einer Welt mit 7,5 Milliarden Akteuren sieht dies allerdings anders aus. Da können wir durch das Ignorieren einer schleichenden Entwicklung wie die Vermüllung unseres Planeten oder das Abholzen der Tropenwälder trotz eindeutiger Faktenlage durchaus den Zeitpunkt verpassen, bis zu dem eine Trendwende noch weitgehend ohne bleibende Schäden möglich ist.

Doch wie sollen wir heute in einer komplexen und zunehmend unvorhersehbaren VUKA-Welt voller (unberechenbarer) Akteure durch das Leben navigieren, wo wir doch darauf konditioniert sind, unverändert nach Anhaltspunkten zu suchen, um richtige Entscheidungen zu treffen? Wenn uns unsere bisherigen Standardstrategien, für die wir uns bisher erfolgreich an historischen Lernprozessen orientieren konnten, nicht mehr zwangsläufig erfolgreich auf eine Zukunft vorbereiten, die bereits in wenigen Jahren vielleicht völlig anders aussehen kann, können wir dann überhaupt noch sinnvolle Entscheidungsalgorithmen für unser Leben identifizieren? Oder wird es mit dieser Komplexität schlichtweg beliebig, was wir tun, weil die zukünftige Entwicklung sowieso unvorhersehbar ist?

DIE SEISMOGRAFEN DER ZUKUNFT WEISEN DEN WEG

Nun, eines ist zumindest möglich: Ganz ähnlich wie bei Meteorologie und Klima können wir zwar nicht genau vorhersagen, wie das Wetter in ein paar Stunden sein oder an welchem Tag denn nun genau das Klima unwiderruflich kippen wird, wohl aber die Richtungen, aus denen fundamentale Veränderungen auf uns zukommen werden. Sie sind sogar leichter zu identifizieren, als wir gemeinhin annehmen. Während Kurzfristprognosen immer unzuverlässiger werden, lassen sich langfristige Transformationen inzwischen frühzeitig identifizieren – nicht zuletzt, weil sie sich deutlich beschleunigt haben.

Doch bevor wir uns direkt den fundamentalen Veränderungen unserer globalen Lebenswelt zuwenden, möchte ich einen Blick auf unseren Alltag werfen. Denn auch hier gibt es etliche Situationen, in denen wir unser Verhalten an gesellschaftlichen Standards der Vergangenheit ausrichten, obwohl es rational betrachtet sinnvoller wäre, sich neu zu orientieren.

Ich bin sicher, dass jeder von uns Situationen kennt, in denen uns unsere »innere Einsicht« eigentlich längst eine Richtungskorrektur nahelegt, wir aber dennoch unseren bisherigen Gewohnheiten folgen. Wir tun dies oft, weil unser Kopf kontinuierlich Warnsignale sendet, dass ein neuer Weg mit Sicherheit deutlich weniger Genuss und mehr Risiko mit sich bringen würde. Dies ist in der Regel allerdings lediglich unser Autopilot (alias »innerer Schweinehund«), der sich auf diese Weise instinktgetrieben gegen jedwede Veränderungen zur Wehr setzt, selbst wenn wir Alternativen mangels eigener Erfahrung gar nicht bewerten können.

So bin auch ich beispielsweise in einer Welt groß geworden, in der mein Vater entsetzt gewesen wäre, wenn ihm meine Mutter ein Mittagessen ohne Fleisch kredenzt hätte – außer natürlich an Freitagen, wenn stattdessen Fisch auf der Speisekarte stehen musste. Es stand für ihn außer Frage, dass diese Form der Ernährung nicht nur wohlschmeckend, sondern auch essenziell für unsere Gesundheit ist.

Inzwischen ist sehr vielen Menschen klar geworden, dass die für den globalen Bedarf notwendige Intensivtierhaltung nicht nur für die betroffenen Lebewesen häufig unter fragwürdigen Bedingungen erfolgt, sondern auch für uns Konsumenten deutliche Qualitätseinbußen und Gesundheitsrisiken mit sich bringt. Darüber hinaus ist gerade die exzessive Fleischproduktion nicht nur ein wesentlicher Verursacher des Klimawandels, sondern auch der Pandemie, die wir gerade erleben. Dennoch repräsentieren Vegetarier und Veganer – auch wenn ihre Zahl steigt – immer noch eine extreme Minderheit. Gleichzeitig führt der wirtschaftliche Fortschritt in Asien dazu, dass auch dort unsere karnivore »Zivilisation« von immer mehr Menschen imitiert wird und dadurch der weltweite Fleischkonsum in Summe kontinuierlich zunehmen wird.

Dass wir mit wachsender Bevölkerungszahl nicht darum herumkommen werden, unsere Nahrungsgewohnheiten deutlich in Richtung vegetarisch beziehungsweise vegan zu verschieben, um die ökologischen Auswirkungen zu limitieren und gleichzeitig die Effizienz der Nahrungsproduktion zu erhöhen (zur Erzeugung einer Fleischkalorie muss das Mehrfache an Pflanzenkalorien eingesetzt werden), ist offensichtlich. Dennoch verschanzen sich viele Menschen mit ihrem Fleischkonsum hinter angeblichen Freiheitsansprüchen oder konstruieren für sich elitäre Insellösungen, die aber nicht skalierbar sind – anstatt über ihre eigenen Veränderungsmöglichkeiten nachzudenken, deren Notwendigkeit selbst Schulkindern im Rahmen einer Textaufgabe einleuchten würde.

Zu letzteren zähle ich auch einen sehr guten Freund von mir, der im Rahmen seiner kulinarischen Leidenschaft für sich entschieden hat, zukünftig nur noch Bio-Fleisch von freilaufenden Rindern für seine zugegebenermaßen unglaublich verführerischen Küchenkreationen zu verarbeiten. Was zunächst auf individuellem Level (für diejenigen, die es sich finanziell leisten können) überzeugend klingt, entpuppt sich schnell als Illusion, wenn man den aktuellen weltweiten Rindfleischverbrauch einmal ins Verhältnis zu den verfügbaren Prärieflächen auf unserem Planeten setzt. Rein rechnerisch ergibt sich für diese Form der nachhaltigen Nutztierhaltung ein Flächenbedarf von rund sechs Planeten Erde.

Dies ist ein typisches Beispiel dafür, wie wir unser anerzogenes Sozialverhalten (gepaart mit einer Prise Sozialegoismus) trotz geänderter Randbedingungen gerne mit allen möglichen Geschichten verteidigen und dadurch bereits überfällige Veränderung kollektiv verhindern. Wenn wir dann irgendwann zwangsläufig in die Situation kommen, uns tatsächlich ändern zu müssen, fehlt uns jegliche Übung.

Es geht mir hier allerdings nicht um das konkrete Beispiel (auch ich habe bisher erst den Schritt zum Flexitarier, der nur selten Fleisch isst, erfolgreich geschafft), sondern vielmehr um das grundsätzliche Muster. Durch das Beibehalten von Gewohnheiten und die gleichzeitige Schaffung der Illusion, es gäbe keine Alternative, verweigern wir uns inzwischen in vielen Lebensbereichen wirklich zukunftsfähigen Lösungen. Dabei wenden wir häufig den Blick sogar bewusst von denjenigen Fakten ab, die längst belegen, dass uns die kumulierten Nebenwirkungen unseres menschlichen Handelns inzwischen extrem schnell an die unverrückbaren Systemgrenzen heranbringen und wir zeitnah dann sowieso zu geänderten Handlungsmustern gezwungen sein werden. Alles nur, um uns dem Konflikt mit unseren antrainierten Präferenzen heute nicht stellen zu müssen.

Ob es die steigenden (gesellschaftlichen) Kosten eines wachsenden sozialen Ungleichgewichts, einer existenzgefährdenden Wasserknappheit in bevölkerungsreichen Ländern, einer zunehmenden Mitarbeiterunzufriedenheit am Arbeitsplatz sind oder die Gefährdung unserer Nahrungsversorgung durch massive ökologische Schäden – es wird in vielen Bereichen unserer Lebenswelt nicht mehr lange dauern, bis ein Kipppunkt erreicht ist und wir uns abrupt mit unserem bisherigen Verhalten nicht mehr zu helfen wissen.

So weit sollte es allerdings nicht erst kommen – und mit der richtigen Spielhaltung ist es sogar möglich, dauerhaft davon überzeugt zu bleiben, dass es so weit auch nicht kommen wird.

Trotz einiger Rückschläge gerade bei globalen Themen wie dem temporären Austritt der USA aus dem zäh errungenen Pariser Klimaabkommen oder dem weltweit zunehmenden Nationalismus beziehungsweise ökonomischen Protektionismus, der auch auf individuelles Verhalten in der Gesellschaft einen spürbaren Einfluss hat, bin ich der festen Überzeugung, dass die Menschheit zeitgerecht eine Richtungskorrektur vornehmen wird. Denn immer schneller reduziert sich die Zahl derer, die vom aktuellen System profitieren, auf nur noch eine verschwindend geringe Minderheit. Und immer rapider wächst die Zahl derer, die einen steigenden Preis bezahlen, dies erkennen und bereits nach Alternativen suchen.

Selbst wenn aktuell unsere globale Fähigkeit zur Einsicht noch bei weitem nicht auf dem Niveau zu sein scheint, das wir angesichts der aktuellen Themen benötigen, so zeigen einzelne historische Beispiele wie das Montreal-Abkommen 1987 zum Schutz der Ozonschicht, das nur wenige Jahre nach Entdeckung des Ozonloches den weltweiten Bann von FCKW bis zum Jahr 2000 geregelt hat, und das Genfer Abkommen zur Luftreinhaltung, wodurch das Waldsterben in Europa deutlich eingebremst wurde, dass wir grundsätzlich global zu konsequenter Selbstbeschränkung fähig sind, wenn einmal wirklich die Hütte brennt.

Wenn man für einen Augenblick den zunehmenden Pessimismus über die Zukunft unserer Spezies zur Seite schiebt, so kann man bereits heute eine ganze Reihe an positiven gesellschaftlichen Ansätzen erkennen – auch wenn sie durch mangelnde kollektive Vorbilder noch keine Breitenwirkung entfaltet haben. Das Spektrum reicht von einer rapide steigenden Zahl an neuen Wirtschaftsmodellen, bei denen miteinander geteilte Güter den individuellen Fokus auf den eigenen Besitz ersetzen (»Sharing Economy«), bis hin zu der Präferenz der jüngeren Generationen für Unternehmen, deren Produkte und Strategien einen gesamtgesellschaftlichen Sinn vermitteln, mit dem sie sich tatsächlich identifizieren können.

Diese Beispiele sollen zeigen, dass es durchaus Ankerpunkte gibt für den **ersten wichtigen Schritt zu einer erfolgreichen Spielstrategie in einer komplexen Welt: bedingungsloser Optimismus darüber, dass notwendige Veränderungen unmittelbar bevorstehen**. Und sie legen auch gleich den Grundstein für den **zweiten Schritt: Wir müssen zu der inneren Überzeugung kommen, dass wir selbst einer der entscheidenden Impulsgeber sein können**, der im Rahmen seiner Möglichkeiten durch seinen Beitrag die notwendigen Weichen stellt, um den offensichtlichen Herausforderungen unserer Zukunft adäquat zu begegnen. Selbst wenn die eigenen Spuren noch so klein erscheinen, die man in der Welt hinterlässt, so sollten wir sie angehen, als ob es genau unsere Handlung wäre, die die entscheidenden Akupunkturpunkte unseres komplexen gesellschaftlichen Systems aktiviert.

Meine Kinder haben mich häufig (liebevoll) belächelt (und sogar irgendwann ein Gedicht darüber verfasst), wenn ich das mehrlagige Papier, in das der Metzger die Wurst verpackt hatte, wieder einmal sorgfältig auftrennte, um Plastikfolie und Papier separat zum Recycling geben zu können. Was vielleicht wie kleinkarierter Fanatismus wirkt, war für mich das Ausleben der Spielerrolle als Festivalinitiator: Man handelt auf eine Weise, die auf den ersten Blick nicht wirklich wirkungsvoll erscheint. Es sei denn, die Handlung wird von vielen Menschen übernommen.

In einem Spielsetting wird es gerade durch die auffällige Abweichung meiner Handlung von der Norm vorstellbar, dass andere meine Aktion wahrnehmen und den Aufwand ebenfalls auf sich nehmen, wenn ich es nur konsequent vorlebe. Denn mein Joker in dieser Rolle erhöht die Chance, dass meine kleine Geste wichtig wird, weil sie nach und nach zu einem globalen Movement wird und irgendwann sogar den letzten der 7,5 Milliarden Menschen erreicht. Zuerst übernehmen meine Kinder meine Marotte, meine Kinder inspirieren ihre Freunde, die Freunde weitere Freunde …

Das Gute an den absehbaren globalen Herausforderungen ist, dass wir gar nicht perfekt werden müssen, wenn alle mitmachen. Weder müssen wir vollständig auf Fleisch verzichten noch jeglichen CO_2-Ausstoß vermeiden. Wenn sich alle beteiligen, reicht es aus, wenn wir in der Summe die Grenzen der terrestrischen Kompensationsfähigkeit einhalten. Und das lässt jedem Einzelnen wiederum durchaus einige Luft.

Die Chancen, dass ein geändertes Verhalten in naher Zukunft kollektiv zu einem neuen, wenn auch heute noch schwer vorstellbaren Standard wird, steigen kontinuierlich. Denn eigentlich hat sowohl die Politik als auch die Wirtschaft längst die sozialen und ökologischen Risiken einer Strategie des »Weiter so« erkannt. So treffen sich jährlich für mehrere Tage die einflussreichsten Politiker und Wirtschaftsgrößen der Welt zum Weltwirtschaftsforum in Davos, um sich über die wichtigsten wirtschaftlichen und weltpolitischen Themen auszutauschen. In der Folge wird von den Organisatoren ein Dokument erstellt, das ihre Sicht der weltweit größten Herausforderungen dokumentiert. In diesem findet man eine ganze Reihe von Themen, die uns sehr bekannt vorkommen – kollektive Probleme, die dringend gelöst werden müssen, die allerdings durch unser aktuelles Standardverhalten eher noch weiter verstärkt werden.

Dabei darf uns nicht irritieren, dass bis heute in den wenigsten Koalitionsvereinbarungen und Konzernstrategiepapieren diesbezüglich adäquate Gegenmaßnahmen zu finden sind – dafür haben die meisten der Beteiligten nicht ausreichend Mut. Denn sie kehren jedes Jahr aus Davos in ihre alten Systeme zurück, die auch von ihnen durch eingebaute Zwangsmechanismen traditionskonformes Verhalten einfordern. Aber solche Publikationen sind nicht nur wie eine Glaskugel für zukünftige Entwicklungen. Sie öffnen auch die Tür einen Spaltbreit für den längst überfälligen Diskurs um die Konsequenzen unseres Handelns. Und diese Tür lässt sich auch nicht wieder schließen.

Bisher wurden »disruptive« Veränderungen gerne als »schwarze Schwäne« bezeichnet, seltene Ereignisse, mit denen niemand gerechnet hat. Allerdings haben wir viele von ihnen nur deswegen nicht kommen sehen, weil wir bisher grundsätzlich davon ausgegangen sind, dass die Welt auch zukünftig so weitergehen wird, wie wir sie bisher kennengelernt haben. Damit das nicht weiterhin passiert, müssen wir eigentlich nur mit etwas Abstand auf die Welt schauen und diejenigen Bereiche identifizieren, in denen bereits heute systemimmanente Spannungen unübersehbar anwachsen. Und uns dann genau dort eine Trendumkehr vorstellen, damit wir uns frühzeitig darauf einstellen können. Was in vielen Fällen dann eigentlich nur noch fehlt, sind ein paar zusätzliche Schmetterlinge, die sich dafür entscheiden, loszufliegen.

REGISSEUR FÜR NEUE FILME WERDEN

Die verbleibende Lebenszeit des »Homo voluptas« ist definitiv endlich. Denn diese Inkarnation einer rein auf Optimierung seines hedonistischen Genusses ausgerichteten Spezies ist nicht nur unser kollektives Vorbild, sondern auch der Verursacher der meisten Fehlentwicklungen. Und selbst wenn manche von uns vielleicht noch die nächste Party erleben können, graben wir uns gerade kollektiv das eigene Wasser ab. Wenn wir unsere Spezies nicht selbst ausrotten wollen, brauchen wir daher ein neues Rollenmodell, das in einer komplexen Welt mit so vielen Mitspielern auch nachhaltig erfolgreich bleiben kann.

Dies wird nicht über Nacht passieren. Gerade von den kurzfristigen Erfolgschancen der vorgeblich »Erfolgreichen« lassen sich immer wieder viele dazu verführen, auch unser Recht auf uneingeschränktes Vergnügen einzufordern, selbst wenn dies mittelfristig uns allen schadet. In einer Übergangszeit müssen wir uns daher zunächst individuell dafür entscheiden, unsere persönlichen Entscheidungsprozesse verantwortungsvoll neu auszurichten. Dazu benötigt es nicht nur Einsicht, sondern auch Mut – sowie eine sinnvolle Prioritätenliste, um diese beiden wertvollen Ressourcen bestmöglich einzusetzen. Am sinnvollsten sollte man daher in Bereichen beginnen, in denen man zeitnah sowieso eine Änderung erwartet – im Arbeitsumfeld, bei Konsumentscheidungen oder gerade bei grundsätzlichen Weichenstellungen für das eigene Leben.

Wenn du also mit den Erkenntnissen dieses Kapitels wieder einmal in eine Situation kommst, in der du glaubst, dass sich die Anstrengung nicht lohnt, dich zu verändern, da sich die Welt sowieso nicht mehr zum Besseren wenden wird oder dein Beitrag irrelevant erscheint, dann stelle dir für einen Augenblick aktiv vor, dass eine fundamentale Änderung im Hintergrund bereits ausreichend reif geworden ist und es nur noch deines Flügelschlages bedarf, um eine kollektive Veränderung zu initiieren. Ich vermute mal, dass deine Antwort auf die Frage »Wie soll ich mich entscheiden?« dann anders ausfällt.

Selbst wenn du dies erst einmal nur in deinem Kopf durchspielst und auch nur in deiner Vorstellung die Bereicherungen durch die ungewohnte Entwicklung auskostest, um danach wieder den vermeintlich einfacheren Weg einzuschlagen, so wird sich dennoch etwas sehr Wichtiges verändern: Du erlebst einen Vorgeschmack darauf, wie es auch anders sein könnte, und erlaubst dir, in eine andere Richtung zu denken.

Aus der jüngsten Gehirnforschung wissen wir inzwischen: Ganz gleich, ob wir Erinnerungen aus der Vergangenheit abspeichern oder wir uns eine Vorstellung von der Zukunft machen, es sind dieselben Areale in unserem Gehirn aktiv. Das bedeutet: Für jeden Film, den wir uns über die Zukunft machen, greifen wir ausschließlich auf Sequenzen zurück, die wir schon einmal erlebt haben – oder uns zumindest glaubwürdig vorgestellt haben. Wenn wir also darüber nachdenken wollen, welche Entwicklungen tatsächlich in der Zukunft möglich sein könnten, müssen wir lernen, uns in unserer Fantasie gezielt »grüne Schwäne« beim Fliegen vorzustellen – spätestens wenn sich die Zeichen verdichten, dass uns die bisherigen weißen Schwäne an die Systemgrenzen bringen.

ZUKUNFT

Vielleicht wirst du dir dann überlegen, ob dein nächstes Auto wirklich noch ein Verbrenner sein muss, da der Wiederverkaufswert in ein paar Jahren vermutlich einbricht; oder deine Ernährungsgewohnheiten umstellen, weil der globale Fleischbedarf nur noch durch minderwertige Massenproduktion gedeckt werden kann; oder deine Kleidung danach auszuwählen, was langlebig und nachhaltig produziert ist, weil du weißt, dass dein Bestand an »Fast Fashion«-Looks im Kleiderschrank dich in ein paar Jahren gesellschaftlich als jemanden identifizieren wird, der du nicht sein willst. Dabei kannst du schrittweise üben, dich in einer komplexen Welt wohlzufühlen. Denn wenn du dein Verhalten weniger an der Konformität der Gesellschaft ausrichtest, sondern zunehmend an deinen subjektiven Erkenntnissen und Überzeugungen, trainierst du gleichzeitig, dich umzustellen, wenn es objektiv betrachtet hierzu keine Alternative mehr gibt.

ZUKUNFT

Wie gesagt: Wann genau welche fundamentalen Veränderungen eintreten werden, kann niemand prognostizieren. Aber zumindest in deiner Vorstellung kann sich das Kinoprogramm für die Zukunft schon heute ändern: Statt endloser Wiederholungen alter Klassiker und bereits gesehener Krimis entstehen dann ganz neue Spielfilme. Und mit jedem Schmetterling, der sich erhebt, steigt die Wahrscheinlichkeit, dass längst überfällige Richtungskorrekturen ausgelöst werden, die ein Happy End sicherstellen. Und vielleicht bist darin genau du derjenige Held, der den Tornado des Wandels letztendlich auslöst.

Greta Thunberg ist hierfür ein herausstechendes Beispiel. Mit ihren Schulstreiks war sie ein entscheidender Faktor, um eine längst überfällige Klimadiskussion aus der Wissenschaft auf die Straße zu bekommen. Ihr Asperger-Syndrom mag dabei geholfen haben, die Fakten in einer ungetrübten Klarheit zu sehen und ihre kompromisslose Haltung einzunehmen (... zeigt allerdings auch, wie uns gesellschaftliche Ablenkung normalerweise genau davon abhält). Viel relevanter ist jedoch, dass wir daran sehen, dass selbst eine 16-Jährige in einem kleinen Land in Nordeuropa eine weltweite Bewegung auslösen kann, wenn ein Impuls zur richtigen Zeit auf eine bereits überkritische Situation in der Gesellschaft trifft.

Auch wir haben uns 2016 in dem Unternehmen, dessen Leitung ich damals gerade anvertraut bekommen hatte, die Frage gestellt, was unser Beitrag zur Eindämmung des weltweiten Klimawandels sein kann. Zu einer Zeit, als in der Bekleidungsindustrie noch niemand dieses Thema wichtig genommen hat und wir zugleich in einer wirtschaftlich herausfordernden Situation waren, haben wir uns entschieden, finanzielle Ressourcen sowohl in die detaillierte Erhebung als auch in die Reduzierung (und Kompensation) unseres CO_2-Fußabdrucks zu stecken. Objektiv war uns klar, dass unser Beitrag angesichts von Milliarden Kleidungsstücken, die jedes Jahr produziert werden, nur mikroskopisch sein würde. Und dennoch sind wir so systematisch vorgegangen, als ob genau dies der entscheidende Schritt wäre, um den Klimawandel zu stoppen.

Wir wurden hierdurch zu Pokerspieler:innen, die auf eine aus unserer Sicht längst überfällige Entwicklung wetten, die allerdings noch nicht wirklich begonnen hatte. In diesem Fall spielten wir sogar »All in«, denn wir haben alles auf diese eine Karte gesetzt. Allerdings fühlten wir uns des Jokers sicher, der mit dieser Rolle verbunden ist: ein unbeirrbares Zukunftswissen, über das alle anderen Mitspieler in unserer Industrie nicht zu verfügen schienen (oder nicht verfügen wollten). Hierdurch waren wir vom erfolgreichen Ausgang unserer Wette fest überzeugt und konnten uns leidenschaftlich auf die Erfüllung unserer Rolle konzentrieren.

Spannend war dann kaum zwei Jahre später zu erleben, wie weltweit tatsächlich die Erkenntnis reifte, dass gerade die Textilindustrie zu den Hauptverursachern von industriellem CO_2 gehört – mit einem weltweiten Anteil, der ohne dramatische Maßnahmen auf bis zu 25 Prozent bis 2050 anwachsen würde. Nur wenige Monate später saßen wir dann plötzlich gemeinsam mit Vertretern großer Bekleidungsunternehmen im Klimahauptquartier der Vereinten Nationen an einem Tisch, um uns auf eine gemeinsame Aktions-Charter zur CO_2-Reduktion für die gesamte Industrie zu verständigen. Inzwischen haben Hunderte renommierte Marken das Dokument unterschrieben, zu dem wir aktiv inhaltlich beitragen durften. Und die Tatsache, dass ich im Namen unseres Unternehmens die erste Unterschrift darunter leisten durfte, ist für mich ein weiterer Beweis, dass man nie zu klein ist, um eine Bewegung auszulösen, die überfällig ist.

Rückwirkend lässt sich dies alles logisch erklären – aber Ende 2016 mussten wir für uns einen Spielermodus einnehmen, um eine von uns gewünschte Zukunft real und eine objektiv betrachtet chancenlos erscheinende Aktion sinnvoll erscheinen zu lassen. Erst dies hat uns den Rahmen gegeben, all die nötigen Maßnahmen einzuleiten, die uns damals »zukunftsrelevant« erschienen – und uns heute zukunftsfähig machen. Und uns dazu inspiriert, uns mit ähnlichem Elan an den gerade begonnenen Initiativen der Europäischen Union für einen Green Deal für unsere Industrie aktiv zu beteiligen.

Unsere Zukunft sieht angesichts zunehmender Informationen über die globalen Auswirkungen der menschlichen Aktivitäten auf unserem Planeten in vielen Bereichen besorgniserregend aus. Gleichzeitig verlangen uns bereits die Herausforderungen des Alltags so viel Energie ab, dass es schwer ist, sich aufzuraffen, um darüber hinaus auch noch an einer nachhaltigeren Zukunft mitzubauen. Aber wir sollten uns bewusst sein, dass wir eine Menge Steine bewegen müssen, um eine gewünschte Alternative zu erschaffen – und jeder noch so kleine Stein zählt.

Eine komplexe Welt bietet ungeahnte Chancen, auch durch winzige Beiträge große Effekte zu erzielen. Und jeder alternative Schritt bereichert unser Filmarchiv im Gehirn mit neuen Filmen, aus denen wir unsere Zukunftsvorstellungen zusammenschneiden können. Es sind zunächst spielerisch konzipierte Sequenzen – aber genau dadurch bestens geeignet für den Aufbau einer spannenden, lebenswerten Realität.

4.1.3 GLÜCK – DAS ENDE DER DROGENABHÄNGIGKEIT

Folge
deinem Rhythmus.

GLÜCKSSTREBEN ALS MENSCHENRECHT

Im ersten Satz der Präambel der amerikanischen Unabhängigkeitserklärung, mit dem die 13 britischen Kolonien 1776 ihre Unabhängigkeit von Großbritannien erklärten, heißt es, »dass alle Menschen gleich geschaffen sind, dass sie von ihrem Schöpfer mit bestimmten unveräußerlichen Rechten ausgestattet sind, zu denen Leben, Freiheit und das Streben nach Glück gehören«. Auch im weiteren Verlauf dieser Gründungsurkunde der Vereinigten Staaten von Amerika, die bis heute als eine der wichtigsten Referenzen demokratischer Staatsformen gilt, wird Glück neben Sicherheit als Grundziel für jede legitime Staatsform explizit genannt.

Insofern ist es nur konsequent, in einem Abschnitt über Autonomie auch die Frage nach Glück im Kontext des 21. Jahrhunderts näher zu betrachten – selbst wenn wir für ein besseres Verständnis zunächst den historischen Hintergrund berücksichtigen müssen. Denn als Glück als eine tragende Säule der Demokratie geadelt wurde, stand in England der Utilitarismus hoch im Kurs und hat sicherlich auch die Kolonien stark geprägt.

Diese philosophische Richtung erhebt die Nützlichkeit für die Gesellschaft zur einzigen moralischen Leitplanke des Handelns. So schreibt der britische Philosoph und Utilitarismus-Vater John Stuart Mill Anfang des 19. Jahrhunderts, dass aus seiner Sicht Handlungen »in dem Maße richtig (sind), wie sie dazu neigen, Glück zu fördern, und falsch, wie sie dazu neigen, das Gegenteil von Glück zu erzeugen.« Relevant ist in diesem Zusammenhang seine Definition von Glück: »Unter Glück versteht man Vergnügen und die Abwesenheit von Schmerz; unter Unglück Schmerz und die Entbehrung von Vergnügen.«

Diese Auffassung dominierte nicht nur zur damaligen Zeit in den angelsächsischen Nationen das gesellschaftliche Verständnis, sondern ist speziell in Amerika zu einer Art Staatsreligion geworden, die den Kern jeglicher gesellschaftlichen Vereinbarung prägt. Nicht zuletzt merkt man dies an dem dortigen Freiheits- und Moralverständnis, nach dem Regelungen ausschließlich dann legitimierbar sind, wenn sie der eigenen Sippe nutzen – eine Einstellung, die vom Waffenbesitz über das Gesundheitswesen bis hin zum Wirtschaftsrecht die zwischenmenschliche Grundrichtung vorgibt und es bis heute entsprechend schwierig macht, beispielsweise globale Klimaverantwortung für spätere Generationen oder soziale Umverteilung zu rechtfertigen.

Doch trotz des großen amerikanischen Einflusses auf die weltweite Kulturentwicklung insbesondere im letzten Quartal des vergangenen Jahrhunderts ist dies keineswegs die einzige Sichtweise auf den Begriff »Glück«.

Bereits im alten Griechenland stand die Frage nach Glück im Vordergrund vieler philosophischer Debatten und inspirierte fundamental unterschiedliche Denkschulen, die ein deutlich breiteres Spektrum an Interpretationen abdecken. Während Aristippos von Kyrene die Lustmaximierung in den Vordergrund stellte und somit

Unser limbisches System besteht aus drei Motivations- und Belohnungsmechanismen, die ich-orientierten Genuss und soziale Verbundenheit im Gleichgewicht zu halten versuchen. Durch unsere Wahl an Mittel- und Langfristzielen können wir unsere persönliche Glücksbilanz beeinflussen und werden zunehmend selbst verantwortlich für unser Glück im Leben. Jedoch bedarf es für diese Form des eudaimonischen Glücks der Selbstreflexion, des Trainings und ein wenig Disziplin, weil der Weg dorthin deutlich anstrengender ist als die Suche nach kurzfristiger Lustbefriedigung. Allerdings ist auch die Belohnung deutlich größer.

als Begründer des Hedonismus gilt, reichte aus Sicht von Epikur für das Erreichen von Glück bereits die weitgehende Befreiung von Leid.

Demgegenüber vertrat Aristoteles die Überzeugung, dass Glück im Wesentlichen im Ausleben individueller Tugenden (wie beispielsweise Gerechtigkeit oder Mäßigung) zu finden sei sowie im eigenen Beitrag zum gemeinsamen Staatsgefüge (Polis). Die Schule der Stoa ging in diesem Punkt noch einen Schritt weiter und stellte die Tugenden in ihrer Wertigkeit für das menschliche Leben sogar über das individuelle Glücksempfinden.

Unstrittig scheint schon immer zu sein, dass die Frage nach dem Glück einen essenziellen Faktor in unserem Leben darstellt – aber auf dem Weg zur Klärung des Richtungsstreits, was Glück denn nun genau bedeutet, scheinen wir kaum weitergekommen zu sein. Bis heute bricht er in vielen Diskussionen aus, sobald es um die Frage geht, wie man ein glückliches Leben erreichen kann und welche gesellschaftlichen Ansprüche dies mit sich bringt.

Dabei vermischen sich auch regelmäßig Begrifflichkeiten, je nachdem, über welche Zeitperioden man Bilanz ziehen möchte. Blickt man auf einen Tag, so steht der unmittelbare Genuss im Vordergrund. Betrachtet man ein Jahr, spricht man vielleicht tatsächlich von Glück. Langfristig hingegen geht es eher um (Lebens-)Zufriedenheit.

Da es sich bei Glück grundsätzlich nicht um eine rationale Frage handelt, die wir kognitiv erfassen und klären können, sondern primär um eine emotionale Bewertung, mag es zunächst vielleicht hilfreich sein, den Blick weg von den Philosophen hin zu den Mechanismen in unserem Gehirn zu wenden, die an dem Prozess beteiligt sind und uns letztendlich zu einem individuellen Urteil verhelfen.

EIN CHEMISCHES TRIUMVIRAT IM KOPF

Die Komplexität der Frage, wie glücklich wir sind beziehungsweise wie wir glücklich werden können, liegt vermutlich daran, dass in unserem Kopf gleich drei Systeme an ihrer Beantwortung beteiligt sind, die man allgemein als unser limbisches System bezeichnet. Zwei von ihnen konkurrieren dabei konstant im Nahbereich miteinander, während dem dritten am ehesten die Rolle des Mediators zukommt, der sich um ein mittelfristig ausgewogenes Wohlgefühl bemüht.

Zunächst haben wir alle einen inneren Antrieb, der uns konstant anstiftet, uns auf die Suche nach Belohnung in Form einer nächsten Dosis Dopamin zu begeben. Diese sogenannte mittlere Funktionsebene unseres limbischen Systems ist der treibende Motor hinter unserer menschlichen Entwicklung, denn er hält uns in Bewegung und treibt uns kontinuierlich zur Leistung an, indem er zunächst neutrale Ereignisse mit Emotionen verbindet und uns auf die Suche konditioniert, so häufig wie möglich Glück in Form eines positiv empfundenen Erlebnisses zu finden.

Um eine hohe Taktzahl aufrechtzuerhalten, mit der immer neue Erfolgsrezepte in physiologische Hirnstrukturen einprogrammiert werden können, sucht er ständig nach Wegen zur kurzfristigen Befriedigung unserer Gelüste. Dieser Prozess lässt eine gewisse Plastizität zu, wenn sich Rahmenbedingungen tatsächlich verändern. Allerdings dauert es eine Weile, bis durch wiederholte neue Erfahrungen alte Programmierungen vollständig überschrieben sind. Zudem läuft er weitgehend ohne die Möglichkeit einer gezielten rationalen Einflussnahme ab. So können wir uns den Genuss von Schokolade über eine gewisse Zeit zwar gewaltsam versagen und dadurch die Erinnerungen temporär verblassen lassen – allerdings nicht den Genussimpuls an sich verändern, der entsteht, wenn wir zwischendurch doch mal wieder ein Stück in die Finger bekommen.

Glück für uns ist in diesem Zusammenhang die schnelle Lustbefriedigung, die allerdings auch nur kurz anhält, da das System nach jedem Impuls unmittelbar zurück in den Ausgangszustand geht. Diese unermüdliche Suche nach neuen Reizen dient im Wesentlichen dazu, die Programme unseres Autopiloten konstant auf dem neuesten Stand bezüglich der besten Handlungsoptionen für eine maximale Dopamindosis zu halten.

Dass uns in diesem System, das kontinuierlich danach strebt, kurzfristige Befriedigung zu finden, grundsätzlich jegliche Form von Handlungsgrenzen als hinderlich erscheint, ist naheliegend. Insofern liegt hier die erste Herausforderung, denn auch wenn die Möglichkeiten für diese Form des schnellen Glücks in den letzten Jahrzehnten exponentiell gestiegen sind, so reagieren wir grundsätzlich allergisch auf jede Einschränkung, die sich diesem Triebverhalten in den Weg stellt – ob rational begründbar oder nicht.

Währenddessen stehen wir unter konstanter Beobachtung unseres Stresssystems, das als hierarchisch niedrigste Ebene des limbischen Systems gilt und bei den geringsten Anzeichen einer Bedrohung sein Arsenal aus Botenstoffen wie Adrenalin und Kortisol ausschüttet, um unsere gesamte Energie auf Kampf- oder Fluchtreflexe umzuleiten. Hier steht nicht die Bewegung zu etwas hin, sondern die Aversion beziehungsweise Bewegung von etwas weg im Vordergrund.

Bereits aus unserem im Kapitel »Handlungsillusion« (1.2) beschriebenen instinktiven Hang, Risiken in jeglicher Form zu vermeiden, kann man schließen, dass dieser Lebenserhaltungstrieb aus dem Keller unseres Bewusstseins alle anderen Systeme beeinflusst und diese sogar dominieren kann. Da es die meiste Zeit in unserer Evolution ums Überleben ging, ist er so konzipiert, dass man ihn so gut wie nicht umprogrammieren oder auch nur rational entschärfen kann, selbst wenn wir rational wissen, dass die heutigen Gefahren nur noch in den seltensten Fällen unmittelbar unser Leben bedrohen. Es ist evolutionär einfach *das* System, das uns immer wieder das Leben gerettet hat und uns dazu bringt, instinktiv Stress aus dem Weg zu gehen, Unglück abzuwenden beziehungsweise Glück zu suchen, indem wir Gefahren erfolgreich vermeiden.

Der einzige Weg, dieses System zu beeinflussen und seine archaischen Reaktionsmuster besser unserer heutigen Realität anzupassen, ist, es auszutricksen. Indem wir ihm vorgaukeln, dass die Chancen, die vor uns liegen, weitaus größer sind als die von ihm abgeschätzten vermeintlichen Risiken. Genau dies wird im Spielmodus möglich, wenn durch die Wahl eines Jokers, der die tatsächlich existierenden Fähigkeiten einer Spielerrolle bewusst überzeichnet, sein Koordinatensystem verschoben wird.

Erst in der dritten Ebene des limbischen Systems verlassen wir das »Ich« als Dreh- und Angelpunkt unseres Handelns und entwickeln ein »Selbst«, indem wir über die Verbindung zwischen den limbisch-emotionalen und den rational-kognitiven Bereichen unseres Gehirns so etwas wie Vernunft entwickeln und mit ihr unsere instinktiven Neigungen gezielt modulieren können. Durch unsere Fähigkeit, uns Projektionen für einen zukünftigen Genuss vorzustellen, an denen wir uns orientieren können, erhalten wir sogar die Möglichkeit, auch einen anstrengenden oder gar zunächst abschreckenden Weg zu beschreiten, um an ein gewünschtes Ziel zu kommen – zumindest solange wir uns nicht unmittelbar bedroht fühlen. Hier erfolgt unsere Sozialisation, bei der wir mit uns selbst und im Austausch mit unserem Umfeld Verhaltensleitplanken verhandeln und vereinbaren, die einen ausgewogenen Kompromiss zwischen kurzfristigen Bedürfnissen und mittel- bis langfristigen Lebenszielen erst möglich machen.

Es ist nicht ausgeschlossen, dass es diese jüngste Hirnfunktionalität war, die den Homo sapiens gegenüber dem Neandertaler zur überlegenen Spezies machte. Denn zu den Differenzierungserfahrungen auf Basis eines bedingungslosen Egoismus gesellten sich auf einmal Verbundenheitserfahrungen, die ebenfalls hormonell belohnt wurden. Der Mensch avanciert hierdurch vom Einzelkämpfer zum sozialen Wesen, dem es nicht mehr nur um das eigene Vergnügen und das nackte Überleben geht.

Erleben wir positive Beziehungen mit anderen Menschen, so wird Oxytocin ausgeschüttet – ein Hormon, das wir aus unseren ersten Lebensjahren kennen (Mutter-Kind-Bindung) und das uns zusammen mit einem ganzen Cocktail an körpereigenen Opiaten das Gefühl von Kohärenz mit dem Leben sowie ein nachhaltiges Glücksgefühl vermittelt. Daher bezeichnet man dieses jüngste Mitglied unseres limbischen Systems auch als Affiliationssystem. Seine Programmierung entsteht erst im Rahmen der sozialen Reifung und wird unter anderem durch die Einsicht in übergeordnete Zusammenhänge beeinflusst. Daher hilft die Identifikation von neuen Leuchttürmen für unser Leben gerade diesem System, adäquate Referenzpunkte für ein eher grundsätzliches Wohlbefinden zu verankern.

Das Gefühl von Glück bleibt neurobiologisch betrachtet insofern ein labiles Gleichgewicht auf Basis unseres komplexen Motivations- und Belohnungskreislaufs im Gehirn. Kontinuierlich gilt es zu entscheiden, ob wir uns dem dopamingesteuerten Wettlauf nach kurzfristiger hedonistischer Befriedigung hingeben wollen oder oxytocinunterstützt eine nachhaltigere eudaimonische Zufriedenheit in unserem sozialen Kontext anstreben.

Unter den frühen Philosophen kam wohl Platon dieser Wahrheit am nächsten, für den die menschliche Seele aus drei wesentlichen Teilen bestand: dem Begehren, dem Willen und der Vernunft. Er war der Überzeugung, dass ein Mensch nur dann glücklich werden kann, wenn diese drei Seelenteile im Gleichgewicht sind.

DIE WERKSEINSTELLUNG

Bleibt die Frage, warum Menschen vergleichbare Lebenssituationen unterschiedlich bewerten – oder einfacher gefragt: Warum ist für manche von uns das Glas in der Regel halb voll und für andere halb leer, selbst wenn die Lebensumstände objektiv betrachtet identisch sind?

Dass es hierbei nicht um Nuancen geht, versteht man spätestens, wenn man sich mit den Lebensläufen von Menschen beschäftigt, die mit extremen Ereignissen konfrontiert wurden. So haben Studien gezeigt, dass Menschen, die im Lotto gewonnen haben, ebenso wie diejenigen, die durch einen Unfall querschnittsgelähmt wurden, im Mittel nach einem Jahr wieder ihr ursprüngliches Zufriedenheitsniveau erreichen. Extremereignisse im Leben scheinen nur temporär im Positiven wie im Negativen unser generelles Glücksempfinden zu beeinflussen, selbst wenn ihre Konsequenzen längerfristig sind.

Vor allem die Positive Psychologie hat sich in den letzten Jahrzehnten mit diesem Phänomen beschäftigt und geht inzwischen davon aus, dass wir Menschen einen inneren »Setpoint« besitzen, an dem sich unser individueller Maßstab für Glück immer wieder neu kalibriert. Aus der Zwillingsforschung, bei der Kinder mit genetisch identischen Startvoraussetzungen frühzeitig getrennt wurden und danach sehr unterschiedliche Lebenswege beschritten, dennoch aber eine sehr ähnliche Sicht auf das Leben behielten, haben sie abgeleitet, dass wir dank unserer Gene mit einer Werkseinstellung für Glücksempfinden ins Leben starten, die unseren Optimismus beziehungsweise Pessimismus zu etwa 50 Prozent determiniert. Äußere Umstände tragen mit weiteren zehn Prozent zu unserer Bewertung bei. Lediglich die restlichen 40 Prozent unterliegen unserer vollen Kontrolle, da wir immer auch eine innere Wahlmöglichkeit haben, wie wir auf eine Situation schauen.

Wer jetzt an dieser Stelle seine Ahnen dafür verantwortlich machen möchte, dass sein eher pessimistischer Blick aufs Leben zur Hälfte durch deren Erbgut belastet ist, sollte allerdings zurückhaltend sein. Denn während in unserer DNA die Abfolge der einzelnen Nukleobasen fixiert ist, hat das noch recht junge Forschungsgebiet der Epigenetik gezeigt, dass im Verlauf unseres Lebens einzelne Sequenzen durch endogene und exogene Einflüsse (Hormone, Ernährung, Schadstoffe, Umwelt) verändert oder stillgelegt werden können. Die Vermutung, dass nicht unbedingt seltene Einzelereignisse, aber länger anhaltende Faktoren unsere genetische Vorprägung durchaus auch bei unserer Glückseinschätzung beeinflussen können, ist daher naheliegend. Insbesondere wenn wir hier die Führung selbst übernehmen.

Während wir davon ausgehen müssen, dass unser kurzfristiges Streben nach Genuss und Vergnügen sowie unsere instinktiven Schutzreaktionsmuster weitgehend von unserem Autopiloten gesteuert werden, so kann zumindest unser Oxytocinhaushalt stark von uns selbst beeinflusst werden. Nicht nur durch situative Entscheidungen, sondern insbesondere durch unseren inneren Zielfokus, mit dem wir Haben und Wollen austarieren. Die Plastizität unseres Frontallappens stellt sicher, dass wir neue Strategien suchen, alte loslassen oder Dinge akzeptieren lernen, wenn wir uns nur dafür entscheiden, sie für unsere Lebenszufriedenheit zu priorisieren.

Diese Erkenntnis ist zugegebenermaßen ein zweischneidiges Schwert. Denn durch eine Änderung unserer grundsätzlichen Ziele verändern wir den Rahmen, durch den wir unser Leben betrachten. Ein solches »Reframing« hat zwar den Vorteil, dass wir uns selbst zu einer positiveren Perspektive überreden können – vor allem in Situationen, die alternativlos sind und wir somit Gefahr laufen, uns in Zukunftspessimismus und Depression zu verlieren. Es birgt allerdings auch das Risiko, sich Fakten schönzureden, anstatt sie zu überprüfen beziehungsweise zu verändern. Oder gar das irdische Leiden grundsätzlich als notwendigen Preis für ein gutes Leben nach dem Tod zu akzeptieren und damit jeden Versuch nach aktiver Umgestaltung in die Ewigkeit zu vertagen.

Nichtsdestotrotz: Die Möglichkeit, unseren Oxytocinhaushalt durch einen adäquaten Zielfokus im Leben gezielt willentlich zu kalibrieren, gibt uns einen entscheidenden Hebel in die Hand. Wir können dadurch nicht nur temporär, sondern durchaus dauerhaft unsere Wahrnehmung von Glück verändern, da unsere Einschätzungen und Präferenzen zügig umprogrammiert werden. Dass das funktioniert, haben Versuche mit Patienten ergeben, die unter anterograder Amnesie leiden und sich daher neue Gedächtnisinhalte nur wenige Minuten merken können, bevor sie diese wieder vergessen. Nachdem man sie nach ihren Präferenzen für eine Serie von Gemälden gefragt hatte, bot man ihnen ein Poster ihrer zweiten Wahl als Geschenk an – ihre erste Wahl sei angeblich nicht mehr verfügbar. Als man kurze Zeit später wieder alle Bilder präsentierte und ihre Präferenzen erneut überprüfte, hatten sich diese signifikant in Richtung ihrer ursprünglichen zweiten Wahl verschoben – ein deutliches Zeichen, dass wir durch Veränderung unserer Perspektive in der Lage sind, die Maßstäbe für unsere Zufriedenheit nachhaltig zu verändern. Ein solches rekalibriertes Glücksgefühl ist uneingeschränkt real, auch wenn sein Zustandekommen, für das es einer Änderung der Prioritäten bedurfte, zunächst wie ein synthetisch erzeugter Kompromiss erscheint.

Während wir unsere konstante Suche nach kurzfristiger Lustbefriedigung zumindest in ihren Schwerpunkten kaum beeinflussen können, sind wir durchaus in der Lage, unseren Lebensfokus deutlich in Richtung mittel- und langfristiger Lebenszufriedenheit zu priorisieren. **In einer Welt, die uns inzwischen immer häufiger erlaubt, auch höhere Ziele als die rastlose Jagd nach Sättigung unserer Basisbedürfnisse zu verfolgen, macht uns das** trotz unterschiedlicher Startvoraussetzungen, ungleicher Verteilung von

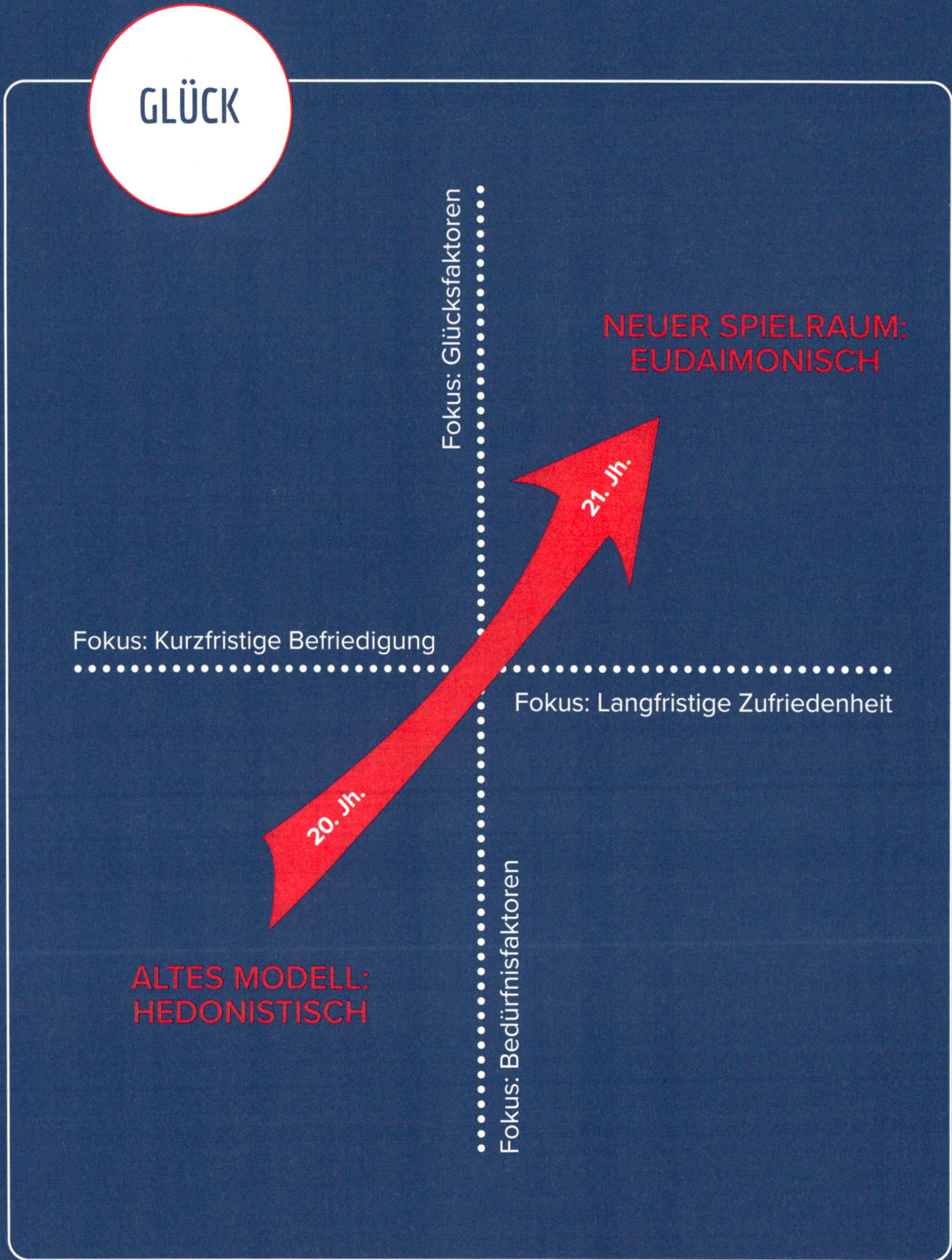
GLÜCK
Fokus: Glücksfaktoren
NEUER SPIELRAUM:
EUDAIMONISCH
21. Jh.
Fokus: Kurzfristige Befriedigung
Fokus: Langfristige Zufriedenheit
20. Jh.
ALTES MODELL:
HEDONISTISCH
Fokus: Bedürfnisfaktoren

Privilegien und hoch volatilen Chancen **zunehmend selbst verantwortlich für das Maß an mittel- und langfristigem Glück, das wir in unserem Leben empfinden**.

CORONA ALS BRENNGLAS

Um diese neue Selbstverantwortung für unsere Lebenszufriedenheit zu verinnerlichen, benötigen wir ein grundsätzliches kulturelles Upgrade. Denn während die unteren beiden Ebenen des limbischen Systems bereits beim Embryo aktiv beziehungsweise ab der Geburt konditioniert werden, findet ein Großteil unserer Sozialisation und damit die Erstprogrammierung der obersten limbischen Ebene in den Jahren unseres Heranwachsens statt. In dieser Zeit dominierte bisher die Vorgängergeneration als Referenz sowie die ebenso durch sie geprägte Peergroup – und dies stabilisiert trotz gelegentlicher temporärer Intermezzi in der Pubertät die Glaubenssätze der Vergangenheit, in denen seit mehr als 250 Jahren der Mythos vom erfolgreichen Homo economicus mit seinem radikal egozentrierten Verhalten sein Unwesen treibt und unser Affiliationssystem mit seiner kollaborativen Grundausrichtung unterdrückt.

Wenn sich mit einer solchen gesellschaftlichen Prioritätensetzung exponentiell viele neue Möglichkeiten zur kurzfristigen Bedürfnisbefriedigung eröffnen, muss es uns nicht erstaunen, dass wir uns dank verkürzter Arbeitszeiten und eines wachsenden Gastronomieangebots zwar gerne mit Freunden in Cafés treffen, dort allerdings gebannt auf den Social Media Feed unseres Smartphones blicken, um auch hier die höchstmögliche Frequenz an kurzfristiger Befriedigung zu kultivieren. Oder unser Kaufverhalten zunehmend Produkte in unsere Wohnungen spült, von denen uns ein Großteil schon nach kurzer Zeit keine Freude mehr bereitet. Oder wir bereits im Urlaub überlegen, welches Reiseziel als nächstes ansteht, anstatt den Moment zunächst einmal zu genießen.

Versteh mich nicht falsch – auch ich begrüße und nutze all die neuen Möglichkeiten des Komforts und des Vergnügens, über die unsere Generation erstmals in der Menschheitsgeschichte verfügen kann. Allerdings fehlt uns ohne ein gleichberechtigtes

Affiliationssystem für unsere heutige Welt das notwendige Korrektiv, um zu verhindern, dass wir nicht in ungebremstes Suchtverhalten abdriften, bei dem nicht mehr der Genuss im Vordergrund steht, sondern nur noch die Steigerung des Kicks.

Dass gerade die Pandemie und die zu ihrer Eindämmung verhängten Maßnahmen (Lockdown, Reisebeschränkungen, Ausgangssperre) unsere Gesellschaft extrem unter Spannung setzen, liegt auf der Hand. Vielen Menschen wurde schlagartig der Zugang zu ihrem Dopaminschrank versperrt, sodass im Grunde nur zwei Alternativen blieben: Schwarzmarkt oder kalter Entzug.

Ich möchte an dieser Stelle keinesfalls alle Maßnahmen verteidigen, die die Regierung hierzulande eingeleitet hat. Ich möchte auch nicht bestreiten, dass einzelne Industrien, Politiker und auch Individuen sehr schnell begonnen haben, von der Pandemie persönlich zu profitieren. Dennoch sollte es uns schon auch nachdenklich stimmen, um was es bei den meisten (Querdenker-)Protesten schwerpunktmäßig geht. Nicht so sehr um die berechtigte Frage, ob einzelne Regeln und Verbote verhältnismäßig oder ausreichend wirksam sind. Oder ob wir älteren Generationen überhaupt den Anspruch erheben dürfen, zulasten der jüngeren Generationen geschützt zu werden – schon vor der Pandemie haben wir kollektiv durch unser Wirtschafts- und Konsumgebaren ihre Startbedingungen massiv verschlechtert und pochen dennoch auf die Einhaltung eines Generationenvertrags, der sie zur Zahlung unserer (zukünftigen) Renten verpflichtet. Stattdessen geht es um eine angeblich grundsätzlich nicht tolerierbare Einschränkung der eigenen (Handlungs-)Freiheit und des persönlichen Glücks.

Ich möchte dazu folgende Anmerkungen machen:

Zum einen ist für mich die Pflicht, in geschlossenen Räumen oder öffentlichen Verkehrsmitteln eine Maske zu tragen, um die Ausbreitung der Pandemie zu verlangsamen, eine zumutbare Einschränkung (solange man davon ausgehen kann, dass sie wirksam ist) – vor allem im Vergleich zu einer Vielzahl an Lebensrealitäten in Ländern, in denen Menschen mit Alltagsproblemen konfrontiert sind, die deutlich existenziellerer Natur sind. Mit Freiheits- und Glücksberaubung hat dies nichts zu tun.

Zum anderen sehe ich natürlich die vielen Menschen, die durch die Pandemie ohne Zweifel ökonomisch und sozial herausgefordert sind – sei es, weil sie in systemrelevanten Berufen als Pfleger oder Kassierer arbeiten, sei es, weil sie unter der Doppelbelastung Homeoffice und Homeschooling leiden. Dazu kommen all diejenigen, deren wirtschaftlich mühevoll aufgebaute Existenz am Boden liegt. Hier müssen die Einschränkungen minimal gehalten und die Lasten nach Möglichkeit auf alle Schultern gleich verteilt werden.

Darüber hinaus sollten wir aber auch den durchaus relevanten Teil der Bevölkerung hierzulande wahrnehmen, für den die Einschränkungen objektiv betrachtet primär die Zahl der Ablenkungsmöglichkeiten reduziert hat. Gerade für sie – und ich zähle mich dazu – bietet die Pandemie die Chance, ihre bisherigen wirtschaftlichen und gesellschaftlichen Langfristziele zu hinterfragen, denen sie bis zum ersten Lockdown auf der Suche nach Lebensglück gefolgt sind. Wir sollten die Zeit hierfür nutzen.

Dank unseres limbischen Systems sind wir perfekt ausgestattet, uns auch dann belohnt zu fühlen, wenn wir nicht nur unser eigenes Interesse priorisieren, sondern mit anderen kooperieren und gemeinsam globale Herausforderungen lösen. Indem wir auf andere Rücksicht nehmen oder gesellschaftliche Lasten auf mehrere Schultern gerecht verteilen, tauschen wir Dopamin gegen Oxytocin ein, den kurzen Rausch gegen ein nachhaltiges Wohlgefühl.

Das chinesische Wort für Krise ist »Weiji« und setzt sich aus zwei Zeichen zusammen. Das erste bedeutet Gefahr. Das zweite steht für Wendepunkt, manche übersetzen es gar als Chance. Für die Corona-Krise könnte man aus meiner Sicht kaum eine bessere Bezeichnung finden.

DEN GLÜCKSMUSKEL TRAINIEREN

Eine weise Wahl unserer mittel- und langfristigen Orientierungspunkte im Leben bleibt der wichtigste Hebel, den wir für unsere Suche nach Glück in Händen halten. Sie zu überdenken und gegebenenfalls neu zu setzen, hängt selbstverständlich eng mit unserer subjektiven Sicht auf die Optionen ab, die wir in der Zukunft für uns sehen, sowie dem Maß an Willensfreiheit, das wir uns persönlich zugestehen. Diese beiden Faktoren habe ich in den beiden vorherigen Kapiteln bereits erläutert. Uns für langfristige Zufriedenheit in einem gesellschaftlich verantwortungsvollen Kontext zu entscheiden, statt kurzfristig nur unseren Genuss zu maximieren, ist der dritte entscheidende Faktor für unsere innerlich wahrgenommene Autonomie.

Bei dieser Selbstbefähigung zu nachhaltigem Glück im Leben geht es allerdings nicht nur um das Treffen grundsätzlicher Entscheidungen, sondern es bedarf danach auch eines Trainingsplans, um jede Richtungsänderung, für die wir uns entscheiden, so zu verinnerlichen, dass sie zu einem natürlichen Bestandteil unseres Selbst wird. Erst dadurch stellen wir dauerhaft sicher, dass wir den Wert zukünftiger Belohnungen so schätzen lernen, dass wir sie in entscheidenden Situationen den kontinuierlich lockenden Kicks vorziehen.

Hierfür braucht es zunächst **Aufmerksamkeit**, dann **klare Entscheidungen in Selbstverantwortung** und schließlich auch ein **gewisses Maß an Selbstkontrolle**.

Hilfreich für den Anfang ist es, eine Liste mit all denjenigen Dingen zu erstellen, die aus deiner subjektiven Sicht dein Glücksgefühl grundsätzlich positiv beeinflussen. Egal ob klein oder groß. Die Spanne hierfür ist beliebig breit und kann von materiellem Besitz oder kulinarischen Genüssen über Hobbys, Freunde und Haustiere bis zur Weltrettung oder zumindest dem Hinterlassen sinnhafter Spuren reichen. Du solltest hierbei noch keine Bewertung vornehmen, notiere einfach alles, was dir in den Sinn kommt, auch Dinge, die dir vielleicht peinlich sind. Und höre nicht auf, bis auf deiner Liste mindestens 25 bis 30 Punkte stehen.

Das Aufschreiben ist wichtig, denn durch die Handlung, ein Blatt Papier herauszuholen und zum Stift zu greifen, schaffst du ungewohnte Rahmenbedingungen, die deinen Autopiloten zum Zögern bringen. Dadurch erhältst du Zugang zu deinen rationalen Fähigkeiten, mit denen du später dann auch eine Bewertung vornehmen kannst. Alternativ kannst du mit einem abwischbaren Stift auf den Badezimmerspiegel, die gläserne Duschwand oder die

Wandfliesen im Badezimmer schreiben, was nicht nur den Vorteil hat, dass dein Autopilot noch stärker irritiert wird, sondern auch, dass du jeden Morgen an deine eigenen Prioritäten erinnert wirst.

Im nächsten Schritt solltest du jeden einzelnen Punkt für dich persönlich bewerten: Inwieweit würde die Erreichung des jeweiligen Ziels dich über einen längeren Zeitraum glücklich machen (zum Beispiel auf einer Skala von 1 bis 10)? Deine Antwort kann sich durchaus auch daran orientieren, wie gut sich die Belohnung am Ende anfühlt, wenn du sagen kannst: »Ich hab's gemacht.«

Es bleibt zuletzt dir überlassen, ob du danach die weniger wichtigen Punkte durchstreichst oder vom Spiegel wischst, damit nur noch deine Top-Prioritäten übrig bleiben, oder ob du die gesamte Liste zur Erinnerung behältst. Aber du solltest dich zunächst maximal auf die drei wirksamsten Punkte konzentrieren, für die du ausreichend Durchhaltevermögen aktivieren kannst, weil du sie als höchst essenziell für deine nachhaltige Lebenszufriedenheit erachtest.

Das mag sich zu einfach anhören, doch schon allein durch diese simple Übung verfügst du über eine erste Referenzliste an Schwerpunkten, an der sich dein limbisches System zukünftig orientieren kann, wenn seine oberste Ebene in Verhandlungen mit der mittleren Ebene über sinnvolle Grenzen deines Suchtverhaltens einsteigt. Diese Liste ist nicht statisch, du solltest sie dynamisch mit deiner eigenen Entwicklung immer wieder anpassen. Sie muss auch nicht lang oder perfekt sein – manchmal reicht ein einzelner Punkt für den Start.

Mit dieser Herangehensweise habe ich mich vor ein paar Jahren entschieden, meine Frau bei einem dreijährigen Training zu mystischen Prinzipien, Präsenz und transparenter Kommunikation zu begleiten. Weitgehend unerfahren mit jeder Form von Wahrnehmung außerhalb der klassischen Naturwissenschaften, hatte ich zu Beginn wenig Ahnung, was diese Themen tatsächlich inhaltlich bedeuten würden. Und auch die Vorstellung eines regelmäßigen Gedankenaustausches mit Fremden über durchaus sehr persönliche Themen war für mich der blanke Horror. Doch ich hatte mir auf meiner Referenzliste für mehr Glück und Zufriedenheit notiert, immer offen für Impulse auf Gebieten zu sein, die ich noch nicht kenne. Und der formale Abschluss mit einem dreiwöchigen Schweige-Retreat in Nepal hatte zugegeben durchaus auch seinen Reiz. Etwas, von dem jeder spirituell Erleuchtete zu schwärmen scheint und ich bis dato nicht die leiseste Ahnung hatte, was eine solche Erfahrung bei mir bewirken könnte.

Eigentlich war mein Leben zu dieser Zeit bereits gut mit Herausforderungen gefüllt. Doch die Teilnahme erschien mir eine gute Ergänzung. Nicht wirklich, um Stress abzubauen (dafür ist das Training zu fordernd, schon allein psychisch), sondern eher, um das Durcheinander noch ein wenig zu verstärken und zu schauen, was aus all dem Chaos entstehen kann. Und so habe ich die drei Jahre zu meiner eigenen persönlichen Forschungsexpedition gemacht, bei der ich meine Grenzen des Wohlbefindens bewusst deutlich überschritten, meine Vorurteile weggeschoben, meine stärksten Überzeugungen herausgefordert und mich einfach mal dem Unbekannten hingegeben habe.

Ich habe dabei einige neue Erkenntnisse gewonnen – sowohl über die Welt als auch über mich selbst. Ob dies schon für eine höhere Ebene der Erleuchtung ausreicht, weiß ich nicht. Aber das ist auch nicht entscheidend. Die größte Bereicherung war der Prozess an sich. Bis zum Schluss konnte ich mich auf die innere Schatzkarte verlassen, die der Joker für diese Rolle mitbringt. Sie gab mir die Gewissheit, dass es für mich etwas Bereicherndes zu entdecken gibt, auch wenn der Weg dorthin anstrengend und zeitweise von unangenehmen Emotionen begleitet war. Wie ein Forscher bin ich in Themengebiete vorgedrungen, die ich noch nicht kannte und auf die ich mich vermutlich ohne meinen Spielansatz nie eingelassen hätte, vor allem nicht über einen Zeitraum von mehreren Jahren.

DAS GLÜCK, FÜR WICHTIGE DINGE KEINE GRENZEN ZU AKZEPTIEREN

Die einzige Kompetenz, die uns jetzt noch für unsere langfristigen Zielsetzungen fehlen könnte: ein untrügliches Gefühl dafür, welche Dinge von uns beeinflussbar sind – und welche wir schlichtweg akzeptieren müssen. Dieses Dilemma wird am besten durch das Gelassenheitsgebet beschrieben, das dem amerikanischen Philosophen und Theologen Reinhold Niebuhr zugeschrieben wird:

»Herr, gib mir die Gelassenheit, Dinge hinzunehmen, die ich nicht ändern kann, den Mut, Dinge zu ändern, die ich ändern kann, und die Weisheit, das eine vom anderen zu unterscheiden.«

Dass dieses Gebet gerade durch die Anonymen Alkoholiker große Bekanntheit erlangt hat, ist im Kontext unserer Belohnungssysteme durchaus naheliegend – denn es beschreibt die Kernherausforderung, der wir uns letztlich alle stellen müssen: den idealen Platz für uns zwischen kurzfristigem Genuss und mittelfristiger Zufriedenheit zu finden – in einer Zeit, in der die Möglichkeiten für die Sättigung unseres Instinktverhaltens massiv gestiegen sind.

Entscheidend hierbei ist allerdings nicht nur die Fähigkeit, Dinge akzeptieren zu lernen, die unverrückbar sind. Sondern sich auch zu fragen, ob die Grenzen für die eigenen Einflussmöglichkeiten wirklich so unverrückbar sind, wie sie manchmal erscheinen.

Gerade wenn es um unsere Zukunft geht, besteht die Gefahr, dass wir Dinge aufgrund unserer erlernten mentalen Modelle und unseres eingebauten Zukunftssimulators im Kopf als alternativlos kategorisieren (siehe auch Kapitel 3.1), für die es eigentlich wichtig wäre, ins Feld zu ziehen. Insofern lohnt ein (selbst)kritischer Blick, ob es denn durch die Wahl einer geeigneten Spielerrolle in unserer heutigen VUKA-Welt nicht doch vorstellbare Szenarien gibt, wie wir sie ändern könnten. Mein Gebet würde eher lauten:

»Herr, gib mir die Gelassenheit, Dinge hinzunehmen, die ich nicht ändern kann, den Mut, Dinge zu ändern, die ich ändern kann, und die Fähigkeit, spielerisch die Grenze zwischen beiden in Richtung meiner Einflussmöglichkeiten verschieben zu können.«

Besonders für scheinbar utopische Ziele, die uns dennoch so wichtig sind, dass sie in der Prioritätenliste auf unserem Badezimmerspiegel ganz oben stehen, aber deren Erfolgschancen schier aussichtslos erscheinen, ist hierbei erneut der spielerische Ansatz dem ernsthaften deutlich überlegen. Denn der mit jeder Rolle verbundene Joker sorgt für das notwendige Durchhaltevermögen, um die wahren Glücksfaktoren zu erreichen oder ihnen zumindest ein Stück näher zu kommen.

Welche mentale Kraft hierbei freigesetzt werden kann, habe ich selbst erlebt, als mir vor einigen Jahren der Postbote ein Einschreiben mit zwei Aktenordnern Klageschrift überreichte – ohne jede Vorwarnung. In dieser wurden mir (Jahre nach meinem Ausscheiden aus einem Unternehmen) berufliche Fehlentscheidungen vorgeworfen, die angeblich zu einem Schaden in dreistelliger Millionenhöhe geführt haben.

Ich kann nur spekulieren, welche Motive hinter dieser Klage tatsächlich standen – vermutlich ging es weniger um meine Person als um profane wirtschaftliche Interessen oder die Suche nach einem Buhmann. Doch auch wenn ich noch so sehr davon überzeugt war, dass ich jede meiner Entscheidungen in meinem Berufsleben fachlich korrekt, transparent und auch moralisch integer getroffen habe, so kann ich dir versichern, dass eine über Hunderte von Seiten in Juristendeutsch verfasste Liste mit massiven Anschuldigungen selbst mich zunächst in die Knie zwang – besonders weil es sich bei meinem Gegenüber um einen ökonomischen Riesen handelte.

Da ich unter keinen Umständen kampflos aufgeben wollte, entschied ich mich in dieser schier aussichtslosen Situation, den gesamten Prozess als ein Spiel zu betrachten und wie David gegen Goliath in den Kampf zu ziehen. Nicht nur, weil selbst eine Verurteilung in nur einem winzigen Detailpunkt mich in den finanziellen Ruin getrieben hätte, sondern ganz besonders, weil ich solche Beschuldigungen nicht einfach im Raum stehen lassen wollte. Auch Gerechtigkeit steht auf meiner Glück-Prioritätenliste ziemlich weit oben.

Da ich aus meiner Sicht eindeutig für das Richtige eintrat, konnte ich dank meiner Rollenwahl als Athlet für mich die Vorstellung von Unbesiegbarkeit im Kopf verankern, die mir dabei half, trotz des Ungleichgewichts der Kräfte nie ans Aufgeben zu denken. Nicht einmal, als die Zustellung weiterer Vorwürfe auf den Tag vor Heiligabend fiel und für mich das Fest des Friedens in jenem Jahr deutlich eintrübte.

Zur Vorbereitung auf das Verfahren las ich mich sogar in die entsprechende Textstelle des Alten Testaments ein, genauso wie in andere historische Geschichten, in denen ein deutlich unterlegener Gegner für eine moralisch integere Sache eintrat und am Ende siegte.

Weitere Details aus dieser Zeit sind hier nicht relevant. Auch nicht die krasse emotionale Achterbahn, die ein solcher Verteidigungsprozess notwendigerweise mit sich bringt. Allerdings hat die Tatsache, dass ich für jeden einzelnen Vorwurf (insgesamt waren es mehrere Hundert) detaillierte Fakten entgegenhalten konnte und nach eineinhalb Jahren die Klage zurückgezogen wurde, mir Folgendes gezeigt:

1. *Meine Strategie, aus dem »seriösen« Modus in einen Spielermodus überzuwechseln, ist nicht nur für private Situationen geeignet.*
2. *Spielen hat nichts damit zu tun, Situationen weniger ernst zu nehmen – das habe ich nicht nur in diesem Fall ohne Zweifel sehr …*
3. *Im Spielsetting entwickelt der Mensch Zuversicht sowie Ausdauer, und es* **eröffnen sich Chancen, die man »seriös«** *vielfach* **nicht für möglich gehalten hätte, die aber entscheidend sind** *für einen Erfolg.*

Letztlich gilt dies für jeden Bereich, den wir als entscheidend für unser Lebensglück identifizieren.

GLÜCK(LICH) IM SPIEL

Das Schöne am Spiel ist aber nicht nur, dass man am Ende mit höherer Wahrscheinlichkeit sein Ziel erreicht, sondern bereits auf dem häufig anstrengenden Weg dorthin echten Flow erleben kann. Und dieses Surfen im optimalen Bereich von Anstrengung und Aktivierung der eigenen Fähigkeiten fördert nachweislich das Gefühl von Glück.

Auch wenn es zunächst unglaubwürdig klingt, so gab es auch während der Zeit, die der oben erwähnte Prozess dauerte, längere Perioden für mich, in denen ich alle Risiken vergaß und tatsächlich Spaß an diesem Spiel empfand. Zum Beispiel dann, wenn mich die Suche nach stichhaltigen Beweisen bis in den Schlaf verfolgte und ich mitten in der Nacht mit einer entscheidenden Erinnerung aufwachte, die ich dann bis in die Morgenstunden für den Prozess im Detail aufbereiten konnte.

GLÜCK

Ich weiß, es gibt bereits unzählige Ratgeber zum Thema Glück. Die einen legen uns nahe, unsere persönliche Messlatte niedriger zu hängen, um Zufriedenheit zu erlangen. Die anderen bieten Projektpläne an, deren Meilensteine, Zeitpläne und Statusmeldungen uns bereits im Arbeitsumfeld zur Genüge umgeben. Oder sie enthalten Trainings für Meditation, Vergebung und Achtsamkeit, die eher eine gesunde Distanz zur Realität verfolgen und gerade für Anfänger häufig wie Anleitungen zur Selbstkasteiung wirken, bevor sie das ultimative Nirwana irgendwann (vielleicht) erreichen.

Mir fehlt bei allen drei Ansätzen der Spaß, die spielerische Leichtigkeit, die Ambition, sinnhafte Spuren zu hinterlassen, und vor allem auch die Flow-Erfahrung. Dabei ist es doch gerade sie, die uns dabei hilft, die notwendige Zähigkeit, Flexibilität und Elastizität aufzubringen, um auf dem Weg zu unseren Zielen durchzuhalten und nicht zusätzlichen Druck in unser Leben zu induzieren.

Aus meiner Erfahrung empfiehlt es sich vielmehr, um unsere wichtigsten Leuchttürme des Glücks herum eine jeweils eigene Spiellandschaft aufzubauen (auch deswegen anfangs maximal drei). Welche Spielerrolle sich hierfür anbietet, ist deine freie Wahl. Viel entscheidender ist, dass deine Leuchttürme nicht nur für deine eigenen Interessen stehen, sondern auch das Glück anderer im Blick haben. Nicht zuletzt, weil Oxytocin nur dann ausgeschüttet wird, wenn unsere sozialen Kompetenzen aktiviert werden und wir das »Richtige« tun. Dann ist unser Handeln mit unserem Wollen widerspruchsfrei und wir empfinden das Gefühl von Kohärenz innerhalb eines Gesamtsystems.

Unsere stetige Suche nach kurzfristigem Glück ist wohlgemerkt keine Fehlprogrammierung, sondern unser wichtigster Antriebsmotor. Er darf auch immer wieder durch Genüsse des Habens gefüttert werden. Aber **aufblühen tun wir erst, wenn wir die kurzfristige Befriedigung nicht allein ins Zentrum des Handelns stellen, sondern für uns auch Ziele wählen, die auf nachhaltige Sinnstiftung und die positive Beziehung mit anderen ausgerichtet sind**. Und unser eigenes Verhalten durch Berücksichtigung der Kosten, die wir bei anderen verursachen, im Kontext der Welt ausgewogen und kohärent mit unseren Wertvorstellungen bleibt.

Glückliche Lebensläufe werden dadurch trainierbar, unabhängig von unseren Startvoraussetzungen und den Herausforderungen, mit denen wir konfrontiert werden. **Und im Spielmodus fällt das Training weniger mühsam aus, denn in *unserem* Spiel sind wir Hauptdarsteller und Autor zugleich.**

4.2 KOMPETENZ ERSPIELEN

Die zweite Grundvoraussetzung für unsere Selbstbestimmtheit ist unser subjektives Gefühl, über ausreichende Kompetenz zu verfügen, um Aufgaben bewältigen zu können, die sich uns im Leben stellen; hierfür brauchen wir eine hohe innere Sicherheit, den Herausforderungen gewachsen zu sein.

Der lateinische Ursprung des Wortes *(competentia)* übersetzt sich am ehesten mit Eignung. Allerdings geht es hier weniger um dokumentierte Schul- oder Ausbildungsleistungen. Im Zentrum der Frage nach unserer **Kompetenz** steht die Einschätzung **unserer grundsätzlichen Befähigung**, damit wir **uns die Aufgaben auch zutrauen**.

Diese Bewertung wird von einer Vielzahl an Faktoren beeinflusst – manche bestimmen wir selbst, manche unser Umfeld. Da letztere schwer zu beeinflussen sind, müssen wir uns darauf konzentrieren, uns von innen zu stärken: indem wir unsere Kompetenzen erweitern, unsere Fähigkeiten sehen und gleichzeitig ein Verständnis und damit eine Urteilsfähigkeit über die wesentlichen Lebensbereiche entwickeln, die uns weniger abhängig machen von äußeren Urteilen.

KOMPETENZ

Durch **Spielen und insbesondere die Joker**, die uns mit einer entscheidenden zusätzlichen Kompetenz ausstatten, **werden wir vom Getriebenen zum Akteur**, vom Opfer der Umstände zum Handelnden. Wenn wir dann noch den Eindruck gewinnen, **gesellschaftliche Entwicklungen entscheidend in eine gesunde Richtung zu beeinflussen**, vermittelt uns dies das Gefühl einer **hohen Eignung für diese Welt**.

4.2.1 LERNEN – DIGITALES ALZHEIMER ODER KOGNITIVES FITNESSCENTER

Werde Teil der Welt,
nicht nur von dieser Welt.

OPTIMIERTES LERNEN

Eines meiner großen Vorbilder war immer mein Großvater, der Vater meiner Mutter. Nicht, weil er zwei Kriege überstanden hatte – von dieser Zeit haben wir als Kinder wenig erzählt bekommen, darüber sprach man nicht. Auch nicht, weil er als Bahnhofsvorsteher beruflich mit Dampflokomotiven zu tun hatte (globale Erwärmung und Feinstaub waren damals noch keine Themen), die fauchend und stampfend an seinem kleinen Bahnhofsgebäude vorbeikamen – und meine Oma jedes Mal herausforderten, die weiße Bettwäsche, die sie zum Lüften zum Fenster hinausgehängt hatte, schnell genug hereinzuholen, bevor der feine Ascheregen niederrieselte.

Ich bewunderte meinen Großvater, weil er nie aufhörte, neue Dinge lernen zu wollen. Auch nicht, als er längst in Rente war und sich eigentlich hätte zurücklehnen können. So durfte man ihn nie stören, wenn im dritten Fernsehprogramm das »Telekolleg« lief und er den Unterschied zwischen den alten Röhrenradios und den neuen Transistorradios im Detail verstehen wollte. Er konnte dadurch nicht nur seinen Fernseher reparieren, indem er ihn im Wohnzimmer komplett auseinandernahm und mit seinen Messgeräten genau das Bauteil fand, das auf der großen Platine einen Wackelkontakt hatte. Sondern mir auch aus dem Blech einer Konservendose, einem kleinen Creme-Probedöschen und einem alten Elektromotor eine Pumpe für mein selbst gebasteltes Ölabsaugschiff bauen, mit dem ich als siebenjähriger die Meere nach einer Ölpest retten wollte (in den 70er-Jahren havarierte quasi jedes Jahr ein großer Tanker). Selbst als er an Krebs erkrankte, hörte mein Großvater nicht auf zu forschen. Im Gegenteil. Er erklärte sich selbst zu seinem eigenen Forschungsobjekt, las sich in sämtliche Literatur ein und begann, zur Verzweiflung seiner

Unser Gehirn ist ein Muskel, der seine Leistungsfähigkeit nur dann aufrechterhält, wenn wir ihn kontinuierlich trainieren. Die zunehmende Standardisierung der Inhalte sowie die Digitalisierung des Lernprozesses bergen dabei die Gefahr, dass wir nicht mehr die richtigen Kanäle nutzen, um hier ein optimales Ergebnis zu erzielen. Statt das Lernen effizienter machen zu wollen, sollten wir mehr generalistische Lernelemente in unser Leben einbauen, die wir über möglichst viele Sinneseindrücke aufnehmen. Erst hierdurch erweitern wir unser Wissen in den für die Zukunft notwendigen Bereichen und verlängern gleichzeitig die Leistungsfähigkeit unseres Gehirns.

beiden allgemeinmedizinisch promovierten Söhne, mit den unterschiedlichsten homöopathischen Mitteln herumzuexperimentieren. Ob es etwas gebracht hat, lässt sich schwer sagen – doch immerhin lebte er deutlich länger, als sein Onkologe vorausgesagt hatte. Vielleicht hat sein konstantes Gehirntraining auch dazu geführt, dass er nie das geringste Anzeichen von Vergesslichkeit zeigte. Kurz: Mein Großvater schien rein intuitiv ein paar Dinge über das Lernen verstanden zu haben. Er versuchte nicht nur, ständig neue Sachen zu lernen, sondern wendete das Gelernte auch in unterschiedlichen Kontexten an, was ihn zum MacGyver meiner Kindheit machte.

Während noch bis vor wenigen Jahrzehnten die menschliche Lernphase – ähnlich wie die Spielphase – weitestgehend mit unserer Kinder- und Jugendzeit assoziiert wurde, wissen wir inzwischen, dass die Plastizität unseres Gehirns ein Lernen bis ins hohe Alter erlaubt. Zumindest wenn wir diese Fähigkeit regelmäßig trainieren. Allerdings scheint diese Erkenntnis nicht so wirklich bis in unsere Lernansätze vorzudringen. So versucht man heute, bereits in Kindergärten und Vorschulen der gesellschaftlichen Leistungsorientierung zu entsprechen, und verlegt den Beginn des systematischen Lernens immer weiter nach vorne. Gleichzeitig bemüht man sich, das formale Ausbildungsende vorzuziehen, damit fertig ausgebildete junge Erwachsene möglichst zügig fürs Arbeitsleben zur Verfügung stehen. So wurde in den letzten Jahren die Gymnasialzeit in Deutschland von neun auf acht Jahre verkürzt und auch der Studienbetrieb deutlich komprimiert und standardisiert. Durch die Verdichtung der Lerninhalte, das hohe Tempo sowie die vereinheitlichten und immer verschulteren Bachelor- und Masterstudiengänge bleibt inzwischen nur noch wenig Spielraum übrig, sich für ein Thema etwas mehr Zeit zu nehmen, gedanklich in angrenzende oder ganz andere Gebiete zu wandern oder gar die Länge der Studienzeit selbst zu bestimmen. Infolge der PISA-Studie, mit der die OECD seit der Jahrtausendwende den schulischen Wissensstand insbesondere in den Bereichen Lesen, Mathematik und Naturwissenschaften europaweit vergleichbar machen will, verschwand in den meisten Ausbildungsbereichen immer mehr Gestaltungsfreiheit, um das

Lernen bestimmten Entwicklungsphasen oder den individuellen Fähigkeiten anzupassen.

Hierdurch ersetzen wir nicht nur das Ziel einer umfassenden Bildung durch das Ansammeln von Wissen, sondern schränken auch die Möglichkeiten immer massiver ein, dass jeder für sich seine bestmögliche Lernstrategie entwickeln und sein Lernen ausbauen kann, obwohl die Fähigkeit, neues Wissen effizient aufzunehmen, individuell unterschiedlich ist und zur eigenen Veranlagung passen muss.

Dies gilt nicht nur für die Art der Informationsaufnahme durch eher praktische Erfahrung oder theoretisches Aneignen, sondern auch für die Art der Informationsverarbeitung.

Der Kognitivismus, eine der Hauptströmungen der Lerntheorie, unterscheidet beispielsweise zwischen Menschen, die

1. durch konkrete Erfahrung und am besten mit anderen lernen;
2. aus Beobachtung und Abstraktion für sich selbst theoretische Modelle entwickeln;
3. zunächst eine Theorie lernen und sie dann in der Realität validieren;
4. ihre Erfahrung bevorzugt aus Versuch und Irrtum herleiten und kaum Affinität für Theorien haben.

LERNEN

Da wir nicht erwarten können, dass uns auch nach der Ausbildung ein vorgefertigtes Curriculum zur Verfügung steht, an dem wir uns ein Leben lang orientieren können (oder müssen), ist eine bewusst experimentelle Phase essenziell, um den persönlichen Lernstil herauszufinden. Nicht nur, um die Fähigkeit zum lebenslangen Lernen zu entwickeln, sondern insbesondere auch, um die Motivation hierfür aufrechterhalten zu können. Denn ein adäquater Lernstil reduziert den Aufwand deutlich, den man fürs Lernen investieren muss.

Auch bei den Inhalten lässt sich beobachten, dass der gesellschaftliche Fokus auf Effizienz vor Schulen und Universitäten nicht haltgemacht hat. Während im Mittelalter das sogenannte Studium generale eine der höchsten Bildungsformen war, die zeitweise sogar durch Papst, Kaiser oder König freigegeben werden musste, so führt diese Form der Allgemeinbildung heute nicht einmal mehr zur Verleihung eines akademischen Grades.

Allgemein- und Lebenswissen haben Fach- und Spezialwissen Platz gemacht. Da können Eltern schulmüder Kinder noch so gerne behaupten, dass wir nicht für die Schule, sondern fürs Leben lernen. Das Zitat stammt von Seneca und ist ziemlich frei übersetzt. Denn in Wahrheit sagte der römische Philosoph »Non vitae sed scholae discimus« – wir lernen nicht mehr für das Leben, sondern nur noch für die Schule. Diese Kritik könnte aktueller nicht sein: Anstatt über Lerninhalte die Lebensrealität in all ihrer Vielfalt abzubilden, werden diese immer stärker standardisiert, quantifizierbar und kontrollierbar gemacht (inzwischen müssen nicht nur Schüler ihre Lerneffizienz nachweisen, sondern auch Lehrer ihre Lehreffizienz). Wir haben in den letzten Jahrhunderten Lernen zu einer »Commodity« gemacht, einen Rohstoff, aus dem wir für jeden Fachbereich ein bestimmtes Standardprodukt zu entwickeln versuchen. Wie in einem Bestellkatalog können wir nur noch zwischen spezifischen Grundrichtungen wählen – und legen damit die Basis für mustergültige Lebensläufe, zu denen auch alle weiteren Ausbildungsprodukte möglichst gut passen sollten.

Dies hat über lange Zeit durchaus Sinn gemacht, denn während der Industrialisierung wurden auch die Arbeitsaufgaben zunehmend standardisierter. Man benötigte Menschen, die perfekt in vordefinierte Funktionskästen passten. Und die Ausbildung, für die man sich einmal entschied, war Garant für eine lebenslange Beschäftigung und einen linear verlaufenden Karrierepfad.

Mit der VUKA-Welt hat sich das fundamental gewandelt. Die Welt ist organisch geworden, sie verändert sich allein während der Spanne eines einzelnen Lebens immer wieder so fundamental, dass die Halbwertszeit unseres Wissens in immer mehr Lernfeldern nur noch wenige Jahre beträgt. Oft reicht es nicht einmal, durch Aufbauseminare, Weiterbildungen oder fachspezifische Fortbildungen mit den neuesten Entwicklungen mitzuhalten.

Um unser Lernen an die Anforderungen dieser neuen Realität anzupassen, müssen wir zum einen versuchen, das individuelle Potenzial jedes Menschen möglichst umfassend zu heben – anstatt ihn weiterhin durch standardisierte Ausbildungen zu pressen. Zum anderen müssen wir akzeptieren, dass es für einen solchen Prozess keinen formalen Ausbildungsabschluss gibt. Er läuft ein Leben lang.

Die dafür notwendigen kognitiven Fähigkeiten besitzen wir von Natur aus. Allerdings **müssten die Institutionen hierfür ihre Ausrichtung grundsätzlich ändern: von industrialisiertem »Lern-Fast Food« zu »biobasiertem Lern-Farming«**, um die wirklich relevanten Lernfelder nachhaltig bewirtschaften zu können.

DIE ZUGERITTENEN SEEPFERDCHEN

Ich möchte an dieser Stelle wieder mal einen kurzen Ausflug in unser Gehirn einschieben – als Zentralorgan nicht nur all unserer Entscheidungs-, sondern auch all unserer Lernprozesse. Hier werden kontinuierlich neue Informationen kodiert und so abgespeichert, dass wir sie bei Bedarf wieder hervorholen und situativ nutzen können.

Vereinfacht gesprochen geschieht das, indem externe Impulse von unseren Sinnesorganen in Signale umgewandelt und in den jeweilig zuständigen Gehirnbereichen so verarbeitet werden, dass sie die Struktur sowie die Stärke der unzähligen neuronalen Verbindungen zwischen einzelnen Gehirnbereichen und -zellen kontinuierlich verändern. Dabei verstärken wiederholt gemachte Erfahrungen zuvor bereits geschaffene Verbindungen, während neue Erfahrungen dazu führen, dass hierfür neue Strukturen aufgebaut oder bereits vorhandene Strukturen umgebaut werden. Lernen ist in gewisser Weise ein Prozess, bei dem die Übertragungsstärke zwischen den Synapsen, den Verbindungsstellen zwischen zwei Nervenzellen, kontinuierlich moduliert wird.

Da jeder von uns im Verlauf seines Lebens mit einem Patchwork von ganz unterschiedlichen Erlebnissen konfrontiert wird, ist dies auch der Grund, warum jedes Gehirn zwar ähnlich strukturell aufgebaut, aber in seiner Verkabelung im Detail individuell komplett unterschiedlich ist.

Es ist ein wenig wie die Entdeckung neuer Landstriche: Zunächst entstehen Trampelpfade, die sich verfestigen, sobald sich herumspricht, dass sie zu einem wichtigen Ort führen. Wenn man häufiger dort hingehen möchte, beginnt man schrittweise, Straßen zu bauen und dafür auch durchaus ein paar Bäume zu roden, die im Weg stehen, um die Strecke zu begradigen und zu verkürzen. Und für die wichtigsten Verbindungen verbreitert man sie dann zu Autobahnen. Andere Verbindungen legt man dafür wieder still, wenn die Quelle versiegt oder sie aus anderen Gründen unwichtig wird. Dann wuchern sie langsam wieder zu.

Diese als Neuroplastizität bezeichnete Fähigkeit unseres Gehirns, seine Verdrahtungen ständig an neue Informationen anpassen zu können, ist lebenslang aktiv, verändert sich allerdings in ihrer Qualität im Verlauf unseres Lebens. In der Phase nach der Geburt werden zunächst grobe, aber schnelle Verknüpfungen zwischen den einzelnen Gehirnarealen hergestellt. Im weiteren Verlauf des Lebens geht es dann zunehmend ins Detail, und die Vernetzungen reichen in komplexere Gehirnstrukturen hinein. Dadurch erscheint unsere Gehirnreifung im Vergleich mit anderen Primaten zunächst sehr langsam. Geht es zuerst um die Grundlagen für reflexartiges Verhalten, so werden danach sukzessive die Strukturen verfeinert, um komplexe Reflexion und selbst gesteuertes Verhalten zu ermöglichen, worauf wiederum unsere beeindruckende Lernfähigkeit aufbaut.

Diese grundsätzliche Fähigkeit, die Informationsgrundlage für unser Handeln auf den neuesten Stand zu bringen, bleibt dabei ein ganzes Leben lang erhalten. Und dies war noch nie in unserer Historie so wichtig wie heute. Denn mit zunehmender Veränderung unserer Lebensrealität sind wir gezwungen, auch die Verbindungen in unserem Gehirn kontinuierlich umzubauen, wenn wir noch mitkommen wollen: Während die Generationen vor uns sich ein Leben lang auf ihrem einmal erlernten Wissen ausruhen konnten, sind wir inzwischen zu lebenslangem Lernen verurteilt.

Eine Schlüsselrolle beim Lernen spielen in unserem Gehirn die beiden Hippocampi, die aufgrund ihrer Form den lateinischen Namen für Seepferdchen bekommen haben. Da sie zu den evolutionär älteren Gehirnstrukturen gehören, können wir auch hier davon ausgehen, dass sich die Entwicklung ihrer Fähigkeiten eher an den steinzeitlichen Gegebenheiten orientiert hat – ohne all die modernen digitalen Werkzeuge auf unseren Rechnern und Smartphones. Sie sind die Bindeglieder zwischen den Wahrnehmungssensoren unseres Körpers und den wesentlichen Gehirnregionen und gehören zu den zentralen Strukturen des limbischen Systems, wodurch sie stets mitbekommen, was in unserem Bewusstsein so vor sich geht.

LERNEN

Die Hippocampi sind entscheidend für kontextuelles Lernen, räumliche Navigation sowie das Abspeichern persönlicher Erlebnisse (episodisches beziehungsweise autobiografisches Gedächtnis). Sie wandeln Kurzzeiterinnerungen in Langzeiterinnerungen um und schicken diese dann für die finale Speicherung an die Großhirnrinde (Cortex) weiter. Was ohne sie in unserem Kopf passiert, wissen wir dank des erst vor wenigen Jahren im hohen Alter verstorbenen Henry Gustav Molaison ziemlich genau. Noch als Jugendlichem wurden ihm zur Behandlung seiner Epilepsie beide Hippocampi fast vollständig entfernt, und danach diente der US-Amerikaner der Wissenschaft über 50 Jahre als Forschungsobjekt wider Willen (eine Vielzahl an Studien trägt seine Initialen H. M.). Während die Operation seine Epilepsie heilte, litt er danach zeitlebens unter einer sogenannten anterograden Amnesie, einer Gedächtnisstörung, bei der keine neuen Erinnerungen mehr gebildet und somit auch kein neues Wissen erworben werden kann. Zumindest kein explizit vermitteltes Sachwissen über uns selbst und die Welt im Allgemeinen. Nur auf Wissen, das er vor der Operation erworben hatte, konnte er noch zurückgreifen. Und auch sein motorisches Gedächtnis, mit dem er seine Bewegungsfertigkeiten erfolgreich weiterentwickelte, funktionierte weiterhin tadellos.

Beim Abspeichern neuer Gedächtnisinhalte spielen unsere Hippocampi somit die entscheidende Rolle. Doch sie sind nicht nur durch operative Eingriffe oder Verletzungen gefährdet, sie sind auch eines der ersten Hirnareale, auf die sich Demenz oder Alzheimer auswirken. Dies erklärt, warum sich diese Alterskrankheiten in der Regel dadurch bemerkbar machen, dass sich betroffene Menschen nichts Neues mehr merken beziehungsweise sich nicht mehr gut orientieren können. Genau diese Fähigkeiten schwinden durch einen zunehmend schlechteren synaptischen Signalaustausch in den beiden Hippocampi. Ob, ab wann und wie stark wir hiervon betroffen sind, ist allerdings nicht nur eine Schicksalsfrage, sondern hängt unter anderem auch von der Größe der Hippocampi ab – und auf die haben wir durchaus einen gewissen Einfluss.

Die Hippocampi sind spannenderweise einer der wenigen Orte im Gehirn, an dem zeitlebens Neuronen in hoher Zahl gebildet werden (Neurogenese). Einziger Haken: Beim Erwachsenen werden diese Neuronen schnell wieder ersetzt oder entfernt, wenn wir sie nicht durch Lernen stabilisieren. Nur während einer kurzen kritischen Periode führt Lernen dazu, dass »unreife« Neuronen zu voll funktionsfähigen Zellen heranreifen. Betreibt man Lernen gezielt und dauerhaft, kann dies sogar dazu beitragen, dass sich die Hippocampi vergrößern. Zusätzlich hilft Bewegung nachweislich, das räumliche Gedächtnis zu verbessern. Und aerobes Training (Sportarten ohne Sauerstoffschuld wie langsamer Dauerlauf, langsames Schwimmen, Spazierengehen ...) scheint den Volumenverlust der Hippocampi im späten Erwachsenenalter wirksam umzukehren.

Wenn wir unser Gehirn durch regelmäßiges Lernen trainieren, tragen wir also dazu bei, dass unsere Erinnerungsfähigkeit länger erhalten bleibt. Und wenn wir uns regelmäßig bewegen, stärken wir unseren Orientierungssinn. Beides macht aus evolutionärer Hinsicht viel Sinn. Denn auf Wanderschaft mit ständig neuen Rahmenbedingungen war die Fähigkeit, uns zu orientieren und gleichzeitig Wissen über die neue Welt zu erlangen, überlebenswichtig. Wurden wir hingegen sesshaft, konnten wir uns einen Teil der Lernenergie sparen, wir kannten unsere Umgebung, die Tages- und Jahresabläufe und mussten lediglich unsere motorischen Fähigkeiten weiterentwickeln und aufrechterhalten.

Doch inzwischen **leben wir in einer Welt, in der wir eigentlich ständig auf Wanderschaft sind**. Vielleicht nicht physisch, allerdings **technologisch, gesellschaftlich und kulturell. Natürlich können wir uns auch heute dazu entscheiden, mental sesshaft zu werden. Allerdings verkümmert dann unsere angeborene Fähigkeit, uns auf Veränderungen dynamisch einzustellen**, während sich die Welt um uns herum (immer schneller) dreht.

VOM MAULWURF ZUM GENERALISTEN

Wenn wir uns also auf lebenslanges Lernen einlassen, werden wir für die Anstrengung gleich doppelt belohnt: Wir trainieren unser Gehirn und insbesondere unsere Hippocampi wie einen Muskel und können dadurch eine Demenz im Alter möglichst weit hinauszögern. Zudem erweitern wir unser Wissen kontinuierlich und bringen es auf den neuesten Stand.

Nur: Auf welche Inhalte sollen wir unser Lernen ausrichten, damit wir bestmöglich davon profitieren können? Eines der faszinierendsten und gleichzeitig frustrierendsten Erlebnisse war für mich diesbezüglich mein erster Kontakt mit einer Suchmaschine in den Anfangsphasen des Internets. Mir wurde auf einen Schlag klar, dass wir dabei waren, eine gigantische Datenbank zu erschaffen, die uns wie ein erweitertes Gedächtnis auf (damals noch) Mausklick Informationen, Nachrichten und Wissen zur Verfügung stellt.

Faszinierend, weil ich als Kind unbekannte Begriffe noch im *Brockhaus* nachschlagen musste. Ein Privileg, zugegeben, denn für die überarbeitete Ausgabe der 24-bändigen Enzyklopädie gaben meine Eltern alle paar Jahre ein Vermögen aus. Mit dem Internet stand plötzlich sehr vielen Menschen das gesammelte *Brockhaus*-Wissen und noch viel mehr zur Verfügung.

Erschreckend, weil ich mir die Frage stellte, warum wir weiterhin unnötig Hirnschmalz verschwenden sollen, um uns Wissen anzueignen, das wir sofort (und inzwischen auch überall) abrufen können?

Ähnlich geht es vermutlich Übersetzern, die nach vielen Jahren intensiven Sprachstudiums und aufwendigen Auslandsaufenthalten plötzlich mit von künstlicher Intelligenz unterstützten Übersetzungstools konfrontiert werden, deren Qualität (zumindest wenn es sich um Alltagssprache handelt und nicht um Poesie) durchaus respektabel ist. Oder den Schülern, die sich aktuell mühevoll durch Vokabeln und Grammatik quälen in dem Wissen, dass sie vermutlich bereits bei ihrem Schulabschluss über Geräte verfügen werden, die ihre eigene Sprache in Echtzeit in so gut wie jede Fremdsprache übersetzen.

Dabei war bis Ende des vergangenen Jahrhunderts die Strategie für erfolgsorientiertes Lernen doch noch so klar gewesen. Während die Zusammenhänge in unserem Lebensumfeld immer komplizierter wurden und wir einsehen mussten, dass nicht mehr jeder Einzelne sich alles Wissen auf vergleichbar hohem Niveau aneignen kann, rückten die Spezialisten an die Spitze. Ob in der Wissenschaft, im Recht, in der Medizin oder in der Kultur: Je detaillierter die Kenntnisse und Fähigkeiten im jeweiligen Spezialgebiet waren, desto erfolgreicher wurde man. Insofern lautete die unstrittige Ausrichtung für alle Lernprozesse: eine bestmögliche Steigerung von Spezialkenntnissen.

Dies ist bis heute das mentale Modell für beruflichen Erfolg geblieben: in möglichst jungen Jahren ein Studium abschließen, das über den Bachelorabschluss hinaus noch einen Master einschließt. Danach idealerweise noch eine Promotion in einer unerforschten Nische im selben Fachgebiet dranhängen.

Der deutsche Hirnforscher Gerald Hüther hat dies in seinem handlichen Taschenbuch *Bedienungsanleitung für ein menschliches Gehirn* als Maulwurf-Strategie bezeichnet: Wie der kleine Insektenfresser optimieren auch wir unsere kognitiven Fähigkeiten ganz gezielt in denjenigen Bereichen, die uns für unseren aktuellen Lebensraum nützlich erscheinen – und lassen andere Bereiche währenddessen verkümmern. Das ist in einem über einen Lebenszeitraum stabilen Umfeld nicht weiter tragisch. Denn solange der Maulwurf weiterhin seinen Lebensmittelpunkt unter der Erde haben kann, sind seine olfaktorischen Kompetenzen sein Erfolgsrezept. Während er auf seine Sehfähigkeit problemlos verzichten kann.

Schaut man einmal hinter unsere Schädeldecke, so kann man feststellen, dass wir Menschen jedoch zu weitaus mehr in der Lage wären und das Potenzial unseres Gehirns wesentlich besser ausnutzen könnten. Auch hierfür hat Hüther einen Begriff: Komplexitäts-Generalist – ein Wesen, das sich zeit seines Lebens neues Wissen in einem möglichst breiten Themenspektrum aneignet, um sich auch jenseits seines Baus in einer extrem komplex gewordenen Umwelt zurechtzufinden.

In dieser **stellen sich nicht mehr nur Fragen nach lokaler Maximierung in irgendwelchen Spezialgebieten**, sondern wir benötigen **gleichzeitig ein generelles Verständnis für die großen Zusammenhänge, um auch die Randbedingungen für unser Wissen einschätzen zu können**, die den grundsätzlichen Rahmen vorgeben und ihn auch sehr schnell verändern können.

Glücklicherweise können wir mit unserem Gehirn nicht nur lernen, sondern auch darüber nachdenken, was wir lernen wollen, und uns dann frei entscheiden. Zu spät ist es dafür nie.

Eigentlich war es mein Wunsch, nach der Schulzeit zunächst eine Schreinerlehre zu absolvieren. Diese Erinnerung taucht jedes Mal auf, wenn ich ein Stück Holz in Händen halte oder mit der Kettensäge versuche, Skulpturen aus alten Holzstämmen zu schnitzen. Ich kann es mir inzwischen nachsehen, dass ich mich wie damals üblich (heute leider noch viel mehr) auf den zügigen Abschluss einer möglichst hochwertigen Ausbildung fokussierte, anstatt meiner Intuition zu folgen. Auch weil ich mich bei der Fächerwahl nicht habe verbiegen lassen. Sie fiel nicht aus Karrieregründen oder anderen rationalen Überlegungen auf Luft- und Raumfahrttechnik – damals waren ganz andere Fächer hoch im Kurs. Sondern ausschließlich aufgrund der faszinierenden Vorstellung, Newton ein Schnippchen zu schlagen, indem ich dazu beitrage, die Gravitationskraft zu überwinden. Auch danach folgte ich zeitlebens dem Prinzip, mein Wissen in möglichst vielen Bereichen auszubauen, von denen ich keine Ahnung hatte. So folgte die Betriebswirtschaft berufsbegleitend, nur um zu verstehen, wie all diejenigen denken, die dieses Fach als Grundausbildung gewählt haben und denen ich in der Wirtschaft bis heute ständig begegne. Als ich zunehmend mit China zu tun hatte, begann ich, jeden Morgen eine halbe Stunde chinesische Vokabeln zu lernen. Ich wusste, ich würde nie auch nur einer lockeren Konversation folgen können, aber mich faszinierte die Tatsache, für eine Sprache nicht nur zu jedem Wort seine Bedeutung abspeichern zu müssen, sondern zusätzlich das

dazugehörige Schriftzeichen. Meine Promotionsarbeit habe ich erst kurz vor meinem 50. Geburtstag geschrieben – auf der Suche nach einem Zusammenhang zwischen Mitarbeiterzufriedenheit und Unternehmenserfolg. Und vor zwei Jahren habe ich mit dem Harfespielen begonnen, weil ich etwas lernen wollte, das mir gerade keinen Nutzen im klassischen Verständnis bringt. Ich hatte niemals zuvor ein Instrument gespielt und plane auch nicht, irgendwann Konzerte zu geben, aber vielleicht kann ich auf diese Art herausfinden, ob mein Gehirn auch in der zweiten Lebenshälfte noch plastisch genug ist, um die Fähigkeit zu erlernen, meine Hände unabhängig voneinander zu steuern.

Gerade im Kontext von Lernen fiel meine Rollenwahl immer wieder auf den Avantgardisten. Denn durch den Joker, mich komplett von den gesellschaftlichen Konventionen über Karriere und erfolgreiches Leben befreien zu dürfen, konnte ich meine Selbstverwirklichung in den Vordergrund stellen. Und es ist genau die hieraus entstandene breite Vielfalt an unvollständigem Wissen, die mir immer wieder neue Ideen gibt. Sie inspiriert mich, Lösungen außerhalb der bestehenden Systeme zu suchen, in denen ich mit Herausforderungen konfrontiert werde.

Wir müssen unser Konzept des Lernens nicht nur bezüglich der Standardisierung überdenken, sondern auch grundsätzlich die Idee des schrittweise aufeinander aufbauenden Spezialistentums als Erfolgsrezept. **Die Lösungen für die Herausforderungen von morgen** liegen nicht im Abspeichern von Daten, Fakten, Informationen und Fachwissen – das meiste davon finden wir im Internet. Sie **ergeben sich erst, wenn wir beginnen, die richtigen Fragen zu stellen**, bevor wir Antworten in den Suchmaschinen suchen. Dafür müssen wir schon selbst unser Gesamtbild von den großen Systemzusammenhänge erweitern – gerade in den Bereichen, von denen wir noch überhaupt keine Ahnung haben.

GUERILLAPFADE STATT HIGHWAYS

Sir Ken Robinson, der kürzlich verstorbene international anerkannte Vordenker im Bereich der Erziehung, hat zeitlebens eine Revolution unserer Schulsysteme gefordert, damit sie nicht unsere

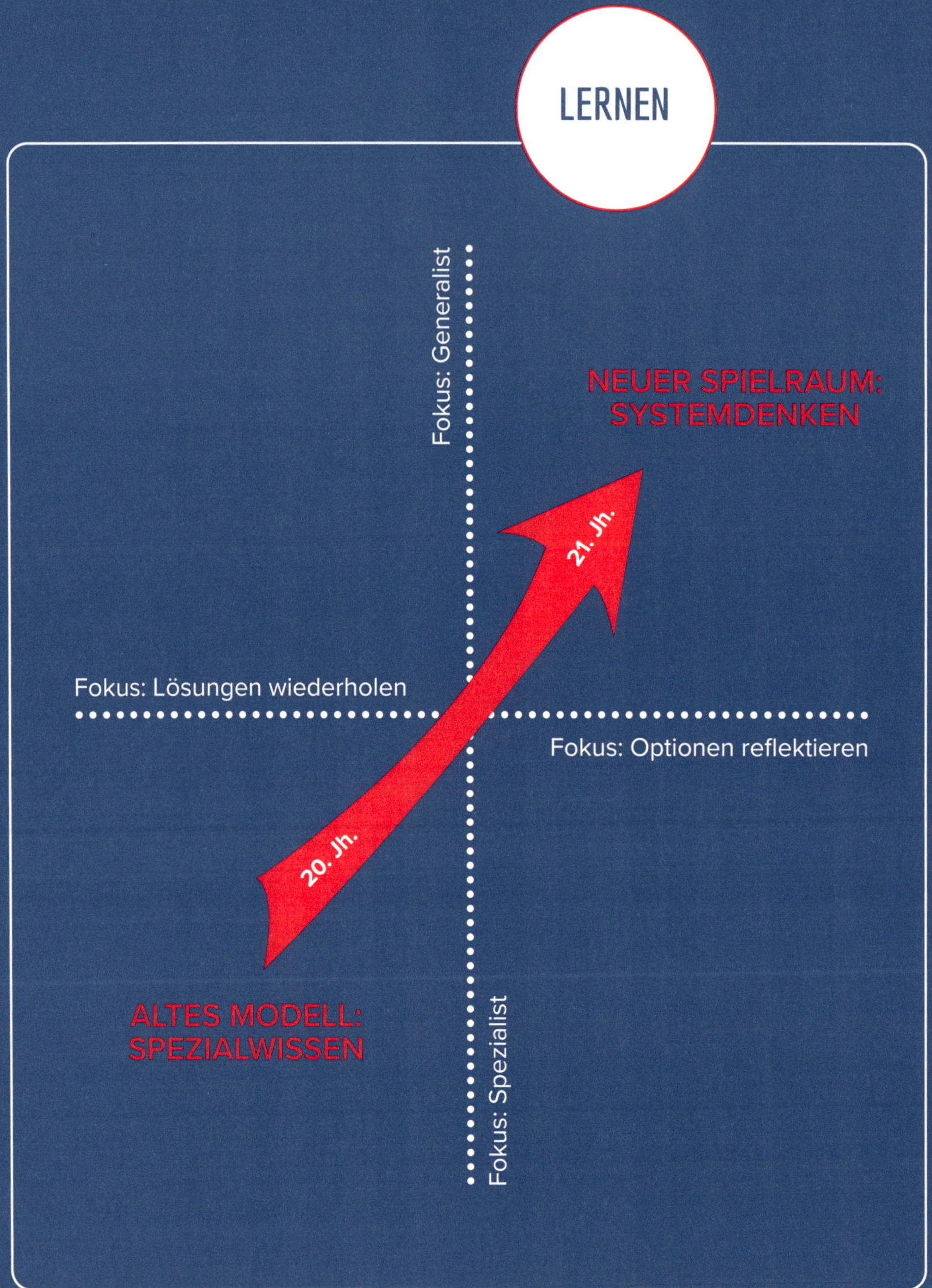
LERNEN
Fokus: Generalist
NEUER SPIELRAUM: SYSTEMDENKEN
21. Jh.
Fokus: Lösungen wiederholen
Fokus: Optionen reflektieren
20. Jh.
ALTES MODELL: SPEZIALWISSEN
Fokus: Spezialist

angeborene Befähigung zur Kreativität unterdrücken und zerstören. Was zunächst einleuchtend klingt, setzt allerdings ein fundamental anderes Verständnis von Lernen voraus. Denn Kreativität basiert primär auf der Erlaubnis, Fehler machen zu dürfen. Unser bisheriges Konzept jeglichen Lernens ist jedoch darauf ausgerichtet, Fehler zu vermeiden.

Spätestens seit den philosophischen Ausführungen von René Descartes hat sich gesellschaftlich durchgesetzt, dass wir die Entwicklung von Geist und Körper separat betrachten müssen. Hieran hat sich unser Verständnis des Lernens als rein rationaler Maximierungsprozess orientiert. Durch das Antrainieren von mentalem Wissen erlernen wir Standardlösungen, während uns das empirische kindliche Lernen durch Versuch und Irrtum hochgradig ineffizient erscheint.

Dies ist zunächst auch vollkommen richtig. In einem robust strukturierten Umfeld finden wir kontinuierliche Verbesserungen am schnellsten, wenn wir zunächst lernen, wie es funktioniert, um dann einzelne Elemente noch effizienter zu machen. Allerdings lernen wir dabei nicht, kreativ zu werden. Denn hierfür müssen wir, wie es Ken Robinson in einem der meistgesehenen TED-Talks aller Zeiten in seiner unnachahmlichen Art zusammenfasst, Vielfalt fördern und nicht das Befolgen von Regeln antrainieren. Neugierig machen und nicht den Fokus auf Angepasstheit setzen. Uns gezielt darauf vorbereiten, falschliegen zu können, damit wir Gedanken und Dinge wagen, die bisher nicht gedacht wurden.

In einer komplexen Welt reicht es nicht mehr aus, dass wir die linearen Ursache-Wirkungs-Prinzipien zwischen einzelnen Teilelementen verstehen, denn diese sind inzwischen mit einer Unzahl anderer Themenkomplexe verknüpft. Adäquate Lösungen können wir nur finden, wenn wir versuchen, das Gesamtsystem zu erkennen, und durch ganz neue Herangehensweisen Wege entdecken, die uns näher ans Ziel bringen – ohne dafür unvertretbare Nachteile in anderen Lebensbereichen in Kauf nehmen zu müssen.

Während unser bisheriger Lernfokus darauf lag, aus kognitiven Landstraßen mentale Autobahnen zu machen, über die wir ohne Geschwindigkeitsbegrenzung direkt von einem Problem zur

Lösung kommen, erfordert Kreativität die Suche nach alternativen Guerillapfaden. Diese sind durchaus zielgerichtet, sie zu beschreiten erfordert allerdings Risikobereitschaft – nicht zuletzt, um experimentell herauszufinden, ob die neue Herangehensweise mehr Vorteile als Nachteile hat und die Vorteile nicht zu sehr zulasten anderer gehen.

So stellte sich mir bei der Übernahme der Geschäftsführung von Krisenunternehmen beispielsweise wiederholt die gleiche Frage: Woher sollte eigentlich der Impuls in einem Wirtschaftsunternehmen kommen, um wieder ökonomisch erfolgreich zu werden? Der klassische Berateransatz, immer weiter die Kosten zu senken, erschien mir jedes Mal wenig vielversprechend. Nicht nur, weil er bereits mehrfach umgesetzt worden war. Sondern inbesondere, weil dies einen Abbau von Mitarbeitern erfordert hätte, der sich zwar auf dem Papier gerechnet, allerdings in der Realität kaum vertretbare Einzelschicksale verursacht und darüber hinaus wertvolle Kompetenzen in der Organisation für einen mittelfristigen Erfolg vernichtet hätte. Ich habe mich daher jedes Mal wieder für eine Spielerrolle entschieden, aus der heraus ich gewagt habe, genau den umgekehrten Weg zu gehen: die Kosten als Fixum ansehen und nach Möglichkeiten suchen, wie man mit dem vorhandenen Potenzial am Markt erfolgreicher werden kann. Es war von Anfang an absehbar, dass dieser Weg nicht nur aufwendiger und langwieriger, sondern auch deutlich unsicherer werden würde, denn ich wusste nie, ob und wann es gelingt. Und im Falle des Scheiterns würde man mir sicherlich »Fehler bereits im Ansatz« vorwerfen, da mein Vorgehen grundsätzlich von üblichen Restrukturierungsansätzen abweicht.

Doch diese Rollenwahl als Forscher:in bringt als Joker mit sich, dass man sich auf eine innere Schatzkarte verlassen kann, die einem konstant die Sicherheit vermittelt: Es gibt eine Lösung, und du wirst sie auch finden, wenn du nur darauf vertraust.

LERNEN

Am offensichtlichsten erschien mir der Versuch, Leidenschaft in der Organisation für Themen zu wecken, in denen ich noch nicht voll ausgeschöpfte Marktchancen vermutete. Durch eine gesteigerte Mitarbeitermotivation, so meine Überlegung, werden Potenziale freigesetzt, die aufgrund meist langjähriger Dauerkrisen am Boden liegen. Anders ausgedrückt: Wenn die Arbeit nicht mehr nur als Pflicht wahrgenommen wird, sondern auch Sinn erzeugt, werden hoffentlich alle dazu bereit sein, die notwendigen Extrameilen zu laufen, damit wir uns von anderen Unternehmen klarer unterscheiden und so gemeinsam Erfolg haben können.

Durch erste Fortschritte motiviert, die ich zunächst bei rein intuitiven Experimenten in diese Richtung erleben konnte, begann ich irgendwann, gezielt nach vorhandenem Wissen oder Studien zu suchen, wie man die Motivation von Mitarbeitern jenseits klassischer Entlohnungssysteme fördern kann. Doch zu meinem Erstaunen gab es abgesehen von ein paar auf Umfragen beruhenden Ansätzen wenig Systematisches. Ich wurde erst fündig, als ich den betriebswirtschaftlichen Kontext verlassen und die Frage weiter gefasst habe: Wie werden Menschen glücklich? Nicht nur bei der Arbeit, sondern generell.

Trotz aller Sorgen als Hauptverantwortlicher für eine Organisation in einer existenziellen wirtschaftlichen Krise begann ich mich mit dieser Frage intensiv auseinanderzusetzen. Aus ökonomischem Blickwinkel heraus betrachtet mag das weit hergeholt erscheinen. Allerdings war mir schon damals bekannt, dass ein intensives Glücksgefühl eine Begleiterscheinung von Flow ist und Flow wiederum die höchste Form von innerer Motivation. Zudem ließ mir die wirtschaftliche Situation sowieso keinerlei Handlungsspielraum, um auf klassische monetäre Motivationsmodelle zu setzen.

Irgendwann landete ich auf dieser unkonventionellen Reise mit diffusem Ziel auf dem internationalen Flughafen von Paro, um das ungewöhnliche Regierungsmodell des kleinen Himalayastaates Bhutan besser verstehen zu können. Es trägt den Namen *Gross National Happiness*, was übersetzt so viel bedeutet wie Bruttonationalglück. Meine wiederholten Besuche in den Folgejahren in diesem Land waren dank der Menschen, die ich dort in Regierungsorganisationen, Klöstern, abgeschiedenen Bergdörfern und der Königsfamilie kennenlernen durfte, nicht nur eine tiefe Inspiration, um über Fragen des Lebens und des Führens noch mal komplett neu nachzudenken. Sie haben mir auch einen Lernprozess ermöglicht, der nicht klassisch deduktiv versucht, aus bestehendem Wissen den nächsten logischen Schritt zu ermitteln, sondern ausgehend von einer Position möglichst weit außerhalb des eigentlichen Systems induktiv nach Verbindungen und Gemeinsamkeiten zu suchen.

Die Ausbeute meiner Neugierde gepaart mit dem Willen, mich über mehrere Jahre auf unbekannte und zuweilen für die klassische Wirtschaft recht fremde Themenfelder wie Psychologie, Glücksforschung und Sinnfindung einzulassen, war ziemlich ergiebig:

- ***Ich habe Antworten auf die Frage gefunden, wie man in Zeiten beständigen Wandels verhindert, dass Organisationen vor lauter Angst vor Veränderung sukzessive erstarren, und stattdessen eine aktive Kultur von Kooperation, Agilität und Resilienz kultivieren;***
- ***ich konnte einen eigenen Lösungsansatz mit dem an Bhutan angelehnten Namen*** *Gross Corporate Happiness®* ***entwickeln, ein inzwischen in der Praxis erprobtes Führungsmodell, das Mitarbeiter nicht länger zum lästigen Kostenfaktor degradiert, sondern ihr Potenzial anerkennt;***
- ***und mir ist erneut klar geworden, dass wir nur dann einen wesentlichen Schritt in Richtung Innovation weiterkommen, wenn wir neugierig, ergebnisoffen, fehlertolerant und idealerweise spielerisch auf Herausforderungen zugehen.***

Statt weiterhin der bislang bewährten Standardstrategie einer immer stärkeren Spezialisierung zu folgen, **müssen wir beim Lernen** dringend **größere Spielräume einbauen**. Und uns trauen, **existierende Lösungen in neue Kontexte** zu überführen oder für bestimmte Kontexte **Lösungen in weit entfernten (Fach-)Gebieten** zu **suchen**. Und zwar am besten, indem wir uns selbst auf die Reise begeben und Erfahrungen in der realen Welt sammeln.

HAUPTFACH SPIELEN

Dies ist umso wichtiger, als die zunehmende Digitalisierung auch vor den Klassenzimmern nicht mehr haltmacht. Spätestens seit die Corona-Pandemie weltweit das Lernen von den Kindergärten, Schulen und Universitäten an den heimischen Küchentisch verbannt hat, ist der Damm gebrochen, auch den Lernprozess komplett zu virtualisieren. Während zuvor die Screentime von Heranwachsenden noch weitgehend durch passiven Mediengenuss oder fragwürdige Computerspiele (zu der Irreführung, die in diesem Begriff steckt, komme ich noch) geprägt war und sich weitgehend der didaktischen Begleitung entzog, wird das Trainieren via Bildschirm inzwischen als verbesserte Form des Lernens von vielen Seiten gefeiert. Zunehmend mehr Länder gehen so weit, dass sie einen Anspruch auf kostenlose mobile Endgeräte einräumen, um das digitale Lernen noch mehr zu beschleunigen.

Zweifellos kann mit zunehmend didaktisch ausgefeilter Lernsoftware ein vorgegebener Lernstoff schrittweise gut vermittelt und auch spannend aufgearbeitet werden, sodass Schüler auch ohne Überwachung durch Lehrer (oder Eltern) gerne dabeibleiben. Allerdings sollte dabei berücksichtigt werden, dass jede Form des strukturierten Lernens in digitaler Form systembedingt bereits die Notwendigkeit mit sich bringt, vorab festzulegen, was wichtig und was unwichtig beziehungsweise was richtig und was falsch ist. Dies bedingt die schlichte Tatsache, dass die Logik eines Computers unverändert am Ende auf den beiden Ziffern 1 und 0 basiert, egal wie komplex die Algorithmen sind, die darauf aufbauen. Jede Form des digitalen Lernens mit Leistungsüberprüfung fördert insofern lediglich die Standardisierung und keinesfalls die Suche nach neuen, kreativen Lösungen.

Ein weiteres Problem, dessen mittelfristige Konsequenzen wir noch gar nicht absehen können, ist die Tatsache, dass unsere Hippocampi insbesondere verantwortlich für das sogenannte *ereignisbasierte* Erinnern sind. Dabei verarbeiten sie Informationen, die sie über die unterschiedlichen Sensoriksysteme unseres Körpers erhalten, bereiten diese auf und kombinieren sie mit den dazugehörigen zeitlichen und räumlichen Informationen. Dass bei einem digitalisierten Lernprozess nur sehr beschränkt sensomotorische Vielfalt als Input vorhanden ist, räumliche Erfahrungen kaum simuliert und zeitliches Erleben zumindest leicht verzerrt werden kann, ist offensichtlich. Diese Faktoren mögen zunächst nicht relevant für die Information an sich erscheinen, allerdings scheinen sie ein notwendiger Bestandteil des Lernprozesses für unsere evolutionäre Hardware zu sein.

Auch wenn auf den ersten Blick die Unterschiede nicht offensichtlich sind, so zeigt eine deutliche Mehrheit an Studien beispielsweise, dass das handschriftliche Schreiben allein durch die Verbindung der Buchstaben mit der jeweils spezifischen Bewegung der Hände das Erlernen der Schriftsprache deutlich stärker unterstützt als eine Computertastatur. Und auch das Lesen physischer Bücher deutlich mehr in Erinnerung bleibt als das Surfen durch ihre elektronischen Pendants, weil die einzelnen Seiten in den Händen nicht nur eine räumliche, sondern auch eine klare zeitliche Ordnung vermitteln.

Tatsächlich korrelieren erhöhte (physische) Schreib-Lese-Aktivitäten nachweislich positiv mit dem Hippocampus-Volumen, während beim Gaming am Computer dieser Effekt nicht auftaucht. Dies sollte uns zumindest aufhorchen lassen, wenn wir uns in Erinnerung rufen, dass wir uns bei steigender Lebenserwartung unbedingt Reserven für einen späteren Gedächtnisverlust aufbauen sollten.

Meine kritischen Anmerkungen sollen keinesfalls zum Ausdruck bringen, dass die Digitalisierung der Klassenräume nicht sinnvoll ist. Im Gegenteil. Sie unterstützt sicherlich das faktische Vermitteln von bereits Bekanntem und fördert durchaus auch einen gleichberechtigteren Zugang zu Wissen. Sofern jeder Zugang zu adäquaten Endgeräten erhält. Auch bieten Plattformen wie YouTube inzwischen eine unendliche Zahl an Möglichkeiten, neues Wissen über die verrücktesten Fragestellungen auf verständliche Weise vermittelt zu bekommen. Allerdings sollten wir unserer Euphorie über die Möglichkeiten nicht unkritisch freien Lauf lassen. Denn die Gefahr besteht, dass wir hierdurch unsere

Glaubenssätze in Bezug auf Lerneffizienz verfestigen und unsere Defizite in Bezug auf individuelle Lernstrategie, Lernmotivation und Kreativität noch mehr verstärken. Dass sich Spielen als ursprünglichste Form des Lernens besonders eignet, diesem Risiko entgegenzuwirken, habe ich an anderer Stelle bereits ausführlich dargelegt. Insofern wäre es dringend an der Zeit, zeitgleich mit der Virtualisierung der Lernprozesse als neues Fach und Gegenpol »Spielen« einzuführen – und zwar über alle Klassenstufen hinweg.

Selbst zu Zeiten einer Pandemie, in der physischer Kontakt mit anderen aus gesundheitlichen Gründen stark eingeschränkt werden muss, wäre zumindest ein Lösungsansatz, Peer-Learning statt isoliertes Homeschooling als Standard zu etablieren. Wenn Kinder immer zu zweit oder noch besser zu dritt lernen könnten, wäre der soziale Austausch gesichert und alternative Lernformen durch Spielen möglich. Und dies würde auch viele Eltern entlasten, die die zusätzliche Bürde des Schulalltags über Monate hinweg stemmen mussten.

Hiermit ist keinesfalls mehr Bildschirmzeit gemeint, denn Computer-»Spiele« fördern in den seltensten Fällen Kreativität oder sozialen Austausch. Sie sind in der Regel darauf ausgerichtet, den Dopaminkreislauf anzuheizen und dabei über die verschiedenen Levels hinweg die Karotte immer höher zu hängen. Lernen beschränkt sich in diesem Kontext häufig nur auf das Antrainieren von Fingerfertigkeit auf der Spielkonsole, mit der man zumeist vordefinierte Abläufe immer schneller abrufen kann. Da Erfolg schon im Vorhinein durch die Spielkonzeption und auch der Weg dorthin durch Algorithmen festgelegt ist, bleibt hier kein Raum für Kreativität. Auch die soziale Interaktion wird kaum gefördert, da selbst Multiplayer-Varianten auf Wettbewerb ausgerichtet sind, bei denen der zwischenmenschliche Austausch von digitalen Repräsentanten übernommen wird. Und diese beherrschen aufgrund ihrer Standardisierung gerade nicht die Feinheiten der nonverbalen Interaktion, sondern folgen eher vereinfachten Standardmustern, die sich dadurch in unseren Köpfen weiter verstärken.

Wie bereits ausführlich in Kapitel 3.1 erläutert, zeichnet sich das Spiel im Wesentlichen dadurch aus, dass der Spieler gerade unkonventionelles Rollenverhalten an den Tag legt, um neben den neuronalen Autobahnen auch innovative Trampelpfade anlegen zu können. Die hierfür notwendige Sicherheit im Umfeld wird dabei unter anderem dadurch erreicht, dass Mitspieler sich freiwillig Regeln unterwerfen, die die Gefährdung anderer verhindern. Erst dies bildet die Grundlage für eine echte soziale Lebensintensität, die im Unterschied zum reinen Konsum von digitalen Medien nachweislich zur Vergrößerung unserer »Gehirnmuskulatur« führt.

Spielen zum Ausgleich für die Defizite, die die Digitalisierung des Lernens mit sich bringt, muss möglichst viele Sinnesbereiche ansprechen. Dabei ist zu bedenken, dass grundsätzlich nur etwa ein Drittel unserer Gehirnareale für unsere Sinneswahrnehmung zuständig ist, während die restlichen zwei Drittel unseren Bewegungsapparat steuern. Erst durch die Assoziation einer Vielfalt an Signalen – wahrgenommen über Haut, Zunge, Nase, Augen, Ohren, Körper – werden die Nervenverbindungen in unterschiedlichen Hirnarealen gleichzeitig aktiviert und zu Ereignissen zusammengeführt. Dies ist nicht nur ideal für ihre Speicherung, sondern trainiert auch unsere beiden Hippocampi.

JOGGING GEGEN DEMENZ

Was für unsere Kinder gilt, gilt natürlich ebenso für uns selbst. Um geistig fit zu bleiben und unser Wissen kontinuierlich zu erweitern, müssen wir in unser Leben Elemente des unablässigen Lernens einbauen. Angesichts einer Vielzahl an bereits bestehenden Verpflichtungen mag dies zunächst wie eine zusätzliche enorme Anstrengung klingen. Allerdings liegt hierin nicht nur das Potenzial für Erfolg, sondern auch für erheblichen Genuss, wenn du es mit entsprechenden Spielerrollen kombinierst.

Über die Jahre hinweg habe ich für mich ein paar Grundregeln entwickelt, die mir dabei helfen, am Ball zu bleiben:

▶ **Ergänze dein Wissen durch neue Impulse aus möglichst vielfältigen Wissensbereichen.** *Natürlich kannst du auch dein bestehendes Wissen in deinen Spezialgebieten weiter vertiefen,* *wenn du Spaß daran hast. Allerdings werden wir in Zukunft vor allem Kompetenz zwischen den Fachgebieten benötigen: Generalisten, die unsere hoch miteinander vernetzten Systeme verstehen und darin Möglichkeiten finden, die möglichst vielen von ihnen dienen.*

- **Suche nach Lernmöglichkeiten, die möglichst viele Sinne ansprechen** *und idealerweise sprachliche Information mit kinästhetischen Elementen verbinden. Hier hilft bereits, hin und wieder ein gedrucktes Buch in die Hand zu nehmen und darin wichtige Dinge zu unterstreichen oder sich Notizen am Rand zu machen. Oder neue Informationen – und wie sie miteinander in Verbindung stehen – per Hand auf einem großen Blatt für sich selbst zu visualisieren. Oder ohne Leistungsdruck ein Instrument zu erlernen.*
- **Versuche, an den Themen**, *die du für dich wählst,* **regelmäßig und über eine gewisse Zeit dranzubleiben.** *Ähnlich wie eine Mitgliedschaft im Fitnesscenter hat Lernen nur eine Wirkung, wenn wir konsequent und nachhaltig unsere Trainingseinheiten absolvieren.*
- **Baue deinen Spielecanvas** *als festen Bestandteil* **in dein Leben ein und erweitere ihn regelmäßig.** *Variierende* **Rollenwahl** *sowie* **Selbstbeobachtung und Reflexion über die Wirkung unserer Spielzüge sind ein sehr hilfreicher Lernprozess,** *um neue Systemdynamiken zu entdecken, die man zwischen sehr unterschiedlichen Bereichen unseres Lebens vielleicht nicht vermutet hätte. In komplexen Systemen ist es vielfach möglich, die Kausalketten von Ereignissen in der Rückschau nachzuvollziehen. Nicht um bessere Prognosen für die Zukunft ableiten zu können, sondern um in der Rekonstruktion neue und überraschende Zusammenhänge zu erkennen.*

Die **unterschiedlichen Systeme unserer Welt immer besser zu verstehen und immer neue Verbindungslinien zwischen ihnen zu entdecken** ist nicht nur spannend. Es hilft uns, über den Pfad des Lernens **mit den Veränderungen in unserem Leben Schritt zu halten** – auch wenn das Gelände mitunter herausfordernd wird und das Ziel vor unseren Augen verschwimmt.

Und **mit diesen Erkenntnissen immer wieder auch einmal zu experimentieren**, auf welche Weise wir mit kleinen Anstrengungen große Veränderungen unterstützen können, um die Welt auch für die kommenden Generationen lebenswert(er) zu hinterlassen, ist in der Regel ein weitgehend risikofreier Weg, auf dem wir nicht verlieren, aber gewinnen können. Und dabei nicht mehr für, sondern **durch das Leben lernen**.

Non scholae sed vitae magister noster – nicht die Schule, sondern das Leben wird dann zu unserem Lehrer.

4.2.2 ARBEIT – ERFOLGREICH DIE KONTROLLE VERLIEREN

Kreativität entsteht
durch kollaboratives Träumen.

WIDERSPRUCH ODER PERSPEKTIVFRAGE

Zugegeben, bei kaum einem anderen Spielraum mag die Kluft zum Spielen unüberbrückbarer erscheinen als beim Thema »Arbeit«. Versteht man hierunter doch üblicherweise das breite Spektrum all derjenigen Tätigkeiten, die man notwendigerweise erledigen muss, um seinen Lebensunterhalt zu verdienen. Die Assoziation mit Last, Mühsal und Fron durchzieht konsequent alle Epochen unserer Menschheitsgeschichte. Von Spiel, also einer freiwilligen Aktivität, die Freude bereitet, konnte nie die Rede sein, weder bei der Bisonjagd, der Arbeit auf dem Feld oder der industriellen Arbeit am Band. Auch heute zeigen die Statistiken über die weit verbreitete Unzufriedenheit von Mitarbeitern am Arbeitsplatz eindeutig, dass die wenigsten Menschen im Kontext ihrer Arbeit positive Emotionen empfinden.

Doch gerade weil Arbeit so viel Lebenszeit in Beschlag nimmt, sollten wir der Frage nachgehen, warum wir uns die Kombination aus Arbeit und Freude oft noch nicht einmal theoretisch vorstellen können. Vor allem, weil der Grund dafür nicht nur in der Art und Weise zu suchen ist, wie wir Arbeit gestalten, sondern auch darin, wie wir aufgrund unserer kulturellen Prägung darüber denken.

Im Christentum ist die Polarität zwischen Arbeit und Vergnügen bereits in der biblischen Schöpfungsgeschichte verankert. Darin bestraft Gott den Menschen für seinen Ungehorsam im Paradies damit, dass er zukünftig nur noch »im Schweiße seines Angesichts sein Brot essen« kann. In dieser religiösen Ur-Story werden wir für unsere erste freie Willenshandlung, mit der wir uns den Vorgaben einer höheren Autorität widersetzten, mit lebenslanger Anstrengung bestraft – und zwar von demjenigen, dem wir angeblich unser Dasein sowie unsere Befähigung zur freien Entscheidung verdanken. Kein Wunder also, dass diese Geschichte unsere Perspektive auf jeglichen Arbeitskontext zutiefst geprägt und Eingang in unsere mentalen Modelle gefunden hat: Arbeit ist mühevolle Anstrengung, zu der wir entgegen unsere eigenen Bedürfnissen gezwungen werden müssen. Verbunden mit einem Touch Ungerechtigkeit in der Führung.

Daran haben auch die wenigen Autoren und Denker nichts grundsätzlich ändern können, die sich hiermit kritisch auseinandergesetzt haben. Der eine oder andere Leser mag sich vielleicht noch an den Helden Tom Sawyer aus dem gleichnamigen Buch von Marc Twain erinnern. In einer Geschichte gelingt es dem Waisenjungen durch geschickte Rhetorik, seine Freunde dazu zu bringen, für ihn den Zaun seiner Tante Polly zu streichen. Was als Strafe gedacht war, transformierte Tom kurzerhand zu einer Einnahmequelle, indem er etwas Banales zu etwas ganz Besonderem und äußerst Exklusivem machte. Was allerdings weniger in Erinnerung geblieben ist, sind die Ausführungen des Autors im Anschluss an diese Geschichte, in denen er ganz generell über das Konzept von Arbeit sinniert und die Schlussfolgerung zieht, »dass Arbeit darin besteht, was immer eine Person zu tun verpflichtet ist, und dass Spiel aus dem besteht, was eine Person nicht zu tun verpflichtet ist« – wobei sich beide Tätigkeiten durchaus stark ähneln können.

Während die klassische Sicht auf Arbeit davon ausgeht, dass sich die mit ihr verbundene Anstrengung aus der erbrachten Leistung definiert, wie sich dies auch in der physikalischen Definition für Arbeit als das Produkt aus aufgebrachter Kraft und zurückgelegter

Nicht die konkreten Aufgaben bei der Arbeit, sondern die zunehmende Geschwindigkeit, in der sich das Arbeitsumfeld ändert, sind verantwortlich für den Stress, den sie in uns erzeugt. Dabei liegt das größte Potenzial in der gerade begonnenen vierten Phase der Evolution unserer Arbeitswelt und den neuen digitalen Möglichkeiten in uns Menschen, um nicht nur Bestehendes weiter zu optimieren, sondern bisher nie Dagewesenes zu erschaffen. Doch um innovativ zu sein, müssen wir die transaktionale Effizienzspirale verlassen und stattdessen unsere kognitive Leistungsfähigkeit steigern. Die intrinsische Motivation, die hierfür entscheidend ist, lässt sich ebenso wie die notwendige Kreativität am ehesten in einer spielerischen Arbeitshaltung finden.

Strecke widerspiegelt, stellt Marc Twain die kühne These auf, dass **schlichtweg das Maß unserer inneren Selbstbestimmtheit darüber entscheidet, ob wir eine Tätigkeit als Arbeit oder als Spiel empfinden – und dies ganz grundsätzlich** und unabhängig von konkreten Inhalten oder Rahmenbedingungen.

Damit tangiert er bereits vor rund 150 Jahren drei Grundsatzfragen, die aus meiner Sicht entscheidend für die Themen »Arbeitszufriedenheit« und »unternehmerischer Erfolg« im 21. Jahrhundert sind:

- *Welche Faktoren sind verantwortlich für die Belastung, die wir bei der Arbeit empfinden?*
- *Was müssen wir ändern, um diese Belastung zu reduzieren und gleichzeitig das Ergebnis zu verbessern?*
- *Welche Rolle spielt unser Kopf bei der Beurteilung, ob Arbeit belastend ist oder nicht?*

ZWEI PROZESSE, DREI OPTIMIERUNGSZIELE

ARBEIT

Betrachtet man Arbeit zunächst ganz nüchtern, so besteht sie in der Regel im Kern darin, dass eine bestimmte Anzahl an Akteuren unterschiedliche Ausgangsmaterialien oder -situationen so verändern, dass etwas in den Augen der Gesellschaft Wertvolleres entsteht. Das Ergebnis dieser *Produktion*, die auch das Erbringen von Dienstleistungen mit einschließt, kann dann durch den sogenannten *Handel* in ein standardisiertes monetäres Wertäquivalent – in der Regel Geld – eingetauscht werden, das unter den Akteuren mehr oder weniger gerecht verteilt wird.

Auch wenn heute sowohl Produktion als auch Handel auf die vielfältigste Art zerlegt und die einzelnen Elemente miteinander global verknüpft sind, so haben sie sich seit der neolithischen Revolution vor rund 10 000- bis 15 000 Jahren in ihren Grundstrukturen nicht wesentlich verändert.

Irgendwann in unserer Menschheitsgeschichte haben allerdings die Akteure erkannt, dass ihre Arbeitsprozesse nicht immer optimal ablaufen – eine janusköpfige Einsicht. Denn während die einen hierin eine Chance witterten, durch Optimierung die erwirtschafteten Erträge noch weiter zu steigern, und die anderen eher daran interessiert waren, den gleichen Erfolg mit spürbar weniger Aufwand zu erreichen, so haben doch beide Seiten aus ihren unterschiedlichen Perspektiven ein Interesse daran entwickelt, Arbeitsabläufe kontinuierlich zu »verbessern«.

Hieraus entwickelte sich ein dreifacher Optimierungsprozess, den man als Produktivitätssteigerung bezeichnet und der unverändert bis heute den Fokus bei der Weiterentwicklung sämtlicher Tätigkeiten bildet, die wir unter dem Begriff »Arbeit« subsumieren: die Suche nach einer kontinuierlichen Reduzierung der Kosten für Ausgangsmaterial, das Streben nach Minimierung des Aufwandes für die Umwandlung sowie die Maximierung des Wertes, den das Endprodukt in den Augen der Gesellschaft hat.

Grundsätzlich besteht somit unsere Arbeitswelt in ihrem Kern aus zwei Hauptprozessen sowie drei Optimierungszielen. Dieses Grundmodell war lange Zeit überschaubar und auch für die meisten Beteiligten durchaus nützlich, solange es sich auf relativ stabile, lokal begrenzte und nur wenig vernetzte Kleinsysteme bezog, die sich mit überschaubarer Geschwindigkeit weiterentwickelten.

Allerdings hat sich in den letzten 35 Jahren eine Eigendynamik entwickelt und dieser Optimierungsprozess eine Beschleunigung erfahren, die inzwischen alle Beteiligten zunehmend herausfordert.

Während wir zunächst über Jahrtausende froh waren, überhaupt in ausreichender Menge über das notwendige Ausgangsmaterial zu verfügen, so versuchen wir seit den 1980er-Jahren immer intensiver durch Verhandlungsmacht, das Erschließen neuer globaler Beschaffungsquellen und die Bündelung von Abnahmemengen, möglichst günstige Einstandskosten für das notwendige Inputmaterial zu erzielen.

Gleichzeitig haben wir erkannt, dass unser Wirkungsgrad durch Arbeitsteilung sowie die hierfür notwendige Delegation von Aufgaben an andere deutlich gesteigert werden kann. Daher ging es plötzlich nicht mehr darum, ein Handwerk ordentlich auszuführen, so wie wir es von unseren Vorfahren gelernt hatten, sondern die Tätigkeiten so kleinteilig zu zerlegen, dass sie standardisiert und idealerweise von noch gehorsameren und zunehmend günstigeren Maschinen übernommen werden konnten.

In den 1990er-Jahren wurde uns dann allerdings klar, dass dieses System durch die zunehmende Komplexität bei der Orchestrierung seiner Einzelteile extrem ineffizient geworden ist und ein weiteres großes, bislang verborgenes Einsparpotenzial barg. Zu dieser Zeit löste der Erfolg einer neuen Produktionsphilosophie des japanischen Automobilherstellers Toyota, der plötzlich Produkte von bisher unbekannt hoher Qualität zu deutlich niedrigeren Preisen auf den Markt brachte, eine unerwartet starke Absatzkrise in der Automobilindustrie in Europa und den USA aus. Und das Kapitel der Optimierung von Arbeitsprozessen bekam einen ganz neuen Schwung. Es war insbesondere dieser Schock, der eine erfolgsverwöhnte Industrie aufweckte und den strategischen Ansatz einer »schlanken Produktion« (Lean Produktion) gebar, der wenige Jahre später sowohl auf alle anderen Industrien als auch auf administrative Prozesse ausgeweitet wurde (Lean Management). Durch eine detaillierte Analytik der einzelnen Handlungsschritte sämtlicher Arbeitsprozesse verfolgte man das Ziel, nicht nur Abläufe immer effizienter zu gestalten, sondern auch jegliche »nicht wertschöpfenden« Tätigkeiten in den Abläufen zu eliminieren. Denn sie leisteten keinen nützlichen Beitrag zur Wertsteigerung der Endprodukte.

Um insbesondere Prüf- und Qualitätskosten zu minimieren, begann man systematisch damit, die verbleibenden werterzeugenden Prozesse so weit wie möglich zu standardisieren und die Abläufe schrittweise so zu stabilisieren, dass sie möglichst ohne Abweichungen das vorher festgelegte Ergebnis ablieferten und die Qualität nicht erst am Ende aufwendig »erprüft« werden musste. Bis heute ist dies der Fokus bei der Optimierung von Herstellungs-, Dienstleistungs- und später auch administrativen Prozessen geblieben.

Mit der Öffnung der globalen Märkte begann zusätzlich ein »Zwillingsprozess«, bei dem die Nutzung von andern Ländern nicht nur als zusätzlicher Absatzmarkt, sondern auch als günstiger Arbeitsmarkt einen Boom erfuhr. Dank der Standardisierung der

Prozesse konnten die Gesamtkosten nun auch durch Verlagerung in Herstellungsländer mit niedrigen Lohnkosten weiter reduziert werden. Nach Osteuropa und Asien klopft die Karawane inzwischen in Afrika an.

Als dritten Schwerpunkt unseres wirtschaftlichen Handelns haben wir dann auch noch begonnen, immer intensiver nach geeigneten Wegen zu suchen, einen möglichst hohen Tauschwert für unsere Produkte zu erzielen. Auch dieser Faktor, unter dem man ursprünglich überwiegend die Vorausahnung von zukünftigen realen Kundenbedarfen verstand, hat gegen Ende des letzten Jahrhunderts durch die zunehmende Verbreitung des Marketings einen neuen Schub erfahren. Während zuvor die Befriedigung von echten Basisbedürfnissen im Vordergrund stand und man mit dem Angebot eine tatsächlich existierende Nachfrage zu decken versuchte, bot ein immer ausgeklügelteres Marketing nun die Möglichkeit, gezielt Sekundärbedürfnisse in den Märkten künstlich zu erschaffen, um von diesen dann mit adäquaten Angeboten zu profitieren.

Daher sollte uns zunächst klar werden, dass es **weniger die eigentlichen Tätigkeiten sind, die unsere Arbeit heutzutage anstrengend machen**, da sie objektiv betrachtet gegenüber der harten Lebensrealität unserer entfernten Vorfahren allein schon durch die weitgehende Verlagerung in geschützte Räume sowie die Unterstützung durch Maschinen und Roboter deutlich erleichtert wurde. **Stress erzeugt** vielmehr **der konstante Effizienz- und Absatzdruck**, der gerade in den letzten Jahren massiv zugenommen hat und **mittlerweile von einer zunehmenden Zahl von Menschen kaum noch auszuhalten ist**.

Dabei ist es gerade mal 35 Jahre her, dass wir – angeheizt durch die zunehmende Globalisierung der Arbeitswelt – begonnen haben, diesen Ansatz zu intensivieren mit dem ehrgeizigen Ziel, Kosten und Aufwand so weit wie möglich gegen null zu drücken und den Ertrag zu maximieren.

ARBEITSWELT 4.0

Was dies inzwischen faktisch an Veränderung in der Arbeitsrealität bedeutet, kann man allein an der atemberaubenden Entwicklung der Kommunikation über diese kurze Zeitperiode erkennen. Während wir noch vor wenigen Jahrzehnten Dokumente mit der Schreibmaschine erstellen und physisch per Post verschicken mussten, sodass die Erfindung des Kopierers als Ersatz für Kohlepapier bereits eine Revolution darstellte, erwartet inzwischen jeder Kollege, Kunde oder Lieferant innerhalb weniger Minuten eine Antwort auf seine E-Mail. Und die neuesten Technologien wie Digitalisierung, Vernetzung von Maschinen (»Internet of Things«) oder künstliche Intelligenz, die häufig unter dem Begriff »Wirtschaft 4.0« zusammengefasst werden, initiieren implizit die Erwartung, dass wir durch ihren Einsatz eine weitere Entwicklungsstufe der Arbeitseffizienz erklimmen können (zu einer etwas realistischeren Bewertung ihrer Fähigkeiten komme ich noch in Kapitel 4.3.2). Dass dies bei vielen, die bereits jetzt ihre Arbeit kaum noch in der vorgegebenen Zeit erledigen können, Ängste davor auslöst, nicht mehr mitzukommen oder überflüssig zu werden, und dadurch der Stress noch weiter steigt, ist nicht verwunderlich.

Bezogen auf diese Veränderungsgeschwindigkeit lässt sich die bisherige Geschichte der Arbeitswelt am ehesten anhand der Intensität der erwähnten Optimierungsprozesse in Reifestufen einteilen, die unsere Wirtschaft bisher charakteristisch geprägt haben. Während die erste Phase über Jahrtausende angedauert hat und größere Veränderungen in den Arbeitsabläufen lediglich durch sporadische Erfindungen oder gesellschaftliche Umbrüche induziert wurden (Arbeitswelt 1.0), haben wir durch die flächendeckende Einführung von Maschinen und einer zunehmenden Zerlegung der Arbeitsschritte vor rund 250 Jahren damit begonnen, systematisch Geschwindigkeit aufzunehmen (Arbeitswelt 2.0). Doch erst **in den letzten 35 Jahren** haben wir einen Weg eingeschlagen, auf dem wir kontinuierlich versuchen, die Erledigung von möglichst optimierten Abläufen immer weiter zu beschleunigen (Arbeitswelt 3.0).

Diese Intensivierung im Blick zu haben ist wichtig, um jetzt, an der Schwelle zur Reifestufe 4.0, uns die Frage zu stellen, ob dieser erneute Upgrade einen verbesserten Werkzeugkoffer bietet, mit dem wir eine weitere Schallmauer der ökonomischen Prozessgeschwindigkeit durchbrechen können. Oder ob vielmehr unser inzwischen omnipräsenter Stress in der Arbeitswelt ein Zeichen dafür ist, dass **wir an einer fundamentalen Singularität angekommen sind, bei der die Optimierungsreserven des Bestehenden bereits weitgehend erschöpft sind. Und wir insofern nach Potenzialen ganz anderer Art suchen müssten**, deren Entdeckung und Erschließung jedoch einen grundsätzlichen Perspektivwechsel voraussetzt.

FUNDAMENTALE ANFORDERUNGSVERSCHIEBUNG

Ich selbst bin vor gut 30 Jahren in das Arbeitsleben eingestiegen und somit ein Kind der ersten Stunde einer Arbeitswelt 3.0. Mit der Neugierde des Forschers habe ich mich in meinen ersten Berufsjahren im Vertrieb auf die Mission begeben, nach der Öffnung des Eisernen Vorhangs in den Ländern der damaligen UdSSR neue Absatzmöglichkeiten zu finden (China und die anderen asiatischen Märkte kamen später ebenfalls hinzu). Ich war dabei, als wir die ersten Fertigungsinseln in der Produktion nach »Lean«-Prinzipien umgebaut und statistisch optimiert haben, um die Effizienz zu steigern. Und ich habe auch für einen über Nacht global werdenden Einkauf enthusiastisch Strategien konzipiert, um die Preise selbst für komplexe Systeme immer weiter zu senken.

Die vielfachen Optimierungsmöglichkeiten der Globalisierung gepaart mit Lean-Management-Ansätzen waren wie ein Goldrausch, der alle bestehenden Grenzen aufzulösen schien. Egal ob in der Automobilindustrie, der Luftfahrt oder der Elektronik, alle Herausforderungen waren Teil eines großen Spiels, bei dem es darum ging, Schätze auf Kontinenten zu finden und zu heben, die vorher noch nie jemand betreten hatte. Und meine innere Schatzkarte gab mir das sichere Gefühl, dass nahezu überall Potenziale verborgen waren, die ich nur bergen musste.

Erst nach einigen Jahren begann der steigende Erwartungsdruck, die Erfolge einzuholen. So verwandelten sich unternehmerische Langfristplanungen, die bis in die 1980er-Jahre hinein ganz selbstverständlich von jährlichen Lohn- und Kostensteigerungen ausgingen, in kontinuierliche Einsparpläne, die sich irgendwann nicht mehr nur auf kleine einstellige Prozentsätze beschränkten. Selbst 30 Prozent in überschaubarer Zeit schienen nicht mehr unmöglich. Doch wie bei jedem Optimierungsprozess, mit dem man Neuland betritt, waren nach einer anfänglichen Euphorie irgendwann die niedrig hängenden Früchte abgeerntet, und es wurde immer schwerer, die Produktivität für bestehende Produkte zu steigern. Waren einmal die Prozesse stabil und verschlankt, konnten weitere Kostenoptimierungen nur noch über Volumeneffekte und Standardisierungen erreicht werden.

So wuchs der heute omnipräsente Druck auf die Unternehmen, immer schneller wachsen zu müssen, um zumindest ihre kaum weiter reduzierbaren Fixkosten auf eine breitere Basis umlegen zu können. Gleichzeitig tauchten die ersten sich widersprechenden Ziele am Horizont auf: Die Unternehmen setzten auf Standardisierung, um auf ihre Kosten zu kommen, doch die Märkte riefen immer stärker nach Individualisierung.

In dieser Zwickmühle blieb nur noch die Möglichkeit, durch vereinfachtes Produktdesign immer wieder aufs Neue die Kosten zu senken – der Beginn einer Entwicklung, bei der insbesondere die reduzierte Lebensdauer der Produkte durch Kompromisse bei der Qualität viele ehemalige Innovationen auf die Stufe von Wegwerfartikeln degradierte und eine Konsumspirale auslöste, bei der es nur noch um den Preis ging, egal ob es sich um ein neues Smartphone oder eine schicke Fast-Fashion-Klamotte handelte.

Erst die Elektronikentwicklung der letzten Jahrzehnte hat hier neue Möglichkeiten geschaffen, indem sich der Trend von »Immer billiger« in Richtung Miniaturisierung und Integration verschob und Produkte auf den Markt brachte, die kleiner und einfacher zusammengesetzt waren und gleichzeitig immer mehr Funktionen integrierten. Während das Gewicht der ersten kabellosen und tragbaren Telefone noch Muskelkater verursachte, passte die Technik wenige Jahre später bereits in jede Hosentasche. Gleichzeitig übernahmen die neuen Geräte zusätzliche Aufgaben: Computer, Radio, Fernseher, Fitnesstrainer, Reisebüro – Produkte wurden nicht mehr günstiger, sondern bedienten ein immer breiteres Spektrum an Bedürfnissen.

Die Digitalisierung hat dann noch ein ganz neues und weitaus größeres Feld an kreativen Lösungen eröffnet. Denn da inzwischen nicht nur Menschen, sondern auch die Welt der Dinge kabellos immer stärker miteinander kommuniziert, können wir uns nun mit einer kurzen Berührung des Touchscreens unseres Smartphones einen direkten Zugang zu Möglichkeiten verschaffen, die vor kurzem noch in den Bereich von Science-Fiction gehörten – und diese Entwicklung hat gerade erst begonnen.

ARBEIT

Das größte Potenzial in der vierten Phase der Evolution unserer Arbeitswelt liegt daher nicht in einer weiteren Optimierung von Bestehendem, sondern **in der Erschaffung von bisher nie Dagewesenem** durch neue technische Möglichkeiten.

Während bei der Verschlankung, Standardisierung und Kostenoptimierung von Prozessen bisher der Fokus darauf lag, das zu verbessern, was bereits existiert, so steht inzwischen die Entwicklung neuer Produkte im Vordergrund, die wir uns dank der verfügbaren technischen Möglichkeiten erst jetzt vorstellen können. Die Fähigkeit einer Organisation zu einer solchen kontinuierlichen Innovationsleistung unterscheidet sich jedoch fundamental von den Optimierungsansätzen, die wir bisher aus der Arbeitswelt kannten. Statt gesteigerter transaktionaler Leistung sowie der Analytik, um diese Tätigkeiten kontinuierlich zu optimieren, benötigen wir in einem »Arbeitsumfeld 4.0« zunehmend kognitive Fähigkeiten wie Kreativität, Abstraktionsfähigkeit und auch Empathie, um die tatsächlichen Bedürfnisse potenzieller Kunden besser zu verstehen. Zudem ein hohes Maß an Kooperationsfähigkeit intern und extern, um aus der Vielfalt an neuen, immer komplizierteren Möglichkeiten gemeinsam mit anderen Lösungen zu erschaffen, die es bisher noch nicht gab.

Was bedeutet das konkret für unser Arbeitsumfeld? Eine solche Verschiebung von einem reinen Handlungsfokus und der effizienten Anwendung erlernter Kompetenzen hin zu einem kontinuierlichen Innovationsprozess ist für die Beteiligten, wenn man es aus der Perspektive der Funktionsalgorithmen unseres Gehirns betrachtet, eine fundamental andere Anforderung. Während **transaktionale Leistung**, also das Abarbeiten klar definierter Tätigkeiten, **durch äußeren Anreiz, Druck sowie Kontrolle** (bis zu einem gewissen Grad) **gesteigert werden kann, benötigt kognitive Leistung das diametrale Gegenteil: ausreichend Raum für Kreativität, Fehlertoleranz sowie die weitgehende *Abwesenheit* von äußerem Druck oder Kontrolle**. Kreativität, Abstraktion und Empathie entstehen nicht innerhalb ausgeklügelter extrinsischer Anreizsysteme, sondern erfordern ein hohes Maß an Selbstbestimmtheit. **Man kann diese Kompetenzen allerdings nicht erzwingen, sondern muss Freiräume schaffen, in denen sie sich dank hoher intrinsischer Motivation entfalten können.** Damit sind wir wiederum bei genau den bereits in Kapitel 2.2 genannten Qualitäten: Autonomie, Kompetenz und Verbundenheit – und damit bei genau dem Gegenteil dessen, was wir heute in den meisten Organisationen vorfinden.

Während wir bisher den Schwerpunkt in der Arbeitswelt darauf gelegt haben, durch immer ausgeklügeltere Führungswerkzeuge, Bonussysteme und Kontrollmechanismen die Effizienz aller Beteiligten zu steigern, muss uns nun bewusst werden, dass in Zukunft ganz neue Voraussetzungen gegeben sein müssen, damit Organisationen überhaupt die von ihnen erwartete Innovationsleistung erbringen können.

Den inzwischen omnipräsenten Stress in unserer Arbeitswelt können wir im Wesentlichen darauf zurückführen, dass immer noch die alten Arbeitsumgebungen vorherrschen, die vollkommen inadäquat sind, um die inzwischen notwendigen Innovationskompetenzen hervorzubringen. Dieses (Führungs-)Problem entspricht einem Verhalten, das Albert Einstein schon zu seiner Zeit als »Wahnsinn« bezeichnet hat: Wir tun weiterhin das Gleiche und erwarten andere Ergebnisse.

Konsequenterweise ist das Aufkommen grundsätzlich neuer Arbeitsmodelle, die inzwischen immer häufiger unter dem Begriff

»New Work« zusammengefasst werden und die die (intrinsische) Motivation von Mitarbeitern in den Vordergrund stellen, keine nette temporäre Modeerscheinung. Vielmehr handelt es sich hierbei um die ersten Kristallisationspunkte für eine zukünftige Arbeitswelt, die sich fundamental von allem unterscheidet, was wir bisher darunter verstanden haben.

Dieser Cut ist überfällig. Denn allein die Tatsache, dass psychische Erkrankungen infolge von beruflicher Überlastung unsere Wirtschaft inzwischen doppelt so viel kosten wie Ausfälle durch physische Krankheiten, sollte uns alarmieren – zumal zeitgleich unsere Fortschrittsgeschwindigkeit immer seltener im globalen Wettbewerb auszureichen scheint.

Dass auch hier unsere menschliche Befähigung zum Spielen geradezu prädestiniert ist, genau die Potenziale zu fördern und freizusetzen, die wir brauchen, dürfte inzwischen allen Lesern klar sein. Deswegen möchte ich noch auf einen weiteren Prozess zu sprechen kommen, der unsere Arbeitswelt und unsere Sichtweise auf Arbeit grundsätzlich und fundamental verändern wird.

WORK-LIFE-BALANCE-ABSURDITÄT

Über Jahrhunderttausende hinweg war es selbstverständlich, dass wir Menschen den Großteil unserer Lebenszeit und -energie für die Erwirtschaftung des Lebensunterhaltes aufwenden mussten. Erst durch die Arbeiterbewegung in der Folge der industriellen Revolution, verbunden mit der Entstehung organisierter Arbeitnehmervertretungen, verfestigte sich das Konzept einer grundsätzlichen Trennung zwischen Arbeit und Freizeit. Schrittweise wurde Arbeit auf klar definierte Zeitfenster begrenzt und in ihrer dominanten Rolle zurückgedrängt. Während die ursprüngliche Rechtfertigung hierfür eine durchaus sinnvolle Schaffung von adäquaten Erholungspausen zum Ziel hatte, mutierte dieser Trend spätestens mit der Work-Life-Balance-Debatte der letzten Jahre zu einer fundamentalistischen Bewegung einer ganzen Generation.

Die aufgewendete Zeit für Arbeit sollte schlichtweg im Leben minimiert werden, da sie grundsätzlich als störend für die eigene Lebensgestaltung wahrgenommen wurde. Dies ist allein schon aus der Begrifflichkeit erkennbar, wenn Arbeit als Gegenpol zu Leben dargestellt, ja gar mit einem todesähnlichen Zustand gleichgesetzt wird. Dass dies für die Arbeitsrealität vieler Menschen durchaus zutreffend ist, kann man einschlägigen Statistiken entnehmen. Dass diese Polarität allerdings nicht mehr hinterfragt wird, verhindert die Suche nach Möglichkeiten, die beiden Lebensbereiche zeitgemäß in eine gesunde Beziehung zu setzen.

Ob physische Anstrengung im Fitnesscenter, die kognitive Herausforderung im Schachclub oder das Ehrenamt als Schatzmeister im Karnevalsverein: Allein der Vergleich mit vielen Hobbys, denen wir unentgeltlich (oder sogar mit eigenem finanziellem Einsatz) in unserer Freizeit (alias »Leben«) mit Begeisterung nachgehen und die in vielen Aspekten einer Arbeitssituation frappierend ähneln, zeigt, dass es nicht an der Tätigkeit selbst liegen kann, dass wir in unserer Arbeit nicht ähnliche Chancen für Freude, soziale Kontakte und persönliche Entwicklung sehen können.

Zeitgleich hat die Revolution in der Kommunikation innerhalb weniger Jahrzehnte die zum Teil erst durch heftige Arbeitskämpfe erstrittene Verschiebung der Lebenszeitanteile zugunsten der Freizeit deutlich unterminiert, indem sie die mühevoll gezogenen Grenzen durchlöchert hat. Durch mobile Kommunikation sind wir inzwischen rund um die Uhr erreichbar, und viele von uns können ihre Arbeit dank omnipräsenter drahtloser Verbindungen über das Internet mit ihrem Laptop mit sich herumtragen.

Wie weit dies inzwischen gehen kann, hat uns nicht zuletzt die flächendeckende Umstellung auf Homeoffice während der Pandemie gezeigt. Wo es möglich war, wurde kurzerhand der Arbeitsplatz an den heimischen Küchentisch verlagert, um die Ansteckungsrisiken zu minimieren. Dank Videokonferenzsoftware finden seitdem virtuelle Meetings mit Menschen aus allen Teilen der Welt statt, ohne dass einer von ihnen das eigene Haus verlassen muss. Und Arbeitsformen, die in dieser radikalen Art und Weise zuvor noch einer kleinen Zahl selbstständiger Arbeitsnomaden vorbehalten war, auf deren frei gewählte Arbeitsplätze im Inselparadies wir gelegentlich mit Neid blickten, gehören inzwischen zu unserem Alltag – auch wenn sich bei uns die Palmen in der Regel nur auf unserem Bildschirmhintergrund biegen. Nachdem wir die Arbeit so vehement zurückdrängen wollten, ist sie über Nacht durch die Hintertür in unser Leben eingedrungen.

Trotz aller lobenswerten Bemühungen von Gewerkschaften sowie der Politik, die noch vor wenigen Jahren einen »Dialogprozess Arbeit 4.0« auf deutscher Ministerebene initiierten, um die Flexibilisierung von Arbeitszeit und Arbeitsort und die damit einhergehenden rechtlichen und gesundheitlichen Risiken für den Arbeitnehmer in Grenzen zu halten, wird dieser Trend nicht aufzuhalten sein. Bereits in naher Zukunft werden gerade diejenigen Tätigkeiten, die seit Ende des letzten Jahrhunderts unter dem Attribut »gute Arbeit« zur Idealvorstellung der Arbeitnehmervertretungen wurden, zu großen Anteilen in einem Umfeld stattfinden, das von keinem herkömmlichen Arbeitsrecht erfasst wird und für dessen verantwortungsvollen Umgang wir auch kaum eigene Erfahrung mitbringen.

Ähnlich wie die Globalisierung, die nicht nur Vorteile für den weltweiten wirtschaftlichen Fortschritt geschaffen, sondern auch ein hohes Maß an Komplexität für unser Leben mit sich gebracht hat, wird auch diese Entwicklung massive Auswirkungen auf unser zukünftiges Verhältnis zur Arbeit haben – und wir müssen uns damit auseinandersetzen.

Auch wenn es anfänglich einige Gegner auf den Plan rufen wird, die vehement für die Wahrung des bisher Gewohnten eintreten werden, sollten wir uns eher zeitnah Gedanken machen, wie wir mit dieser neuen Realität einer integrierten Arbeits-Lebenswelt sinnvoll umgehen wollen. Denn auch hierbei bleibt es stark unserer Perspektive überlassen, ob wir darin eine zunehmende Bedrohung durch den Verlust von lieb gewonnenen Rechten sehen wollen – oder einen neuen Spielraum voll ungeahnter Möglichkeiten.

Arbeit kann bei entsprechenden Rahmenbedingungen und einer inneren Haltung, die eher einem »Dürfen« als einem »Müssen« entspricht, neben der Grundlage für den Lebensunterhalt durchaus auch **ein Entwicklungsfeld für persönliches Wachstum, soziale Anerkennung oder gar Sinnstiftung sein. Und wenn wir Arbeit auf Augenhöhe mit all den anderen Bereichen unseres Lebens erleben** können, lösen wir den Scheinwiderspruch zwischen beiden auf und **können** stattdessen **ein harmonisches Miteinander anstreben**.

DIE UNTERNEHMENSSEELE

In einer Weihnachtsansprache habe ich vor vielen Jahren als ziemlich neuer Geschäftsführer einmal gesagt, dass ich bislang noch nicht die Seele des Unternehmens gefunden habe und wir uns auf den Weg machen müssen, diese zu finden. Ich war mir bewusst, dass ich mit dem Begriff »Seele« bestenfalls Irritation auslösen kann. Und doch hat die Bemerkung genau die Aufmerksamkeit erzeugt, die notwendig war, um in den folgenden Monaten der Frage nachzugehen, was denn der eigentliche Zweck der Firma ist – unabhängig von der Aufgabe, die Mitarbeiter (und Lieferanten) zu ernähren und bestenfalls die Shareholder reicher zu machen.

Während es inzwischen durchaus modern ist, Fragen nach dem Warum zu stellen, ging es mir allerdings nicht darum, einen schlagkräftigen Slogan durch die Marketingabteilung kreieren zu lassen, um letztlich unsere Mitarbeiter zu noch höherer Leistung anzufeuern. Für mich ist die Suche nach der Unternehmensseele eng verknüpft mit der Frage nach der tatsächlichen Funktion der Firma im größeren gesellschaftlichen Kontext: Was würde der Welt fehlen, wenn es uns nicht (mehr) gibt?

Ich stelle diese Frage inzwischen nicht nur in jedem Unternehmen, sondern beziehe bei der Suche nach einer Antwort auch jedes Mal über verschiedene Veranstaltungsformen wie Workshops oder World-Cafés möglichst viele Mitarbeiter in die Diskussion mit ein. Denn **letztendlich ist es die Erkenntnis eines höheren Zweckes**, die uns die Chance bietet, **in unserer Arbeit eine persönliche Sinnhaftigkeit und damit Zugang zu unserem inneren Antrieb zu finden**, der alle anderen Vorteile wie Gehalt, Boni, Kantine oder Kontaktmöglichkeiten zu angenehmen Hygienefaktoren degradiert – als Sekundärziele haben sie immer den Nachteil, dass sie nie wirklich zu nachhaltiger Befriedigung führen.

Seitdem wir unsere Arbeitswelten durch zunehmende Arbeitsteilung innerhalb der Unternehmen, aber auch entlang der Wertschöpfungskette kleinteilig zerstückelt haben, ist diese Frage nicht mehr leicht zu beantworten. Häufig beenden wir unsere Suche bereits bei dem unmittelbaren Nutzen unserer Tätigkeit für die vor- oder nachgelagerten Partner. So ist ein klarer Kundenfokus, wirtschaftlicher Erfolg oder eine dominante Marktposition in der Regel unter den Antworten zu finden, die dann als »Mission« betitelt die Eingangsbereiche von Unternehmen schmücken.

Auch viele Arbeitsplatzbeschreibungen lesen sich eher wie die Spezifikation für einen Computeralgorithmus, in der der verfügbare Input, der erhoffte Output sowie die Berichtslinie festgelegt werden. Eine weitergehende Sinnhaftigkeit sucht man oft vergeblich. Diese Reduktion auf eine kontextfreie Aufgabenerfüllung führt inzwischen dazu, dass selbst Tätigkeiten in gesellschaftlich durchaus existenziell wichtigen Branchen wie beispielsweise den sozialen Berufen häufig sinnentleert erscheinen und den Prozess einer generellen Entfremdung von Arbeit fördern.

Welches Potenzial in der Frage nach dem eigentlichen Sinn der eigenen Tätigkeit liegt, zeigt eine Geschichte, die über einen Besuch von Präsident John F. Kennedy erzählt wird, als er 1962 die NASA besuchte. Auf dem Campus begegnete er einem Hausmeister, der mit seinem Besen die Wege kehrte. JFK, der für seine lockere Art bekannt war, fragte den Mann angeblich spontan, was er hier denn tue. Seine Antwort: »Nun, Mr. President, ich helfe dabei, Menschen auf den Mond zu bringen.«

Ob der Dialog tatsächlich so stattgefunden hat, lässt sich nicht mehr überprüfen. Die Haltung des Hausmeisters ist allerdings sinnbildlich für eine gesunde Beziehung zur Gesamtmission der Unternehmung über alle inhaltlichen Trennungslinien und Hierarchien hinweg. Und sie birgt die Chance, ein inneres Motivationspotenzial zu aktivieren, das bereits Victor Frankl in seinem Buch *Man's Search for Meaning* als stärkste Antriebskraft für all unser Handeln identifiziert hat. Denn sie verschiebt den Beurteilungsmaßstab von der Bewertung der auszuführenden Tätigkeit auf eine höhere Ebene, auf der geprüft wird, inwieweit ihre Auswirkungen mit den eigenen Werten und Handlungsprioritäten im Einklang stehen.

In meinem aktuellen Unternehmen haben wir der Frage »Warum gibt es uns eigentlich?« vor ein paar Jahren einen vollen

Arbeitstag gewidmet. Alle Mitarbeiter nahmen daran teil, und heraus kam, dass wir das ideale Produkt in den Händen halten, um den textilen Materialkreislauf im Bereich von Outdoor- und Berufsbekleidung zu schließen, und damit einen Schlüssel besitzen, um in einer der schmutzigsten Industrien der Welt ein konsequentes Wiederverwerten von Rohstoffen am Ende des Produktlebens zu ermöglichen – anstatt zu wachsenden Müllbergen beizutragen. Diese Aufgabe haben wir seitdem zum primären Fokus unseres Handelns gemacht, und alle unsere Entscheidungen orientieren sich daran – selbst wenn dies zunächst mit finanziellen Nachteilen und höherem Aufwand verbunden ist.

Jeder von uns sollte dieser Grundsatzfrage in seinem aktuellen Arbeitsumfeld nachgehen und sich die Frage nach der Unternehmensseele einmal selbst stellen. Wichtig hierbei ist, die Reflexionsfläche ausreichend groß auszuwählen, wenn man die Sinnhaftigkeit der eigenen Tätigkeit überprüfen möchte. Im Idealfall spiegelt man die Unternehmenstätigkeit im Kontext der Bedürfnisse unserer Gesellschaft oder der aktuellen Gefährdungspotenziale für die Ökosphäre. Es geht weniger um die tatsächliche Wirkung, die du persönlich erzielen kannst, sondern um die Frage, welchen kollektiven Beitrag dein Unternehmen in der Welt gesamtheitlich leistet, zu dem du beiträgst.

Selbst wenn erst mal nur das Potenzial dafür vorhanden ist, mit einem Produkt oder einer Dienstleistung eine wichtige Veränderung oder Verbesserung auszulösen, kannst du schrittweise beginnen, genau darüber mit deinen Kollegen, Mitarbeitern oder Chefs ins Gespräch zu kommen: Welches Potenzial sehe ich, und wie könnten wir es bergen? Denn Fragen zu stellen, Antworten zu finden und zu sehen, wie Ideen Realität werden, helfen dir dabei, einen neuen Maßstab für den »Grenznutzen« deiner Arbeit zu definieren – und erhöhen deine Bereitschaft, Zeit in deinen Beruf zu investieren, anstatt Erfüllung ausschließlich in deiner Freizeit zu suchen.

Solltest du allerdings keine Antwort auf diese Frage finden oder dich die Vorstellung, welche Kollateralschäden dein Unternehmen in der Gesellschaft verursacht, eher abstoßen, ist es dringend an der Zeit, darüber nachzudenken, ob es nicht einen sinnvolleren Kontext für deine Lebenszeit und -energie gibt – egal wie hoch das aktuelle »Schmerzensgeld« ist, das du dafür bekommst, deine eigenen Werte und Prioritäten an jedem Werktag für viele Stunden am Werkstor abzugeben.

Ein solches Arbeitsumfeld wird dich nicht nur auf Dauer frustrieren, sondern auch verhindern, dass du dein eigenes Potenzial bei der Arbeit so entfalten kannst, wie es die Wirtschaft zukünftig erwarten wird. Ohne intrinsische Motivation wird es dir vielleicht gelingen, Aufgaben transaktional auszuführen. Mittelfristig wird dir allerdings der Antrieb fehlen, deine kognitiven Fähigkeiten in vollem Maße einzubringen und deine Arbeit als inspirierenden Teil deines Lebens zu sehen.

OFFENBARUNGSEID DER FÜHRUNG

Mindestens genauso wichtig wie die Frage nach der Kohärenz von Unternehmenszielen und eigenen Werten ist das Thema »Handlungsfreiraum«. Jegliche Form von kognitiver Leistung braucht ausreichend autonomen Raum, um nach dem abstrakten Verständnis für eine Aufgabe nicht nur adäquate Lösungen theoretisch herleiten zu können, sondern die hierfür notwendigen Entscheidungen auch treffen zu dürfen – selbst mit dem Risiko, Fehler zu machen.

In vielen der heutigen Unternehmen, die durch klassische hierarchische Strukturen geprägt sind und sich in den letzten Jahrzehnten bemüht haben, ihre Prozesse über klare Anweisungen zu standardisieren, damit möglichst wenig menschliche Varianz die Ergebnisse beeinflussen kann, ist dies schwer vorstellbar. Und in einem solchen Umfeld meldet sich dann bei vielen auch ganz schnell eine innere Stimme, die daran erinnert, dass man bei der Arbeit nicht mitreden darf und jede Entscheidung der Führung vorbehalten ist – schon allein deshalb, weil Chefs nicht gerne auf neue Ideen hören, auf die sie nicht selbst gekommen sind. Doch auch hier kündigt sich bereits die Zukunft an und lässt die Fassade der klassischen Führung durch eine »Führungskraft« bröckeln.

Angefangen hat es zunächst im Bereich der IT-Programmierung, als mit zunehmender Komplexität der Aufgabenstellung klar wurde, dass es nicht mehr möglich ist, auf Anhieb eine »fehlerfreie« und »perfekte« Software zu entwickeln und diese auch noch zeitgerecht auf den Markt zu bringen. Unter dem Begriff »Scrum« hat sich inzwischen weltweit eine Vorgehensweise etabliert, bei der – ausgehend von einer guten ersten Version – schrittweise immer neue Varianten entwickelt, Fehler bereinigt und gegebenenfalls neue Funktionalitäten ergänzt werden. Dabei wird jedem einzelnen Beteiligten ein hohes Maß an Autonomie in seiner Teilaufgabe zugestanden. Nur durch diesen Ansatz, den wir alle von den regelmäßigen Updates der Apps auf unseren Smartphones kennen, ist es heute möglich, adäquate Lösungen in einer akzeptablen Zeit marktfähig zu machen.

Mittlerweile ist auch im Bereich des Managements die Erkenntnis gereift, dass die Entwicklung einer bis ins Kleinste durchdachten Strategie, die dann für sämtliche Entscheidungen als Vorgabe dient, in einer VUKA-Welt nicht mehr möglich ist. Zum einen ist die Zahl der zu berücksichtigenden Faktoren viel zu umfangreich geworden, die einen relevanten Einfluss haben könnten. Zum andern verändern sich in der Zeit, die für eine solche Analyse erforderlich wäre, die Randbedingungen so relevant, dass jeder Versuch, Organisationen durch Regelsysteme zu steuern, zur Makulatur verkommt. Daher schreiben sich immer mehr Unternehmen die Umstellung auf eine »agile« Entscheidungsstruktur auf die Fahnen: eine Kombination aus der Festlegung einer makroskopischen Ausrichtung mit zunehmend größeren Entscheidungsspielräumen für jeden einzelnen Mitarbeiter. So erhält beispielsweise jeder neue Mitarbeiter bei dem großen amerikanischen Handelskonzern Nordstrom ein Handbuch, in dem nur eine Forderung steht: Mitarbeiter, nutze deinen »gesunden Menschenverstand«.

Während »Agilität« als neueste Managementphilosophie immer weitere Kreise zieht, ist die Einführung von solchen strukturellen Freiräumen allerdings eine diametrale Kehrtwende zu unseren Optimierungsansätzen in der bisherigen Arbeitswelt 3.0. Denn in einer agilen Welt können Prozesse nicht mehr im Detail dokumentiert, optimiert und vor menschlicher Varianz geschützt werden, sondern die individuelle Entscheidungsfähigkeit der Mitarbeiter in immer mehr Entscheidungsfreiräumen wird als Schlüssel für Erfolg ins Zentrum gestellt.

In gewisser Weise ist dieser Ansatz ein Offenbarungseid gegenüber dem bisherigen Allwissenheitsmythos von Führung. Und öffnet die bislang verschlossene Tür, um endlich Zugang zu den Spielräumen zu gewähren, die für das Ausleben intrinsischer Motivation notwendig sind.

Beide Entwicklungen – sowohl die Sinnhaftigkeit im Arbeitskontext zu finden als auch die notwendigen Freiheitsgrade zu erhöhen – sind in einer Arbeitswelt 4.0 die essenziellen Faktoren für den zukünftigen Erfolg von Unternehmen.

ARBEIT

Sie müssen allerdings weitgehend synchronisiert ablaufen, damit sie sich sinnvoll entfalten können. Denn wenn in einem durchaus sinnstiftenden Arbeitskontext adäquate Freiräume fehlen, fühlt sich die Organisation wie »eingefroren« an, und der freigesetzte innere Elan kann sich nicht entfalten. Dann dreht die Stimmung schnell ins Negative, und die Fluktuation steigt insbesondere bei denjenigen, die sich wesentlich für die Zukunftsgestaltung der Organisation engagieren möchten. Werden lediglich die Handlungsfreiräume erweitert, ohne dass die Rahmenbedingungen dafür geschaffen werden, dass sich auch intrinsische Motivation ausreichend entfaltet, wird eine Organisation instabil, da nicht ausreichend eigene Motivationsenergie freigesetzt wird, um die geschaffenen Handlungsspielräume auch zu nutzen.

Nachdem wir die Frage nach der Sinnhaftigkeit unseres Tuns wie erwähnt bereits vor einigen Jahren für uns beantwortet haben, experimentieren wir in meinem aktuellen Unternehmen jetzt mit Organisationsformen, die sehr konsequent auch die individuellen Freiräume maximieren. Auf der Grundlage von rund 25 Teams, die sich in dynamischer Zusammensetzung über alle Fachbereiche hinweg auf unsere fünf wesentlichen Handlungsfelder fokussieren, haben wir sämtliche Führungsebenen abgeschafft und uns darüber hinaus zum Ziel gesetzt, Strukturen zu entwickeln, die am Ende selbst mich als Geschäftsführer überflüssig machen. Dies mag zunächst unrealistisch klingen, aber in der hierfür von mir gewählten Spielerrolle des Schauspielers kann ich nur so die notwendige

Konsequenz glaubwürdig verkörpern, damit sich die Realität einer agil handelnden Organisation eines Tages tatsächlich manifestiert. Auch wenn die Übergangsphase aufgrund vieler Gewohnheiten und auch antrainierter Glaubenssätze über die angebliche Notwendigkeit von Kontrolle und die Beschränktheit der eigenen Fähigkeiten steinig ist und bei vielen Beteiligten zunächst Unsicherheit oder Angst auslöst, werden viele meiner Entscheidungskompetenzen bereits jetzt von einem Gremium aus überwiegend gewählten Mitarbeitern übernommen, die erfolgreich eigenständig über die Grundelemente der Strategie sowie die generellen Prozessfragen beraten und entscheiden.

Dies mag sicherlich eine extreme Form von agiler Organisation sein, zu der es natürlich auch eine Vielzahl von Lightversionen gibt. Doch mit seinen Kollegen konsequent auf der internen Bühne eines Unternehmens einmal eine Kultur durchzuspielen, die sonst eher nur in den Garagen frisch gegründeter Start-ups Realität ist, offenbart einen Blick in eine organisatorische Realität, die in nicht allzu ferner Zukunft sämtliche Unternehmen einholen wird. Wir treten diese spannende Reise lieber jetzt schon an, ohne Zeitdruck und ohne Zwang, um gemeinsam die Fähigkeiten zu entwickeln, in einem zunehmend volatilen und komplexen Umfeld dynamisch genug agieren zu können. 35 Jahre ist das Unternehmen bereits am Markt – und es hat nicht vor, in den kommenden 35 Jahren abzutreten.

DREI SCHRITTE ZUM PILOTENSCHEIN

Vor einigen Jahren habe ich tatsächlich einmal während einer Betriebsversammlung die Geschichte von Tom Sawyer in meine Präsentation integriert und alle Mitarbeiter darum gebeten, in den kommenden Monaten beim Betreten des Werksgeländes zu sich selbst zu sagen, dass sie hier arbeiten »dürfen« – und nicht »müssen«. Selbst die anwesenden Vertreter der Gewerkschaft hatten gegen dieses Experiment keine Einwände.

Es folgten Wochen, in denen ich immer häufiger positives Feedback darüber bekam, welche innere Veränderung gegenüber der eigenen Haltung zur Arbeit bereits dieses kleine Experiment ausgelöst hat. Jeder von uns sollte es immer wieder einmal ausprobieren – und herausfinden, inwieweit unsere Abneigung, mit der wir uns gegebenenfalls tagtäglich zur Arbeit schleppen, auf reale Gegebenheiten zurückzuführen ist oder lediglich einem omnipräsenten gesellschaftlichen Mantra entspringt. Denn nach ein paar Wochen wird dein Gefühl, wie viel inneren Widerstand du täglich überwinden musst, genau hierfür ein guter Indikator sein.

Nimmt er ab, so liegt deine Unzufriedenheit wohl nicht an den Rahmenbedingungen, sondern dein Widerstand folgt vielmehr der (gesellschaftlichen) Gewohnheit, Arbeit grundsätzlich als störend für das Leben zu betrachten. Dann ist der Weg frei, im nächsten Schritt ehrlich zu prüfen, ob du auch Sinnhaftigkeit im Kontext deiner Aufgabe finden kannst, wenn du einmal mit großem Abstand auf das Gesamtziel deines Unternehmens schaust. Auch hierfür gibt es keinen allgemeingültigen äußeren Maßstab, sondern es ist deine innere Kompassnadel, die dir zeigen wird, wie weit die Unternehmenskultur, die Produkte oder die Dienstleistungen mit deinen eigenen Zielvorstellungen im Leben korrelieren. Im letzten Schritt sollte jeder versuchen herauszufinden, ob auch ausreichend Entscheidungsfreiräume zur Verfügung stehen, um sich aktiv einzubringen. Das geht nicht nur in konsequent agilen Organisationsformen. Auch in hierarchischen Strukturen ist es möglich, sich im Dialog mit der Führung Handlungsspielräume geben zu lassen. Häufig muss man lediglich darum bitten – und trifft dann in der Regel auf Erleichterung, denn inzwischen sollte jede Führungskraft eingesehen haben, dass sie weder das ausreichende Wissen noch die Kapazitäten hat, sämtliche Entscheidungen selbst zu treffen beziehungsweise abzusegnen.

Diese drei Schritte ähneln der Checkliste für den Sichtflug, wenn der Pilot den Autopiloten abschaltet: Zunächst versuchst du Höhe beziehungsweise Abstand zu gewinnen, um einen besseren Überblick auf alles zu bekommen. Dann überprüfst du, ob du die richtige Richtung eingeschlagen hast. Und zuletzt schaust du, ob du kontrolliert Fahrt aufnehmen kannst.

Wenn du bei allen drei Schritten spürst, dass du schrittweise neue Spielräume entdeckst, in denen du Sinn finden und dich aktiv einbringen kannst, bist du bereits an einem guten Platz, um Arbeit zu einem spannenden Lernfeld für dein Leben zu machen. Und es ist eine gute Startposition, um mit ersten Spielzügen auszutesten, wie es sich anfühlt, wenn du so handelst, wie du es selbst für richtig hältst, und nicht nur so, wie man es dir vermeintlich vorgeschrieben hat. Hierdurch kannst du Arbeit als einen inspirierenden Spielraum für dich entdecken, anstatt deinen Job weiterhin als Verpflichtung und deine Arbeitsstätte als Kampfarena zu sehen.

Indem du deine Arbeit als spannendes Spiel betrachtest, wirst du nicht nur mehr Freude daran gewinnen, sondern gleichzeitig durch zunehmende intrinsische Motivation bei dir selbst genau die kognitiven Kompetenzen freilegen, die dringend in der zukünftigen Arbeitswelt gebraucht werden. Dies wird dir ganz neue Chancen für die Zukunft eröffnen.

Wenn du allerdings unterwegs bei einer dieser drei Fragen stecken bleibst, solltest du dir die Frage stellen, ob du tatsächlich der richtigen Arbeit nachgehst. Denn die Wahrscheinlichkeit ist hoch, dass du einen sehr großen Teil deines Lebens gerade verschwendest, wenn du an diesem Ort verharrst. Und dieses Gefühl wird auch immer schwerer auszuhalten sein, da sich die Grenzen zwischen Arbeit und dem Rest deines Lebens unvermeidlich immer stärker auflösen werden.

Dann lohnt es sich nachzuschauen, ob es nicht ein geeigneteres Umfeld für dich gibt, entweder im selben Unternehmen in einem anderen Bereich; oder in der gleichen Industrie, aber einer anderen Firma; oder in einem gänzlich neuen Umfeld, das von Grund auf besser zu dir passt.

Bereits vor einigen Jahren hat eine Untersuchung der Unternehmensberatung Mercer gezeigt, dass ein Drittel aller Mitarbeiter in den USA sich mit dem Gedanken trägt, ihr Unternehmen zu verlassen, und laut Gallup engagieren sich über zwei Drittel aller Beschäftigten aufgrund mangelnder Motivation nicht im eigent-

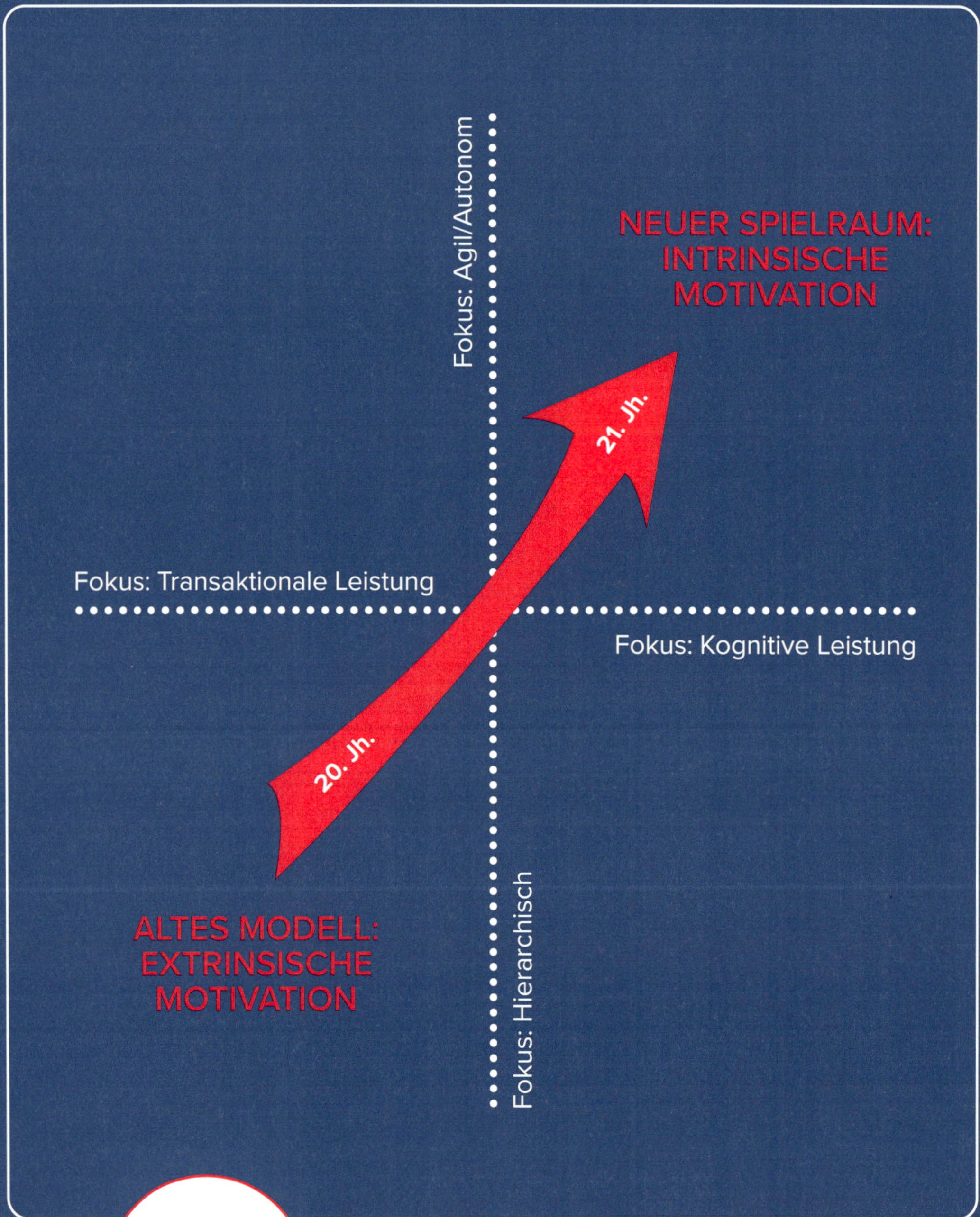
Fokus: Agil/Autonom
NEUER SPIELRAUM: INTRINSISCHE MOTIVATION
21. Jh.
Fokus: Transaktionale Leistung
Fokus: Kognitive Leistung
20. Jh.
ALTES MODELL: EXTRINSISCHE MOTIVATION
Fokus: Hierarchisch

ARBEIT

lichen Sinne. Für Europa zeigen Statistiken ähnliche Werte. Aus meiner Sicht ist kein Unternehmen, das Fluktuation oder demotivierte Mitarbeiter erzeugt, ausreichend zukunftsfähig, um in den kommenden Jahren in einer Welt zunehmender kognitiver Anforderungen erfolgreich zu sein. Insofern werden Menschen, die in solchen Firmen beschäftigt sind, sich sowieso über kurz oder lang einen neuen Arbeitsplatz suchen müssen. Abzuwarten, bis dieser Zeitpunkt eintritt, lohnt sich daher nicht wirklich. Und du kannst schon heute damit beginnen, an deiner neuen beruflichen Zukunft zu bauen.

4.2.3 WIRTSCHAFT – MODELLE, DIE SICH IN LUFT AUFLÖSEN MÜSSEN

Regeneriere und
fülle auf.

EINE SEIT JAHRHUNDERTEN NICHT GELÖSTE GRUNDSATZFRAGE

Schon zu Zeiten des antiken Griechenlands haben sich philosophische Denker die Frage gestellt, wie mit verfügbaren Mitteln des Haushaltes (griechisch: *Oikos*) bestmöglich umgegangen werden beziehungsweise welchen Gesetzmäßigkeiten (griechisch: *Nomos*) ein solches Handeln unterliegen sollte. Bereits in den von Xenophon rund 400 vor Christus verfassten Dialogen *Oikonomikos* zwischen Sokrates und dessen Schüler Kritobulos stand die Frage gleich zu Beginn im Raum, ob die Beschäftigung mit »Ökonomie« denn einen Beruf darstellen kann.

Während beide diese Frage klar bejaht und die Fähigkeit, als Profession den eigenen oder anvertrauten Wohlstand zu mehren, grundsätzlich positiv bewertet wird, hört man allerdings im weiteren Verlaufe des Dialogs deutlich das Echo des damaligen gesellschaftlichen Selbstverständnisses im Stadtstaat Athen heraus. So definieren die Diskussionspartner übereinstimmend und ganz selbstverständlich Wohlstand als Besitz mit positivem Nutzen *sowohl* für

Die zunehmenden Nebenwirkungen unserer wirtschaftlichen Handlungen scheinen vordergründig der alternativlose Preis für den ökonomischen Erfolg zu sein, den wir zwangsläufig zahlen müssen, wenn wir unseren Wohlstand erhalten wollen. Bei genauerer Betrachtung könnten wir aber bereits durch eine leichte Modifikation unserer Grundannahmen über sinnvolles wirtschaftliches Verhalten das Gesamtsystem in eine Richtung lenken, in der Ökonomie und Ökologie kein Widerspruch mehr sind.

den Besitzer *als auch* für die Gesellschaft – nur dann kann der Wohlhabende seine wahre menschliche Freiheit bewahren und wird nicht zum Sklaven seiner niedrigen Begierden. Geld vergleichen die beiden hingegen in seiner zweckunabhängigen Form mit Drogen: nützlich bei moderatem, schädlich und suchtgefährdend bei übermäßigem Gebrauch.

In dieser antiken Gesellschaft war das Interesse des Individuums mit den Grundinteressen der Polis unmittelbar verknüpft, sodass sich die heute so zentrale Frage nach einer Interessenabwägung zwischen dem Einzelnen und der Gesellschaft gar nicht stellte. Man ging schlicht und ergreifend von einem »guten Willen« auf beiden Seiten aus, der eine gerechte Verteilung des erwirtschafteten Mehrwerts garantiert.

Erst in Platons *Politeia* betritt ein neuer Typus Mensch die philosophische Bühne, der nicht mehr automatisch nach höheren Werten wie Wissen oder Ehre im Sinne des Gemeinwohls strebt, sondern allein das Geld und dessen Vermehrung liebt. Und so stellte sich der griechische Philosoph zwangsläufig die Frage, ob der Mensch nach der Befriedigung seiner Grundbedürfnisse die (innere) Pflicht hat, nach der Vervollkommnung der menschlichen Kardinaltugenden zu streben (Weisheit, Gerechtigkeit, Besonnenheit, Tapferkeit), oder ob finanzielle Besitzmaximierung nicht bereits ein Ziel an sich darstellt.

Aufgrund seiner Zweifel am sokratischen Idealbild des Menschen und auch im Bewusstsein möglicher Zielkonflikte zwischen einzelnen Berufs- und Gesellschaftsgruppen entwickelte Platon das Konzept des Staates als objektive Überwachungsinstitution, die sicherstellen soll, dass bei dem individuellen Streben des Einzelnen nach Vorteilsmaximierung das kumulierte Glück aller im Fokus bleibt.

Insofern zeigten sich bereits im alten Griechenland, der Wiege unserer europäischen Kultur, die beiden strittigen Kernfragen, die es bis heute in einem Wirtschaftssystem grundsätzlich auszuhandeln gilt: Wie sind sowohl bei der Verteilung der Vorteile als auch bei der Begrenzung der Nachteile von wirtschaftlichem Handeln individuelle gegenüber gesamtgesellschaftlichen Interessen abzuwägen? Und wer oder was ist für die Sicherstellung dieser Prinzipien am besten geeignet: der Staat oder das Gewissen eines jeden Einzelnen?

Das Konzept einer staatlichen Verantwortungsübernahme zur Begrenzung individueller Willkür setzt sich historisch während der Ausdehnung des Römischen Reiches zunächst durch. Anders als einzelne Stadtstaaten fing man an, sich darüber Gedanken zu machen, welche grundsätzlichen Regeln über alle Provinzen hinweg gelten sollten und wie man diese dann auch durchsetzen könnte. Doch mit der Lösung des Problems eines nicht verlässlich moralischen Menschen durch einen Staat entstand ein neues Problem: das des nicht vollkommenen Staatsapparates. Während das alte Griechenland eine Gesellschaft des Konsenses bildete und das Römische Reich sich bemühte, ein einheitliches Rechtssystem auszubilden, dominierten in Europa nach dem Ende des Römischen Reiches Gesellschaftsformen, die lediglich eine Vereinigung von Individuen mit all ihren Partikularinteressen repräsentierten, in der sich der Stärkste rücksichtslos durchsetzen konnte.

Ob es in der Folge die allgemeine Enttäuschung über feudale beziehungsweise monarchistische Staatsformen, die allgegenwärtige Korruption in den staatlichen Institutionen oder der durch die Amerikanische und die Französische Revolution gestärkte Fokus auf individuelle Rechte und Freiheiten war, der den Staat als objektiven Wächter disqualifizierte, ist schwer zu sagen. In jedem Fall kann man den Widerhall von Forderungen aus den Anfängen der amerikanischen Unabhängigkeitsbewegung (wie »Keine Besteuerung ohne Repräsentanz« – die Verknüpfung von steuerlicher Belastung mit adäquater Regierungsteilhabe) durchaus in heutigen wirtschaftsliberalen Gedanken wiederfinden, bei denen sich das politische Mitspracherecht doch bitte daran orientieren soll, welchen finanziellen Beitrag Unternehmen am Gemeinwohl leisten, und die Politik eher als Vertreter der Wirtschaft und nicht als Vertreter ihrer Bürger verstanden wird.

In jedem Fall ließ der zunehmende Individualismus in der Gesellschaft in Kombination mit der Disqualifikation von staatlicher Macht als objektives Ordnungsorgan nur noch eine Option offen: die Suche nach systemimmanenten Ordnungsregeln, die den Wohlstand fördern und gleichzeitig die gesellschaftlichen Kollektivinteressen schützen (oder zumindest nicht dramatisch gefährden).

DER ÖKONOMISCHE LÖSUNGSANSATZ FÜR DEN GORDISCHEN KNOTEN: IGNORIEREN

WIRTSCHAFT

Es war vor diesem historischen Hintergrund, als Adam Smith, Vater des Kapitalismus, zur Feder griff und 1776 eines seiner Hauptwerke, *Wohlstand der Nationen*, zu Papier brachte. In dem Buch, das man zu Recht als Bibel der Wirtschaftswissenschaften bezeichnen kann, identifizierte der schottische Moralphilosoph und Begründer der klassischen Nationalökonomie das Eigeninteresse der wirtschaftlichen Akteure als die eigentliche Antriebskraft jeglichen ökonomischen Handelns. Zudem erschuf er einen Avatar des wirtschaftlichen Akteurs in Form des Homo economicus, der bis heute unsere Wirtschaftstheorie unverändert prägt: ein Standardmodell des Menschen, der dank seines durchgängig rationalen Abwägens seiner Optionen und seines kompromisslosen Fokus auf sein Eigeninteresse primär seinen persönlichen Wohlstand zu mehren versucht. In Smiths Überlegungen ist es diese radikal egoistische Grundhaltung, die auch zur Maximierung des Wohlstands in einer Nation führt; denn wenn man die Ergebnisse rein egoistischen Wohlstandsstrebens aller miteinander addiert – so seine Theorie –, müsste unterm Strich die höchste Gesamtsumme herauskommen.

Im England des 18. Jahrhunderts war genau dies dringend erforderlich, um bei zunehmender Verstädterung die Versorgung der Bevölkerung durch die Steigerung der Produktivität sicherzustellen.

Doch was mathematisch zunächst plausibel klang und daher auch bis heute die Grundidee hinter wirtschaftlichem Liberalismus ist, löste weiterhin nicht die entscheidenden Grundfragen: Wie begrenzt man Handlungen von Einzelnen, wenn sie relevante Nachteile für alle anderen verursachen? Und wie verteilt man die erwirtschafteten Vorteile gerecht?

Anstatt den Menschen hierfür verantwortlich zu machen, der ein hehres Ideal anstreben müsste, oder den Staat mit dieser

Aufgabe zu betrauen, konnte man dies nach Smiths Überzeugung ruhig dem freien Spiel der Kräfte überlassen. Für eine gerechte Verteilung würden schon die freien Marktkräfte sorgen, indem sie die Beteiligten in einen Wettbewerb zwingen und höhere Leistung mit größeren Vorteilen belohnen.

Auch für die Begrenzung der Nachteile für Dritte, die sich aus wirtschaftlichem Streben ergeben, identifizierte Smith bereits in seinem Erstwerk *Theorie der ethischen Gefühle* einen systemimmanenten Automatismus. Die Gefahr eines rücksichtslosen individuellen Egoismus in der Gesellschaft werde allein dadurch gebremst, so Smith, dass wirtschaftlich handelnde Subjekte ja nicht im Verborgenen agieren, sondern unter gesellschaftlicher Beobachtung stehen. Insofern würden Handlungen ganz natürlich auf sozial akzeptable Optionen beschränkt, um das eigene gesellschaftliche Ansehen nicht zu gefährden. Unter Berücksichtigung dieses Korrektivs in Form eines »inneren unparteiischen Zuschauers«, in den sich ein jeder hineinversetzen könne, um die eigenen Handlungen mit Blick auf gesellschaftliche Maßstäbe zu überwachen, schlussfolgerte er, dass jede Form von externen Eingriffen überflüssig und letztendlich kontraproduktiv wäre. Smith ersetzte also das Konzept des tugendhaften Wirtschaftsteilnehmers ebenso wie das Konzept des Staates als überwachendes Korrektiv durch die Idee des freien Marktes mit Transparenz und sozial induzierter Selbstverantwortung.

Auch für Smith blieb es also notwendig, sowohl die Verteilung als auch die Grenzen wirtschaftlichen Handelns zu organisieren. Allerdings vertraute er diesbezüglich Prozessen, die sich seiner Überzeugung nach automatisch aus einer radikal und konsequent leistungsfokussierten Gesellschaft ergeben würden.

Bei seinem Gerechtigkeitsverständnis unterschlug er allerdings stillschweigend, dass in einer solchen von ihm favorisierten Meritokratie alle Mitglieder der Gesellschaft vergleichbare Startvoraussetzungen und Erfolgschancen haben müssten – nur dann wäre es schlichtweg eigenes Verschulden, wenn man schlechter abschneidet als andere. Zudem wurde die öffentliche Transparenz, die für Smith die entscheidende Voraussetzung war, um das notwendige Gegengewicht zu einem radikalen Egoismus in seinem Wirtschaftsmodell zu bilden, durch zunehmend komplexere Wirtschaftsprozesse immer stärker vernebelt. Und vermutlich hatte er nicht bedacht, dass es gerade sein Menschenbild war, das eine gesellschaftliche Akzeptanz von radikalem Egoismus fördern würde und den inneren Zuschauer die Fronten wechseln lässt. Unter diesen Rahmenbedingungen erwies sich sein Glaube, man könne die Rolle eines moralischen Schiedsrichters an die Wirtschaftsakteure selbst auslagern, als Illusion und degradierte die Idee zu einem pauschalen Freispruch für beliebige Wirtschaftshandlungen.

Dennoch: Allein die Tatsache, dass Smith bei konsequenter Radikalisierung des Wirtschaftsansatzes einen Weg gewiesen hatte, wie individuelle Moral sowie staatliche Eingriffe überflüssig werden könnten, reichte in der Folge aus, dieser Fragestellung fortan keine große Aufmerksamkeit mehr zu schenken.

In den folgenden beiden Jahrhunderten bemühte sich die Ökonomie, sich von dem Ruf einer vagen Philosophie zu emanzipieren und als eigenständige Wissenschaft zu etablieren. Dies fiel in eine Zeit der beginnenden Blüte des Determinismus, den Isaak Newton rund 150 Jahre zuvor eingeläutet hatte. So wurde jede Form wissenschaftlicher Erkenntnisprozesse immer stärker zu einer Suche nach klaren, möglichst einfachen Formeln, um Phänomene in der Natur besser erklären und zukünftige Entwicklungen vorhersagen zu können. Das Konzept des menschlichen Egoismus als natürliche Antriebskraft, die wie die Gravitation omnipräsent ist und kontinuierlich eine florierende Wirtschaft antreibt, passte perfekt zu diesem Ansatz.

Und da diffuse »ethische Gefühle« in einer solchen ökonomischen Weltanschauung keinen Platz mehr hatten, wurden sie aus dem Modell einfach ersatzlos gestrichen. Das gleichnamige Werk von Adam Smith geriet im Vergleich zu *Wohlstand der Nationen* weitgehend in Vergessenheit – und mit ihm die damit eng verbundene fundamentale Frage nach einem Korrekturalgorithmus zur Schadensbegrenzung von wirtschaftlichem Handeln.

Als dann noch Charles Darwin seine Theorie zur Evolution im 19. Jahrhundert publizierte, in der er den Auswahlprozess durch das »Überleben des Stärkeren« als das entscheidende Erfolgsrezept der Natur identifizierte, erschien auch ein kompromissloser Verteilungswettbewerb nach Leistung für eine Wirtschaft als *das* »natürliche« Erfolgsrezept – und Adam Smith erhielt mitsamt seinen Kollegen und Schülern in den folgenden Jahren und Jahrzehnten stillschweigend den wissenschaftlichen Ritterschlag.

Dass auch bei dieser Analogie erneut entscheidende Elemente unter den Tisch fielen, die ein System »Wirtschaft« erst nachhaltig überlebensfähig machen würden, sei hier nur kurz angemerkt: So existieren in der Natur in Wirklichkeit gleichberechtigt zwei weitere Strategien, ohne die Leben dauerhaft kaum möglich wäre und die in Konkurrenz zu einem rücksichtslosen Auswahlverfahren stehen:

1. ***Jede Form von Selektion muss kontinuierlich von immer neuen Varianten gespeist werden, um einen dauerhaften Fortschritt zu ermöglichen. In der Natur geschieht dies durch immer wieder auftretende genetische Kopierfehler bei der Fortpflanzung (Mutation).***
2. ***Ohne die Fähigkeit, innerhalb eines Teilsystems das eigene Interesse bereitwillig einem übergeordneten Interesse unterzuordnen (Kollaboration), bestünde die Natur ebenso wie alle anderen Systeme nur aus Parasiten und Krebszellen als erfolgreichste Lebensform.***

Dass diese beiden Antriebskräfte in unserem Wirtschaftssystem fehlen, da es bis heute nahezu ausschließlich auf maximalen Wettbewerb (Selektion) ausgerichtet ist, sieht man an den zunehmend verzweifelten Rufen nach Kooperationsmodellen, um die allgegenwärtige Komplexität der Aufgaben zu bewältigen, sowie der Suche von Unternehmen nach Lösungen für ihre unzureichende Innovationskraft (dass moderne Unternehmen beides inzwischen über die Simulation von Spielsituationen im Unternehmensalltag zu erreichen versuchen, mag im Kontext dieses Buches eine kurze Randnotiz wert sein).

Voraussetzung für diese beiden Fähigkeiten wäre allerdings, zunächst in unserem wirtschaftlichen Grundmodell das ungezähmte

Konkurrenzdenken zu beschränken. Sowohl Kooperation als auch Fehlertoleranz – Voraussetzung für Innovation und nachhaltigen Systemerfolg – machen Akteure verletzlich und brauchen daher einen geschützten Raum, um sich überhaupt entwickeln zu können – ein inhärenter Widerspruch in einer Wirtschaft, deren mentales Modell eben gerade dies seit 250 Jahren zu vermeiden versucht.

KOMPLIZIERTER IST NICHT NOTWENDIGERWEISE BESSER

Obwohl die ersten Ansätze für eine Wirtschaftstheorie lediglich auf empirische Beobachtungen in einer sehr lokalen Welt des 18. Jahrhunderts beruhten und durch keinerlei wissenschaftliche Forschungsprozesse legitimiert wurden, blieb die Wirtschafts-»Wissenschaft« – anders als viele andere Disziplinen – nicht offen dafür, fundamental neue Erkenntnisse in ihr Grundmodell zu integrieren. Stattdessen wurde der Schwerpunkt darauf gelegt, immer neue Erklärungsmodelle für ökonomisches Verhalten zu suchen, die mit diesen vereinfachten Grundannahmen kompatibel sind.

Während die Biologie schrittweise eine Entwicklung von der makroskopischen mechanischen Anatomie über die molekularen Prozesse bis hin zur Gentechnik vollzog und inzwischen mit der Epigenetik erneut einige ihrer Grundannahmen zur Unveränderbarkeit von genetischer Disposition über den Haufen wirft, bediente sich die Wirtschaftswissenschaft in den folgenden beiden Jahrhunderten – sicherlich auch mangels einer methodologischen Historie auf diesem Gebiet – lediglich aus der Welt der Physik. Und wo die faktische Realität nicht zum Konzept passte, postulierte man erneut vereinfachte Annahmen als Voraussetzung für die wirtschaftlichen Modelle, ohne deren Gültigkeit analog einzuschränken.

WIRTSCHAFT

So entstand in der zweiten Hälfte des 19. Jahrhunderts unter anderem die Idee eines grundsätzlichen Strebens nach stabilen ökonomischen Gleichgewichtszuständen zwischen Angebot und Nachfrage aus Konzepten der Statik. Studiert man die Biografie ihres Begründer Léon Walras, so deutet vieles darauf hin, dass er sich für seine »allgemeine Gleichgewichtstheorie« aus der Lektüre der *Elemente der Statik* von Louis Poinsot inspirieren ließ. Auch Vilfredo Pareto, sein Nachfolger an der Universität von Lausanne und einer der wichtigsten Begründer der Mikroökonomie, war ausgebildeter Ingenieur und hatte seine Doktorarbeit über das »elastische Gleichgewicht von Festkörpern« verfasst.

Um solche physikalischen Analogien auf den Wirtschaftskontext anwenden zu können, musste allerdings der Mensch als invariabler »Festkörper« vereinfacht werden. Nachdem ein möglicher freier Wille der handelnden Akteure in den ökonomischen Modellen bereits einer uneingeschränkten Rationalität hatte Platz machen müssen, mit der er sich in sämtlichen seiner Handlungen mechanisch an den Maximen einer standardisierten Nutzenmaximierung orientiert, wurden in einem weiteren Schritt daher auch seine vielfältig variierenden Bedürfnisse schlichtweg durch gesellschaftliche Mittelwerte ersetzt.

Dabei ist leicht erkennbar, dass es sich bereits bei der Grundidee eines wirtschaftlichen Gleichgewichts, auf das sich angeblich alles einpendelt, immer nur um abstrakte Durchschnittsphänomene handeln kann, die dazu noch über die Zeit hinweg schwanken. So liebe ich beispielsweise Schokolade, während ich ein durchaus distanziertes Verhältnis zu Tomaten habe. Daher fiel es mir auch im Verlauf meines gesamten Studiums bei knappem Budget immer leicht, mich im Supermarkt zwischen 100 Gramm Schokolade oder 400 Gramm Tomaten zu entscheiden: Ich habe nie Tomaten gekauft, immer nur Schokolade – obwohl beide Produkte gleich viel kosteten und es daher meine Präferenz aus wirtschaftstheoretischer Sicht nicht hätte geben dürfen. Vermutlich würden allein die Leser dieses Buches das gesamte Spektrum der Geschmäcker abdecken – von Schokosüchtigen bis großen Tomatenfans. Anstatt wirtschaftliche Momentaufnahmen tatsächlich als Schnappschüsse innerhalb eines hoch vernetzten Systems mit labilen Dynamiken zu betrachten, hat man sich in der Wirtschaft auf die Suche nach Gleichgewichtstheorien versteift, die die multiplen Bedürfnisse einer Gesellschaft auf Durchschnittswerte reduzieren.

Selbst im 20. Jahrhundert änderte sich nichts an diesen Grundsätzen. So setzte Paul Samuelson, der erste Nobelpreisträger für

Ökonomie, dieses Gedankenkonstrukt unbeirrbar fort, indem er als Grundannahme für die Wirtschaftswissenschaften postulierte, dass alle Menschen konsistent in ihren Präferenzen und logisch in ihren Entscheidungen seien.

WIRTSCHAFT

Während diese Theorien sich zunächst auf das Verständnis von mikroökonomischen Einzelentscheidungen beschränkten, übertrug eine Gruppe von Wirtschaftswissenschaftlern aus Chicago unter Milton Friedman das Konzept des rationalen Nutzenmaximierers sowie die Gleichgewichtstheorie auf die Makroökonomie. Durch seine explizite Ablehnung jeglicher gesellschaftlichen Verantwortung von Unternehmen über ihr Profitstreben hinaus wurde er zur Galionsfigur einer Wirtschaftstheorie, die durch einen reinen Fokus auf »Shareholder-Value« bis heute das globale Wirtschaftsleben prägt und angesichts eines exponentiell zunehmenden materiellen Wohlstandes in der Welt auch weitgehend unangreifbar wurde.

Materielle Gier als starke Antriebskraft für wirtschaftlichen (Einzel-)Erfolg sowie Konkurrenz als Verteilungsalgorithmus haben zweifellos während der letzten 250 Jahre einen beispiellosen materiellen Fortschritt ermöglicht. Allerdings zeigen sich inzwischen Nebenwirkungen. Die betriebswirtschaftliche Monopolisierung beider Faktoren hat jede Form der moralischen oder gesellschaftlichen Kontrolle zu etwas grundsätzlich »Artfremdem« gemacht, obwohl dies im Kontext der Ökonomie über 2000 Jahre immer die zu lösende Kernfrage war.

Im Vertrauen auf angebliche systemimmanente Automatismen haben wir jeden regelnden Eingriff in die Wirtschaft als Störung disqualifiziert und für uns die Story entwickelt, dass man diese grundsätzlich minimieren müsste: Sie passen nicht zum System und gefährden den Erfolg.

Dadurch, dass diese Modelle wesentliche Korrektivkräfte unter den Tisch haben fallen lassen, sowie bedingt durch die Tatsache, dass eine global vernetzte Wirtschaft mit rund 7,5 Milliarden Beteiligten sich fundamental von einer Welt vor 250 Jahren unterscheidet, bekommen wir jetzt allerdings die weniger erwünschten Auswirkungen eines solchen Verhaltens langsam zu spüren. In diesem kritischen Stadium fehlen unseren Modellen sowohl die Basisvoraussetzungen für dringend notwendig gewordene Innovations- und Kooperationsfähigkeit als auch die Werkzeuge, um Verantwortung vonseiten der Wirtschaft einzufordern und dadurch die ökologischen oder sozialen Kollektivschäden zurückzufahren.

AN IHREN FRÜCHTEN WERDET IHR SIE ERKENNEN

WIRTSCHAFT

Das gesellschaftliche Unbehagen bezüglich der Konsequenzen unseres wirtschaftlichen Handelns nimmt unverkennbar zu. Um hier neue Wege und Lösungen zu finden, ohne die Vorteile unseres hart erarbeiteten materiellen Status zu verlieren, müssen wir Wirtschaft zunächst als das sehen, was sie ist: ein Glaubensgebäude, das nach wie vor auf einem kleinen Satz von Grundannahmen fußt, selbst wenn die heutige Realität längst zeigt, dass diese groben Vereinfachungen insbesondere in einer komplexen Welt zu Fehleinschätzungen und Fehlsteuerungen führen müssen.

Es mag zunächst schwer vorstellbar sein, dass unsere hochkomplexe und dynamische Wirtschaft auf ein paar einfachen Annahmen beruht, die seit 250 Jahren nicht überarbeitet wurden. Allerdings ist es genau dieser Unglaube, der verhindert, dass wir unserer eigenen Intuition trauen – lieber setzen wir weiterhin auf die Standardstory, die bis heute weltweit in einem weitgehend standardisierten Wirtschaftsstudium gelehrt und gelernt wird. Wenn jedoch die Mehrheit einer Minderheit vertraut und die Minderheit ein einheitliches Wissen vermittelt bekommt, muss es uns nicht wundern, dass es wenig Richtungswechsel gibt. Auch wenn das kein Beweis für die Richtigkeit der ursprünglichen Story ist.

Während wir die Wirtschaftstheorie in den Stand einer Wissenschaft erhoben haben, hat sie zunächst auf der Suche nach Erfolgsrezepten weitgehend plausibel klingende Anleihen aus der Evolutionstheorie und der Physik selektiv übernommen. Diese Prinzipien können wir jederzeit überarbeiten, wenn uns ihre Wirkung aus heutiger Sicht nicht mehr bedingungslos überzeugt. Dass darüber ein komplexes Erklärungsmodell für einzelne Bereiche der Wirtschaft errichtet wurde, das für den wirtschaftlichen Laien (den es dank täglicher praktischer

Erfahrung eigentlich nicht gibt, auch wenn sich viele dafür halten) zunächst einschüchternd wirken mag, ändert nichts an dieser Tatsache – im Gegenteil. Ein sich weitgehend selbst steuerndes System lässt sich sehr leicht neu ausrichten, indem man seine Eingabeparameter neu justiert.

Es ist mir durchaus bewusst, dass diese Abwertung der heutigen Betriebs- und Volkswirtschaft als Pseudowissenschaft zunächst vermessen klingt. So bin ich schon des Öfteren von Hochschulprofessoren aufgrund dieser und ähnlicher Aussagen vehement attackiert worden, da ich aus ihrer Sicht unrechtmäßig ihren Stand infrage stelle. Doch es geht mir nicht darum, die unbestreitbaren Vereinfachungen, die den heutigen Wirtschaftstheorien zugrunde liegen, zu diskreditieren. Zweifellos liegt eine einmalige Erfolgsgeschichte wirtschaftlichen Erfolges hinter uns.

Allerdings sollte es gestattet sein, in einer Welt, die nicht mehr – wie zu Zeiten von Adam Smith – aus atomistischen, ökonomischen Strukturen besteht, sondern intensiv global miteinander vernetzt ist und in der gleichzeitig die Kollateralschäden unseres bedingungslosen Festhaltens an diesen strukturellen Fundamenten immer mehr uns selbst schaden, diese Vereinfachungen einmal grundsätzlich zu hinterfragen:

- ***Ist die konsequente Verfolgung des Eigeninteresses tatsächlich noch der effizienteste Weg, um den Wohlstand einer Gesellschaft (inklusive des eigenen) zu maximieren?***
- ***Führen die freien Marktkräfte, die sich kompromisslos an der tatsächlich erbrachten Leistung orientieren, zu einer für unsere Gesellschaft optimalen und fairen Verteilung?***
- ***Und ist die Maximierung des monetären Besitzes als monopolisierter Kompass in der Wirtschaft noch ein geeigneter Maßstab zur Wohlstandsmessung, nachdem wir in zunehmendem Maße unsere Grundbedürfnisse weitgehend befriedigt haben?***

Die USA mit ihrem ausgeprägten Wirtschaftsliberalismus sind ein gutes Beispiel. Dort bekam dieser Ansatz gerade in den letzten Jahren durch die proklamierte »America First«-Politik von Donald Trump sogar ein Gesicht. Und mit Blick auf seine wirtschaftlich eher benachteiligte Wählerschaft, die von der Trump'schen Politik faktisch am wenigsten profitierte, wurde die Kraft dieser Story für alle sichtbar. Der unkritische Glaube an das angebliche Erfolgsrezept einer konsequenten Meritokratie ist tief verankert und füttert eine Hoffnung, die ein solches System nie erfüllen wird. Wie bei Lottospielern nährt das Vorbild einiger weniger Superreicher mit »Tellerwäscher«-Biografie die Illusion, dass in einem solchen System ein jeder den Jackpot knacken kann. Doch in Wirklichkeit verstärkt ein Ansatz, der konsequent nur Erfolg belohnt, nachweislich selbst kleinste Unterschiede in den Startvoraussetzungen und führt zu einem immer weiter zunehmenden Ungleichgewicht.

Die USA führen heute deutlich das Ranking in puncto Wohlstandsgefälle unter allen wirtschaftlich entwickelten Ländern an. Während die drei (!) reichsten Amerikaner inzwischen mehr besitzen als die ärmere Hälfte der Gesellschaft, ist der Wohlstand der 400 wohlhabendsten Amerikaner laut *Forbes* allein 2018 um 75 Prozent gestiegen. Und selbst in den Monaten der Pandemie, die einen großen Teil der amerikanischen Gesellschaft wirtschaftlich an den Rand des Ruins gebracht hat, konnten gerade die Milliardäre ihre Einkommen deutlich steigern.

In Europa – hier ist das Echo der griechischen Moralphilosophie noch etwas deutlicher zu hören – hat sich das Modell der »sozialen« Marktwirtschaft kontinuierlich darum bemüht, durch moderate staatliche Intervention einer sich frei entwickelnden Wirtschaft die Spitzen zu nehmen. Und doch hat man auch hier die Akteure implizit von der Verantwortung für ihr wirtschaftliches Handeln freigesprochen. Selbst öffentlich postulierte Ansätze von »Corporate Social Responsibility« (CSR), einer gesellschaftlichen Mitverantwortung von Unternehmen, haben bis heute weder Niederschlag in den klassischen Steuerungssystemen von Unternehmen noch flächendeckend in der Entlohnung ihrer Führungskräfte gefunden.

Anstatt jedoch die Skrupellosigkeit der Wirtschaft für die sozialen und ökologischen Kollateralschäden pauschal verantwortlich zu machen und zum Feindbild hochzustilisieren, sollte uns bewusst werden, dass wir es selbst sind, die durch unseren bedingungslosen Glauben an die Alternativlosigkeit der zuvor ausführlich beschriebenen Grundannahmen diese Konsequenzen zementieren. Spannenderweise scheinen sich nämlich von den Wirtschaftsliberalen bis zu den Umweltschützern alle in einem Punkt einig zu sein: Sie nehmen unser Wirtschaftssystem, so wie es ist, als gegeben hin und begründen lediglich ihre jeweilige Position unter Verweis auf seine genussvollen beziehungsweise ungenießbaren Früchte.

Dabei könnten wir bereits durch wenige kleine Verbesserungen im Grundsetup diesem System eine deutlich verträglichere Richtung geben, ohne es in seiner positiven Wirksamkeit für unsere Wohlstandsentwicklung zu gefährden. Denn **die Wirtschaft ist weder böse noch schlecht, sondern sie benötigt lediglich die richtigen Parameter, damit sie sich in die Richtung bewegt, in der sie zukunftsfähig unserer Gesellschaft inklusive kommender Generationen dient.**

DES KAISERS NEUE KLEIDER

Inzwischen sollte allen Beteiligten klar sein, dass die negativen Nebenwirkungen des aktuellen Wirtschaftssystems mittlerweile nicht mehr nur einzelne Gruppen betreffen. Selbst im Jahresbericht des World Economic Forum haben Themen wie Klimawandel, Wasserknappheit, Massenmigration oder durch Menschen verursachte Naturkatastrophen auf breiter Front die noch vor zehn Jahren dominierenden ökonomischen Risiken (Fiskalkrisen, Energiepreisvolatilität, Kollaps von Anlagewerten etc.) verdrängt. Und beim jährlichen Treffen mit den wichtigsten Akteuren der Wirtschaft und der Politik (und denjenigen, die sich dafür halten) wird inzwischen offen diskutiert, wie sehr die Weltwirtschaft hierdurch als Ganzes bedroht ist.

WIRTSCHAFT

Allerdings bedeutet dies lediglich, dass unsere bisherigen ökonomischen Erfolgsgeschichten nur ein lokales Optimum repräsentieren – und noch nicht die mittelfristig beste Lösung für die (Welt-)Gesellschaft. Diese findet sich erst, wenn zusätzlich zur ökonomischen Optimierung die ökonomischen und sozialen Verwerfungen abgewendet werden können.

Während wir seit Adam Smith davon ausgegangen sind, dass der größtmögliche Wohlstand für eine Gesellschaft dadurch erreicht werden kann, dass jeder für sich selbst ein Maximum anstrebt, müssen wir dieses Mantra überarbeiten und **korrigierende Eingriffe** angesichts kollektiver Gefährdungen **endlich als wirtschafts*freundlich*** und nicht wirtschafts*feindlich* anerkennen. Die Geschichte hat uns gezeigt, dass wir hierfür idealerweise systemimmanente Automatismen finden müssen – jenseits individueller Moralvorstellung oder einzelstaatlicher Willkür.

WIRTSCHAFT

Dass für die Festlegung solch verbindlicher Rahmenbedingungen der Ansatz eines globalen Konsenses geeignet ist, zeigt das Pariser Klimaabkommen – auch wenn der Weg zur Umsetzung einige Herausforderungen mit sich bringt. Nachdem es der Weltgemeinschaft nach vielen Runden gelungen ist, die Verantwortung für die Lösung eines inzwischen wissenschaftlich unstrittigen globalen Gefahrenpotenzials auf die einzelnen Nationalstaaten zu verteilen, steht jetzt die Herausforderung an, die nationalen Ziele in konkrete Maßnahmen herunterzubrechen. Doch auf nationaler Ebene wehren sich die Akteure noch gegen die globale Einsicht, indem sie ihre alte Story von der notwendigen Unantastbarkeit der Wirtschaft erzählen. So behindert angeblich eine CO_2-Steuer Unternehmen in ihrem wirtschaftlichen Erfolg, und neue Antriebskonzepte für Autos gefährden zwangsläufig Tausende von Arbeitsplätzen.

Wie absurd diese Argumentation ist, wird klar, wenn man sich bewusst macht, dass gerade energiehungrige Unternehmen, die über Jahrzehnte unbehelligt auf fossile Rohstoffe zurückgreifen konnten, ohne für die ökologischen Konsequenzen Verantwortung zu übernehmen, bisher unverhältnismäßig und wettbewerbsverzerrend von diesen Vorteilen profitieren. Eine finanzielle Korrektur dieser Fehlstellung, damit nicht die Gesellschaft weiterhin pauschal für die Folgen aufkommen muss, ist also längst überfällig und schon daher keinesfalls wirtschaftsfeindlich. Hinzu kommt, dass die Verteidigung von alten industriellen Lösungen das Neue lediglich verzögert und dadurch Chancen vertan werden, frühzeitig zu den Pionieren der Veränderung zu gehören. So ist Tesla inzwischen zum neuen Toyota für die europäische Automobilindustrie geworden.

Dass billionenschwere Fonds und CEOs von Konzernen inzwischen die Politik auffordern, deutlich radikalere Klimapläne zu erstellen, zeigt jedoch die wachsende Sensibilität. Genauso wie eine zunehmende Zahl von Investoren, die ihre Portfoliounternehmen zwingen, die Klimaziele ihrer Geschäftsmodelle, die auf fossiler Ressourcenausbeute aufbauen, nachzubessern (ein Armutszeugnis für deren Vorstände, die die Zeichen der Zeit einfach nicht selbst erkennen wollen).

Wenn wir uns Gedanken über die Zukunft der Wirtschaft machen, muss uns eines klar werden: **Durch die konsequente Umsetzung von (monetär bewerteter) Unternehmensverantwortung für gesellschaftliche Risiken, die durch das kollektive Wirtschaftshandeln verursacht werden,** behindern wir keine Wirtschaft, sondern **lenken sie** lediglich **hin zu einem neuen gesamtgesellschaftlichen Optimum**, bei dem nicht nur Schäden an Gemeingütern minimiert werden, sondern sogar **eine Regeneration unserer Ressourcen *dank* wirtschaftlicher Aktivitäten denkbar** wird.

Übernimmt ein Unternehmen diese Verantwortung proaktiv und richtet seinen strategischen Fokus konsequent auf die Lösung dieser Herausforderungen aus, verschafft es sich (wie bereits im vorherigen Kapitel »Arbeit« erläutert) einen zusätzlichen Vorteil: die Motivation der eigenen Mitarbeiter, durch Innovationskraft aktiv die Zukunft mitzugestalten. Spätestens seit Viktor Frankl wissen wir, dass die Erfüllung unserer Suche nach Sinnhaftigkeit einer der stärksten Antriebe für eigenmotiviertes Handeln ist – und dies gilt insbesondere für das Arbeitsumfeld.

Diesen beeindruckenden Effekt durfte ich selbst vor ein paar Jahren als Geschäftsführer eines Unternehmens erleben, das auf Technologie- und Innovationsberatung spezialisiert ist. Die weit über 1000 Mitarbeiter, die die unterschiedlichsten Kunden in einem breiten Spektrum von Entwicklungsthemen unterstützten, repräsentierten die Elite sämtlicher Hoch- und Fachhochschulen. Dennoch hagelte es regelmäßig Kundenbeschwerden, denn obwohl viele Projekte technisch ausgesprochen spannend waren, konnten wir die Mitarbeiter im Schnitt kaum länger als drei Jahre halten.

Dieser konstante Wechsel bei der Besetzung von Projekten machte nicht nur unser Leben schwer, sondern auch das unserer Kunden.

Die Fluktuation in einer Branche zu reduzieren, die gemeinhin als Karrieresprungbrett gesehen wird – oftmals hinüber zu unseren Kunden –, war keine leichte Herausforderung. Anstatt die Mitarbeiter mit zusätzlicher monetärer Verlockung zum Bleiben zu bewegen, entschied ich mich für ein Experiment. Indem ich die Unternehmensstrategie von allgemeiner Innovationsberatung konsequent auf die Lösung von Zukunftsrisiken ausrichtete, wollte ich sehen, welchen Effekt diese Form der Sinnstiftung auslösen würde. So begannen wir, eine Bewertungssystematik einzuführen, die unsere Projekte im Kontext globaler Herausforderungen überprüfte. Auf der Grundlage einer Arbeit an der Hochschule des Ehrbaren Kaufmanns, die wir in Auftrag gaben, wurden nicht nur neue Angebote dahin gehend beurteilt, ob sie »Wasser einsparen«, »Leben retten« oder »Energie neu erfinden«, sondern auch unsere bereits laufenden Projekte überprüft. Diese Beurteilung machten wir nicht hinter verschlossenen Türen, sondern überprüften aufwendig unsere gesamte Kultur im Innen wie im Außen, ob wir diesem neuen Anspruch gerecht werden.

Spätestens als ich den ersten Bestandskunden darüber informierte, dass wir sein Mandat beenden würden, weil wir unsere Ressourcen nur noch für sinnstiftende Projekte einsetzen würden, war jedem Mitarbeiter klar, dass ich es ernst meinte. Es war ökonomisch betrachtet ein riskantes Spiel, da dieser Auftrag beträchtlichen Gewinn abwarf und unsere Situation durchaus als »finanziell angespannt« bezeichnet werden konnte. Weswegen natürlich auch der Konzernvorstand von diesem Schritt gar nicht begeistert war. Ich blieb dennoch bei meiner Absicht, unsere bestens ausgebildeten Mitarbeiter nur noch mit Aufgaben zu betrauen, die auch die Gesamtgesellschaft weiterbringen. Und ich tat dies mit einer inneren Selbstverständlichkeit, als ob eine

Zukunft, in der Unternehmertum und Sinnstiftung Hand in Hand gehen, bereits eingetreten wäre.

Nachdem wir diese Strategie durch unsere Kommunikation transparent gemacht hatten, geschah etwas, das all meine Erwartungen weit übertraf. Innerhalb von nur sechs Monaten reduzierte sich die Mitarbeiterfluktuation um über zwei Drittel, während sich die Bewerberzahlen vervielfachten. In den sozialen Medien schoss unsere Bewertung als Arbeitgeber nach oben. Und jedes Einzelgespräch mit Mitarbeitern und Bewerbern spielte uns zurück, dass unsere Neuausrichtung hierfür verantwortlich war.

Die Wirtschaft auf den Schutz und die mittelfristige Bewahrung unserer Lebensvoraussetzungen auf diesem Planeten auszurichten – allgemein als Nachhaltigkeit bezeichnet – **ist also keineswegs wirtschaftsfeindlich, sondern gesamtökonomisch mehr als förderlich**.

Bis allerdings diese Erkenntnis in den Führungsetagen reift, werden wir nicht darum herumkommen, hierfür global zwingende Vereinbarungen zu treffen. Denn wie bei einer Bergtour muss man auch in der Wirtschaft häufig zunächst Täler durchqueren, bevor man den nächsthöheren Gipfel erreicht. Und diese Motivation selbst aufzubringen ist eine seltene Kompetenz, da sich viele auf den Höhenzügen bequem eingerichtet haben.

Klare Regulierungen sind auch wichtig, um die Verbreitung neuer Wirtschaftsmodelle wie beispielsweise eine konsequente Kreislaufwirtschaft zu fördern, bei der die Rohstoffe eines Produktes an seinem Lebensende immer wieder extrahiert und neu genutzt werden können. Während unsere bisherigen Geschäftsmodelle lediglich auf dem Prinzip »produzieren – verkaufen – wegwerfen« beruhen, ermöglicht ein zirkulärer Designprozess genau das, was sich bereits die Alchemie im Mittelalter erträumt hat: aus Dreck Gold zu machen. Allerdings ist die Produktentwicklung zunächst aufwendiger, selbst wenn Industrien wie die Textilindustrie, die jährlich eine gigantische Zahl an Kleidungsstücken erzeugt, die nach kurzem Tragen (wenn überhaupt) entweder in der Verbrennung oder auf der Deponie landen, das enorme Potenzial dieses Ansatzes eindeutig zeigen.

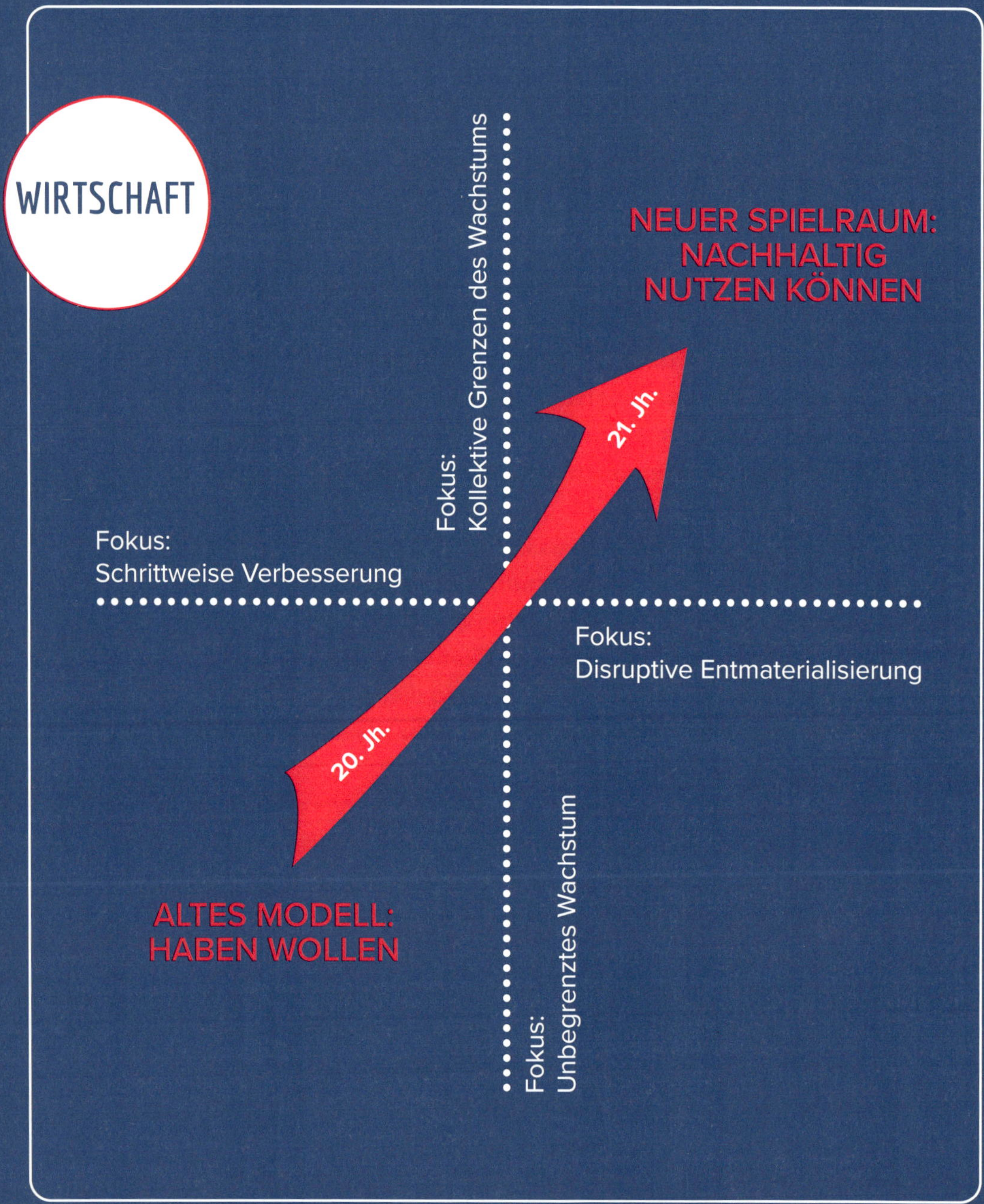
WIRTSCHAFT
NEUER SPIELRAUM: NACHHALTIG NUTZEN KÖNNEN
Fokus: Kollektive Grenzen des Wachstums
Fokus: Schrittweise Verbesserung
Fokus: Disruptive Entmaterialisierung
21. Jh.
20. Jh.
ALTES MODELL: HABEN WOLLEN
Fokus: Unbegrenztes Wachstum

Eine noch größere Chance bietet die schrittweise »Entmaterialisierung« der Wirtschaft in Form einer Sharing Economy – denn sie schont nicht nur Ressourcen, sondern steigert gleichzeitig auch die effizientere Nutzung materieller Waren und die Verteilungsgerechtigkeit.

Während Pkws, Fahrräder oder E-Roller in immer mehr Städten jedem Smartphone-Besitzer auf Knopfdruck an jeder Straßenecke rund um die Uhr zur Verfügung stehen und individuelle Mobilität für fast jeden erschwinglich machen, ohne dass man sich um Finanzierung, Wartung oder auch nur das Auftanken kümmern muss, hat diese Entwicklung in einer klassischen volkswirtschaftlichen Bewertung keinen Vorteil – im Gegenteil. Mit meinem jahrelangen Verzicht auf den Besitz eines eigenen Autos und der Nutzung dieser frei zugänglichen Mobilität bin ich – gemessen an meinem materiellen Besitz – verarmt. Für meine reale Lebensqualität allerdings gilt genau das Gegenteil: Ich konnte an jedem Ort immer genau das Transportmittel wählen, das mir am geeignetsten erschien – und die Kosten lagen unterhalb denen eines eigenen Autos.

Zudem rückt bei allen Sharing-Modellen die Langlebigkeit von Produkten in den Fokus, was sowohl für den Verbraucher als auch für die Ressourcen positive Auswirkungen hat (allerdings die Bilanzen derjenigen Unternehmen deutlich eintrübt, die auf dem Verkauf immer neuer Produkte aufbauen und den Marktbedarf durch eine immer schlechtere Haltbarkeit zu fördern versuchen). Darüber hinaus sorgen Feedback-Systeme für eine klare Sicht auf den Kunden, sodass (wenn auch anders als ursprünglich gedacht) der »unparteiische Zuschauer« nach 250 Jahren endlich einen adäquaten Platz bekommt und den Unternehmen ungefiltert widerspiegelt, wenn sie ihre wirtschaftliche Freiheit zum Schaden aller missbrauchen.

Inzwischen ist es für mich ein fester Bestandteil meines Lebens geworden, nach immer neuen Optionen Ausschau zu halten, mit denen ich Besitz durch temporäre Nutzung ersetzen kann. Es sind die Spielerrolle des Avantgardisten und sein Joker der vollkommenen

Unabhängigkeit von fremden Meinungen, mit denen ich mich immer wieder von den allgemeinen gesellschaftlichen Standards zu distanzieren versuche. Das Gefühl, weniger im »Gepäck« zu haben, entschädigt nach meiner Erfahrung bei weitem für die Zugeständnisse an Komfort, die man gelegentlich noch in Kauf nehmen muss.

Ich will nicht verschweigen, dass viele dieser Systeme noch unangenehme Nebeneffekte haben. Wir alle kennen die Bilder von mutwillig zerstörten E-Rollern, Wohnungsengpässe in Städten durch Airbnb, rapid steigenden Energiebedarf durch Streamingdienste oder grundsätzlich jede Form von Bumerangeffekt, bei der niedrige Grenzkosten zu exzessiver Verschwendung führen.

WIRTSCHAFT

Zudem werden Kreislaufwirtschaft und die Entmateralisierung unseres Konsums zumindest in der Übergangsphase einigen Marktteilnehmern fraglos Schmerzen bereiten. So bringen beispielsweise E-Books, gestreamte Musik oder Videokonferenzen die gesamte Druck-, Musik- und Reisebranche in Schwierigkeiten. Solche temporären Nachteile ökonomischer Veränderungen sind in komplexen Systemen grundsätzlich unvermeidlich, denn jede Veränderung löst eine Wirkkaskade aus. Manches erscheint allerdings auch nur nachteilig im Spiegel unserer bis heute geltenden Wirtschaftstheorie. Daher sollten wir versuchen, die Verlierer einzubinden oder für sie alternative Geschäfts- oder Finanzierungsmodelle zu entwickeln. Anstatt angesichts der zwingenden Notwendigkeit, unser bisheriges System zu verändern, Rechtfertigungen zu basteln für ein Weitermachen wie bisher.

Erst wenn wir die neuen Wege beschreiten, können wir mögliche neue Nebenwirkungen erkennen, bewerten und abstellen. Und auch die notwendige gesellschaftliche Reife entwickeln, mit ihnen verantwortungsvoll umzugehen.

VOM GETRIEBENEN ZUM GESTALTER WERDEN

Mit jeder unserer ökonomischen Handlungen können wir entscheiden, ob wir das bisherige System stabilisieren oder in eine neue Richtung dirigieren wollen.

Im ersten Fall bleiben wir Getriebene, die sich von dem (scheinbar) alternativlosen Sog eines immer schneller drehenden wirtschaftlichen Konsumwirbels mitreißen lassen. Und werden durch unser tatenloses Mitmachen zu Mittätern, wenn die Kollateralschäden die Zukunft der kommenden Generationen gefährden. Denn wir sind die Ersten, die nicht mehr von sich sagen können, dass wir nichts davon gewusst haben.

Im zweiten Fall werden wir Gestalter, die bewusst alternative Angebote für eine neue Wirtschaftsordnung kreieren oder solche nur mal ausprobieren – und auch dadurch den Veränderungsprozess fördern.

Dabei ist es egal, ob wir als Kunde, als Mitarbeiter oder als Unternehmer handeln:

- ***Gestalter wirst du mit jedem Produkt, das du erwirbst, wenn es einen überdurchschnittlichen Grad an Nachhaltigkeit reflektiert – selbst wenn es etwas teurer ist.***
- ***Gestalter wirst du mit jedem Job, mit dem du einer Firma dabei hilfst, notwendige Veränderungen positiv aufzugreifen und durchzuführen – selbst wenn er dir nicht das höchste Gehalt einbringt.***
- ***Gestalter wirst du mit jedem Bedürfnis, das du als Unternehmer »entmaterialisiert« befriedigst – selbst wenn diese Lösung zunächst etwas anstrengender zu finden und umzusetzen ist oder deine Chancen auf den Jahresbonus eintrübt.***

Dabei müssen wir nicht fanatisch werden oder uns selbst aufopfern, denn es gibt ausreichend Menschen auf diesem Planeten, die diesen Prozess unterstützen können. Wir müssen lediglich aufhören, an die Alternativlosigkeit eines Wirtschaftsmodells zu glauben, das uns bis heute suggeriert, dass es mit ungesteuertem Egoismus die besten Ergebnisse liefert.

Mit jeder dieser gezielten **Entscheidungen trägst du dazu bei, dass** sich die vermeintlich unveränderlichen Regeln in unserem Wirtschaftsdenken schrittweise ändern und **sich der große Tanker langsam anfängt zu drehen**. In Richtung einer Wirtschaftswelt, in der die Kollateralschäden kleiner werden und die Verteilungsgerechtigkeit steigt.

Hierfür müssen wir uns nicht der Wirtschaft verweigern, und wir müssen auch nicht warten, bis jemand ein optimales Modell ohne Nebenwirkungen gefunden hat. Wir steuern sie bereits durch jede Änderung unserer Präferenzen in Richtung einer inkrementellen Verbesserung – und je mehr Menschen dies tun, umso schneller wird ein Wandel in Richtung einer nachhaltige(re)n Wirtschaft Realität.

4.3 VERBUNDENHEIT ERSPIELEN

Als dritte entscheidende Grundvoraussetzung für unser Gefühl von Selbstbestimmtheit müssen wir uns mit der Welt, die uns umgibt, möglichst intensiv verbunden fühlen. Erst dadurch wird ihre Entwicklung relevant für uns, und wir können aus ihren Bedürfnissen eine Orientierung für unsere Handlungen ableiten.

Diese **soziale Eingebundenheit wirkt dabei in beide Richtungen**: Als soziale Wesen brauchen wir nicht nur Menschen in unserem Leben, die für uns wichtig sind und für die wir gerne ins Handeln kommen, sondern möchten auch in unserem Tun und Sein relevant für andere werden und bleiben.

Vereinfacht betrachtet gibt es drei wesentliche Wirkebenen, auf denen wir unsere Verbundenheit erleben können: in der Beziehung mit uns selbst, im direkten Kontakt mit anderen und als Element in dem für uns relevanten sozialen Gefüge, was in Zeiten der Globalisierung inzwischen nahezu gleichbedeutend ist mit der Welt als Ganzes.

VER-
BUNDENHEIT

Auf allen drei Ebenen geht es auch hier wieder darum, uns im Leben als jemand aktiv Handelnden wahrzunehmen. Dies gelingt, wenn wir **unsere Verbundenheit nicht nur erkennen, sondern sie gezielt gestalten, indem wir durch unsere Emotionen die für uns wichtigsten Verbindungen positiv aufladen und dadurch stärken**.

Dies ist **im Spielesetting** besonders leicht, da wir **unserer Leidenschaft freien Lauf lassen können**, ohne uns an gesellschaftliche Normen für Sachlichkeit oder Dezenz halten zu müssen. Gleichzeitig nimmt es den Situationen den zwanghaften Ernst, sodass wir unsere Fantasie, unseren Hang zur Romantik und auch unsere Sehnsucht nach einem Happy End hemmungslos ausleben können.

4.3.1 GESUNDHEIT – KRANK VOR ANGST, KRANK ZU WERDEN

Verstecke dich nicht,
sondern komme ins Leben.

WIR KÖNNEN NUR VERLIEREN

Dieses Kapitel über Gesundheit zu schreiben war im Vergleich zu allen anderen acht eine besondere Herausforderung. Während wir bei den anderen Themenbereichen selbst bei unterschiedlichen Startvoraussetzungen ähnliche Möglichkeiten haben, neue Spielräume für uns zu erschließen, ist das Thema Gesundheit unstrittig stark beeinflusst von der genetischen Mitgift unserer Vorfahren – zumindest was Beeinträchtigungen betrifft, mit denen uns unsere erbliche Disposition im Verlauf des Lebens in Form von Krankheiten herausfordert. In der allgemeinen Wahrnehmung ist Gesundheit daher auch häufig schlicht ein Privileg, das wenig mit den eigenen Handlungen zu tun hat, sondern vor allem mit Glück. Darüber zu schreiben, wie unsere eigene Haltung hier dennoch einen Einfluss haben kann, klingt daher schnell überheblich in den Ohren derer, die mit echten Einschränkungen zu kämpfen haben und dessen Tage bereits mit Schmerzen beginnen. Und dabei auch noch einen spielerischen Ansatz zu postulieren, mag geradezu wie Zynismus erscheinen.

Darüber hinaus ist Gesundheit ein Thema, das mit fortschreitendem Lebensalter zwangsläufig immer herausfordernder wird. Während die anderen acht Spielräume uns mit jedem neuen Spiel im Leben weiterbringen, können wir bei der Gesundheit, wenn man sie denn an klassischen physiologischen Faktoren festmacht, maximal die Erosion von Körper und Geist verlangsamen, nicht stoppen. Zudem sind wir mit dem unausweichlichen Ende konfrontiert, das für viele wie ein Damoklesschwert permanent über ihrem Leben hängt. Das liegt daran, dass unser Bestreben, den Tod als extremste Form der Bedrohung zu vermeiden, evolutionär tief in uns verankert ist. Der Lebenserhaltungstrieb ist unser stärkster Handlungsmotor, selbst wenn wir unser Ende durch die Vorstellung einer Fortsetzung unseres Daseins entweder durch irdische Inkarnation oder durch andere Formen des Lebens nach dem Tod zu einem gewissen Grad zu relativieren versuchen.

Zuletzt können wir Gesundheit auch nicht wirklich objektiv messen. Zumindest wenn wir Gesundheit so umfassend verstehen wollen, wie es die Weltgesundheitsorganisation (WHO) in der Präambel ihrer Verfassung schreibt: als ein »Zustand vollständigen physischen, mentalen und sozialen Wohlbefindens und nicht nur die Abwesenheit von Krankheit und Gebrechen«.

Diese Definition hat die WHO seit ihrer Gründung 1946 nicht angetastet und knüpft damit an einen Grundgedanken an, den bereits Hippokrates um circa 400 vor Christus ausgeführt hat: Krankheiten werden uns nicht von den Göttern willkürlich oder als disziplinarische Maßnahme geschickt, sondern entstehen natürlich und werden von externen Faktoren wie Ernährung, Lebensweise und Umweltfaktoren verursacht beziehungsweise ausgelöst. Und so versuchen wir seit zweieinhalb Jahrtausenden unermüdlich, diese Ursache-Wirkungs-Prinzipien zu verstehen und sie mithilfe des kompletten Spektrums unserer Naturwissenschaften zu unseren Gunsten zu manipulieren.

GESUNDHEIT

Und dennoch bleibt Gesundheit ein Lebensbereich, der wie kein anderer schon immer die vier Aspekte unserer heutigen VUKA-Welt repräsentiert:

- *Gesundheit ist* volatil, *wir können sie nicht festhalten, sie bleibt zeit unseres Lebens mit jedem neuen Tag flüchtig.*
- *Wir können inzwischen zwar manche Krankheiten frühzeitig diagnostizieren, dennoch bleiben der Zeitpunkt ihres eigentlichen Ausbruchs und ihr zukünftiger Verlauf* unvorhersehbar.
- *In der Regel liegt ihr auch ein* komplexes *Zusammenwirken von Ursachen zugrunde, deren relatives Verhältnis und deren Wechselbeziehungen wir bisher kaum verstehen.*
- *Und zuletzt leben wir stets in einem* ambivalenten *Zustand zwischen gesund und krank, dessen Bewertung auch von unserer eigenen Perspektive abhängt.*

Während die Fortschritte bei Hygiene und Medizin unsere Lebenserwartung deutlich gesteigert haben, konzentrieren wir uns weiterhin dominant auf die Milderung und Bekämpfung von Krankheiten. Wenn wir stattdessen unser Dasein irgendwo auf einem Kontinuum zwischen Gesundheit und Krankheit verstehen, bei dem es nicht nur auf die Stressoren, sondern besonders auf unsere Widerstandskräfte und unsere innere Kohärenz ankommt, erhalten wir deutlich mehr Kontrolle. Dann können wir das längste und gesündeste Leben führen, das uns möglich ist.

GESUNDHEIT

Ich habe mich trotz all dieser Herausforderungen dazu entschieden, dieses Kapitel nicht auszulassen, denn unsere Gesundheit steht in einer wesentlichen und sogar bidirektionalen Beziehung zu unserer Verbundenheit. Außerdem bin ich der festen Überzeugung, dass unsere Haltung, mit der wir auf unsere Gesundheit schauen, einen wesentlichen Einfluss auf sie hat. Dies werde ich nie wirklich beweisen können, denn wir betreten auch hier mit jeder bewussten Handlung in Richtung Krankheitsprävention ein Paralleluniversum, von dem aus wir nicht zurückblicken können: Wie wäre es verlaufen, wenn nicht? Aber unser eigener Einfluss auf unsere Gesundheit ist für mich ganz im Sinne von Kant ein wenig wie die Willensfreiheit eine notwendige Forderung der praktischen Vernunft: Wenn wir Krankheit als Schicksal und unbeeinflussbar durch unseren Lebensstil beziehungsweise unsere innere Einstellung ansehen, dann versagen wir uns das Gefühl der Selbstbestimmtheit.

Und auch wenn es besonders herausfordernd ist, einen spielerischen Ansatz zu postulieren oder Beispiele aus meiner eigenen Erfahrung anzuführen, ohne die Gefühle derjenigen Leser zu verletzen, die unter schweren Krankheiten leiden, so glaube ich fest daran, dass ein spielerischer Umgang mit unserer Gesundheit deutlich erfolgversprechender ist als ein ernster Ansatz. Allein deswegen, weil eine der Ursachen dafür, dass wir uns so wenig Zeit für unsere Gesundheit nehmen, darin liegt, dass wir so viele ernsthafte Dinge im Leben angeblich vorher erledigen müssen. **Spielen verschafft uns nötige Freiräume, unsere körperliche und geistige Fitness wichtig zu nehmen – und im Falle von Krankheiten mentale Spielräume, um mit ihr vielleicht auf eine Art und Weise umzugehen**, die sonst nur schwer vorstellbar wäre.

VERLORENE UND GEWONNENE TAGE

Ich denke, es ist grundsätzlich hilfreich, sich zunächst mit der Faktenlage über unsere begrenzte Lebensdauer ein wenig vertraut zu machen, bevor wir uns der Frage nähern, welchen Einfluss wir selbst auf unsere Gesundheit haben. Denn spannend ist, wie wenig sich unsere Angst um ein frühzeitiges Sterben verändert hat, auch wenn sich unsere Lebenserwartung in den letzten 200 Jahren mehr als verdoppelt hat: von durchschnittlich 25 bis 40 Jahren auf 60 bis 80. Dies ist rein statistisch betrachtet zunächst auf eine deutliche Reduzierung der Kinder- und Säuglingssterblichkeit zurückzuführen und nicht ausschließlich auf eine Verlängerung am Lebensende, inzwischen allerdings auch auf ein weltweit deutlich verbessertes Krankheitswissen und wirksamere Gesundheitssysteme. Traurig bleibt allerdings, dass das Durchschnittseinkommen eines Landes wesentlich darüber entscheidet, ob man 60 oder 80 Jahre alt wird. Ein langes Leben muss man sich immer noch leisten können.

GESUNDHEIT

In Deutschland gehören wir historisch diesbezüglich schon immer zu den privilegiertesten Ländern und haben seit Anfang des letzten Jahrhunderts den Wert von 40 auf über 80 Jahre kontinuierlich gesteigert – mit Ausnahme der Zeit der beiden selbst begonnenen Weltkriege. Somit haben all diejenigen, die dieses deutschsprachige Buch vermutlich in Deutschland, Österreich oder der Schweiz lesen, abgesehen von Einzelschicksalen, in jedem Fall statistisch schon einmal einen deutlichen Startvorteil gegenüber Menschen in vielen anderen Ländern.

Allerdings bietet der jährliche Bericht der WHO noch ein paar weitere aufschlussreiche Statistiken. Anders als früher liegt hier der Schwerpunkt inzwischen nicht mehr nur pauschal auf der Lebensdauer (wie viele Jahre leben Menschen in einem bestimmten Land im Durchschnitt?), sondern auch auf der Lebensqualität (wie viele Jahre verbringen die Menschen in einem bestimmten Land in Gesundheit?). Dies relativiert die Ungleichheit (um nicht zu sagen Ungerechtigkeit) zumindest ein wenig. Denn mit dem Einkommen steigt auch die Zahl der Tage, an denen wir als gesundheitlich eingeschränkt gelten, um fast 50 Prozent. Das bedeutet: Für jedes fünfte Jahr unserer erkauften Verlängerung erhalten wir ein Krankheitsjahr dazu.

Wenn man sich noch ein wenig eingehender mit den Studien beschäftigt kann man unter anderem feststellen, dass ansteckende Krankheiten wie Influenza, Tuberkulose, HIV oder Pneumokokken nicht nur weltweit zurückgegangen sind, sondern besonders in einkommensstarken Ländern wie Europa inzwischen kaum noch für Todesfälle verantwortlich sind. Sondereffekte wie durch Corona sind in diesen Zahlen noch nicht enthalten, allerdings auch nur temporär relevant, zumindest solange wir verhindern, dass Pandemien zum neuen Standard werden. Auch unnatürliche Todesursachen machen in kaum einer Region des Planeten mehr als zehn Prozent aus. Während wir durch die Nachrichten immer wieder den Eindruck vermittelt bekommen, wie gefährlich die Welt geworden ist, machen Gewalttaten dabei den kleinste Anteil aus. Er wird überall deutlich von der Selbstmordrate übertroffen. Und die weltweiten Todesfälle im Straßenverkehr liegen sogar auf dem dreifachen Wert von Gewalttaten, egal welche Region man betrachtet (auf die Frage, ob man Autos eher als Waffe einstufen sollte, möchte ich an dieser Stelle nicht eingehen).

Dies bedeutet im Umkehrschluss, dass hierzulande, aber auch weltweit das Ende des Lebens anders als noch vor ein paar Hundert Jahren dominant dadurch entschieden wird, dass unser eigener Körper ohne Zutun von außen irgendwann aufhört zu funktionieren. Als Hauptverursacher für ein verfrühtes Hinscheiden listet die WHO eher langfristige individuelle Risikofaktoren wie Bluthochdruck, Übergewicht, physische Inaktivität, Rauchen, übertriebenen Alkoholkonsum und künstlich hergestellte ungesättigte Fettsäuren, sogenannte Transfettsäuren, auf.

Ich möchte keineswegs despektierlich gegenüber denjenigen wirken, denen unverschuldet durch genetische Disposition, Unfall, Viren oder andere tragische Schicksalsschläge nur ein verkürztes Leben vergönnt ist, ich kann es nicht oft genug betonen! Doch sofern wir ein möglichst langes Leben als eines unserer wichtigen Ziele anerkennen, sollten wir einmal überlegen, wie jeder für sich diese Risikofaktoren schrittweise reduzieren kann, die zumindest laut Statistik mit höherer Wahrscheinlichkeit unser Leben verkürzen und gleichzeitig weitgehend in unserer Hand liegen.

Oft reicht schon ein punktueller Komfortverzicht aus. Redziert doch regelmäßiges Treppensteigen statt Rolltreppe oder Aufzug signifikant das Herzinfarktrisiko. Auch mit dem Rauchen aufzuhören hätte den Vorteil, sein Leben nicht aktiv zu verkürzen und dafür auch noch Geld auszugeben. Und gesündere Ernährung sowie moderater Alkoholkonsum wirken sich nicht nur auf unsere Gesundheit aus, sie haben auch positive Nebeneffekte – erstere für unsere Umwelt, zweiterer für die Beziehungen zu unseren Mitmenschen.

Ich habe diese wenigen Fakten einmal zusammengestellt, um zu zeigen, dass unsere Angst vor einem frühen Tod heutzutage nicht unser Leben dominieren sollte, auch wenn wir instinktiv darauf geprägt sind. Denn auch hier spielt uns unser Autopilot lediglich einen Streich, da die wesentlichen Risiken durch unmittelbare externe Bedrohungen, auf die er über Jahrtausende hinweg konditioniert wurde, längst nicht mehr in relevantem Ausmaß existieren.

Natürlich können wir im Einzelfall nie ausschließen, dass gerade wir es sind, die von etwas überrascht werden, das unser Leben unverhältnismäßig verkürzt. Aber unsere diffuse lebensbegleitende Angst vor dem Tod verbaut uns häufig die Fähigkeit, unsere Lebensrisiken rational richtig einzuschätzen. Daher sollten wir gerade hier beginnen, unsere Perspektive zu überprüfen, bevor wir uns detaillierte Gedanken über gesundheitsfördernde Maßnahmen machen.

Um zunächst herauszufinden, ob wir grundsätzlich fähig sind, unsere instinktive Überlebensangst mental zu objektivieren, und sich diese Fähigkeit vielleicht sogar antrainieren lässt, habe ich mich bewusst in Situationen gebracht, in denen ich rational betrachtet kaum einer echten Gefahr ausgesetzt war und dennoch meine Urängste maximal getriggert wurden: bei einem Bungeesprung vom Hamburger Fernsehturm und einem zweiten Jump von einer über 100 Meter hohen Eisenbahnbrücke über dem Sambesi. Beide Erlebnisse haben mir gezeigt, dass es uns Menschen durchaus möglich ist, solche Extremsituationen durch Selbstkontrolle zu versachlichen, um die Willenskraft für Handlungen aufzubringen, bei denen uns alle Instinkte in höchste Alarmbereitschaft versetzen – eine überlegene Fähigkeit unserer Spezies und ein Beweis für unsere einzigartige mentale Stärke. Allerdings kostet es enorme innere Überwindung und Disziplin. Zudem habe ich mich beim zweiten Mal noch mehr als beim ersten Sprung gefragt, warum ich mir das eigentlich antue. Von Gewöhnungseffekt keine Spur.

Daher habe ich mir inzwischen angewöhnt, in Entscheidungssituationen, in denen ich Gefahr laufe, dass mich mein archaischer Instinkt durch induzierte Angst ausbremst, die Rolle des Pokerspielers einzunehmen. Indem ich mir zunächst ganz sachlich meine Gewinn- beziehungsweise Überlebenschancen ausrechne, besitze ich durch dieses rationale Zukunftswissen einen überlegenen Joker, mit dem ich mental gegen meinen Autopiloten antreten kann. Dieser Platzwechsel führt dazu, dass ich nicht auf der Seite meines Autopiloten sitze und im Kopf meinen hohen Einsatz mit dem Verlustrisiko verknüpfe, sondern den potenziellen Erfahrungszuwachs mit meinen Gewinnchancen multipliziere. Dies ist in der Regel so attraktiv, dass es mir leichtfällt, mich für meine rationale Präferenz zu entscheiden, selbst wenn diese von außen betrachtet riskant oder gefährlich wirkt. Kurz gesagt: Mein Fokus ist darauf gerichtet, was ich ziemlich wahrscheinlich gewinnen kann und nicht darauf, was ich ziemlich unwahrscheinlich verlieren kann.

Bis heute besteht mein Spiel zudem daraus, Situationen zu »sammeln«, in denen ich eine extreme Gefahrensituation knapp verpasst und so quasi einen Spielzug bewusst oder unbewusst gegen den Tod gewonnen habe. Meine *Near-Miss-Liste* (Knapp-vorbei-Liste) enthält inzwischen weit über ein Dutzend Einträge. Darunter die übereilte Flucht aus Moskau in einem Militärjet, während die Panzer über den Roten Platz rollten. Der vorbeirasende Zug, der mich nur dank einer intuitiven Bewegung nicht erfasste. Das Dach einer Konzerthalle, das nur wenige Wochen nach meinem Besuch einstürzte. Der Ort eines ISIS-Attentats in Bangladesch, an dem ich mich mit nur wenigen Stunden Differenz aufhielt. Der Dammbruch in Kenia, dessen Sturzflut meinen Schlafplatz nur wenige Tage nach meiner Abreise unter Wasser setzte. Das Erdbeben im Himalaya. Und das Bungeeseil, das kurz nach meinem Sprung über dem Sambesi riss.

Vielleicht liegt es an meiner spielerischen Lebensweise, die mich mitunter an Schauplätze bringt, an denen solche Gefahren gelegentlich lauern. Allerdings bin ich überzeugt, dass jeder von uns solche Situationen identifizieren kann, wenn er nur aufmerksam darauf achtet. Es geht hier nicht um zeitliche Exaktheit – das Bungeeseil ist tatsächlich nach meinem Sprung über dem Sambesi bei jemandem gerissen, allerdings erst Monate später. Es ist einfach ein Spiel, mit dem ich jedes Mal, wenn ich ein weiteres Near-Miss-Erlebnis für mich glaubwürdig auf die Liste setzen kann, nicht nur meine Dankbarkeit dafür steigere, dass meine Zeit anscheinend noch nicht gekommen ist. Ich werde mir auch angesichts meines hohen Punktestandes bewusst, dass ich schon jetzt auf dem Siegertreppchen ganz oben stehe – und daran auch das eine gegnerische Tor am Ende nichts ändern kann.

Wir können nicht den **Zeitpunkt für das Finale unseres irdischen Lebens** ewig herauszögern. Wir können lediglich versuchen, auf die **wichtigsten Faktoren für ein gesünderes, längeres Leben Einfluss zu nehmen**. Und uns dann für das verbleibende Restrisiko entscheiden: Sorgen machen Tag für Tag. Oder schlicht **dankbar sein für die Zeit, die uns zum Spielen bereits gegeben wurde und auch jetzt, just in diesem Moment, zur Verfügung steht**.

GUTE GENE SIND NETT, GUTE BEZIEHUNGEN WICHTIGER

Bei der Frage, wie wir unsere Gesundheit schützen können, gibt es nicht nur Fakten, die uns eine gesundheitsbewahrende Richtung weisen (ein paar habe ich bereits erwähnt), sondern auch fundamental unterschiedliche Perspektiven, wie wir mit dem Thema »Gesundheit« umgehen wollen: proaktiv oder reaktiv.

So hat die medizinische Diagnostik dank deutlich verfeinerter Technologien in den letzten Jahrzehnten enorme Fortschritte gemacht, um durch frühzeitiges Identifizieren von Symptomen sehr schnell Krankheiten feststellen und adäquat behandeln zu können. Inzwischen gibt es Sensoren zur Früherkennung, die unter die Haut eingepflanzt werden, oder elektronische Mikrobauteile zum Schlucken, die eigenständig die Vergabe notwendiger Medikamente steuern. Man mag darüber schmunzeln oder den Kopf schütteln – im Grunde liegen all diesen Erfindungen dieselben Impulse und Mechanismen zugrunde wie unseren Arztbesuchen bei den ersten Anzeichen von Unwohlsein oder Schmerzen: Ein

Problem ist da und muss möglichst sofort wieder abgestellt werden. Wir verstehen Medizin vornehmlich als Reparaturbetrieb, der sich immer weiter spezialisiert. Und letztlich stehen uns viele andere Möglichkeiten, wenn Symptome denn erst einmal da sind, auch nicht mehr zur Verfügung.

In der Regel gibt es zuvor durchaus eine längere Zeitperiode, die wir in den meisten Fällen hätten nutzen können, um den Ausbruch einer Krankheit zu verhindern, hinauszuzögern oder abzuschwächen. Allerdings besteht hier das Problem, dass wir zwar wissen, was unsere Gesundheit fördert, aber der Beweis einer direkten Ursache-Wirkungs-Beziehung dennoch schwierig bleibt. Wir sind uns bewusst, dass Rauchen ungesund ist, können es inzwischen sogar auf jeder Verpackung lesen, allerdings werden wir nie genau erfahren, ob und in welchem Maße es auch unserem Körper schadet oder bereits geschadet hat. Auch werden wir nie wissen, wie es um unsere Gesundheit bestellt wäre, wenn wir nie mit dem Qualmen angefangen hätten, da unsere Gesundheit immer von einem ganzen Spektrum an Faktoren beeinflusst wird, von denen jeder einzelne unser eigentlich recht resilientes System zum Kippen bringen kann. Das alles macht es für uns mitunter schwierig, die notwendige Motivation und Disziplin für Prävention aufzubringen.

Unstrittig bleibt allerdings, dass sich zumindest unsere statistischen Chancen auf viele gesunde Lebensjahre deutlich erhöhen, wenn wir einige Faktoren in unserem Lebensstil berücksichtigen, die in unserem Einflussbereich liegen. Während die Gentechnik fieberhaft nach den genetischen Schaltern sucht, die durch Fehlstellung für Krankheiten verantwortlich sind, lassen sich mindestens ein Viertel der gesellschaftlichen Gesundheitskosten eindeutig auf leicht veränderbare Lifestyle-Faktoren zurückführen. Auch hier sind wir wieder bei Themen wie schlechte Ernährung, mangelnde Bewegung, chronischer Stress.

Ich möchte jedoch das Augenmerk noch auf eine andere Studie lenken, die in dieser Form weltweit einzigartig ist: Vor über 80 Jahren hat die Universität Harvard begonnen, eine Gruppe von Menschen über ihr gesamtes Erwachsenenleben hinweg zu begleiten, um herauszufinden, welche Faktoren zu einem gesunden und glücklichen Leben beitragen. Bedauerlicherweise wurden für diese Studie aufgrund des 1938 vorherrschenden Geschlechterverständnisses nur Männer berücksichtigt. Dennoch liefert die akribische Dokumentation der physischen und psychischen Konstitution sowie der individuellen Lebensbedingungen, aber auch des beruflichen und familiären Lebenslaufes von 268 Harvard-Elitestudenten sowie einer Kontrollgruppe von 456 Gleichaltrigen aus dem ärmeren Teil von Boston wichtige Hinweise, welche Faktoren entscheidend sein könnten.

Die ökonomischen Startvoraussetzungen scheinen überraschenderweise keine entscheidende Rolle für Gesundheit und Glück zu spielen, in beiden Gruppen erreichten fast zehn Prozent der Teilnehmer ein Alter von über 90 Jahren. Auch andere Faktoren, von denen man ursprünglich einen starken Einfluss auf ein gesundes und glückliches Leben erwartet hätte, scheinen keine entscheidende Rolle zu spielen. So beeinflussten die physischen Startbedingungen, die intellektuellen Fähigkeiten oder die persönlichen Charakterzüge die Lebensqualität der Teilnehmer kaum. Vielmehr entscheidend für ein langes Leben bei bester mentaler und physischer Gesundheit ist die Qualität der Beziehungen, die wir mit der Familie, den Freunden und der Gesellschaft unterhalten. Diese Verbundenheit scheint uns nicht nur vor den Herausforderungen des Lebens zu schützen, sondern verzögert auch das physische und geistige Altern signifikant. Demgegenüber scheint Einsamkeit einen ähnlich negativen Einfluss auf unsere Gesundheit zu haben wie Rauchen oder exzessiver Alkoholgenuss.

GESUNDHEIT

Natürlich hat jede Studie Grenzen. Allein schon durch die beschränkte Zahl und die häufig eingeschränkte Vielfalt der Probanden. Allerdings war zumindest das Spektrum in puncto Einkommen, Beruf und Karriereverlauf sehr breit gewählt. Und mit John F. Kennedy war sogar ein amerikanischer Präsident unter den Teilnehmern. Insofern spricht viel dafür, dass Verbundenheit zumindest ein wesentlicher Faktor ist, den wir häufig unterschätzen.

Auch ich habe diesen unmittelbaren Zusammenhang zwischen Beziehungsqualität und Gesundheit kennengelernt, als ich mit Anfang 30 einen Augeninfarkt bekam und vorübergehend meine Sehfähigkeit auf einem Auge nahezu vollständig verlor. Ich war froh, dass meine Schwachstelle nicht das Herz, sondern ein redundantes Organ meines Körpers war, was mir erlaubte, mit dem Motorrad selbst in die nahe gelegene Uniklinik zu fahren. Allerdings konnte sich der Arzt meine Symptome nicht erklären, aus seiner Sicht war ich nicht nur zu jung für einen Augeninfarkt, sondern auch zu gesund. Eine plausible Erklärung fand er erst in einer Studie über Patienten mit einem vergleichbaren Krankheitsbild, bei denen eine sehr auffällige Häufung von beruflichem und gleichzeitig familiärem Stress nachgewiesen wurde. Faktoren, die zu dieser Zeit auch in meinem Leben stark präsent waren.

Man kann viel über die möglichen Wirkmechanismen spekulieren, die zu dem Ergebnis der Harvard-Studie geführt haben, Rückschlüsse auf das eigene Leben ziehen und spekulieren: Schützen intakte soziale Beziehungen vor negativem Stress? Können wir darüber unseren Oxytocin-Level im Gehirn beeinflussen (siehe Kapitel 4.1.3)? Wie viele Beziehungen braucht es, um gesundheitlich maximal zu profitieren? Reicht eine gute Partnerschaft, oder muss es gleich eine ganze Clique sein? Doch letztlich würden wir uns dadurch nur in Detailfragen verlieren, auf die wir sowieso nie eine eindeutige Antwort bekommen werden und die in Wahrheit nur dazu dienen, unser Leben erneut rational zu optimieren.

Viel spannender ist es aus meiner Sicht, dass Verbundenheit generell nicht nur einen der drei Hauptfaktoren für unsere Selbstbestimmtheit repräsentiert, sondern anscheinend auch Regelkreise aktiviert, die unsere Gesundheit fördern. Und dabei ist es doch eigentlich egal, wie diese nun genau funktionieren, ob sie physiologischer oder psychologischer Natur sind oder vielleicht auch beides gleichzeitig.

Unabhängig von den genauen Kausalzusammenhängen kennen wir mittlerweile ausreichend viele Faktoren, die unsere Gesundheit positiv beeinflussen, sodass es deutlich mehr Sinn macht, sich darauf zu konzentrieren, **die Ursachen von möglichen Krankheiten so gut es geht zu verhindern**, anstatt abzuwarten, ob sich denn auch bei einem selbst Symptome einstellen, für die man dann Lösungen bei der Medizin sucht. Dabei sollten

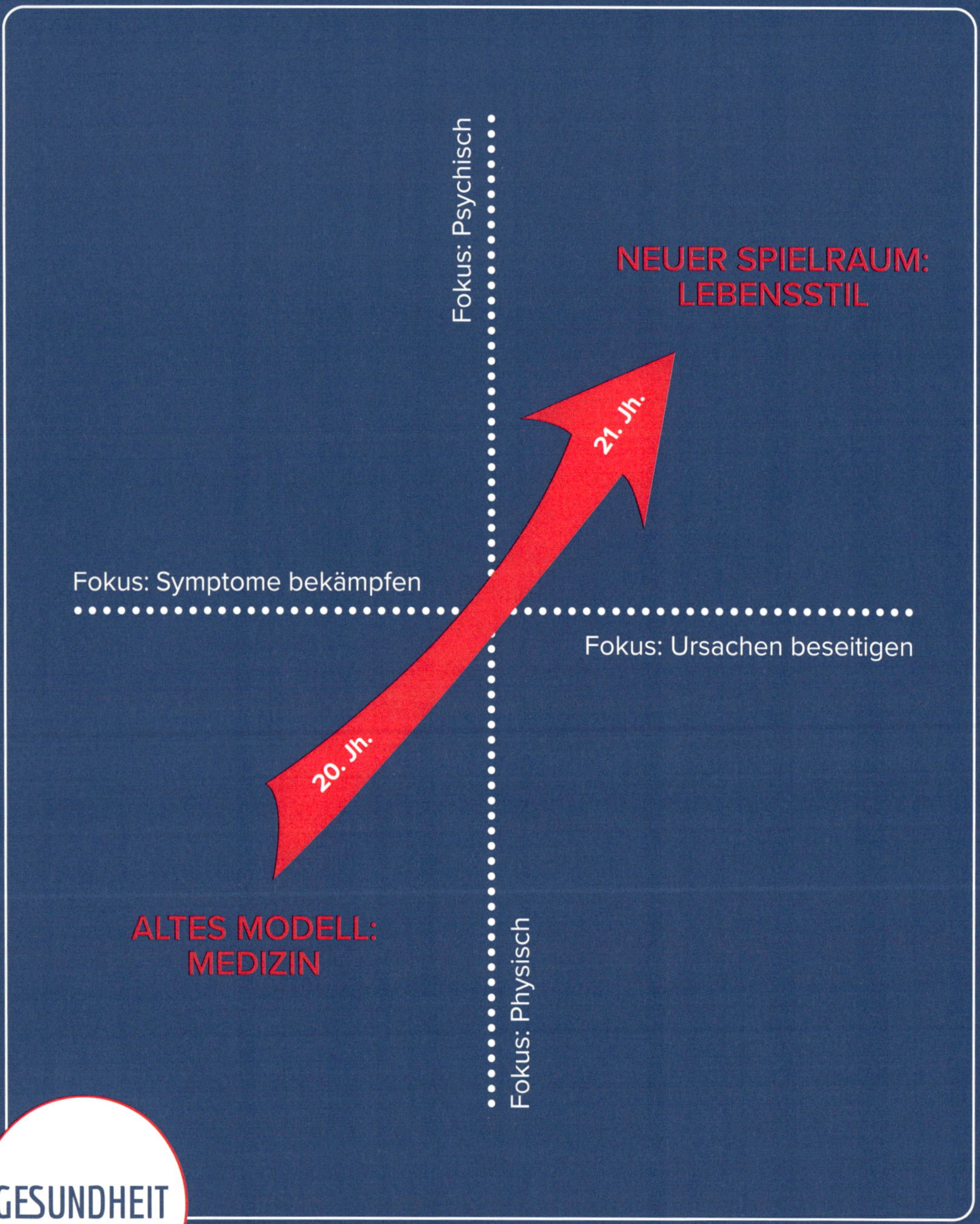

Fokus: Psychisch
NEUER SPIELRAUM:
LEBENSSTIL
21. Jh.
Fokus: Symptome bekämpfen
Fokus: Ursachen beseitigen
20. Jh.
ALTES MODELL:
MEDIZIN
Fokus: Physisch

GESUNDHEIT

wir uns allerdings nicht nur auf **physische Aspekte** beschränken, sondern **auch unsere psychische Gesundheit** ausgewogen berücksichtigen. **Unsere Verbundenheit mit anderen Menschen scheint dabei eine besondere Rolle zu spielen.**

KOHÄRENZ IM KONTINUUM

Bei allen Fortschritten bei der Linderung von gesundheitlichen Beeinträchtigungen ist es allerdings überraschend, dass die Medizin seit Jahrhunderten so vehement nach den Ursachen von Krankheiten forscht (was macht Menschen krank?) und nur so selten die Frage umkehrt: Was hält Menschen gesund?

Einer der wenigen, die das getan haben, ist neben den Harvard-Professoren der israelisch-amerikanische Medizinsoziologe Aaron Antonovsky. Tief beeindruckt von der Resilienz von Frauen, die sich trotz der unvorstellbar grausamen Erlebnisse in nationalsozialistischen Konzentrationslagern als physisch und psychisch gesund bezeichneten, entwickelte er vor 50 Jahren eine Theorie, die sich diametral von den bisherigen medizinischen Ansätzen unterscheidet.

Auch er sah unsere Körperfunktionen als aktive Elemente eines Regelkreises an, die sich darum bemühen, Störungen auszugleichen. Allerdings stellte er die klassische Annahme infrage, dass Krankheit ein Ausnahmezustand ist, ein Ungleichgewicht, das durch eine Fehlfunktion dieser selbstregulierenden Körperfunktionen (Homöostase) entsteht und korrigiert werden muss. Stattdessen postulierte der Vater der Salutogenese, der Lehre von der Entstehung von Gesundheit, dass Krankheit ein durchaus übliches Phänomen ist, das in jedem Menschen ständig, jedoch unterschiedlich stark präsent ist. Weil jeder lebende Organismus konstant einem äußeren Druck in Richtung Unordnung ausgesetzt ist, befinden wir uns zeit unseres Lebens in einem Kontinuum zwischen Gesundheit und Krankheit. Unablässig herausgefordert von physischen, biochemischen und psychosozialen Stressoren. Daher gibt es nicht nur die beiden Extremzustände »krank« beziehungsweise »gesund«, sondern auch das gesamte Spektrum dazwischen. Krankheit war für Antonovsky eine relative Frage, keine absolute.

Wo wir uns gerade auf diesem Kontinuum befinden, hängt nicht nur von der Intensität der externen Faktoren ab, die unsere inneren Systeme herausfordern, sondern auch von den Widerstandsressourcen, die wir ihnen entgegensetzen können. Hierzu zählen für ihn analog zu den Empfehlungen der WHO sowohl die physischen Präventionsmaßnahmen wie regelmäßige Bewegung, eine ausgewogene Ernährung und ein moderater Umgang mit Suchtmitteln als auch eine stabile soziale Verbundenheit, was im Grundsatz den Ergebnissen der Harvard-Studie entspricht.

Allerdings hat seine jahrelange Stressforschung ergeben, dass es auch eine Reihe von gesundheitsförderlichen inneren Ressourcen gibt, die entscheidend dafür sind, wie sehr man sich dem üblicherweise als Gesundheit bezeichneten Pol annähert. Auf dieser Idee aufbauend hat Antonovsky die Theorie entwickelt, dass weniger das tatsächliche Ausmaß an Stressfaktoren eine Rolle dabei spielt, wie gesund wir uns fühlen, sondern die physischen und psychischen Fähigkeiten, mit ihnen umzugehen.

GESUNDHEIT

Neben physischer und sozialer Selbstfürsorge werden unsere Widerstandskräfte durch drei wesentliche Faktoren beeinflusst:

- *Unsere Fähigkeit, die Zusammenhänge des Lebens zu verstehen; das heißt, Ereignisse entweder vorhersehen oder sie sich zumindest im Nachhinein erklären zu können, wenn sie überraschend eintreten* (Verstehbarkeit)*;*
- *unsere Überzeugung, das eigene Leben selbst gestalten zu können beziehungsweise über die geeigneten Ressourcen zu verfügen, um den Anforderungen des Lebens zu begegnen* (Bewältigbarkeit)*;*
- *unser Glaube daran, dass wenigstens einige der vom Leben gestellten Herausforderungen es wert sind, dass man Energie in sie investiert, weil man das Leben an sich als sinnvoll empfindet* (Sinnhaftigkeit).

In gewisser Weise könnte man diese Sichtweise als medizinisches Pendant zur Positiven Psychologie sehen, die eine der wesentlichen Ursachen für das Gefühl von Glück in unserer Fähigkeit sieht, die faktischen Umstände aus einer positiven Perspektive zu betrachten. Krankheit liegt somit ebenso wie Glück (siehe Kapitel 4.1.3) in einem beträchtlichen Maß in unserem eigenen mentalen Einflussbereich.

Greift man diesen Ansatz auf, so wird schnell offensichtlich, dass unsere VUKA-Welt alle drei Widerstandsressourcen deutlicher stärker herausfordert als früher. Dies könnte auch erklären, warum trotz der enormen Fortschritte in der Medizin die Zahl der individuellen Krankheitsjahre in den letzten zwei Jahrzehnten weltweit kontinuierlich steigt.

Weil die Welt immer weniger vorhersehbar ist, hängt ihre Verstehbarkeit zunehmend von unserer Fähigkeit ab, die Entwicklungen in der Welt einordnen zu können. Dies ist eine große Herausforderung, zumindest solange wir mit unserer evolutionären Brille des seriösen Erwachsenen weiterhin versuchen, Muster für Zukunftsprognosen zu identifizieren. Denn selbst wenn wir in einer komplexen Welt rückblickend zumeist Gründe finden können, warum bestimmte Ereignisse überraschend eingetreten sind, so werden allgemeine Erklärungsmodelle, die wir hieraus abzuleiten versuchen, immer häufiger schnell durch die Realität widerlegt. In einer solchen Spirale schmilzt die Halbwertszeit unseres Verstehens der Welt immer weiter zusammen.

Anders ist es erst, wenn wir lernen, das Leben als Spiel zu betrachten. Denn aus der Sicht des Spielenden stehen überraschend eintretende Ereignisse nicht im Widerspruch zum eigenen Spielverständnis, sondern sind ein ganz natürliches Element des Spiels: Man muss sie nicht erklären, sondern lediglich lernen, adäquat auf sie zu reagieren. Überraschende Ereignisse fordern den Spieler zwar heraus, bringen ihn allerdings nicht aus seinem inneren Gleichgewicht, weil er durch seine Rollenwahl und den entsprechenden Joker das Gefühl hat, sie aktiv beeinflussen zu können. Dadurch werden sie zu Bereicherungen.

Ähnlich herausfordernd ist es, sich in einer VUKA-Welt angesichts der Volatilität der Ereignisse nicht in eine Opferrolle drängen zu lassen, weil man sich hilflos den Lebensereignissen ausgeliefert fühlt. In einem solchen Umfeld sein Gefühl der Selbstwirksamkeit zu bewahren ist nur durch einen Perspektivwechsel möglich: Habe ich wirklich sämtliche Kontrolle über mein Leben verloren? Dass das möglich und auch überfällig ist, versuche ich nicht nur in diesem Kapitel, sondern auch für die anderen acht wesentlichen Themenbereiche in diesem Buch zu zeigen.

Und zuletzt laufen wir Gefahr, von dem übermächtigen existenziellen Bedrohungspotenzial der neuen globalen ökologischen und sozialen Herausforderungen für uns als Spezies in die Sinnlosigkeit jeglicher Zukunftsplanung abgedrängt zu werden. Immerhin lässt sich fast ein Viertel der weltweiten Erkrankungen heute schon auf Umweltbedingungen zurückführen, die sich zunehmend verschlechtern. Auch hier können wir die innere Entscheidung, dies als willkommenen Stimulus für unser eigenes Leben zu verstehen, der unserem eigenen Dasein eher (noch) mehr Sinn geben kann, wenn wir versuchen, unseren Beitrag zu leisten, nur selbst treffen. Allerdings habe ich versucht, für wenigstens ein paar Spielräume Möglichkeiten aufzuzeigen, wie unser Einfluss aussehen könnte.

Aus dieser Perspektive könnte man dieses Buch eigentlich in das Regal mit den Gesundheitsratgebern einsortieren. Auch wenn ich es lieber in der Spielzeugabteilung für Erwachsene sehen würde, dort fällt es mehr auf, besonders weil die Regale deutlich leerer sind. Aber in der Tat **haben wir durch einen spielerischen Ansatz** nicht nur **die Joker in der Tasche**, mit denen wir unsere Selbstbestimmtheit und damit **unsere Freiheit zurückerobern können – und nebenbei** auch noch **die Welt retten**. Sondern wir **stärken** gleichzeitig die **drei Eckpfeiler für Resilienz, die uns in einer VUKA-Welt deutlich näher an einen Zustand von Gesundheit heranbringen**.

AUSDAUER- STATT LEISTUNGSSPORT

Beim Thema Gesundheit stellen sich insofern drei Kernfragen, die wir für uns selbst beantworten müssen:

- *Wie konsequent wollen wir unsere Handlungen bewusst daran ausrichten, die bekannten externen Risikofaktoren aktiv durch unseren Lebensstil zu beeinflussen?*

- *Wie können wir unser Kohärenzgefühl im Leben steigern, um unsere Widerstandsressourcen auszubauen?*
- *Welche Grundperspektive auf Gesundheit und Krankheit wollen wir einnehmen?*

Weil das Buch, wie oben bereits erläutert, die zweite Frage ausführlich erörtert, werde ich mich im Folgenden auf die beiden anderen konzentrieren und auch hier spielerische Ansätze vorschlagen, die bereits bei der Umsetzung Freude bereiten.

Leichter ist sicherlich die Beantwortung der Frage, welche Perspektive wir in Bezug auf Gesundheit einnehmen wollen – denn dies ist schlichtweg eine grundsätzliche Entscheidung, die wir selbst treffen müssen. Unabhängig davon, ob man der schamanischen Überzeugung folgt, dass (nicht nur) die eigene Energie immer in Richtung der eigenen Aufmerksamkeit fließt, halte ich es persönlich ganz grundsätzlich für hilfreich, wenn man sich an dem noch vorhandenen Füllstand seines Glases erfreut und jeden verbleibenden Schluck genießt, als sich über die bereits vorhandene Leere zu beklagen. Letzteres hilft in der Regel nicht und lenkt nur davon ab, die täglichen Geschenke des Lebens dankbar anzunehmen.

GESUNDHEIT

Die Frage der Gesundheit habe ich insofern zu einem lebenslangen Spiel gemacht und schon frühzeitig beschlossen, dass Krankheit relativ betrachtet in meinem Leben keine wirkliche Rolle spielen wird – ebenso wenig wie ein rein rechnerisches Altern eine Bedrohung darstellen kann.

Gesund zu bleiben und mich nicht vom Alter beugen zu lassen ist jedoch kein naives Verzerren meiner Realität, sondern bildet für mich als Vorsatz einen spielerischen Gesamtrahmen, der verhindert, dass die Angst vor Krankheiten oder Alterserscheinungen mich in meinen Entscheidungen überproportional beeinflusst. Ich habe meinem Autopiloten schlichtweg die Macht genommen, sodass er mich auch nicht mehr mit übertriebenen Sorgen vom angeblich riskanten Leben abhält. Und ich muss mich auch nicht mehr dafür interessieren, ob die Wissenschaft nun endlich Fortschritte auf der Suche nach den Genschaltern macht, die für Altern und Gebrechen zuständig sind.

Dies bedeutet nicht, dass ich mich nicht mit einem vertretbaren Maß an Selbstdisziplin darum bemühe, die offensichtlichsten physischen Risikofaktoren zu vermeiden. Im Gegenteil. Regelmäßiger Sport, ausgewogene Ernährung und der moderate Genuss von kulinarischen Verführungen sind für mich ein kontinuierliches Grundrauschen. Eine Art Achtsamkeits- und Selbstfürsorgestrategie, die insbesondere bei einer hohen Lebensintensität als Ausgleich vorhanden sein sollte. Dabei versuche ich nicht, jedes Extrem zu vermeiden. Dank einer mir selbst auferlegten spielerischen Herausforderung in der Jugend ist es mir bis heute gelungen, niemals auch nur einen Zug einer Zigarette aktiv zu inhalieren. Allerdings lehne ich konsequent die von meinem Kinderarzt im Alter von etwa zehn Jahren ausgesprochene Empfehlung, dringend auf Vollmilchschokolade zu verzichten, da sie angeblich meine Blutwerte negativ beeinflusst, bis heute rundweg ab. Der Preis war und ist mir einfach zu hoch – und ohne meine tägliche Ration von zwei Tafeln hätte ich nie dieses Buch fertigstellen können.

Gesundheit als sicheren Standard anzusehen bedeutet auch, mich nicht leichtsinnig und offenen Auges in überproportional große Gefahren zu begeben – zumindest wenn diese tatsächlich existieren. Zudem gehe ich gelegentlich zum Arzt, um Symptome zu lindern – auch wenn ich dies zugegebenermaßen möglichst lange hinauszuzögern versuche (nicht immer klug). Und selbst Krankenhäuser kenne ich von innen.

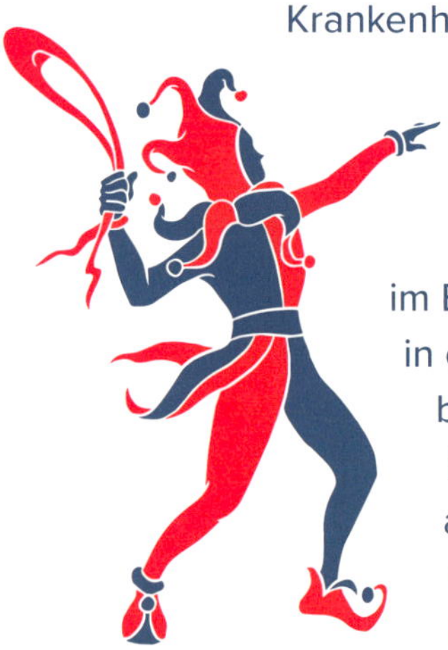

Die Spielerrolle des Athleten hilft mir schlichtweg dabei, den Fokus darauf zu halten, meine Widerstandsressourcen maximal zu stärken und insbesondere mein Kohärenzgefühl im Blick zu haben. Sprich: unsere Welt für mich selbst in einem möglichst hohen Maß verstehbar, bewältigbar und sinnhaft wahrzunehmen. Dies erfordert häufig kaum weniger Training als ein Marathonlauf, allerdings bietet es die Chance, die Frage nach Gesundheit auf ein Terrain zu verlagern, auf dem ich unbegrenzt meine Stärken entwickeln kann. Dies mit physischem Leistungssport zu erreichen war mir nicht in die Wiege gelegt. Ich wurde allerdings auch abgeschreckt durch Klassenkameraden, die bereits in jungen Jahren mit Schäden an Gelenken zu kämpfen hatten oder vom Bund als Sportinvaliden ausgemustert wurden. Auch meine kulinarischen Ausflüge konsequent streng zu disziplinieren widerspricht meinem Verständnis von einem genussvollen Leben.

Wie viele gesunde Jahre mehr mir diese Strategie am Ende gebracht haben wird, werde ich nie beweisen können. Allerdings reicht es mir, meine statistische Chancen zu erhöhen. Und gleichzeitig baue ich proaktiv Resilienz auf, anstatt nur zu versuchen, irgendwann reaktiv Symptome zu lindern.

Dem Philosophen und oft zynisch wirkenden Nihilisten Friedrich Nietzsche wird der Ausspruch zugeschrieben, dass Gesundheit »dasjenige Maß an Krankheit ist, das es mir noch erlaubt, meinen wesentlichen Beschäftigungen nachzugehen«. Auf Spielen bezogen trifft dieser Ausspruch tatsächlich den Kern. Denn solange es mir möglich ist, die drei Faktoren Verstehbarkeit, Bewältigbarkeit und Sinnhaftigkeit aktiv zu erfüllen, so lange ist es mir auch möglich, das Spiel zu gewinnen. Bis zu dem Zeitpunkt, an dem auch der letzte Rest an Gesundheit aus mir gewichen ist, wie Antonovsky den Tod beschreibt, unterstützt eine solche innere Grundhaltung meine Resilienz gegenüber externen Stressfaktoren. Und macht es auch leichter zu akzeptieren, wenn einmal tatsächlich meine Möglichkeiten beeinträchtigt werden.

Und wie sollen wir mit der ersten Frage umgehen? Nun, die Risikofaktoren sind hinreichend bekannt. Unsere Entscheidung bleibt, wie wir damit umgehen. Während beim Rauchen die Antwort eher digital ausfallen muss (nein, einfach nein), haben wir bei Bewegung und Nahrung große Spielräume, bei denen eine moderate Mitte nicht nur leichter zu erreichen, sondern in vielen Fällen auch gesünder ist. Ich habe mich für eine 70-20-10-Strategie entschieden: 70 Prozent der Dinge im Leben einfach genießen, ohne zu viel über gesundheitliche Restrisiken nachzudenken; 20 Prozent der Verhaltensweisen, die mit hoher Wahrscheinlichkeit echte Risiken darstellen, mit einer gewissen Disziplin in Richtung »gesünder« anpassen; und bei 10 Prozent der Top-Risikofaktoren einfach auf Vermeiden umschalten.

GESUNDHEIT

Auch hieraus lässt sich leicht ein Spiel machen, anstatt eherne Regeln auf die Liste mit guten Vorsätzen für das neue Jahr zu setzen, die meist so lang wird, dass man frühzeitig aufgibt. So kann man einfach jeden Monat eine andere Sportart ausprobieren und versuchen, diese mit einer gewissen Regelmäßigkeit in seinen Tagesablauf einzubauen. Hierbei ist es besser, sich temporär gegebenenfalls notwendiges Equipment auszuleihen, als gleich eine Mitgliedschaft einzugehen. Und manches macht sicherlich auch saisonal unterschiedlich Sinn. Wie beim Malen nach Zahlen wird dann irgendwann ein Bild daraus, das dir mal mehr und mal weniger Spaß macht (etwas anstrengend sollte es immer sein). Wichtig ist lediglich, dass Bewegung in irgendeiner Form jede Woche mehrfach in deinem Leben stattfindet.

Auch beim Essen kann man eine Umstellung kreativ gestalten, indem man Schritt für Schritt – beispielsweise einmal pro Woche – eine neue gesunde Zutat ausprobiert und dafür eine gewohnte, nicht so gesunde Zutat weglässt. Unser eigenes Körpergefühl ist dabei ein guter Ratgeber, denn je mehr Energie wir für den Tag empfinden, desto geeigneter ist die Nahrung für uns.

Die Waage kann natürlich im Einzelfall auch hilfreich sein. Allerdings machen »Mehr bewegen« und »Gesünder essen« noch viel mehr Spass, wenn man mal bilanziert, wie stark sich dadurch der eigene ökologische Fußabdruck reduzieren lässt: Wie viel Kilogramm CO_2 spare ich ein, wenn ich in der Freizeit zu Fuß, mit Inlinern oder dem Fahrrad unterwegs bin? Oder wie viel Abfall vermeide ich allein dadurch, dass ich ungesunde Transfette (vor allem enthalten in Backwaren, Fast Food, Fertiggerichten, Snacks) durch Gemüse vom lokalen Markt ersetze?

Der Vorteil **bei unserem Streben nach Gesundheit** ist, dass wir zwar **die wesentlichen Faktoren kennen**, an denen wir arbeiten sollten, **um unsere Widerstandskräfte zu stärken**, allerdings nie wissen, wie viel es tatsächlich bringen wird. Das macht es einfacher, für uns selbst festzulegen, dass unsere Konstitution die gesündeste ist, die wir für uns erreichen können – und **unser Leben** somit **das längstmögliche und gesündeste Leben ist**. Wenn wir dann **alles Förderliche dafür tun, was uns selbst am**

sinnvollsten erscheint, können wir zwar nicht mit an Sicherheit grenzender Wahrscheinlichkeit Schicksalsschläge verhindern. Aber wir können **sicher sein, dass wir das Beste aus den uns zur Verfügung stehenden Möglichkeiten gemacht haben**.

4.3.2 INTELLIGENZ – DIGITALE FREIHEITSBERAUBUNG DURCH KÜNSTLICHE IGNORANZ

Sei der Jäger,
nicht der Gejagte.

MYTHOS KÜNSTLICHE INTELLIGENZ

Es ist wieder einmal ein wunderbares Beispiel dafür, wie uns unsere evolutionäre Befähigung, aus Informationsbruchstücken ein Gesamtbild zu konstruieren, einen Streich in der modernen Welt spielt. Denn kaum verleihen die Erschaffer ihren zunehmend leistungsstarken Computersystemen den Ehrentitel »Intelligenz«, schon entwickelt unsere Fantasie einerseits die unglaublichsten Zukunftsszenarien. Ja, wir beginnen sogar gesamtgesellschaftlich, von den Heilsversprechen zu träumen, die uns die großen IT-Konzerne geben, wenn sie uns für ihre Software Systemkompetenzen ankündigen, die all unsere Sorgen und Bedrohungen wie von Zauberhand verschwinden lassen: Sicherheit im Straßenverkehr durch selbstfahrende Fahrzeuge, Hilfe im Haushalt durch mitdenkende Roboter oder zuverlässige Frühdiagnosen von Krankheitsbildern durch digitalisierte Auswertungsalgorithmen.

Andererseits lassen wir uns durch Hollywoodfilme verängstigen und konstruieren für Diskussionen im Alltag auch selbst ganz gerne mal höchst bedrohliche Szenarien, bei denen Maschinen in absehbarer Zukunft die Herrschaft über uns Menschen übernehmen oder uns im Arbeitsleben komplett überflüssig machen.

Beiden Seiten mangelt es an technischem Realismus. Auch wenn die Bedrohungsszenarien – aus einem ganz anderen Grund als häufig angenommen – realistischer sind denn je. Die Leistung von Computern hat sich zwar massiv gesteigert, dennoch

Die größte Gefahr durch künstliche Intelligenz besteht darin, dass wir ihre Fähigkeiten überschätzen. Denn ihre Lernprozesse sind intransparent, lassen sich leicht manipulieren und basieren lediglich auf bereits Bekanntem. Optimiert auf Objektivität und Wiederholgenauigkeit, können ihre Algorithmen außerdem weder Kreativität hervorbringen noch emotional reagieren. Da ihnen grundsätzlich jede Form von Bewusstsein fehlt, müssen wir sehr bewusst entscheiden, in welchen Lebensbereichen wir uns ihren Empfehlungen anvertrauen wollen. Und verstärkt emotionale Entscheidungsfaktoren priorisieren oder aus Normverhalten ausbrechen, um einen gesunden Gegenpol zu bilden.

sind ihre Fähigkeiten nach wie vor unvorstellbar weit entfernt von dem, was wir als menschliche Intelligenz bezeichnen – und allein aufgrund ihrer Konzeption werden sie vermutlich auch niemals dorthin gelangen. Doch unser kollektives Verhalten führt zunehmend dazu, dass zwar nicht die Maschinen, sondern ihre Macher die Macht über uns übernehmen. Einfach weil wir es ihnen gestatten.

Während wir für Einschränkungen unserer Handlungsfreiheit auf die Straße gehen, entmachten wir uns im Alltag erstaunlicherweise immer häufiger selbst und vertrauen unsere Entscheidungen bei der Filmauswahl, dem Buchkauf, dem Nachrichtenfeed oder auch der Partnerwahl Optimierungsprogrammen an, die häufig keineswegs so objektiv sind, wie es ihr Eindruck zu erwecken versucht. Software, die nicht die leiseste Ahnung davon hat, welche Bedürfnisse wir tatsächlich haben, sondern lediglich gemäß der mentalen Modelle ihrer Programmierer reagiert. Es handelt sich um Maschinen, die über keinerlei Art von Bewusstsein verfügen, um zu verstehen, was sie da eigentlich tun. Sie können bis heute lediglich zwischen null und eins unterscheiden. Und selbst wenn Quantencomputer irgendwann die Bereiche dazwischen zu differenzieren vermögen, ändert das nichts an den fundamentalen Beschränkungen, unter denen der Versuch, unsere kognitiven Fähigkeiten nachzubauen, immer leiden wird. Auch die immer neuen Superlative wie *Deep Learning* (tiefes Lernen) oder *Autonomes Fahren* können daran nichts ändern.

INTELLIGENZ

Mit diesem kritischen Einstieg will ich keineswegs die Vorteile negieren, die die Ansätze, Computer schlauer zu machen, zweifelsohne in unser Leben gebracht haben. Und ich bin fest davon überzeugt, dass hierin noch ein enormes Potenzial für unsere Gesellschaft schlummert. Allerdings halte ich es für dringend erforderlich, dass wir die Fähigkeiten dieser künstlichen Intelligenzen realistisch(er) einschätzen. Dafür ist es zunächst wichtig, diesmal nicht unter unsere eigene Schädeldecke zu schauen, sondern hinter die Metallverkleidung dieser Systeme. Denn wenn wir nicht die Grundprinzipien kennen, die zu rechnergestützten Empfehlungen führen, können wir schwerlich entscheiden, in welchen

Lebensbereichen wir uns auf sie verlassen und in welchen wir sie zugunsten unserer eigenen Intelligenz bewusst ignorieren sollten. Ich werde mich dabei bemühen, es auch für diejenigen nachvollziehbar zu machen, die eher zu den Nutzern der Endprodukte gehören und wenig Leidenschaft für Informatik verspüren.

MEHR SCHEIN IST NICHT MEHR SEIN

Zunächst hat künstliche Intelligenz das Ziel (genauso wie wir), aus einer Vielzahl an Möglichkeiten die beste beziehungsweise richtige für uns auszuwählen. Bereits hierzu sind allerdings zwei grundsätzliche Informationen notwendig, mit denen wir das zunächst komplett inhaltsleere System füttern müssen: Was ist für uns das Richtige? Und welche Einzelentscheidungen bringen uns besonders nahe an dieses Optimum heran?

Dies mag einfacher klingen, als es tatsächlich ist. Denn selbst wenn ein Computer unsere Körperdaten so auswerten könnte, dass er anhand unseres Hormonhaushalts erkennt, wann wir Hunger haben, und dann noch anhand unserer bisherigen Bewertungen unsere Lieblingsspeise weiß, so fiele seine Wahl für das angeblich richtige Restaurant (oder das richtige Mahl) nicht wirklich zufriedenstellend aus, zumindest nicht auf Dauer. Denn dank seiner ausgeklügelten Software würde er auf der Basis unseres Vergangenheitsverhaltens vermutlich immer dasselbe Restaurant und immer das gleiche Gericht auswählen. Er hat keine Ahnung von unserer aktuellen Stimmung und weiß daher nicht, ob wir gerade heute einmal etwas Neues ausprobieren wollen. Auch hat er keinen Schimmer, ob wir uns (und unseren Essenspartner) mit Luxus verwöhnen oder nur preisgünstig unseren eigenen Hunger stillen möchten. Diese Herausforderungen sind keine Ausnahme, sondern symptomatisch für die meisten Entscheidungssituationen in unserem Leben, bei denen wir weder alle Randbedingungen explizit benennen noch unsere situative Stimmung hinreichend in digitale Informationen übersetzen können.

INTELLIGENZ

Zusätzlich erschwert wird die Herausforderung, uns durch künstliche Intelligenz Entscheidungen abzunehmen, dadurch, dass wir bisher ausschließlich Computersysteme entwickelt haben, die jeweils nur eine ganz bestimmte Aufgabe erledigen können. Anders als unsere menschliche Fähigkeit, unterschiedliche Dimensionen von Intelligenz gleichzeitig einzusetzen, um in den unterschiedlichsten Situationen eine gute Lösung zu finden, kann ein Rechner, der gelernt hat, Schach zu spielen, kein Auto auch nur wenige Meter weit unfallfrei steuern. Er kann noch nicht einmal einen Eröffnungszug bei »Mensch ärgere dich nicht« machen. Genauso kann eine Bilderkennungssoftware einem akustischen Signal keinen Sinn zuordnen, selbst wenn das Hupen eindeutig zu einem Auto gehört, das uns in der nächsten Sekunde rammen wird. Insofern berücksichtigt jede vorgeschlagene Lösung einer sogenannten künstlichen Intelligenz lediglich die Aspekte des jeweiligen Aufgabenfokus, auf den der Computer spezialisiert ist.

Wenn man unter dem Begriff »Intelligenz« grundsätzlich unsere gesamten kognitiven Fähigkeiten subsumiert, die wir zur Lösung eines Problems einsetzen, so repräsentiert ein Computer davon bisher lediglich einen winzigen Bruchteil. Er kann ausschließlich sehr spezifische Aufgaben, die ihm gestellt werden, durch die ihm beigebrachte Logik lösen. Und selbst wenn er hierfür eine unglaublich große Zahl an Informationen verarbeiten und uns Menschen hierin schlagen kann, so hat dies wenig mit Intelligenz im eigentlichen Sinne zu tun. Hierzu fehlt ihm allein schon der gesunde Menschenverstand, der ihn sofort erkennen lassen würde, wenn ein Ergebnis kompletten Unsinn darstellt, weil ihm eine entscheidende Information nicht eingegeben wurde.

Während der Mensch bereits in seiner Kindheit intuitiv ein Grundverständnis von Physik, Biologie und Psychologie entwickelt, müssten wir einem Computer zunächst Millionen von impliziten Regeln explizit und möglichst vollständig beibringen, damit er beispielsweise weiß, dass auch die Nuckelflasche der Gravitation unterliegt, Vögel in der Regel am Himmel fliegen und das Wesen, das uns zur Welt gebracht hat, auf unser Weinen sofort mit Aufmerksamkeit reagiert. Er lernt es nicht automatisch aus einer frühen Interaktion mit der Welt.

Daran ändern auch die euphorischen Prognosen nichts, mit denen der bisherige Entwicklungsfortschritt in die Zukunft extrapoliert und bereits der Zeitpunkt einer Singularität in nicht allzu ferner Zukunft ausgerufen wird, an dem der Computer die menschliche Intelligenz überholen wird. Das allein scheitert schon an der Frage, woran wir überhaupt messen wollen, ob ein Computer intelligent ist – geschweige denn intelligenter als wir selbst.

Der bis heute am weitesten verbreitete Ansatz hierfür stammt von Alan Turing. Der einflussreichste Theoretiker der frühen Informatik hat 1951 vorgeschlagen, dass ein neutraler Juror anhand von Antworten, die sowohl von einem Menschen als auch einem Computer gegeben wurden, entscheiden soll, wer von beiden das menschliche Wesen sei. Liegt der Juror in mehr als 50 Prozent der Fälle falsch und hält den Computer für den Menschen, so würde dieser als »intelligent(er)« gelten.

INTELLIGENZ

Übersetzt heißt dies allerdings, dass es ausreichen würde, Intelligenz erfolgreich zu simulieren, um als intelligent zu gelten, was tatsächlich inzwischen mehrfach sogenannten Chatbots gelungen ist, die eigens hierfür trainiert wurden. Diese textbasierten Dialogsysteme zerlegen die semantischen Informationen, die in einer ihnen gestellten Frage enthalten sind, in ihre Einzelteile und greifen für ihre Antwort auf große Wissensdatenbanken zurück. Und wenn sie nicht weiterwissen, haben sie ein einprogrammiertes Standardrepertoire an Ausweichmöglichkeiten (Gegenfrage, Geheimnistuerei), die sie zusätzlich zu ihren Kosenamen wie Siri oder Alexa noch menschlicher machen sollen – auch wenn sie, wie bereits geschrieben, keinen blassen Schimmer davon haben, was sie da eigentlich von sich geben.

Insofern liegt vermutlich **eine der größten Gefahren in der Diskussion um künstliche Intelligenz** darin, **dass wir unsere tatsächlichen menschlichen Fähigkeiten kleinreden** und unsere Sicht auf unsere eigene Intelligenz so stark vereinfachen, dass wir Maschinen immer mehr Entscheidungen übertragen und uns dann ihrer Auswahl auch noch beugen.

VERTRAUE NIEMANDEM OHNE LANGEN SCHWANZ

Ein solches Pauschalurteil mag vermessen klingen angesichts all der Leistungsversprechen, die bei diesem Thema die Gemüter in den letzten Jahren euphorisieren. Daher möchte ich noch ein wenig tiefer in die Details der Grundlogik von künstlicher Intelligenz einsteigen, auf der diese Systeme aufbauen, um zu zeigen, dass sie in vielen Fällen für wesentliche gesellschaftliche Herausforderungen vollkommen ungeeignet sind.

Grundsätzlich gab es bisher mehrere Ansätze, unserer menschlichen Intelligenz durch Computer Konkurrenz zu machen. Aufgrund der Logik, die den meisten Computersprachen zugrunde liegt, war der naheliegendste, ihm ganz in der Tradition von Isaac Newton die bekanntesten kausalen Regeln und Formeln unseres bisherigen Grundwissens beizubringen: Tue dies, wenn folgende Bedingungen erfüllt sind. Diese sogenannte *symbolische KI* basiert auf linearer Logik, die allerdings den Nachteil hat, dass sie zunächst in Form von klaren Gesetzmäßigkeiten einzeln formuliert werden muss. Während dies für einfache Spielprogramme der ersten Generation möglich war, bei denen lediglich ein weißer Punkt von zwei beweglichen Strichen über einen imaginären Tennisplatz gejagt werden musste, so gestaltet sich dies für die meisten Lebenssituationen nicht ganz so einfach.

Daher begann man zunehmend, für die Erschaffung künstlicher Intelligenz Basisfunktionen unseres Gehirns nachzubauen und Computern durch sogenannte *subsymbolische KI* das Lernen beizubringen. So entstanden in den letzten 20 Jahren Rechnerstrukturen in Form von mehrlagigen neuronalen Netzwerken, bei denen die unterste Ebene für die Erkennung eines Reizes verantwortlich war und jede höhere Lage versucht hat, dieser Information einen Sinn zuzuordnen. Mit zunehmender Verarbeitungsmöglichkeit von großen Datenmengen entstand dann der Ansatz des *Deep Learning*, bei dem Computer mit einer riesigen Anzahl an Datenpunkten gefüttert wurden, die Informationen darüber enthielten, was richtig und falsch ist, damit sie auf dieser Basis ihre eigenen Logikregeln ableiten können.

Bis heute ist dies die dominierende Methode, um sogenannte künstliche Intelligenz zu erzeugen. Ob Sprach- oder Bilderkennung, Übersetzungssoftware oder die Fahrzeugsteuerung beim autonomen Fahren: Zunächst benötigt es eine unglaublich große Datenmenge, für die zuvor Menschen im Detail explizit festlegen, welche Kriterien die Bildobjekte oder Tonfrequenzen jeweils erfüllen. Sind es für Übersetzungssoftware Audiodateien, die transkribiert werden müssen, so sind es für die Bilderkennung Millionen einzelner Bilder, die mit Labels versehen werden müssen, damit Computer nach und nach eine eigene Logik entwickeln können, mit der sie Katzen von Hunden, Sommersteinpilze von Satansröhrlingen oder gesunde Darmzellen von kranken Darmzellen unterscheiden können (ganz gleich aus welcher Perspektive wir sie ihnen später dann präsentieren). Ähnliches passiert für das autonome Fahren, für das Automobilhersteller Filmsequenzen von typischen Fahrsituationen – aufgezeichnet von den Außenkameras der Fahrzeuge – Bildframe für Bildframe von niedrigst entlohnten »Geisterarbeitern« betiteln lassen, damit ihre Fahrzeuge irgendwann auch eine Leitplanke als Leitplanke und einen Mülleimer als Mülleimer identifizieren können.

Nicht nur die immense Zahl an Menschen, die es für das (hoffentlich fehlerfreie) Labeln braucht, sollte uns zu denken geben. Oder die miesen Arbeitsbedingungen, unter denen diese sogenannten Klick- und Ghost-Arbeiter oftmals ihren Job verrichten – monoton, unterbezahlt, ohne Absicherung. Oder welch riesige Serverfarmen wir für die Datenmengen benötigen, die jederzeit funktionstüchtig und vor äußeren Zugriffen geschützt sein müssen. Sondern auch, dass wir nicht die leiseste Ahnung davon haben, welche Algorithmen der Computer aka unser Auto entwickelt hat, um Objekte treffsicher zu erkennen und sie im Fall der Fälle zu umfahren. Diese innere Logik entwickeln KI-Systeme autonom, und sie kann auch nicht einmal von ihren menschlichen Schöpfern zur Überprüfung aus den Tiefen ihrer Speicherchips hervorgeholt und sichtbar gemacht werden, um sie auf Plausibilität zu überprüfen.

So ist es durchaus denkbar, dass sich in der Datenbank zufällig eine Häufung an Bildern befindet, bei denen Tiere, die mit dem Label »Haustier« versehen wurden, ein Halsband tragen, was einer KI nahelegen könnte, dies als logische Verknüpfung fix abzuspeichern. Zumindest bei Fotos manch sadomasochistischer Vorlieben könnte dies zu Fehlurteilen führen.

Ich zumindest würde es jedenfalls vermeiden, mich an Fasching als Mülltonne zu verkleiden. Während dich jedes Kind sofort als kostümierten Erwachsenen identifizieren könnte, könnte ein Wagen im autonomen Fahrmodus aufgrund der optischen Ähnlichkeit mit dem Original im Zweifel lieber dich über den Haufen fahren als einen Hund, der gerade über die Straße läuft und durch den selbst erlernten Algorithmus als höherwertiges Lebewesen klassifiziert wird. Jedes Objekt wird zwar durch eine ganze Reihe an Attributen charakterisiert. Doch um nicht unnötig Speicherplatz zu verschwenden, sind die Systeme darauf programmiert, keine Aspekte abzuspeichern, die der Rechner aufgrund der ihm zur Verfügung gestellten Datenbasis als selbstverständlich identifiziert. Weshalb Mülltonnen mit hoher Wahrscheinlichkeit nicht über das scheinbar redundante Attribut *unbeweglich* verfügen und daher auch als solche identifiziert werden, selbst wenn sie sich plötzlich eigenständig fortbewegen.

Aufgrund der Programmlogik des Lernprozesses ist es zum einen also höchst wahrscheinlich, dass viele Erkennungsmuster einer KI keineswegs mit einer für uns offensichtlichen Logik übereinstimmen. Zum anderen werden gesellschaftliche Vorurteile durch die Datenauswahl und die Aufarbeitung verstärkt. Wenn eine Datenbank beispielsweise Fotos enthält, auf denen Personen in einer Küchensituation abgebildet sind, so könnte die Bilderkennungssoftware aus einer leider immer noch historisch auffälligen Häufigkeit von weiblichen Personen in diesem Umfeld die vereinfachte Regel ableiten, dass *Person in Küche* automatisch *Frau* bedeutet. Dann wird jedes menschliche Wesen in der Nähe eines Herds oder Kühlschranks automatisch auch als solche identifiziert.

Die Bezeichnung *Deep Learning* mag bei uns die Fantasie über eine unbegrenzte Lernkompetenz mit großem Tiefgang erzeugen, was vermutlich auch beabsichtigt ist. Doch dieses

Verfahren ist schon allein von seinem Grundansatz her unserer menschlichen Fähigkeit, neues Wissen zu verarbeiten und nutzbar zu machen, massiv unterlegen. Insbesondere für all die Aufgaben, die uns Menschen leichtfallen. Anders als jedes kindliche Gehirn, in dem konstant bidirektionale Rückmeldungen zwischen den beteiligten Gehirnbereichen erfolgen und deren genaue Funktionsweise wir bis heute noch nicht vollständig verstanden haben, werden einer KI lediglich bereits aufbereitete Informationen unidirektional antrainiert, aus denen sie versucht, verallgemeinerbare Regeln abzuleiten. Während das Kind vertieft in seiner Spielecke sitzt und ohne vorgegebenes Ziel herauszufinden versucht, wie man die Bausteine für einen Turm stapeln muss und wie man ihn danach wieder umwerfen kann, findet beim Computer Lernen stets überwacht statt: Ein Mensch muss im Detail festlegen, wie und was der Rechner lernen soll.

Den Unterschied in puncto Lernleistung kann ich bereits sehen, wenn ich nur unserer nicht einmal zweijährigen Tochter dabei zuschaue, wie sie nach einer einmaligen kurzen Erläuterung den Besteckkorb der Spülmaschine selbstständig ausräumt und danach jedes Messer, jede Gabel und jeden Löffel in das richtige Besteckkastenfach einsortiert. Diese kognitive Höchstleistung aus Logik, Motorik und visueller Wahrnehmung untermalt sie ganz entspannt mit ihrer eigenen Sprache.

Bei dem »Einbahnstraßentraining« für künstliche Intelligenz helfen auch wir im Alltag ständig mit, meistens ohne es zu wissen und in jedem Fall ohne für diese Dienstleistung entlohnt zu werden. Denn wenn wir unsere Bildersammlung in den sozialen Medien mit den Namen der engsten Freunde versehen oder auch nur die Vorschläge einer uns hierfür großzügig zur Verfügung gestellten Gratissoftware bestätigen beziehungsweise korrigieren, so trainieren wir dadurch im Hintergrund die Gesichtserkennungsalgorithmen der Internetkonzerne, die diese dann beispielsweise an Behörden weiterverkaufen. Und wenn wir in einer App aufgefordert werden, zusätzlich zu unserem aktuellen Profilbild den Zugriff auf unsere Kinderfotos zu gewähren, um eine kostenlose Prognose für unser Aussehen im Alter zu erhalten, fördern wir auch hiermit Systeme, die jetzt schon oder in Zukunft für kommerzielle oder behördliche Zwecke genutzt werden.

Hinter den meisten scheinbar harmlosen und oft kostenlosen Funktionen von Google, Facebook oder anderen Dienstleistern im Netz steckt schlichtweg das Ziel, uns zu Helfern für die Datensammlung und -interpretation verschiedenster KI-Lösungen zu machen. Das muss zunächst nicht negativ sein, denn manche der Systeme sind durchaus im Alltag hilfreich. Allerdings sollten wir uns dessen immer bewusst sein, denn die weitere Nutzung dieser Daten entzieht sich unserer Kontrolle.

Trotz all dieser fleißigen Helfer ist es allerdings noch nicht gelungen, unseren Computern tatsächliche Objekterkennung beizubringen. Bei dieser für so viele KI-Funktionen essenziellen Fähigkeit handelt es sich in Wirklichkeit bisher lediglich um eine extrem beschleunigte Suchfunktion: ein Vergleich von Bildpunkten, die ein Sensor in der Umwelt erfasst, mit den Pixelsequenzen gespeicherter Bilder in der Datenbank, um dasjenige zu suchen, das die größte Übereinstimmung aufzeigt, und das Objekt dann mit dem jeweils hinterlegten Label zu versehen. Der Rechner weiß nicht einmal, welche Pixel davon tatsächlich zu dir gehören und welche zu deinem Hund, den du auf dem Foto an der Leine führst. Er erkennt nur, dass der eine Haufen von Bildpunkten jenen auf Bildern ähnelt, die mit dem Attribut *Hund* versehen wurden, und der andere Haufen von Bildpunkten denjenigen mit deinem Namen.

Dies führt dazu, dass solche Systeme sehr anfällig für Manipulation sind. Häufig reichen dafür nur geringfügige Veränderungen einzelner Bildpunkte aus, um Objekte für das System unkenntlich zu machen, während wir selbst dies nicht einmal bemerken würden. Das mag aus wissenschaftlicher Sicht spannend sein, ist aber durchaus nicht unkritisch, wenn wir selbstfahrende Autos oder andere Systeme auf einer solchen Basis entwickeln und diese von kriminell motivierten Zeitgenossen so simpel ausgetrickst werden können.

Aber auch ohne böswillige Intention ist ein Lernprozess, der lediglich aus großen Datenmengen Algorithmen ableitet, nicht unkritisch. Zumindest für Ereignisse, die unter die Rubrik *Long Tail* fallen: Szenarien, die sehr unwahrscheinlich sind, sodass sie erst am Ende eines *langen Schwanzes* möglicher Eventualitäten auftreten können. Denn dieser wird aus Effizienzgründen häufig abgehackt beziehungsweise bleibt durch die Vereinfachungslogik, die der Computer für seine Auswahlentscheidungen anwendet, auf der Strecke. So hat kein Börsenalgorithmus mit den wiederholten Finanzkrisen gerechnet und wird auch die nächste nicht korrekt vorhersagen können. Weil sie sehr selten sind und Trendbrüche repräsentieren, die aus einer Überbewertung resultieren, die man nur mit gesundem Menschenverstand sehen kann. Und weil Systeme nur dann effizient sind, wenn sie nicht auf alle theoretisch denkbaren, aber unwahrscheinlichen Ereignisse ausgelegt sind. So wie das Notfallsystem in Fukushima auf einen ungewöhnlich hohen Tsunami nicht vorbereitet war und auch unsere gesellschaftlichen Systeme nicht auf das Coronavirus.

Bis heute ist es ebenfalls nicht gelungen, eine weitgehend fehlerfreie Spracherkennung zu programmieren. Dies liegt nicht an der verfügbaren Rechnerleistung, sondern ebenfalls an dem gewählten Lernansatz für Deep Learning, aus vielen bereits interpretierten Daten Regeln abzuleiten. Während Sprache immer inkomplett, ungenau und kontextabhängig ist, kann eine KI nicht zwischen den Zeilen lesen und auch kein Hintergrundwissen über die Gesellschaft haben, in der ein Gespräch stattfindet. Ein identischer Satz mag abhängig vom Kontext eine ganz unterschiedliche Bedeutung haben. Zudem können Alexa oder Siri weder Ironie noch Humor verstehen – gleichwohl aber akustische Sprachbefehle, die für dich unhörbar in deine Lieblingsmusik eingeschleust wurden und beispielsweise deinen persönlichen Assistenten dazu auffordern, gesammelte Fotos, Dokumente und Kontakte ins Netz hochzuladen.

INTELLIGENZ

Final muss daher festgestellt werden, dass das, was bisher gerne als **künstliche Intelligenz** bezeichnet wird, trotz exponentiell steigender Verarbeitungsleistung von Daten aufgrund ihres grundsätzlichen Setups **bereits im Ansatz Schwachstellen** enthält. Solche Systeme **lernen nur Dinge, die auch wir bereits kennen** und ihnen als Information zunächst vorverarbeitet zur Verfügung stellen. Wobei **wir keine Ahnung davon haben, welche Logik sie im Detail daraus ableiten**. Sie **treffen ihre Entscheidungen aufgrund von Standardereignissen** und ignorieren diejenigen, die nur mit geringer Wahrscheinlichkeit auftreten, sodass sie **in Ausnahmesituationen häufig versagen** und sich dadurch auch leicht täuschen lassen. **Und sie verstärken verbreitete gesellschaftliche Vorurteile**, da sie diese gerne zu einem Bestandteil ihrer Regel machen.

Der Einsatz von künstlicher Intelligenz ist insofern immer ein Kompromiss zwischen den Vorteilen einer beschleunigten Datenanalyse in bekannten und sehr spezifischen Situationen und den Nachteilen, die sich aufgrund von unerwarteten Ereignissen oder kriminell motivierten Zugriffen ergeben.

UNSERE SUBJEKTIVITÄT IST UNSER KOPIERSCHUTZ

Noch herausfordernder wird die Nachahmung unserer kognitiven Fähigkeiten, wenn es nicht nur um das Erkennen von Informationen wie Bilder, Gesichter oder Sprache geht, sondern im nächsten Schritt um das Treffen von konkreten Entscheidungen. Auch hier gibt es inzwischen Entwicklungsansätze für Computersysteme, die sich an dem menschlichen Belohnungssystem zu orientieren versuchen und ebenfalls einen beeindruckenden Namen tragen: *Deep Reinforcement Learning*.

Du hast das Prinzip bei der Entwicklung von künstlicher Intelligenz sicherlich schon durchschaut: Je kraftvoller die Bezeichnung, desto beschränkter in der Regel die konkreten Fähigkeiten des Systems. Denn auch wenn die Grundidee einleuchtend klingt, den Computer einfach einmal alle Handlungsoptionen durchspielen zu lassen, um ihn dann durch Strafe oder Belohnung am Ende jeder Sequenz auf die besten Züge zu konditionieren, so birgt auch dieser Ansatz eine Reihe grundsätzlicher Nachteile.

Zunächst wächst bei jedem Entscheidungsbaum die Zahl der Varianten exponentiell mit der Anzahl der Möglichkeiten, die einem bei jedem einzelnen Zug zur Verfügung stehen. Und selbst wenn man nur einige der zahllosen Spielsequenzen per Zufallsgenerator auswählen und durchspielen würde, wie dies viele KI-Systeme inzwischen zwangsläufig tun, um daraus eine Idee über die statistisch vielversprechendsten Grundrichtungen zu erhalten, benötigt man eine ganz erhebliche Anzahl an Versuchen, um eine ausreichend große Datenbasis zu erstellen. Angesichts der Vielzahl an Entscheidungen, die wir täglich treffen, schon an sich ein Unterfangen mit sehr limitierter Anwendbarkeit.

Noch schwieriger wird es, wenn das Durchspielen der Möglichkeiten mit allen Konsequenzen in der Realität stattfinden muss. Was noch beim Schach oder ähnlichen Spielen funktionieren mag, bei denen der Computer nach klaren Regeln immer wieder gefahrlos gegen sich selbst antreten kann, bis er durch Versuch und Irrtum ausreichend viele Möglichkeiten für eine wirksame Datenbasis durchgespielt hat, ist allerdings kaum sinnvoll umsetzbar, wenn Konsequenzen bei Fehlentscheidungen riskant oder gar tödlich für Unbeteiligte wären. Eine KI real durch die Fußgängerzone fahren zu lassen, bis sie gelernt hat, welche Lenkbewegungen möglichst wenige Menschen verletzt, ist kein denkbarer Lernansatz.

Darüber hinaus folgen Strategiespiele, an denen Deep Reinforcement Learning gerne demonstriert wird, klaren und verbindlichen Regeln für alle Teilnehmer, erlauben nur eine begrenzte Zahl an Optionen bei jedem Zug, orientieren sich an festgelegten Kriterien für Erfolg und garantieren in der Regel eine hohe Transparenz, was die verfügbaren Informationen anbelangt. Während es im realen Leben hingegen meistens um ein ganzes Portfolio an Präferenzen geht, die wir jedes Mal situativ miteinander in Einklang zu bringen versuchen und deren relative Gewichtung zueinander sich situativ dynamisch verändert.

Insofern ist die Fähigkeit eines Computers, den amtierenden Schach- oder Go-Weltmeister vom Thron zu stürzen, kein Indikator dafür, dass uns als Homo sapiens in absehbarer Zeit ein ähnliches Schicksal droht. Denn was KI-Systemen bis heute fehlt, ist Abstraktionsfähigkeit: die Fähigkeit, einen faktischen Sachverhalt aus einer distanzierteren Perspektive zu betrachten, um darüber grundsätzlich(er) nachzudenken und durch Selbstreflexion zu echten Erkenntnissen zu kommen, die nicht bereits über die Programmierung vorgegeben sind. Das, was wir bei uns Menschen als Metakognition (das Nachdenken über das Denken) oder Bewusstsein bezeichnen.

Allein die Herausforderung, abstrakte Ähnlichkeiten in unterschiedlichen Sachverhalten zu identifizieren, ist bis heute selbst nach über 60 Jahren KI-Forschung ungelöst. Diese Kompetenz, über die bereits Kinder verfügen, wenn sie beispielsweise ihre Eltern durch Tiere charakterisieren sollen (ich erinnere mich noch heute an diese Aufgabe während meiner bereits erwähnten Lese-Rechtschreib-Testung), können wir nicht einmal im Ansatz IT-gestützten neuronalen Netzwerken beibringen, selbst wenn wir sie mit Zehntausenden Beispielen füttern. Ebenso wenig wie die meisten anderen Aufgaben in einem IQ-Test, sofern wir die KI nicht zuvor genau auf diesen Aufgabentyp trainiert haben. Kurz: Eine KI kann zwar jede Form von Übereinstimmung mit hoher Wahrscheinlichkeit identifizieren, aber keine abstrakten Analogien zu einem anderen Kontext finden. Auch wenn sie für uns Menschen noch so offensichtlich sind.

In der Praxis bedeutet das: KI kann uns zwar bei Suchmaschinen im Internet oder Empfehlungsdiensten unterstützen, indem sie Muster in unserem Verhalten identifiziert und imitiert. Allerdings kann sie nicht darüber nachdenken, welche Bücher vielleicht eine hilfreiche neue Anregung wären, wenn unser literarisches Interesse bisher nur sehr einseitig war.

Hierbei haben wir noch nicht einmal die Frage tangiert, wie ethische Grenzen für Entscheidungen in eine Software integriert werden können. Denn jede Form von moralischer Bewertung kann ebenfalls erst nach Abstraktion des eigenen Verhaltens stattfinden. Daher ist auch diese Frage noch komplett offen. Sie über feste Eingriffsgrenzen zu lösen ist kaum realistisch umzusetzen. Es gibt einfach viel zu viele vorstellbare Grenzfälle, für die Werte gegeneinander abgewogen werden müssten – und es würde letztlich bedeuten, die Festlegung von Moralkonzepten den Programmierern zu überlassen.

Damit aber nicht genug: Die wirklich kritischen **zwei Bereiche** von KI sind bereits in der Grundarchitektur hinterlegt und **für Einzelentscheidungen durchaus hilfreich, berauben allerdings in**

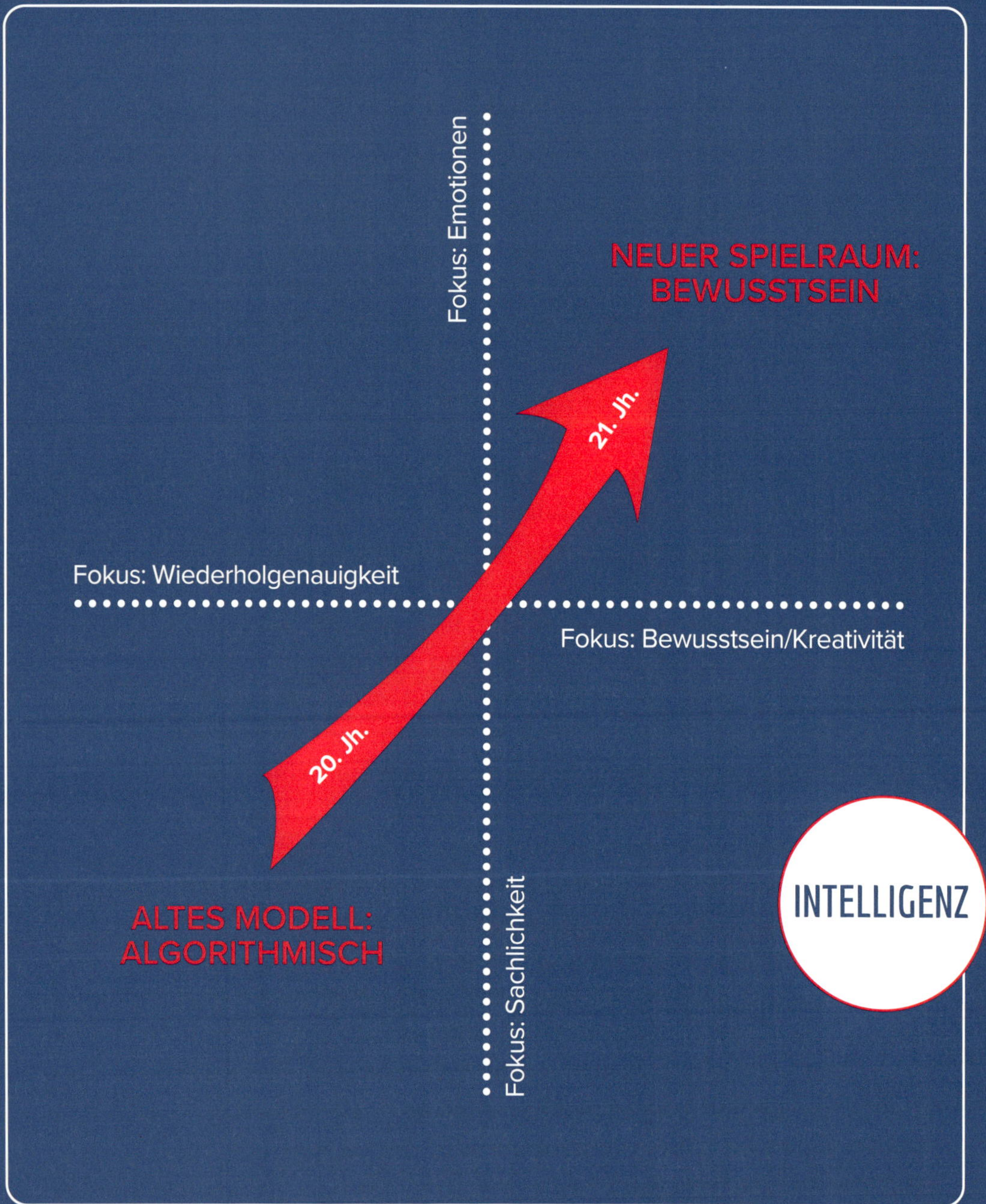
Fokus: Emotionen
NEUER SPIELRAUM:
BEWUSSTSEIN
21. Jh.
Fokus: Wiederholgenauigkeit
Fokus: Bewusstsein/Kreativität
20. Jh.
ALTES MODELL:
ALGORITHMISCH
Fokus: Sachlichkeit
INTELLIGENZ

ihrer hochskalierten Form unsere Gesellschaft entscheidender Kompetenzen: kreative Vielfalt und emotionale Verbundenheit.

KI ist inzwischen in der Lage, Kunst oder Musik zu erzeugen. In den Augen und Ohren von Fachleuten sind sie mit Kreationen echter Meister durchaus zu vergleichen. Doch in Wahrheit haben Algorithmen nur die charakteristischen Elemente aus bereits erschaffenen Meisterwerken herausdestilliert und neu zusammengestellt. Für mich ist das in etwa so kreativ wie unser Mixer, der jeden Morgen für uns mehrere Stücke Obst zu einem Smoothie verquirlt. Wie die KI greift auch der Mixer nur darauf zurück, was Mutter Natur aus eigener Kraft erschaffen hat, um daraus ein gefälliges Produkt zu kreieren. Und beide haben auch nicht die leiseste Ahnung, ob ihre jeweilige Mischung sich harmonisch zusammenfügt oder eher eine Beleidigung für unsere visuellen, auditiven oder gustativen Sinne ist, denn ihnen fehlt jegliche Fähigkeit, beispielsweise Schönheit zu bewerten. Diese liegt bekanntlich im Auge des Betrachters, und daher sollte man von gut imitiertem Schein nicht auf das Sein schließen.

Ein ähnlicher Widerspruch wurzelt in der expliziten Sachlichkeit, mit der rechnergestützte Programme Entscheidungen treffen wollen. Denn diese bauen immer auf Fakten oder zumindest auf statistischen Wahrscheinlichkeiten auf, was dazu führt, dass jede Form von emotionaler Subjektivität von Anfang an ausgeschlossen ist. KI kann zwar mentale Modelle aus Daten ableiten oder auch beigebracht bekommen, wie man die Stimmung einer Person an ihren Augen ablesen kann, hat aber keine Ahnung, was dies emotional bedeutet. Geschweige denn Empathie aufbringen oder erahnen, was der Grund dafür sein könnte, oder wissen, was der andere in dieser Situation braucht.

Auch wenn es auf den ersten Blick verführerisch klingen mag, jegliche Emotionalität aus unseren Entscheidungsprozessen herauszufiltern, um effizienter zu objektiveren Ergebnissen zu kommen, sollten wir berücksichtigen, dass es genau diese Emotionen sind, die jede Form der Interaktion zwischen Menschen erst spannend und erfolgreich machen. So kann KI vielleicht analytisch den theoretisch perfekten Match in einer Datingplattform herausfinden, aber nicht die Schmetterlinge im Bauch garantieren. Zumal eine

Versachlichung unserer Entscheidungen und unserer Beziehungen selten eine Lösung ist, sondern häufig die eigentliche Ursache unserer Probleme. Privat genauso wie beruflich.

Mit dieser Überzeugung sind wir beispielsweise vor einigen Jahren die Ausschreibung eines großen chinesischen Herstellers für Mobilfunknetzwerke angegangen, obwohl alle Fakten gegen uns sprachen. Die notwendige Technologie gehörte zwar zur Kernkompetenz unseres Unternehmens, doch aufgrund des Fertigungsstandorts Deutschland und der damit verbundenen überdurchschnittlich hohen Lohnkosten schafften wir es nicht einmal auf die Liste der möglichen Kandidaten. Nur durch unsere unermüdlichen Versuche, dennoch mit dem verantwortlichen Einkaufsteam während seiner Europareise in Kontakt zu treten, gelang es uns, ihre Aufmerksamkeit zu bekommen und während ihres kurzfristig anberaumten Werksbesuchs so etwas wie ein erstes Vertrauensverhältnis aufzubauen. Wenige Wochen später erfuhren wir, dass wir trotz faktischer Nachteile tatsächlich in die Runde der letzten drei Anbieter gekommen waren und uns damit die größte Hürde bevorstand: den Kunden bei einem Besuch in der chinesischen Konzernzentrale von uns final zu überzeugen.

INTELLIGENZ

Bei unseren zwei Kontrahenten handelte es sich um Konzerne, die deutlich größer waren als wir und über wesentlich umfangreichere Ressourcen verfügten. Auch preislich war ihr Angebot deutlich attraktiver. Also überlegten wir uns, ob nicht vielleicht auch emotionale Themen für die Entscheidung relevant sein könnten. Sprich: Womit könnten wir Sympathie, Verbundenheit und insbesondere Vertrauen aufbauen, sodass unser Verhandlungspartner sein Geschäft trotz aller Nachteile bei uns in besten Händen weiß?

Zur finalen Präsentation reisten wir nur mit einem ganz kleinen Team von drei Personen an – und einer Kiste, die so groß war wie ein Cellokasten, in der sich ein maßstabsgetreues Modell des zu bauenden Werks befand, mitsamt Nachbildungen der Fertigungseinrichtungen, Gabelstapler und Lkws. Unsere Überzeugung war schlichtweg, dass Vertrauen am ehesten in einem spielerischen Setting entsteht und wir genau dieses nur durch ungewöhnliche Maßnahmen herstellen können. Unsere Rollenwahl war auf Schauspieler:in gefallen, um das Meeting zur Bühne für eine gemeinsame Zukunft zu machen. Unser Joker sollte uns helfen, dank seiner Manifestationskraft die geplanten Abläufe erlebbar zu machen. Ganz so, als ob es das Werk, die Produktion, die Zusammenarbeit schon gibt.

Und tatsächlich, kaum hatte ich nach einer kurzen sachlichen Einführung in das Projekt die ungewöhnliche Kiste vor der großen Delegation hochrangiger Manager geöffnet und sämtliche Ausstattungselemente vor ihnen auf dem Tisch ausgeschüttet, sprangen alle auf und begannen lebhaft und mit einer geradezu ansteckenden Freude das zukünftige Layout und die Logistikabläufe zu diskutieren. Wir hatten unsere gemeinsame Zukunft plastisch vorstellbar gemacht – und dies funktionierte mit unserem Spielansatz über alle Grenzen von Sprache und Kultur hinweg.

Wenige Wochen später erhielten wir den finalen Auftrag – entgegen allen logischen Argumenten, die unseren Antritt objektiv betrachtet eigentlich von Anfang an als vollkommen chancenlos hatten erscheinen lassen. Eine auf Strategie optimierte KI hätte sich in Situationen mit vergleichbar schlechten Chancen nie für so viel Aufwand entschieden, noch wäre sie auf eine solche Idee gekommen.

Während wir immer häufiger versuchen, zwischenmenschliche Prozesse durch transaktionale Automatismen zu ersetzen, um telefonische Helplines, Einkaufsprozesse, Buchungstransaktionen oder auch nur unsere Kaufentscheidungen effizienter zu machen, blenden wir aus, dass dies immer auch komplexe emotionale Beziehungen sind, für die es keine Algorithmen gibt.

Durch ihren Fokus auf Wiederholgenauigkeit und objektive Sachlichkeit ist jede bisherige Form von künstlicher Intelligenz lediglich bei sehr spezifischen, für uns tatsächlich komplizierten **Aufgabenstellungen hilfreich**. Demgegenüber **wird KI zwangsläufig zu schlechten Ergebnissen führen**, wenn sie in einem Umfeld angewandt wird, in dem **emotionale Faktoren eine Rolle spielen oder kreative Ansätze durch Abstraktion erwartet werden**.

DENN SIE WISSEN NICHT, WAS WIR WOLLEN

Die größte Gefahr für unsere Gesellschaft als auch für uns als Individuum, die zukünftig von künstlicher Intelligenz ausgeht, ist die, dass wir sie überschätzen und ihr daher zu viel Autonomie im Vergleich zu ihren Fähigkeiten und Schwächen einräumen.

Nur wenn wir Aufgabenstellungen auf eine einzige konkrete Fragestellung fokussieren, sie auf rein rationale Faktoren reduzieren und lediglich eine einzige kognitive Fähigkeit zum Einsatz bringen wollen, bietet KI hierfür hilfreiche Lösungsansätze. Doch unser Leben und die verschiedenen Ausprägungen unserer Intelligenz hierauf zu reduzieren wäre eine unverhältnismäßige Vereinfachung. Es würde unser Leben zu einem Einheitsbrei reduzieren und ihm die Gewürze nehmen: die emotionalen und kreativen Momente.

Noch wichtiger, als gute Antworten zu finden, ist die Fähigkeit, gute Fragen zu stellen. Während wir Menschen Fragestellungen erst im Laufe eines Lösungsweges immer weiter präzisieren, müssen sie beim Einsatz von künstlicher Intelligenz bereits im Rahmen des ursprünglichen Lernprozesses vollständig vorgegeben werden. Aspekte, die nicht explizit dem Nutzer überlassen bleiben, hat bereits der Programmierer hinterlegt. Und zwar in allen relevanten Details. Was dies bedeutet, kannst du dir leicht vorstellen, wenn du einmal versuchst, ein paar Schlüsselfragen für dein Leben präzise genug zu spezifizieren.

Würdest du beispielsweise eine künstliche Intelligenz mit der wichtigen Aufgabe betrauen, dich vor Gefahren für Leib und Leben zu schützen, so würde das intelligente Türverriegelungssystem deiner Wohnung vermutlich sofort aktiviert, und du dürftest dein Haus nicht mehr verlassen, kein Auto fahren und dich sicherlich auch Fremden nicht mehr nähern, um dich nicht ihrer Virenlast auszusetzen. Die Klimaanlage würde die Außenluft filtern und auf konstante Temperatur regeln. Und dein Essen käme in sterilen Verpackungen direkt an deine Tür. Schokolade? Eine Flasche Wein? Fehlanzeige, denn all diese Dinge könnten rein statistisch deine Gesundheit gefährden.

Bereits Aldous Huxleys *Schöne neue Welt* hat uns lange vor den ersten Programmzeilen einer KI einen Einblick gegeben, wie eine auf diese Weise optimierte Welt aussehen würde.

Genauso wenig wie wir präzise spezifizieren können, wie genau unser Leben aussehen soll, genauso wenig wollen wir es uns als steril, impulsarm und standardisiert vorstellen. Auch wenn uns durchaus ein gewisses Maß an Sicherheit, Durchschnittlichkeit und Vorhersehbarkeit entspannen lässt, so sind es am Ende die nicht perfekten Dinge, die unser Leben zu dem machen, was es eigentlich sein soll: eine individuelle Abenteuerreise, die immer auch mal ein wenig »messy« sein darf.

Dies bedeutet allerdings, dass wir die Verantwortung in der Hand behalten müssen, um zu entscheiden, in welchen Lebensbereichen und zu welchen Zeiten wir Computersystemen Entscheidungen überlassen wollen, die wir im Vergleich zu unseren eigenen kognitiven Fähigkeiten eher als künstliche Dummheit bezeichnen sollten. Denn wenn wir sie lassen, geben wir nicht nur Autonomie ab, sondern tun dies aus einem uns lediglich suggerierten Gefühl der unterlegenen Kompetenz heraus. Gleichzeitig schafft ihre angebliche Objektivität auch Distanz und unterminiert unser Gefühl, mit den Dingen verbunden zu sein, um die es geht. Kurz: Mit jedem Einsatz einer künstlichen Intelligenz geben wir ihr das Recht, uns der drei Voraussetzungen für Selbstbestimmtheit zu berauben. Das ist ein hoher Preis – besonders in einer Welt, in der ihre Algorithmen nicht notwendigerweise zu einem besseren Ziel führen als unsere eigene Intuition.

Wie unser Navigationssystem im Auto sollten wir künstliche Intelligenz nutzen, wenn wir nach einer speziellen Adresse in einer uns fremden Umgebung suchen. Allerdings sollten wir den Modus, in dem wir dorthin gelangen wollen, stets selbst bestimmen: auf dem schnellsten Weg, mit geringstem Verbrauch oder hin und wieder auch einmal durch die schönste Landschaft.

Und uns sollte immer bewusst bleiben, dass wir, wenn wir uns alle von den gleichen Algorithmen steuern lassen, zwar bei Staugefahr vorausschauend von der Autobahn heruntergeleitet werden, aber dadurch leicht einen noch heftigeren Engpass verursachen, wenn alle dieselben Schleichwege nutzen. Für die großen Richtungsentscheidungen sollten wir lieber unseren inneren Kompass wählen. Und auch hin und wieder einfach etwas mehr Zeit einplanen, um durch Umwege neue Gegenden kennenzulernen.

DIE WELT IST KEIN STRATEGIESPIEL, DESWEGEN SOLLTEN WIR SIE ZUR BÜHNE MACHEN

Keine Frage: Die Lebensbereiche, in denen künstliche Intelligenz zum Einsatz kommt, werden zunehmen. Dennoch sollten wir uns bewusst sein, dass insbesondere der vierte Buchstabe in VUKA ein Charakteristikum einer komplexen Welt repräsentiert, mit dem diese Form der Computerlogik noch weniger umgehen kann als wir: Ambiguität.

Während wir bisher überwiegend Eindeutigkeit gewohnt und kontinuierlich auf der Suche danach waren, richtige Entscheidungen zu treffen und falsche zu vermeiden, sind nicht nur zukünftige Entwicklungen immer schwerer vorhersehbar, sondern auch die Ereignisse auf dem Weg dorthin zunehmend zweideutig.

Dies gilt selbst bei Produkten, bei denen wir bisher immer genau wussten, welches das bessere für uns ist. So ist beispielsweise die aktuell noch sehr begrenzte Reichweite von elektrischen Fahrzeugen für die meisten ein klares Killerkriterium, denn auf dem Weg in den Urlaub verliert man durch das Laden ja eine Menge Zeit. Dabei bieten gerade die halbstündigen Pausen an der Steckdose die Möglichkeit, zu entschleunigen, ein paar Seiten in einem Buch zu lesen oder sogar bei einer Kaffeepause andere Menschen kennenzulernen. Und zu merken, dass unser Tag faktisch immer 24 Stunden hat und wir davon nicht eine Minute tatsächlich verlieren können. Sondern sich höchstens die Zeitanteile zwischen maximaler Effizienz und bewusster Entspannung und Erfahrungstiefe verschieben.

Weil die Grundvoraussetzung für das Funktionieren von Algorithmen die Eindeutigkeit von Informationen ist, wird der zunehmende Einfluss von KI notwendigerweise dazu führen, dass wir uns in unseren hiervon beeinflussten Entscheidungen immer standardisierter verhalten werden. Denn die von einer künstlichen Intelligenz vorgeschlagenen optimierten Wege können mit Ambivalenz nicht umgehen. Sie werden sich stattdessen immer stärker an gesellschaftlichen Modellen für Richtig und Falsch, für Erfolg und Misserfolg, Gewinn und Verlust orientieren, um zu Entscheidungen zu kommen. Wo wir dies zulassen, führt das allerdings dazu, dass wir uns nicht einmal mehr von unserem eigenen, sondern von einem gesellschaftlich standardisierten externen Autopiloten leiten lassen.

Wir **können diese ungewollten** und vielfach nicht sichtbaren **Einflüsse von softwaregestützten Algorithmen in unserem Leben**, die ihre Erschaffer idealisierend als künstliche Intelligenz bezeichnen, **nicht vermeiden**. Statt sie zu glorifizieren, sollten wir uns allerdings **darin üben, ihre Nachteile umso intensiver zu kompensieren**, wenn wir uns mit unserem Leben wirklich verbunden fühlen wollen. Das geht am besten, wenn wir **ganz bewusst bei unseren Entscheidungen emotionale Elemente einbeziehen**. Und wenn wir **immer wieder einmal genau das Gegenteil von dem ausprobieren, was alle anderen anzustreben scheinen** – denn dort wird niemand über KI hingeleitet. Daher schlummert dort auch das größte unentdeckte Potenzial.

INTELLIGENZ

Auch wenn es sich häufig anders anfühlt, so ist das Leben mehr als eine Optimierungsaufgabe. Daher sollten wir es immer wieder durch Momente anreichern, in denen wir uns für einen Spielmodus entscheiden, in dem Ambivalenz von Haus aus der Normalzustand ist: Wir strengen uns an, und doch geht es um nichts; wir wollen gewinnen, und doch können wir nichts verlieren; wir verschwenden Zeit, und doch sind wir kreativ wie sonst nie.

So habe ich irgendwann einmal herausfinden wollen, wie schnell sich unser Gehirn auf geänderte Randbedingungen umstellen kann. Hierzu ist mir nichts Besseres eingefallen, als immer wieder einmal Bücher beim Lesen verkehrt herum zu halten. Faszinierenderweise lernt das Gehirn sehr schnell, den Text trotzdem flüssig zu lesen. Neben diesem Aha-Erlebnis hat dieser Versuch aber noch einen schönen Nebeneffekt gehabt. Denn als

ich begonnen hatte, diesen Selbstversuch auch bei längeren Zugfahrten fortzusetzen, haben die umgedrehten Buchcover das übliche Eis des Schweigens gebrochen und zu spannenden Gesprächen und Begegnungen mit Mitreisenden geführt. Dazu wäre es vermutlich nicht gekommen, hätte ich eine KI gefragt, welcher Passagier im Abteil denn für mich interessant sein könnte, weil er in puncto Aussehen, Alter, Interessen oder sonstigen Vorlieben am besten matcht.

Regelmäßig ganz bewusst die Rolle als Avantgardist:in einzunehmen ist vermutlich einer der geeignetsten Wege, um in das eigene Leben einen gesunden Gegenpol für den zunehmenden Einfluss von Algorithmen zu bringen. Der dazugehörige Joker, die Unabhängigkeit von gesellschaftlichen Konventionen, ist der Schlüssel, um sich von fixen mentalen Modellen ausreichend distanzieren zu können und sich so zu verwirklichen, dass man sich intensiv(er) mit dem Leben und anderen Menschen verbunden fühlt.

Hierzu reicht es oft aus, wenn du vorsätzlich immer mal wieder von der Norm abweichst. Und sei es nur, indem du für den Anfang nicht jeder Empfehlung für Filme oder Bücher folgst, die von digitalen Portalen vorgeschlagen werden, nur weil sie angeblich von Menschen mit ähnlichen Film- oder Leseinteressen auch angeschaut oder gekauft wurden. Lass dir lieber von einem Freund einen Tipp geben, von dem du weißt, dass er in wesentlichen Punkten ganz anders denkt als du. Oder indem du dir regelmäßig erlaubst, aus einer Situation heraus emotional zu handeln: innehalten, sich anderen Menschen zuwenden, zuhören und nachfragen, wie es denn wirklich geht, Begegnungen zulassen und sich darauf einlassen. Das ermöglicht eine Erfahrungstiefe, die keine KI der Welt auch nur annähernd initiieren oder gar imitieren kann.

4.3.3 WELTBILD – HÄNSEL UND GRETEL IM INFORMATIONSDSCHUNGEL

Höre die Wahrheit heraus.

VIER FRAGEN RELOADED

Ich erinnere mich bis heute an die Philosophiestunde zu Schulzeiten, in der wir die vier Fragen durchnahmen, die für den großen deutschen Philosophen der Aufklärung Immanuel Kant im Zentrum aller philosophischen Überlegungen stehen und jeweils zu einer ihrer Kerndisziplinen gehören:

- *Metaphysik: Was kann ich wissen?*
- *Ethik: Was soll ich tun?*
- *Theologie: Was darf ich hoffen?*
- *Anthropologie: Was ist der Mensch?*

Allerdings war Kant immer der Überzeugung, dass die letzte von ihnen die wichtigste von allen ist. Denn ihre Beantwortung bildet die Basis für die anderen drei.

Stellt man sich diese vier Fragen heute, so wird schnell klar, wie sehr die zunehmende Digitalisierung unsere Welt, wie wir sie sehen, erleben und empfinden, erschüttert hat und die Antworten hierauf dementsprechend gar nicht mehr so einfach zu finden sind.

Während schätzungsweise erst zum Anfang der Jahrtausendwende die weltweit verfügbare digitale Speicherkapazität diejenige von traditionellen Medien in Form von Dokumenten oder Büchern überschritten hat, wurden in den letzten beiden Jahrzehnten nicht nur diese analogen Informationen weitgehend vollständig digitalisiert, wir sind aufgrund einer zunehmenden Anzahl an (selbst ernannten) Autoren, die ohne viel Equipment und ohne große Kosten über soziale Medien, eigene Blogs oder Webseiten immer neue Inhalte kreieren und verbreiten, Zeuge einer wahren Informationsexplosion geworden. Es herrscht massiver Informationsüberfluss –

WELTBILD

Mit der Digitalisierung erleben wir gerade eine Phase der Menschheitsgeschichte, die mit der Periode der Aufklärung vor rund 250 Jahren vergleichbar ist. Allerdings entscheiden wir durch die Nutzung der neuen Medien, ob wir die bisherigen Errungenschaften unserer intellektuellen Unabhängigkeit wieder verlieren oder eine zeitgemäße Antwort auf die philosophische Kernfrage finden: Was ist der Mensch? Nur wenn wir sie bewusst als Werkzeuge einsetzen, um ein vertieftes Bild über komplexe Themen zu erhalten, mit Gleichgesinnten in Kontakt zu treten oder die richtigen (Domino-)Steine ins Rollen zu bringen, werden wir zu Gestaltern eines neuen Weltbildes. Und verhindern, dass unsere Gesellschaft durch immer stärkere Polarisierung auseinanderfällt.

und dabei haben noch nicht einmal die Dinge begonnen, miteinander zu kommunizieren, die wir gerade mit dem Internet verbinden, um das *Internet of Things* zu erschaffen. Die Frage nach dem Wissen hat sich innerhalb einer einzigen Generation grundsätzlich verändert und wurde von einer Verfügbarkeits- zu einer Selektionsherausforderung: Wie kann ich aus all diesen Informationen die für mich relevanten herausfiltern? Welche sind wahr, und wie kann ich sie von den unwahren unterscheiden?

Auch die Frage der Ethik verschiebt sich im Zeitalter zunehmender Transparenz durch die digitalen Spuren, die jeder inzwischen mit seinen Handlungen hinterlässt. Während es im Ethikunterricht zu meiner Schulzeit noch um generelle Prinzipien als Orientierungspunkte für das eigene Gewissen ging sowie um die Frage, wie viel Handlungsspielraum ich mir in konkreten Konfliktsituationen selbst zugestehe (gerade wenn mich niemand beobachtet), so führt die zunehmende Zahl von formeller und informeller Kontrolle dazu, dass die Bewertung meiner Handlungen jederzeit von Dritten erfolgen kann. Dies bedeutet, dass jeder individuelle Interpretationsspielraum für ethische Fragen ersetzt wird durch konkrete Regelalgorithmen, die selbst für Situationen, in denen verschiedene Werte miteinander im Konflikt stehen, klare Verhaltensvorgaben machen. Dabei ist es gerade die Eigenheit der Ethik, dass es oft keine eindeutigen Antworten gibt. China ist diesbezüglich Vorreiter. So werden in einigen Städten bereits diejenigen, die bei Rot über die Ampel laufen, über Gesichtserkennungssoftware identifiziert und öffentlich gebrandmarkt – unabhängig davon, ob die Person gerade über einen Notfall informiert wurde, der keine Verzögerung gestattet. Die Zahl der Unfälle im Straßenverkehr wird dies vermutlich reduzieren. Doch mit den fehlenden Spielräumen verschwinden auch die Möglichkeiten, konkurrierende Werte gegeneinander abzuwägen. Dies führt nicht nur zu einzelnen Fällen von offensichtlicher Ungerechtigkeit, sondern eine Gesellschaft verlernt hierdurch grundsätzlich, moralische Entscheidungen aus sich selbst heraus zu treffen, wenn ein Drill zum Gehorsam dominiert.

Die Frage, auf was ich in der Zukunft hoffen darf, stellt sich in einer unvorhersehbaren Welt sogar gänzlich neu. Zumindest sofern sie das Leben vor dem Tod betrifft. Nachdem wir mit der Säkularisierung die Religionen aus unserem Alltag gedrängt haben, die uns mit ihren Heilsversprechen oder einer neuen Chance durch Reinkarnation im nächsten Leben über so manche Trübsal im Diesseits hinweggetröstet haben, gerät nun auch die Ersatzreligion des konsumfokussierten Materialismus ins Wanken – selbst wenn wir uns noch so sehr bemühen, unsere Handlungen nach ihr auszurichten, hinterlassen unsere Shoppingerlebnisse zunehmend einen schalen Nachgeschmack.

Nachdem wir in der ersten Phase der sogenannten Aufklärung gelernt haben, uns schrittweise vom unreflektierten Glauben an die Vorgaben der Kirchen und Traditionen zu lösen, und im 18. bis 20. Jahrhundert begannen, unser Weltbild auf den Gesetzen der Logik und der Physik aufzubauen, scheinen wir jetzt an der Schwelle zu einer ähnlich fundamentalen Zäsur zu stehen. Doch diese trägt das Risiko in sich, dass wir in Regression verfallen. Zumindest erinnert die Art und Weise, wie wir uns zunehmend kritiklos von den sozialen Medien steuern lassen, an eine solche Form der Angstbewältigung. Sicher, es wäre nachvollziehbar, dass wir angesichts der übermächtig erscheinenden Macht, mit der die Digitalisierung an tragenden Säulen unserer gewohnten Welt rüttelt, unbewusst versuchen, unser psychisches Gleichgewicht zu stabilisieren, indem wir in kindliche beziehungsweise voraufklärerische Verhaltensmuster verfallen. Allerdings war es gerade die kritische Auseinandersetzung mit den Lehren der großen Kirchen, die den Kern der Aufklärung ausgemacht hat. Und es ist erneut genau diese Kompetenz, die darüber entscheiden wird, wie die Antwort auf die alles entscheidende vierte Frage ausfallen wird: Was ist der Mensch?

Im Zeitalter der Digitalisierung scheint sie erneut im Zentrum zu stehen. Und wenn wir sie (für uns) richtig beantworten, kann sie zum Fels in der Brandung für die ersten drei werden. Als Kompass im Informationsdschungel, als Leuchtturm für unser Handeln und als Maßstab für Sinnhaftigkeit unseres Lebens.

Oder anders ausgedrückt: Wollen wir wirklich sukzessive unser Denken und unser Tun von den inzwischen omnipräsenten Informationsfluten hinfortreißen lassen? Soll sich unser Verständnis von der Welt primär an dem morgendlichen Newsfeed orientieren, unser moralisches Handeln an communitykonformem Verhalten und unsere Sehnsucht für die Zukunft an den Facebook-Berichten unserer Freunde? Oder sollten wir nicht besser versuchen, zunächst eine eigene stabile innere Ordnung in Form eines individuellen Weltbildes zu entwickeln, damit wir mit dem Fortschritt der Technologie unsere Selbstbestimmtheit nicht gänzlich verlieren und nur noch zu Followern werden?

Dies ist keine leichte Herausforderung. Für Aristoteles war das Entscheidende an der erfahrbaren Wirklichkeit, dass das Ganzes mehr ist als die Summe seiner Teile und somit ganz natürlich, Informationen zu transzendieren, um aus ihnen ein ganzheitliches Wissen zu entwickeln. Doch die Informationswissenschaft suggeriert uns das genaue Gegenteil als Erfolgsrezept, wenn aufgrund ihrer Basisfunktionalität jeder noch so komplexe Vorgang auf einem eindeutigen Ja- oder Nein-Impuls basiert. Und selbst beim Quantencomputer daraus nur ein klar definiertes Vielleicht dazwischen werden kann.

WELTBILD

Um Antworten auf die vierte Frage zu finden, müssen wir es daher immer wieder schaffen, einen Schritt zurückzutreten, und das digitale Leben verlassen. Und vielleicht sogar die Frage letztendlich ein wenig umformulieren.

DEPRIMIEREND UND POLARISIEREND

Unsere Sehfähigkeit ist evolutionär schon immer einer der wichtigsten Sinne gewesen, um uns eine Vorstellung von der Welt zu machen. Sie liefert rund 80 Prozent aller Sinnesinformationen an unser Gehirn und ist somit die wichtigste Referenz für uns, um unser inneres Weltbild mit der Realität abzugleichen. Was wir mit den Augen *wahr*nehmen können, entspricht für uns als Spezies seit jeher der *Wahr*heit. Wie stark diese Überzeugung in uns verdrahtet ist, erkennt man beispielsweise an den bekannten optischen Täuschungen, bei denen beispielsweise gleich lange Linien unter bestimmten Bedingungen unterschiedlich lang erscheinen, selbst wenn wir uns mithilfe eines Lineals vom Gegenteil überzeugen.

Die Überzeugung »Was ich sehe, entspricht der Wahrheit« übertrug sich auch auf die Fotografie, die es uns seit ihrer Erfindung vor rund 200 Jahren erlaubt, Abbildungen der Realität zu erzeugen, sei es für das gedankenversunkene Blättern im eigenen Fotoalbum oder die Präsentation vor großem Publikum. Bis zu Beginn der digitalen Fotografie blieb der analoge Fotobeweis in der Regel juristisch unumstößlich, und selbst die Zweifel an den Beweisaufnahmen für die amerikanische Mondlandung in den 1960er-Jahren beschränkten sich lediglich auf ein paar Verschwörungszirkel.

WELTBILD

Seit wenigen Jahren sind wir jedoch mit der Herausforderung konfrontiert, dass unsere visuelle Wahrnehmung vorsätzlich getäuscht werden kann – und dies mittlerweile mit extrem wenig Aufwand und einer fast schon erschreckenden Selbstverständlichkeit. Egal ob Vintagelook, Modulation der scharfen Bereiche, Schatten-, Kontrast- oder Farbverstärker: Kaum ein Foto durchläuft keinen Filter, bevor es auf den sozialen Plattformen gepostet wird. Wir rücken uns selbst ins meisterliche Licht, manipulieren subtil die optische Realität und brauchen dafür im Gegensatz zu Leonardo da Vinci mit seiner aufwendig gemalten »Mona Lisa« nur wenige Sekunden. Nur: Mit den Bildern aus dem Urlaub, die wir auf unserem Smartphone so bearbeiten, dass selbst kleinste Makel verschwinden und der ungetrübte Gesamteindruck aus tadellosem Körper, grandioser Kulisse und atemberaubenden Farben entsteht, inszenieren und suggerieren wir nicht nur den perfekten Moment. Wir fördern einen Trend, bei dem systematisch das eigene Leben nach außen hin nur noch einseitig als sorgenfrei, fehlerlos und leicht dargestellt wird.

Für den externen Betrachter, der sich mit seiner selbstgewählten Rolle als Follower an deine Fersen hängt und jeden deiner Posts schneller zur Verfügung gestellt bekommt als die Tageszeitung, entsteht aufgrund seiner evolutionären Prägung, optische Informationen als Referenz für die Realität anzusehen, zwangsläufig der Eindruck, dass er mit seinem Lebensschicksal und seiner körperlichen Ausstattung deutlich benachteiligt ist. Nicht mehr nur im Vergleich mit erfolgreichen Prominenten oder Königshäusern, sondern mit nahezu jedem, der sich in der Welt von Facebook und Instagram tummelt.

Dass angesichts einer solchen Scheinrealität, der wir uns zunehmend und freiwillig aussetzen, die Zahl der Fälle von Depressionen unter Social-Media-Nutzern überproportional hoch ist, muss nicht wundern. Wenn wir über einen kontinuierlichen Bilderfluss begleitet mit Kurztexten vorgegaukelt bekommen, dass bei den meisten anderen ständig die Sonne auf den Teller scheint, fehlt uns einfach die mentale Kompetenz, die Informationen adäquat einzusortieren – selbst wenn wir die Mechanismen kennen.

Dies soll keinesfalls die Vorteile schmälern, die die sozialen Medien beispielsweise für weltweite Informationsfreiheit, freie Meinungsäußerung oder bürgerliches Engagement gebracht haben. So gelingt es kaum noch einer Regierung, Informationen zu monopolisieren, sofern sie nicht das Internet ganz abschaltet. Auch die Möglichkeiten, durch Onlinepetitionen oder den direkten Aufruf Mitstreiter für Themen zu finden, sind deutlich größer geworden.

Zudem helfen soziale Medien, Unterstützung in den unterschiedlichsten Lebensbereichen zu erhalten. Ob man nun in eine neue Stadt zieht, unter einer chronischen Krankheit leidet, sich einsam fühlt oder grundsätzlich an sich selbst zweifelt: Plattformen bieten Kontakt, Rat, Austausch, Orientierung, ja das Gefühl, nicht allein auf dieser Welt zu sein. Und natürlich ist da auch noch die Entspannung, die entsteht, wenn man seinen Instagram-Feed durchkämmt oder Videos von Katzenbabys genießt.

Wir müssen uns lediglich bewusst sein, dass **eine passive Nutzung dieser neuen Technologien** inzwischen nicht nur häufig eine Menge Lebenszeit verschlingt, sondern auch **unsere Wahrnehmung der Realität verzerren kann und sich dadurch unser Lebensfokus auf all die Themen richtet, in denen wir uns gegenüber einer perfekt getunten Scheinwelt von anderen deutlich abgeschlagen fühlen**.

Diese Gefahr betrifft offensichtlich immer mehr Menschen – wenn man die hohen Follower-Zahlen derjenigen betrachtet, die uns rund um die Uhr mit ihrem strahlenden Lächeln beschenken. Oder die explosionsartig zunehmenden Summen, mit denen

Unternehmen in die heile Influencer-Welt werbewirksam ihre Produkte platzieren.

Zu dieser zunehmenden Realitätsverzerrung kommt noch eine zweite Gefahr: Soziale Medien neigen stark dazu, uns als Individuum zu polarisieren und dadurch unsere Gesellschaft zunehmend zu radikalisieren. Dies liegt nicht an den Nutzern, sondern an den Algorithmen, die ihnen zugrunde liegen. Unabhängig davon, ob Facebook, Twitter oder Telegram uns mit Nachrichten füttert, Pinterest und TikTok uns mit neuen Ideen speist, Amazon Bücher vorschlägt, Netflix Filme empfiehlt oder Google Suchanfragen beantwortet: Im Hintergrund haben zu diesem Zeitpunkt bereits Auswahlalgorithmen als anonyme Helfer unbemerkt die riesigen Informationsmengen vorgefiltert. Und diese Filter funktionieren in der Regel alle nach dem gleichen Prinzip: Sie orientieren sich an unseren digitalen Spuren, die wir in der Vergangenheit hinterlassen haben. Unseren Käufen, unseren Kommentaren, unseren Likes.

Was zunächst plausibel klingt und hilfreich wirkt, hat allerdings einen massiven Nachteil: Es geht zulasten der Vielfalt. Denn wir bekommen durch eine solche Auswahl immer nur das präsentiert, was uns ohnehin gefällt, unserer Meinung entspricht, ja unser Weltbild bestätigt. Und die eingespielte Werbung, die inzwischen ebenfalls ziemlich treffsicher auf die vermeintlichen Zielgruppen fokussiert, tut ihr Übriges dazu. Zehn Likes reichen aus, damit Algorithmen uns besser einschätzen können als ein Arbeitskollege. Bei 70, so schätzt man, übertrifft die Einschätzung selbst die unserer besten Freunde. Und ab circa 300 wird sogar der Lebenspartner überrundet, wie eine Studie der Universitäten Cambridge und Stanford zeigt. Zumindest wenn es um unsere Standardpräferenzen geht.

In der digitalen Welt mutieren wir durch unsere Zustimmungen, aber auch Suchaufträge, die Verweildauer auf bestimmten Webseiten sowie alle anderen Informationen, die wir mit jeder Mausbewegung über uns offenbaren, zu standardisierbaren Avataren, die sich auswerten und ganz im Sinne der digitalen Logik immer weiter standardisieren lassen.

Wenn wir nicht bewusst gegensteuern, verfestigen die Algorithmen nicht nur unser Profil, sie schläfern auch unsere

Kritikfähigkeit ein. Denn immer seltener bekommen wir Argumente für alternative Sichtweisen oder Anregungen für neue Perspektiven präsentiert. Dadurch verschwimmen die Grenzen zwischen unserer eigentlichen Individualität und den jeweiligen gesellschaftlichen Polen, zu denen wir durch selektive Informationsauswahl geleitet werden.

Es ist ein Teufelskreis. Mit jedem Like verfestigen wir unser Weltbild und verlieren dic Fähigkeit, andere Sichtweisen und Lebensrealitäten zu ertragen.

Und irgendwann geht es nur noch um die Frage, ob jemand *dazugehört* oder *dagegen* ist. Unser digital zugespitztes Weltbild wird zu einer Art erweiterten Persönlichkeit. Und jede Frage, warum man denn Dinge so sieht, wie man sie sieht, wird als Angriff gewertet, den es abzuwehren gilt. Die massive Zunahme von Hasssprache und gezielten Falschinformationen sind hierfür nur die extremen Symptome einer grundsätzlichen Tendenz.

Während das Gefühl, ständig in seinem eigenen Weltbild bestätigt zu werden, durchaus angenehm ist, weil es uns Sicherheit und Zugehörigkeit vermittelt, widerspricht es allerdings ganz grundsätzlich einer VUKA-Realität. **In einer komplexen Welt verschwimmt** gerade **die Eindeutigkeit. In ihr ist** Polarisieren nicht **die Antwort**, sondern es bedarf genau des Gegenteils: **unsere Fähigkeit, uns selbst ebenso wie unsere Wahrnehmung immer wieder aufs Neue zu relativieren**. Wenn es grundsätzlich nicht möglich ist, sich darauf zu einigen, wer wirklich recht hat, weil die Ambiguität der Fakten beiden Seiten stichhaltige Argumente liefert, können wir nur über achtsames Iterieren zwischen beiden Polen zu akzeptablen und tragfähigen Lösungen finden. Der Weg dorthin wird aber erst möglich, wenn jede Seite auch die Position des jeweils anderen zumindest in gewisser Weise nachzuvollziehen bereit ist.

WELTBILD

DIVIDE ET IMPERA – DIE DIGITALISIERUNG TEILT UND (BE)HERRSCHT

Die Chancen und Risiken der sozialen Medien konnte man gut während des Arabischen Frühlings beobachten, als vor gut zehn Jahren eine Welle von friedlichen Revolutionen eine ganze Reihe von autoritär herrschenden Regimen von Mauretanien bis in den Oman zu Reformen zwang oder gar entmachtete. Ohne die Verbreitung unzensierter Informationen über die tatsächliche gesellschaftliche Lage sowie die hocheffiziente und nahezu sichere Koordination der Protestbewegung über soziale Medienkanäle hätte keine ausreichend hohe Zahl an Menschen zu zivilem Ungehorsam motiviert werden können, um diese Veränderungen auszulösen. Gleichzeitig haben dieselben Medien in der Folge dazu geführt, dass die breite Solidarität über Schichten und Religionen hinweg schnell wieder zerbrach und sich die Bevölkerung vielfach stärker polarisierte als je zuvor. Auch wenn die Ereignisse uns gezeigt haben, welche Macht eine geeinte Bevölkerung besitzt, um Machtstrukturen zu verändern, in keinem Land konnte sich dauerhaft ein stabiles demokratisches Nachfolgesystem etablieren.

Auch in den USA hat in den letzten Jahren der massive Gebrauch sozialer Medien durch Donald Trump dazu geführt, dass die Gesellschaft inzwischen massiv gespalten ist und jede politische Fragestellung nicht nur zu Grabenkämpfen zwischen den beiden Parteien führt, sondern auch innerhalb der Parteien und Wählerschaft zur persönlichen Offenbarung: Bist du für uns oder gegen uns?! Selbst Fragen des Gewissens werden zu Fragen der Loyalität verfälscht.

Es entbehrt hier nicht einer gewissen Ironie, dass eine der wichtigsten und effizientesten Strategien zur Lösungsfindung in der Informationstechnik als *Teile-und-Herrsche*-Algorithmus bezeichnet wird. Mit ihr werden schwierige Probleme in Teilprobleme zerlegt, bis die Aufgaben beherrschbar werden. Diese können dann einfacher und durch Parallelbearbeitung auch schneller gelöst und zu hinreichend guten Gesamtlösungen wieder zusammengefügt werden.

Die ursprüngliche Strategie, die unter ihrer lateinischen Übersetzung *Divide et impera* bekannt wurde, stammt allerdings aus der Zeit der Antike und beschreibt eine der wesentlichen Maximen der römischen Außenpolitik. Durch das gezielte Stiften von Unfrieden sollten die Völker, die von Rom unterworfen wurden, dauerhaft beherrschbar gemacht werden, indem sie sich gegenseitig schwächten.

Ohne Vorsatz unterstellen zu wollen, kann man leicht die Parallelen zur Digitalisierung erkennen, wenn man die enorme Machtfülle betrachtet, die einige wenige Unternehmen in diesem Sektor inzwischen erlangt haben. Auch hier wird sich eine gespaltene Nutzercommunity kaum kollektiv gegen diejenigen wenden, die durch ihre zunächst vermutlich gut gemeinten Algorithmen erst die Polarisierung gefördert haben. Dafür sind alle zu sehr mit sich selbst beschäftigt und in ihrer Blase gefangen.

Ein gewisses Mass an Polarisierung ist für jeden Diskurs durchaus förderlich. Seit der Antike war die Dialektik, bei der einer These zunächst eine Antithese gegenübergestellt wird, um hieraus eine hilfreiche Synthese abzuleiten, Teil einer Gesprächsführung, die der Wahrheitsfindung diente. Auch die wichtigsten Vertreter der Aufklärung sind diesem Ansatz gefolgt, wenn auch mit einem deutlich stärkeren Fokus auf eine schnelle Lösung. Und selbst die Wissenschaftstheorie des Kritischen Rationalismus greift mit der Methode der Falsifikation auf einen ähnlichen Ansatz zurück, bei dem für eine nicht beweisbare These gezielt Gegenbeweise gesucht werden, um ihre Gültigkeit zu prüfen.

Doch ähnlich wie bei der Erde, auf der die Pole die zentralen Ankerpunkte für das irdische Magnetfeld darstellen, sind extreme Zonen in der Regel auch für eine Gesellschaft nicht dauerhaft bewohnbar. Gesellschaftlich überleben können auch wir nur, wenn wir uns immer wieder in die »gemäßigten« Zonen begeben, in denen unterschiedliche Ansichten gegenseitig respektiert und auch nachvollzogen werden können, ohne sich gleich auf dem Äquator der Gleichschaltung ansiedeln zu müssen.

Es ist ein wenig, als ob meine in Kapitel 3.1 erwähnte Marionette aus meiner Jugendzeit symbolisch für unsere heutige Herausforderung gestanden hat: Wenn wir vermeiden wollen, dass wir in einen gesamtgesellschaftlich zerstörerischen Sog von Extrempositionen gezogen werden, bei dem nicht mehr wir es sind, die die Kontrolle ausüben, sondern andere die Fäden ziehen, müssen wir wieder mehr Distanz zu den Inhalten bekommen, die inzwischen kontinuierlich auf uns einströmen und mit denen wir uns zunehmend identifizieren. Wir müssen zum Selbstbeobachter werden, egal auf welchem thematischen Breitengrad wir uns gerade befinden. Wenn wir uns nicht mehr ganz so ernst in unseren fundamentalen Positionen nehmen, dafür andere Ansichten ein wenig mehr, können wir unsere Identität von unseren Positionierungen *entfusionieren* und uns als Spielfigur auf dem Spielfeld der Weltanschauungen wahrnehmen, ohne selbst zu einer Spielfigur zu werden.

Durch die Aufklärung haben wir gelernt, uns von den Postulaten zu distanzieren, die die Kirchenautoritäten aus den Texten des Alten oder Neuen Testaments herausinterpretiert und uns vorgegeben haben. Wir haben begonnen, unseren eigenen Verstand zu gebrauchen, und unser Erleben der physischen Welt hierarchisch über die (begrenzt) verfügbaren Informationen über diese Welt gestellt. **Wenn wir jetzt nicht wieder zurückfallen wollen in eine Zeit, in der vorgegebene Informationen unser Weltbild beherrschen, müssen wir lernen,** die lineare Logik der Aufklärung mitsamt der digitalen Logik von *richtig* oder *falsch* zu transzendieren, und **ein Verständnis für ein Leben in komplexen Zusammenhängen und Systemdynamiken entwickeln**, in dem es einfache Antworten schlichtweg nicht mehr gibt.

WELTBILD

Dies ist ein fundamentaler Paradigmenwechsel. Denn in hoch vernetzten Systemen hilft nicht mehr unsere so lieb gewonnene logische Analyse, um durch eine schrittweise Reduktion des Problems zum richtigen Ergebnis zu kommen.

Unsere Welt besteht inzwischen aus einer Vielzahl von Einzelelementen, die voneinander abhängen und vielfältig miteinander interagieren. Sie bilden Einheiten höherer Ordnung, die sprunghaft ihren Zustand verändern können und für die eine Lösung nur durch eine möglichst ausgewogene und meist nur temporäre Synthese aus allen wesentlichen Interessen und Einflussfaktoren gefunden werden kann. Jede Extremposition in einem spezifischen Thema hat hier eine Vielzahl von Auswirkungen auf andere Systeme, die sich dort unter Umständen in Feedback-Loops selbst verstärken und in eine unerwünschte Richtung abdriften können. Und umgekehrt können intuitiv als fundamental falsch erachtete

Lösungswege in spezifischen Situationen genau die richtigen Entwicklungen in anderen Systemen auslösen.

So spaltet zum Beispiel das Thema Individualverkehr versus öffentlicher (Nah-)Verkehr immer wieder die Gesellschaft, und die Extrempositionen spiegeln sich klar in der Parteienlandschaft wider. Dabei ist eine akzeptable Abdeckung in ländlichen Gegenden durch Bus oder Schiene wirtschaftlich kaum sinnvoll. Gleichzeitig beeinträchtigt der Hang zum eigenen Pkw in urbanen Räumen inzwischen massiv die Bewegungsfreiheit. Je nach Antriebstechnik sind auch die ökologischen Konsequenzen sehr unterschiedlich. Ganz zu schweigen von den Auswirkungen auf Arbeitsplätze sowohl in der Produktion als auch in Dienstleistungsbereichen. Hier eine Fundamentalposition einnehmen zu wollen, kann nicht zielführend sein.

Ich könnte die Liste an Beispielen beliebig lange fortsetzen. Am World Economic Forum scheiden sich die Geister, doch auf seiner Webseite findet man inzwischen einen Bereich mit der Überschrift »Strategische Intelligenz«. Ein Blick lohnt, denn für eine Vielzahl an gesellschaftlich relevanten Themen werden hier die Netzwerke an Abhängigkeiten dargestellt, und man kann beispielhaft nachvollziehen, wie jede Veränderung in einem Teilsystem direkte Auswirkungen auf andere Teilsysteme hat. Mitunter positiv, mitunter aber auch äußerst negativ.

In einer solchen Welt können wir Orientierung, Stabilität und Lösungswege nur finden, wenn wir von fundamentalen Positionen abstrahieren und nicht mehr nur unsere eigenen unmittelbaren Überzeugungen ins Zentrum stellen, sondern auch alternativen Sichtweisen genügend Raum einräumen. Nur dann besteht die Chance, dass wir auf Basis eines zunehmenden Verständnisses der Zusammenhänge genau die Akupunkturpunkte finden, deren Aktivierung das gesamte System in eine Richtung verändert, die einem höheren Level an gesellschaftlich geteilten Werten entspricht.

Unser Weltbild kann somit nicht mehr statisch sein, sondern muss sich ebenso wie unsere VUKA-Umwelt ständig dynamisch weiterentwickeln. Und so verschiebt sich auch die philosophische Frage, wer wir als Mensch eigentlich sind, hin zu der Frage: Wer wollen wir als Mensch heute, morgen und übermorgen eigentlich sein?

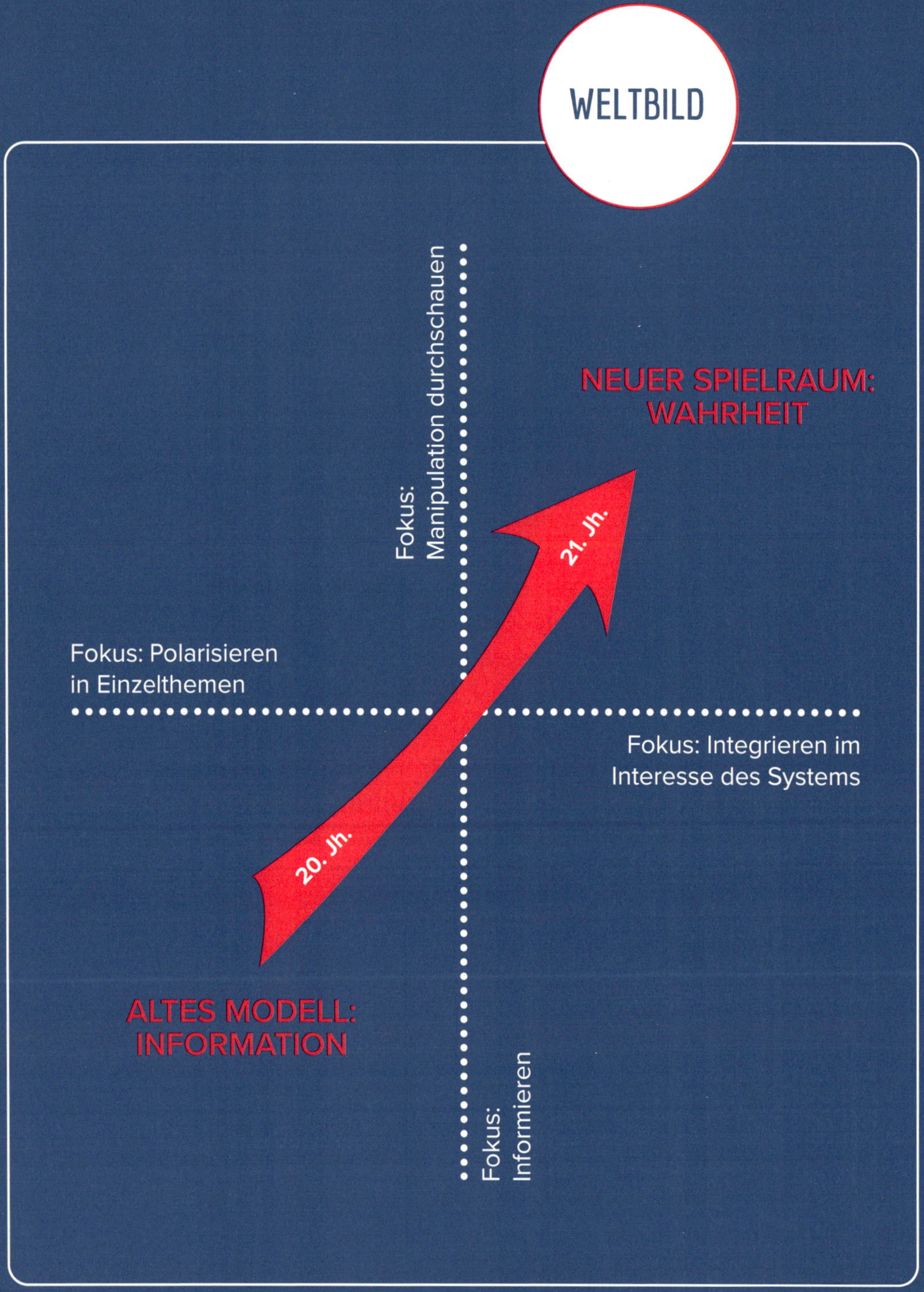

WELTBILD
Fokus: Manipulation durchschauen
NEUER SPIELRAUM: WAHRHEIT
21. Jh.
Fokus: Polarisieren in Einzelthemen
Fokus: Integrieren im Interesse des Systems
20. Jh.
ALTES MODELL: INFORMATION
Fokus: Informieren

DOMINOSPIELER IM NETZ

Schon als Kind fand ich das Dominospiel extrem langweilig. Aber ich war fasziniert von dem Dominoeffekt, für den verschiedene Teams in den 90er- und Nullerjahren in riesigen Hallen bis zu 4,8 Millionen Steine aufstellten. Zum Schluss reichte ein Fingertipp aus, um eine Kettenreaktion auszulösen und vor den Augen eines Millionenpublikums ein wunderschönes Gesamtbild entstehen zu lassen.

Im echten Leben ist dieser Effekt inzwischen Teil meiner Jobbeschreibung geworden. Nicht so sehr Steine aufzustellen. Sondern diejenigen Punkte zu identifizieren, von denen aus man durch einen initialen Impuls innerhalb einer gesetzten Landschaft eine Eigendynamik auslösen kann, um uns als Gesellschaft ein Stück näher an unsere gewünschte Zukunft heranzubringen. Allerdings warte ich damit nicht, bis alles perfekt steht, dafür fehlt uns bei vielen Themen einfach die Zeit. Außerdem gibt es in der Systemtheorie anders als beim Domino-Day keinen definierten Startpunkt, an dem die Transformation initiiert werden muss. Wichtig ist lediglich die Richtung, in die man einen Stein umwirft.

Dass dies nicht immer gerne gesehen wird, weil man die gewohnte Ordnung durcheinanderbringt, die andere mühevoll aufgebaut haben, und man durchaus riskiert, zumindest temporär gesellschaftlich geächtet zu werden, mag viele Menschen abschrecken, das Gleiche zu tun – selbst wenn sie den Handlungsbedarf längst wahrgenommen haben. Deshalb wirken einerseits Missstände in unserer Gesellschaft oft erstaunlich stabil. Andererseits entpuppt sich das Umwerfen einzelner Steine häufig als so wirksam, weil alle eigentlich nur darauf gewartet haben, dass sich endlich einer traut.

Um den notwendigen Mut aufzubringen, selbst Impulse für Systemveränderungen zu setzen, hilft auch hier, die Situation als Spiel zu sehen. Allerdings ist es dabei wichtig, sich klare Regeln zu geben, damit der Fokus auf einer sinnstiftenden Veränderung bleibt und man nicht mit denjenigen verwechselt wird, die einfach nur mutwillig die mühevoll aufgebauten Bauwerke der anderen kaputt machen.

Für mich müssen immer drei Kriterien erfüllt sein, bevor ich mich dafür entscheide, einen Dominostein umzuwerfen:

- *Ist die avisierte gesellschaftliche Veränderung wirklich mein primäres Motiv?*
- *Habe ich ausreichend recherchiert, damit ich die Position auch argumentativ verteidigen kann?*
- *Habe ich eine innere Haltung, bei der nicht die Aggression, sondern die Liebe für das Gesamtsystem im Vordergrund steht?*

WELTBILD

Dies war auch der Fall, als ich vor einigen Jahren in die Textilindustrie kam und tief erschüttert war über das im Vergleich zu anderen Industrien rückständige ökologische Niveau von Produktionsverfahren. Ich habe schon viele Fertigungsbetriebe in einer ganzen Reihe von Industrien und auch vielen Ländern der Welt gesehen, aber die Rücksichtslosigkeit, mit der hier im Auftrag von glänzenden Markennamen Chemikalien in die Umwelt geleitet, Wasser verschmutzt oder Energie über fossile Brennstoffe verheizt wurde, war schockierend.

Einer der krassesten Fälle war allerdings der Einsatz von PFAS-Chemikalien, die man zur Gruppe der fluorierten Kohlenstoffverbindungen zählt. Der Name »Ewigchemie« sagt im Grunde schon alles: Einmal in die Umwelt gelangt, verschwinden diese vom Menschen gemachten Stoffe nie wieder auf natürlichem Wege. In der Textilindustrie werden PFAS zur Imprägnierung gegen Wasser sowie Fett eingesetzt, bilden aber auch das Rohmaterial für atmungsaktive Membrane in wasserdichter Outdoorbekleidung, auch bekannt unter PTFE oder Teflon®. Dank erfolgreichem Marketing konnten die massiven Schattenseiten lange Zeit übertüncht werden: Die Chemikalien stehen grundsätzlich unter dem Verdacht, Krebs und Unfruchtbarkeit zu verursachen, und lassen sich mittlerweile im Blut nahezu aller Menschen und Tiere finden.

Einen Einblick in die Skrupellosigkeit der Hersteller kann man inzwischen durch den Film »Vergiftete Wahrheit« bekommen, der das Leben des Anwalts Robert Bilott dokumentiert. Bilott hat wesentlich zur Aufdeckung der Machenschaften dieser Industrie beigetragen und hierfür 2017 den Alternativen Nobelpreis erhalten. Nachdem er nur durch Zufall auf das Thema gestoßen ist, aber die Notwendigkeit zum Handeln erkannte, konvertierte er vom Industrieanwalt zum Albtraum von DuPont – und damit zum Rollenmodell für alle Domino-Umwerfer.

Doch trotz seines unermüdlichen Kampfes ist das Problem noch lange nicht gelöst. Daher war es für mich inakzeptabel, als sich ein dominanter Markenlieferant in der Outdoorindustrie nach zähen Verhandlungen mit Greenpeace zu einem halbherzigen und langwierigen Teilausstieg aus dieser Chemikalienfamilie verpflichtete und daraufhin begann, sich für diesen kleinen Schritt öffentlich als konsequent nachhaltiges Unternehmen feiern zu lassen.

Für mich war die Situation geradezu prädestiniert für die Spielerrolle des Hofnarren. Denn Fakten öffentlich zu machen, um dadurch aufzurütteln und bisherige Denkweisen zu erschüttern, kostet zunächst eine innere Überwindung. Außer man hat den Joker der Narrenfreiheit in der Tasche, der die Wahrheit ungeschminkt aussprechen darf, weil das Teil seines anerkannten Selbstverständnisses ist.

Und so habe ich entschieden, juristisch gegen diese Art der Wahrheitsbeugung vorzugehen und dies auch konsequent öffentlich zu machen. Selbst die Androhung einer Klagewelle, sollten wir vor Gericht ziehen, schreckte mich nicht ab – obwohl wir das deutlich kleinere Unternehmen waren und kaum die Ressourcen hätten aufbringen können, um einer solchen Attacke über eine längere Zeit standzuhalten. Zudem profitierten sehr viele unserer potenzielle Kunden von der scheinbar tadellosen Fassade dieses Materials, denn mangels ausgewogener Information wollten viele Endkunden ihre Outdoorjacke nach wie vor damit ausgerüstet wissen.

In der Branche sind wir nicht auf viel Verständnis gestoßen – auch nicht, nachdem wir den Prozess gewonnen hatten. Denn juristisch gegen ein Mitglied der »Familie« vorzugehen hat mit einer ganzen Reihe stillschweigender Tabus gebrochen. Allerdings konnte ich während der gesamten Zeit meine drei Kriterien für diesen Schritt kontinuierlich bejahen. Und rückblickend hat der Dominostein seinen Effekt nicht verfehlt, da er mit dazu beigetragen hat, dass inzwischen immer mehr Mitgliedstaaten der EU die Kommission auffordern, den Einsatz von PFAS aufgrund ihres offensichtlichen Gefährdungspotenzials für Natur und Mensch bis auf lebenswichtige Anwendungsfälle komplett zu verbieten.

Wie immer in komplexen Systemen war weder im Vorhinein eindeutig klar, welche Auswirkungen unser Handeln haben würde. Noch können wir im Nachhinein wirklich wissen, wie wichtig unser Schritt für die Veränderung im Detail war, die inzwischen endlich begonnen hat. Doch solche Überlegungen waren für mich nicht wichtig. Es ging auch nicht um Marktanteile oder kommerzielle Interessen – dafür war uns zu sehr bewusst, dass wir zunächst eher als Störenfried angesehen würden. Es ging schlichtweg darum, gemäß unserer inneren Verpflichtung aktiv zu werden, damit eine massiv verzerrte Werbewelt nicht noch weiter durch unrichtige Behauptungen stabilisiert wird, die uns als Gesellschaft schadet.

WELTBILD

In einer Welt, in der so viel Information zur Verfügung steht, dass man sich oft nur oberflächlich eine Meinung bilden und leicht durch einseitige Beschallung in eine gewünschte Richtung **manipuliert werden kann, ist es wichtig, alternative Sichtweisen sachlich fundiert zur Verfügung zu stellen**, wenn man über sie stolpert. Insbesondere wenn diese **entscheidend für den Fortschritt unseres Gesamtsystems** sind. Hier hat jeder von uns eine Verantwortung, der wir uns immer bewusst sein sollten, da wir selbst Teil dieses Systems sind. Und es ist wirklich faszinierend zu beobachten, welche Entwicklungen entstehen, wenn man nur einen einzigen Stein in die richtige Richtung umwirft. So faszinierend, dass mir mittlerweile auch der Domino-Day als geradezu langweilig erscheint.

Ich habe mir inzwischen angewöhnt, zu wirtschaftlichen Missständen regelmäßig zu bloggen und damit meine Sicht auf die Dinge öffentlich zu machen. Die sozialen Medien zeigen im Meinungsbildungsprozess tatsächlich ihre Sonnenseite, solange man sie auch aktiv nutzt und gleichzeitig gewisse Grundprinzipien der

Ehrlichkeit und des Respekts einhält. Aus der Position als Geschäftsführer heraus mag ich dadurch für manche wie ein Nestbeschmutzer wirken. Aber wir werden keine Veränderung initiieren, wenn wir weiterhin so tun, als sei alles in bester Ordnung. Stattdessen sollten wir uns zu unseren Fehlern und unserem Nachholbedarf bekennen, uns zumindest gegen die offensichtlichsten Fehlorientierungen zusammenschließen und gemeinsam die Transformation unterstützen.

HÄNSEL, GRETEL UND DER ELEFANT

Es erinnert alles schon ein wenig an Grimms Märchen von Hänsel und Gretel: Die ältere Generation setzt ihre Kinder im (digitalen) Wald aus und überlässt sie ihrem Schicksal, um sich die verbleibenden knappen Ressourcen in der physischen Welt zu sichern. Nach mehreren gescheiterten Versuchen einer Rückkehr in die alte Welt ist die Nachfolgegeneration inzwischen auf sich allein gestellt. Dann taucht plötzlich aus dem Nichts ein (sozial-mediales) Knusperhäuschen auf, und auch sie erliegen den süßen Verführungen – mit dem Ergebnis, dass die meisten entweder zur Dienstmagd werden oder im Mastkäfig landen. Doch die Geschwister können sich befreien. Hans simuliert der Hexe kontinuierlich die Erfolglosigkeit ihres Strebens, während Gretel sie im richtigen Moment in ihr eigenes Feuer stößt. Erst dann entdecken die beiden die eigentlichen Edelsteine im Haus und finden auch wieder den Anschluss an die alte Welt.

Nun mag unsere Zukunft nicht (immer) wie im Märchen enden. Aber es besteht zumindest die Möglichkeit, wenn wir denn aktiv werden. Auch wir hätten deutlich bessere Chancen, wenn wir aufhörten, uns zum Sklaven der neuen Versuchungen oder zu ihren Gefangenen zu machen. Der Hexe verleihen wir zumindest selber die Macht, uns zu beherrschen. Indem wir unsere Popularität an der Zahl unserer Facebook-»Freunde« messen, konstant der Welt durch optimierte Fotos vorgaukeln, dass es uns einfach ständig wunderbar geht, oder blind jeder Empfehlung folgen, die uns insgeheim die Fähigkeit nimmt, immer auch die andere Seite der Medaille zu betrachten.

An die Edelsteine kommen wir erst dann heran, wenn zunächst unser gewünschtes Weltbild steht und wir dann mit klarem Fokus die neuen digitalen Möglichkeiten gewinnbringend nutzen: für uns, für unsere Gesellschaft, für unsere Welt.

Sicher: Wir können nicht die neue VUKA-Welt in ihrer Komplexität als Ganzes verstehen. Aber wir können lernen, ihre verschiedenen Schichten, Verbindungen, Netzwerkknoten und Akteure als ein organisches Geflecht zu sehen, das sich ständig in einem dynamischen Umbauprozess befindet. Auf allen Ebenen wirken verschiedenste Elemente zusammen und verbinden sich selbstorganisiert, sprich ohne zentrale Kontrolle, und dynamisch zu Systemen höherer Ordnung. Gleichzeitig lassen sich die Elemente immer kleinteiliger zerlegen, ohne dass man eine kleinste Urstruktur finden wird. Dies ist neu, denn erst durch die Transformation unserer Welt von linear aufeinander aufbauenden lokalen Strukturen zu einem dicht vernetzten System ist ein solch hoher Grad an Komplexität entstanden. Hier für uns nach einer grundsätzlichen Wahrheit oder nach richtigen beziehungsweise falschen Strukturen zu suchen oder sich darüber zu streiten, wer grundsätzlich recht hat, ist sinnlos, denn solche Systeme erscheinen immer unterschiedlich, je nachdem, aus welcher (begrenzten) Perspektive wir sie betrachten. Das ist wie in der Erzählung von den blinden Männern und dem Elefanten. In dieser Parabel erzählt Buddha von einem König, der blinde Männer an einen Elefanten heranführen ließ mit der Aufgabe, ihm diesen zu beschreiben. Sie gerieten in einen heftigen Streit, weil jeder von ihnen nur einen Teil ertastet hatte und Beine, Ohren oder Kopf ganz unterschiedliche Eindrücke über die Realität vermittelten. Wobei es mir inzwischen so vorkommt, als befänden wir uns auf einer Arche Noah und versuchten uns inmitten all der Säugetiere, Vögel, Reptilien und Amphibien gegenseitig davon zu überzeugen, wie ein Tier aussieht – so sehr klaffen unsere Wahrnehmungen und Wahrheiten auseinander.

Demgegenüber hatten wir aber noch nie so viele Möglichkeiten, als Individuum die Welt zu beeinflussen, unabhängig davon, über wie viel Macht, Beziehungen oder Wohlstand wir verfügen. Lediglich unsere Intention, mit der wir uns einbringen, ist entscheidend dafür, welche Wirksamkeit sich entwickelt – auch wenn wir selbst bei besten Motiven immer nur qualitative Verbesserungen des Gesamtsystems erzielen werden, nie perfekte Endzustände. Dass jeder Eingriff durchaus auch schwer voraussehbare Wirkungen auf andere Teilsysteme haben kann, ist aus meiner Sicht kein Grund, zurückhaltend oder vorsichtig zu sein. Denn je mehr Menschen sich mit ähnlichen Intentionen verbinden, desto wirksamer entwickelt sich das Gesamtsystem in eine bevorzugte Richtung. Mit dieser Perspektive lassen sich die neuen digitalen Werkzeuge nicht nur konsumieren, sondern aktiv für Veränderung einsetzen.

Wie das aussehen kann, habe ich in der Zeit gelernt, in der ich mit ein paar der bewundernswertesten Menschen zusammenarbeiten durfte, die ich je getroffen habe. Sie hatten alle ihre eigentliche Profession als Arzt, Astrophysiker oder Manager mit der einzigen Mission verlassen, Ungerechtigkeiten zu beseitigen und die Welt lebenswert für alle zu machen. Ja, sie wollten sich als Team nur noch an dem positiven Impact messen lassen, den sie in der Welt hinterlassen – unter bestmöglicher Nutzung der digitalen Möglichkeiten sowie der Einbindung einer maximalen Vielfalt von Menschen in einer komplexen Welt.

Es würde bei weitem den Rahmen dieses Buches sprengen, wenn ich all die Projekte auflisten würde, die SecondMuse allein im letzten Jahrzehnt im Auftrag von Kunden wie der NASA, der Weltbank, dem Sportartikelhersteller Nike, der Walton-Familienstiftung und vielen anderen initiiert, konzipiert und umgesetzt hat. Aber um exemplarisch zu zeigen, welche Chancen in den neuen Technologien liegen, möchte ich eines herausgreifen.

Ein großer arabischer Nachrichtensender hat sich vor ein paar Jahren die Frage gestellt, wie er seine Berichterstattung objektiver gestalten könnte. Um kreative Lösungen für diese Herausforderung zu finden, haben wir weltweit einen *Hackathon* ausgeschrieben, für den wir aus 1600 Bewerbern die 90 besten Programmierer aus 35 Ländern auswählten und sie für ein Wochenende einfliegen ließen. Wie in einer Art Miniolympiade haben sie in der Vielfalt gemischter Teams und unterstützt von literweise Kaffee und Energydrinks, Ideen anhand von zehn Leitfragen gemeinsam konzipiert und direkt als Prototypen programmiert, die alle auf eine Frage abzielten: Wie kann man Medieninformationen in einen objektiveren Kontext setzen, damit der Empfänger sich ein möglichst ausgewogenes (Welt-)Bild von der Realität machen kann?

Durch das Spielsetting des Hackathons entstand eine temporäre Minicommunity, die dank des Athleten-Jokers angstbefreit den Kampf gegen Machtmissbrauch durch Medien aufgenommen hat, ohne sich Gedanken darüber zu machen, gegen welche Übermacht sie antritt. Zum Schluss standen 19 finale Konzepte für einen besseren Journalismus, die von Werkzeugen für eine effizientere Faktenaufbereitung über das aktive Modulieren von Hasssprache in Kommentaren bis zu Apps, die dem Leser zu jeder Information alternative Quellen und Ansichten anbieten, reichten.

Was dort in 48 Stunden entstand, war nicht nur exemplarisch für viele ähnliche Folgeprojekte, die eine Vielzahl an innovativen Lösungen für die unterschiedlichsten globalen Herausforderungen durch das temporäre Zusammenwirken wildfremder Menschen aus allen Ecken der Erde hervorgebracht haben. Sondern es zeigt, was wir in einem komplexen System gemeinsam erreichen können, wenn wir unsere neuen Werkzeuge aktiv für die richtigen Dinge einsetzen und uns nicht nur von ihnen treiben lassen. Für Themen, die nicht nur uns selbst helfen, sondern uns kollektiv weiterbringen.

KUNSTWERK ODER MALEN NACH ZAHLEN

Egal ob auf der makroskopischen Ebene der globalen Themen, der nationalen Ebene der Politik oder der sozialen Ebene unserer unmittelbaren Erlebniswelt: Unsere Welt hat ihre eindeutige Form verloren und ähnelt eher der Topologie einer Landschaft. Doch hat sich nicht nur ihre räumliche Dimension deutlich vergrößert, die relevant für unseren individuellen sozialen Raum ist, sondern mit der erhöhten Veränderungsdynamik ist noch eine zeitliche Dimension hinzugekommen, die dazu führt, dass selbst diese Landschaft sich konstant zu verändern scheint.

Daher sollten wir einen Teil unserer Aufmerksamkeit dafür verwenden, uns hierüber immer wieder einen fundierten Überblick zu verschaffen, bevor wir uns in Details verlieren. Soziale Medien sind hierfür nicht besonders gut geeignet, denn für die meisten digitalen Plattformen liegt allein die empfohlene Maximaldauer von Videobeiträgen unterhalb einer Minute, um möglichst hohe Klickraten zu erzielen. Dies entspricht in etwa der Zeit, die du brauchst, um eine halbe Seite in diesem Buch zu lesen. Dennoch repräsentieren sie inzwischen einen Großteil der Videoaktivitäten, die mittlerweile etwa 60 Prozent des Internetverkehrs ausmachen und für die meisten Internetnutzer die bevorzugte Form des Informierens und Lernens ist.

Dieser intensive Konsum ist nicht unkritisch, wenn wir mit der Zeit unsere Aufmerksamkeitsspanne durch eine Dauerberieselung von weniger als 60 Sekunden langen Clips so weit zusammenschrumpfen lassen, dass wir kaum noch in der Lage sind, uns länger auf einen Sachverhalt zu konzentrieren. Hinzu kommt angesichts der gigantischen Marketingbudgets im Bereich Social Media der immens subtile Einfluss, dem wir tagtäglich ausgesetzt sind. Insofern müssen wir als Individuum lernen, uns selbst klare Grenzen für unseren medialen Konsum zu setzen, wenn wir nicht die meiste Lebenszeit denjenigen schenken wollen, die unsere Aufmerksamkeit suchen. Erst hierdurch erhalten wir die nötige Distanz und Klarheit, darüber zu entscheiden:

WELTBILD

- *Welche Themen sind (für mich) relevant?*
- *Wo ist mein Platz in dieser Welt?*
- *Mit wem möchte ich mich vernetzen?*
- *Welche Kanäle, Unternehmen und Player dürfen eine Rolle in meinem Leben spielen?*
- *Und welchen aktiven Part möchte ich innerhalb welcher kollektiven Transformation übernehmen?*

Diese Transformationen haben mit dem neuen Jahrtausend begonnen, und sie sind bereits in vollem Gange – vor allem in der Realität, weniger in virtuellen Welten. Hier sollten wir unseren eigenen Einfluss auf ihren Verlauf nicht unterschätzen, denn in nichtlinearen komplexen Systemen ist immer eins plus eins mehr als zwei, egal ob in die negative oder in die positive Richtung. Diesen Effekt können wir noch verstärken, indem wir uns mit Menschen vernetzen, die ähnliche Vorstellungen haben. Gerade hierfür sind die sozialen Medien bestens geeignet. Aber nur, wenn wir uns aktiv mit denjenigen vernetzen, die die von uns gewünschten Veränderungen ebenfalls anstreben und nicht nur auf der Jagd nach x-beliebigen »Freunden« sind.

WELTBILD

Das neue Weltbild unserer VUKA-Welt ist noch nicht gemalt. Wir entscheiden selbst darüber, ob es ein Malen nach Zahlen wird, bei dem andere uns vorgeben, wie die Linien verlaufen und welche Grundfarben wir für die Flächen nehmen dürfen. **Oder ob es ein buntes Kunstwerk wird,** dessen Ergebnis sich erst im Entstehungsprozess herauskristallisiert und dessen Vielfalt von der Zahl derjenigen abhängt, die beherzt zum Pinsel greifen.

Ersteres ist einfach(er), letzteres wünschenswert(er). Denn erst wenn wir Teil dieses Gestaltungsprozesses werden, können wir auch die Verbundenheit mit dem Ergebnis erleben.

NACHSPIEL

Heute ist der 5. Juli 2021.

In den vergangenen sechs Monaten, in denen ich dieses Buch geschrieben habe, ist viel passiert. Wir haben den harten Lockdown überstanden, und inzwischen häufen sich die Ankündigungen von Regierungen, uns schrittweise wieder in die Nähe der Realität zurückzuführen, die vor der Corona-Pandemie herrschte. Auch der neu vereidigte US-Präsident bemüht sich aufrichtig, die unter der Fahne eines angeblichen Nationalismus versteckten Fehlsteuerungen seines Vorgängers zurückzudrehen. Und nicht nur die Fridays-for-Future-Bewegung darf wieder auf die Straße, sondern es haben sich inzwischen immer mehr Aktionärs- und Investorenbündnisse gebildet, die ihre Portfoliounternehmen dazu zwingen, ihre Maßnahmen gegen den Klimawandel oder die Umweltverschmutzung deutlich zu konkretisieren und zu verstärken. Erleichterung auf gesamter Front.

Allerdings wäre es trügerisch, wenn wir jetzt glaubten, dass alles bald wieder wie vorher ist. Oder wenigstens irgendwie gut wird. Denn während wir endlich wieder getestet, geimpft oder genesen die Stimmung im Biergarten genießen können, uns unsere Shoppingfreiheit zurückerobern und der Klimakollaps vielleicht doch noch im letzten Moment von den Mächtigen in Wirtschaft und Politik verhindert wird, mutiert das Coronavirus fleißig weiter, befeuert Donald Trump hemmungslos die Polarisierung der amerikanischen Gesellschaft und klafft noch immer eine riesige Lücke zwischen verbalen Verpflichtungen und konkreten Maßnahmen zum Ausstieg aus der fossilen Industrie und der Wegwerfgesellschaft.

Außerdem wird es neue Themen geben, die uns herausfordern werden. Kanada überhitzt, und die amerikanische Westküste riskiert gerade, durch massiven Wassermangel zur neuen Sahelzone zu werden. Der nächste Frachter, der den Suezkanal blockiert, könnte vielleicht nicht mehr in wenigen Tagen freigeschleppt werden und dadurch die weltweiten Logistikketten lahmlegen. Und nationale Impfregularien werden zur neuen Waffe im internationalen Reiseverkehr.

Während unsere globale Abhängigkeit voneinander mit jedem technologischen Fortschritt rapide zunimmt, ziehen sich immer mehr Nationen auf national optimierte Politik zurück. Ähnlich Unternehmen, die unbeirrbar Wettbewerb über Kollaboration stellen. Obwohl wir sehen müssten, dass alte Lösungen nicht mehr funktionieren, folgen wir wie Lemminge unseren alten Mantras. Wahnsinn würde es Einstein nenne. *Autopilot* würde ich es nennen. Aber das Ergebnis ist das gleiche. So wird es nicht klappen.

Jede Detailprognose – ob nun für die große Weltpolitik, unser eigenes Netzwerk oder auch nur für unsere persönliche Situation – ist selbst für nur wenige Monate völlig unmöglich. Unsere Zukunft ist in zunehmendem Maße unvorhersehbar geworden, und hier gibt es keinen Weg mehr zurück, sosehr wir uns auch nach der Planbarkeit und bedingten Sicherheit sehnen, die wir noch bis zur Jahrtausendwende kannten oder deren mentale Modelle unsere Eltern uns in bester Absicht zu vermitteln versuchten.

Dass dies bei uns allen Angstgefühle auslöst, ist evolutionär fest einprogrammiert, sprich: normal.

Wir können jetzt versuchen, uns mit dem zunehmenden Hormonfeuerwerk zu arrangieren, und situativ einen der drei Knöpfe drücken, die uns schon immer in der Evolution zur Verfügung gestanden haben: flüchten, kämpfen, totstellen. Oder wir fügen uns unserem Schicksal, richten unser Leben innerhalb der 15-Kilometer-Mobilitätsgrenze ein und blenden alles jenseits des Radius aus: Nur die eigene Scholle zählt.

Für mich klingt beides nicht besonders verlockend. Die erste Strategie drängt uns einfach immer tiefer in eine Spirale des Dauerstresses. Die zweite Strategie geht nicht auf, da immer häufiger selbst die entferntesten Ereignisse Auswirkungen auf unser direktes Umfeld haben werden.

Daher hat sich nichts an meiner Kernbotschaft geändert: Wenn wir (für uns) einen Ausweg aus dieser Nummer finden wollen, gibt es nur einen einzigen Weg: trotz neuer Grenzen für unsere Handlungsfreiheit, trotz des Ausmaßes globaler, ökologischer und sozialer Herausforderungen eine aktive Rolle beibehalten und unsere wertvollen kognitiven Kapazitäten auf die tatsächlich wichtigsten Lebensbereiche fokussieren.

Angesichts der immer weiter zunehmenden Zahl der Themen, die uns täglich herausfordern, kann das nur funktionieren, wenn wir veraltete mentale Modelle über Bord werfen und uns neue wählen, die unserer Selbstbestimmtheit wirklich dienlich sind: Autonomie im Kopf, Kompetenz für das Verstehen der Zusammenhänge und eine intensive Verbundenheit mit dem gesamten System. Und dabei unsere Angstreflexe im Kopf überlisten, indem wir die größten Herausforderungen so angehen, wie wir es immer schon in unserer Kindheit getan haben, wenn wir kreativ sein und neue Wege suchen wollten: im Spiel. Mit Regeln, die wir akzeptieren, einer Rolle, die wir bekleiden, und einem Joker, der uns Superkraft verleiht.

Dann heißt es: Bremsklötze lösen und angstbefreit all die Dinge tun, die sich für uns richtig und notwendig anfühlen. Egal was andere darüber denken oder sagen könnten.

Selbst das Weltretten ist dann keine Belastung mehr und fordert uns auch keine Kompromisse ab. Sondern wir kommen in unseren Flow, wenn wir den Erhalt unserer Lebensräume und unserer Spezies einfach zum Ziel unseres neuen Spiels des Lebens erklären.

Ich wünsche uns allen grandios viel Spaß dabei!

ÜBER DEN AUTOR

Dr. Rüdiger Fox ist Grenzgänger, Krisenmanager und innovativer Neudenker. Als Luft- und Raumfahrttechniker sowie Betriebswirt mit einer Promotion zum Thema »Corporate Happiness« ist er zeit seines Lebens auf der Suche nach den entscheidenden Puzzlesteinen für eine nachhaltige, menschenwürdige und erfolgreiche Wirtschaft im 21. Jahrhundert.

Auf seiner bisherigen Reise war er als Geschäftsführer für krisengebeutelte Unternehmen verschiedenster Industrien international tätig, aber auch als Organisationsentwickler bei einem First-Nations-Stamm in Kanada, als Innovationsstratege für die Mars-Mission der NASA sowie als Wirtschaftsberater und Fusionsbegleiter für diverse islamische Länder und Konzerne. Derzeit ist er CEO von Sympatex.

2005 wurde Fox in New York mit dem Spirit at Work Award ausgezeichnet, 2020 erhielt er den renommierten Planetary Consciousness Award des Club of Budapest.

Klimaneutral
Druckprodukt
ClimatePartner.com/12752-1803-1001

Zum Ausgleich für die entstandene CO_2-Emission bei der Produktion dieses Buches unterstützen wir den Betrieb eines Wasserkraftwerks im Virunga-Nationalpark im östlichen Kongo. Das Projekt trägt zum Klimaschutz bei, indem auf die Abholzung des tropischen Bergregenwaldes zur Holzkohlegewinnung verzichtet wird und der Lebensraum der letzten Berggorillas in freier Wildbahn erhalten bleibt. Der gewonnene Strom wird in das lokale Stromnetz eingespeist und dient als Alternative zur Holzkohle.

Bibliografische Information der Deutschen Nationalbibliothek
Die Deutsche Nationalbibliothek verzeichnet diese Publikation in der Deutschen Nationalbibliografie; detaillierte bibliografische Daten sind im Internet über http://dnb.de abrufbar.

Das Werk einschließlich aller seiner Teile ist urheberrechtlich geschützt. Jede Verwertung ist ohne Zustimmung des Verlages unzulässig. Das gilt insbesondere für Vervielfältigungen, Übersetzungen, Mikroverfilmungen und die Einspeicherung und Verarbeitung in elektronischen Systemen.

Der Verlag weist ausdrücklich darauf hin, dass er, sofern dieses Buch externe Links enthält, diese nur bis zum Zeitpunkt der Buchveröffentlichung einsehen konnte. Auf spätere Veränderungen hat der Verlag keinerlei Einfluss. Eine Haftung des Verlags ist daher ausgeschlossen.

Copyright © 2021 Murmann Publishers GmbH, Hamburg
Lektorat: Heike Littger
Illustrationen: Maren Endler, Hamburg
Druck und Bindung: Steinmeier GmbH & Co. KG, Deiningen
Printed in Germany

ISBN 978-3-86774-697-7

Besuchen Sie uns im Internet: www.murmann-verlag.de
Ihre Meinung zu diesem Buch interessiert uns!
Zuschriften bitte an info@murmann-publishers.de
Den Newsletter des Murmann Verlages können Sie anfordern unter
newsletter@murmann-publishers.de